·文学史研究丛书·

王瑶与现代中国学术

陈平原 编

北京大学出版社
PEKING UNIVERSITY PRESS

图书在版编目(CIP)数据

王瑶与现代中国学术/陈平原编. —北京：北京大学出版社，2017.9

(文学史研究丛书)

ISBN 978-7-301-28713-2

Ⅰ.①王… Ⅱ.①陈… Ⅲ.①王瑶(1914~1989)—学术思想—文集 Ⅳ.①K825.6-53

中国版本图书馆CIP数据核字(2017)第218610号

书　　名	王瑶与现代中国学术 WANG YAO YU XIANDAI ZHONGGUO XUESHU
著作责任者	陈平原　编
责任编辑	延城城
标准书号	ISBN 978-7-301-28713-2
出版发行	北京大学出版社
地　　址	北京市海淀区成府路205号　100871
网　　址	http://www.pup.cn　新浪微博：@北京大学出版社
电子信箱	pkuwsz@126.com
电　　话	邮购部62752015　发行部62750672　编辑部62756467
印刷者	北京大学印刷厂
经销者	新华书店
	880毫米×1230毫米　19.5印张　421千字 2017年9月第1版　2017年9月第1次印刷
定　　价	75.00元

未经许可，不得以任何方式复制或抄袭本书之部分或全部内容。

版权所有，侵权必究

举报电话：010-62752024　电子信箱：fd@pup.pku.edu.cn

图书如有印装质量问题，请与出版部联系，电话：010-62756370

目 录

"文学史研究丛书"总序……………………………… 陈平原 /1
小　引……………………………………………………… 陈平原 /1

第一辑

"现象比规律更丰富"
　　——王瑶的文学史研究片谈 ……………………… 解志熙 /3
"史论"之特征，史家之个性
　　——《中古文学史论》的"史论"特征与
　　　王瑶的学术个性…………………………………… 高恒文 /45
王瑶与"清华学风"
　　——兼及《中古文学史论》的方法与意义 ……… 张丽华 /98
大学内外
　　——建国初期王瑶的新文学史写作 …………… 孙晓忠 /128
论王瑶鲁迅研究论著的文化底蕴
　　——纪念王瑶先生诞辰一百周年 ……………… 张梦阳 /159
思想方法的内在支援
　　——重读王瑶上世纪八十年代有关现代文学
　　　学科重建的论述………………………………… 姜　涛 /174

第二辑

胆欲大而心欲小 智欲圆而行欲方
　　——《王瑶文选》序言 …………………… 孙玉石/189
"一二·九"与王瑶先生的学术起点 ……………… 姜　涛/200
王瑶1956年的山西行和一篇演讲 ………………… 谢　泳/222
读王瑶的"检讨书" ………………………………… 钱理群/235
八十年代的王瑶先生 ……………………………… 陈平原/275
学术史视野中的王瑶先生
　　——陈平原教授专访 ………… 陈平原　张丽华/294

第三辑

从最初到最后的日子里
　　——王瑶先生诞辰一百周年的零星感想 …… 孙玉石/309
他是一位这样的引路人
　　——忆王瑶先生 …………………………… 刘增杰/317
王瑶先生的学术智慧 ……………………………… 王得后/329
追忆王瑶先生 ……………………………………… 段宝林/334
王瑶先生的九句话 ………………………………… 钱理群/341
怀想王瑶先生
　　——以此纪念他的百年诞辰 ……………… 吴福辉/346
走近王瑶先生 ……………………………………… 赵　园/360
王瑶：最有精神魅力的人文学者 ………………… 温儒敏/366
"学者百年"与"百年学者" ……………………… 陈平原/369

书比人长寿
　　——典藏版《中古文学史论》小引 ……………… 陈平原/372
作为山西学人的王瑶先生 ………………………… 陈平原/376

第四辑

精神的魅力
　　——在2014年5月7日北京大学"王瑶与20世纪中国学术"
　　研讨会上的发言 ……………………………… 陈平原、
　　　　陈跃红、温儒敏、严家炎、王得后、黄侯兴、赵园、谢冕、
　　　　解志熙、高恒文、钱理群、吴福辉、卓如、李怡、张恩和、
　　　　谢伟民、郭小聪、何锡章、姚锡佩、张海波、王风等/383
"从百年读书人困窘看王瑶" ……………………… 彭　苏/477

第五辑

我的检查(1967年3月25日) ……………………… 王　瑶/497
关于我的"材料"的一些说明 ……………………… 王　瑶/519
父亲王瑶："文革"期间的一个案例 ……………… 王超冰/530

"文学史研究丛书"总序

陈平原

中国学界之选择"文学史"而不是"文苑传"或"诗文评",作为文学研究的主要体式,明显得益于西学东渐大潮。从文学观念的转变、文类位置的偏移,到教育体制的改革与课程设置的更新,"文学史"逐渐成为中国人耳熟能详的知识体系。作为一种兼及教育与研究的著述形式,"文学史"在二十世纪的中国,产量之高,传播之广,蔚为奇观。

从晚清学制改革到"五四"新文化运动展开,提倡新知与整理国故终于齐头并进,文学史研究也因而得到迅速发展。在此过程中,北大课堂曾走出不少名著:林传甲的《中国文学史》(1904)还只是首开纪录,接踵而来者更见精彩,如姚永朴的《文学研究法》、刘师培的《中国中古文学史》和《汉魏六朝专家文研究》、黄侃的《文心雕龙札记》、吴梅的《词余讲义》(后改为《曲学通论》)、鲁迅的《中国小说史略》、胡适的《五十年来中国之文学》和《白话文学史》、周作人的《欧洲文学史》和《中国新文学的源流》,以及俞平伯的《红楼梦辨》、游国恩的《楚辞概论》等。这些著作，思路不一，体式各异，却共同支撑起创立期的文学史大厦。

强调早年北大学人的贡献，并无"唯我独尊"的妄想，更不会将眼下这套丛书的作者局限在区区燕园；作为一种开放且持久的学术探求，本丛书希望容纳国内外学者各具特色的著述。就像北大学者有责任继续先贤遗志，不断冲击新的学术高度一样，北大出版社也有义务在文学史研究等诸领域，为北大向世界一流大学迈进呐喊助阵。

在很长时间里，人们习惯于将"文学史研究"理解为配合课堂讲授而编撰教材（或教材式的"文学通史"），其实，"海阔凭鱼跃，天高任鸟飞"，此乃学者挥洒学识与才情的大好舞台，尽可不必画地为牢。上述草创期的文学史著，虽多与课堂讲授有关，也都各具面目，并无日后千人一腔的通病。

那是一个"开天辟地"的时代，固然也有其盲点与失误，但生气淋漓，至今令人神往。鲁迅撰《〈中国小说史略〉序言》，劈头就是："中国之小说自来无史。"后世学者恰如其分地添上一句："有之，自鲁迅先生始。"当初的处女地，如今已"人满为患"，可是否真的没有继续拓展的可能性？胡适撰《〈国学季刊〉发刊宣言》，以历史眼光、系统整理、比较研究作为整理国故的方法论，希望兼及材料的发现与理论的更新。今日中国学界，理论框架与研究方法，早就超越胡适的"三原则"，又焉知不能开辟出新天地？

当初鲁迅、胡适等新文化人"整理国故"时之所以慷慨激昂，乃意识到新的学术时代来临。今日中国，能否有此迹象，不敢过于自信,但"新世纪"的诱惑依然存在。单看近年学界之热心于总结百年学术兴衰,不难明白其抱负与期待。

在二十世纪的最后一年推出这套丛书,与其说是为了总结过去,不如说是为了面向未来。在二十世纪中国,相对于传统文论,"文学史"曾经代表着新的学术范式。面对即将来临的新世纪,文学史研究究竟该向何处去,如何洗心革面、奋发有为,值得认真反省。

反省之后呢?当然是必不可少的重建——我们期待着学界同仁的积极参与。

1999 年 2 月 8 日于西三旗

小 引

陈平原

2014年5月7日,北京大学召开"精神的魅力——王瑶与二十世纪中国学术"研讨会,我在开场白中称:"王先生去世已经二十五年了,作为友人、弟子或后学,我们依旧怀念他,但落笔为文,基本上已经将其作为历史人物来看待、辨析与阐释。"从1990年的《王瑶先生纪念集》(天津人民出版社)到1996年的《先驱者的足迹:王瑶学术思想研究论文集》(河南大学出版社)、2000年的《王瑶和他的世界》(河北教育出版社),再到2014年的《阅读王瑶》(北京大学出版社),怀念的色彩越来越淡,将先生置于百年中国学术、思想、教育史上思考及反省的意味越来越浓。与之相呼应的,是夏中义、刘锋杰的《从王瑶到王元化》(广西师范大学出版社2005年版)、陈徒手的《故国人民有所思》(三联书店2013年版)等著作的出版。应该说,从"百年中国读书人"的角度来思考作为个案的王瑶,是展开得比较充分的。正是有感于此,在开场白中,我说了这么一句:"我们今天在这里谈王瑶先生,大概是最后一次混合着情感、学识与志向的公开的追怀了。"

可一天会议听下来,发言水平之高,出乎很多人的意料,师兄钱理群于是怂恿我再编一本纪念集。考虑到刚刚推出典藏版《中古文学史论》(北京大学出版社)、《阅读王瑶》(北京大学出版社)和《王瑶先生百年诞辰纪念论文集》(三联书店),我怕读者望文生义,缺乏进一步阅读的热情。师友情谊与学术判断,毕竟不是一回事,还是稍微沉淀一下好。

两年过去了,重读《中国现代文学研究丛刊》《文学评论》《北京大学学报》《现代中文学刊》《汉语言文学研究》等陆续发表的专业论文,以及《北京青年报》《中华读书报》《新京报》《书城》《山西文学》《映像》等刊出的散文随笔,我越来越有信心,于是向北大出版社申请,以"王瑶与现代中国学术"为题,再出新著。

第一、第二辑论文,第三辑随笔,体例清晰,不用多言。需要说明的是,《现代中文学刊》2014年第3期的《精神的魅力——在北京大学"王瑶与20世纪中国学术"研讨会上的发言》,乃根据现场录音整理而成,孙玉石、姜涛因有现成讲稿,干脆单独刊出;高远东、孔庆东、吴晓东三位主持人的串词则主动删去。当初这么处理没问题,如今入集,发言与文章会有某种重叠;犹豫再三,与其因删节回避而语气不连贯,不如保留发表时的原貌。

王先生百年诞辰纪念,媒体方面,做得最用心的是《北京青年报》,其"百年王瑶 传世岂无好文章"专版有"编者按":"今天(5月7日)是著名学者、北京大学中文系教授王瑶先生百年诞辰纪念日,本报特别邀请王瑶先生的学生、北大中文系教授钱理群、陈平原,中国社科院文学所研究员赵园撰文或访谈,以大开版的形式纪念王瑶先生百年诞辰。本版大标题出自陈平原教授当年为北大中文系现代文学专业代拟挽联:'魏晋风度为人但有真性情,五四精神传世岂无好文章。'本版左侧'纪念王瑶先生百年诞辰'书法题签者为北京师范大学中文系教授张恩和,右侧'竟日居'为王瑶先生手书。"另一个做得很认真的是《南方人物周刊》,其《"从百年读书人困窘看王瑶"》(彭苏),在同类报道中最具专业水准,更因此文曾引起波澜,特收录于此,以为纪念。此外,那几天的新闻报道还有:《他劝弟子别做学术界的"二道贩子"》(许荻晔),2014年5月8日《东方早报》;《纪念著名学者王瑶诞辰百年研讨会在京隆重召开》(李浴洋),2014年5月8日"搜狐教育";《为教育家王瑶的精神魅力"点赞"》(孙妙凝),2014年5月9日"中国社会科学在线";《王瑶先生诞辰百年暨学术研讨会召开》(李遇),2014年5月10日《山西晚报》;《山西众专家学者纪念王瑶先生诞辰》(苏苗苗),2014年5月10日《三晋都市报》;《王瑶百年诞辰,"纪念三书"首发》(赵大伟),2014年5月11日《南方都市报》等。

考虑到夏中义《清华薪火的百年明灭——谒王瑶书》、陈徒手《文件中的王瑶》二文已入孙玉石、钱理群编《阅读王瑶》,只好割爱。此外,蔡振翔的《关于王瑶的两封信》(《南京师范大学文学院学报》2014年第2期)、陈平原的《在政学、文史、古今之间——吴组缃、林庚、季镇淮、王瑶的治学路径及其得失》(《北京大学学报》2015年第3期)、袁洪权的《共和国初期现代文学史的生产与建构——以五月八日王瑶致"叔度同志"信件考释为中心》(《文艺争鸣》2015年第6期)、刘克敌的《沿着鲁迅的道路——对王瑶与陈平原之学术研究的不完全考察》(《海南师范大学学报》2015年第10期)虽各有所得,但与本书主旨略有差异,故仅记下篇目,而未收录。关于北岳版《王瑶文集》及天津版《王瑶先生纪念集》的资料考辨,同样请有兴趣的读者自行参阅:谢泳《〈王瑶文集〉出版旧事一则》(2014年5月14日《中华读书报》)、陈平原《患难见真情——追记两种王瑶图书的刊行》(2014年5月21日《中华读书报》)、王观泉《追忆李福田出版〈王瑶先生纪念集〉》(2014年6月4日《中华读书报》)、杜琇《和谢泳先生商榷》(2014年12月10日《中华读书报》)。至于各校以王瑶为题的本科及硕士学位论文,这里就不开列了。

最后一辑有点特别,可以多说几句。北岳文艺出版社1995年版《王瑶文集》第7卷以及河北教育出版社2000年版《王瑶全集》第7卷,均收入根据手稿排印的《在思想改造运动中的自我检讨》和《在"文化大革命"中的检查》,这给研究当代中国知识分子命运的学者提供了很大方便,故颇受好评。可说实话,当初我是反对这么做的。理由是,编"全集"须顾及作者本人的意愿,这些检讨书更适合于放在档案馆里供学者查阅。考虑到当下中国,查阅档案不太方便,且家属愿意公布,我自然乐观其成。三年前,师母杜琇发来王瑶先生两份检讨书的手稿,希望帮助录入,一是写于1967年3月的《我的检查》,一是写于1967年5月的《关于我的"材料"的一些说明》。读完这两份长篇检讨,真是感慨万千,我忍不住在《中文系的使命与情怀——二十世纪五六十年代北大、台大、港中大的"文学教育"》(《清华大学学报》2014年第4期)和《在政学、文史、古今之间——吴组缃、林庚、季镇淮、王瑶的治学路径及其得失》(《北京大学学报》2015年第3期)中略为引述。这两份检讨书,内容很丰富,可供分析的东西很多,因没有得到授权,不好贸然公开发表或大段引用,感觉有点遗憾。编好这本《王瑶与现代中国学术》，抱着试试看的心态，我给远在英国的王先生女儿王超冰写信，询问能否授权刊发。没想到很快得到回复：不仅这两篇，还有别的检讨书手稿也可以提供。而且，她正在亲属的帮助下，利用这些手稿，撰写史学论文《父亲王瑶："文革"期间的一个案例》，只是还需要两个月的时间。我当即与北大出版社沟通，推迟发稿，就等超冰的文章及资料。我相信，这些资料及其考辨，不仅对于了解王瑶先生在"文革"中的命运，而且对于理解检讨书这一特殊文体，都会很有意义。

我从不怀疑作为个案的王瑶在现代中国思想史、学术史、教育史上的意义；只是随着时间的推移，评价尺度将日渐严苛，且视野将从一个人扩展到一个学科、一所大学乃至一个时代。这样一来，感情逐渐让位于理性，史著凸显，随笔淡出。本书之兼及怀念与研究，那只是一个过渡，相信下一代学者会有更专业且更深刻的论述。

2017年2月2日于京西圆明园花园

第一辑

"现象比规律更丰富"
——王瑶的文学史研究片谈

解志熙

"诗化"还是"史化"？
——从朱自清、王瑶对林庚著《中国文学史》的批评谈起

1947年5月，林庚出版了他的《中国文学史》的完整版。这部并不很厚的书纵论数千年的中国文学史，体现出一以贯之的"诗"的文学史观，那是一种生机主义的循环史观和浪漫主义的文学观的混合物，所以全书分为"启蒙时代""黄金时代""白银时代"和"黑暗时代"四编，各编的章目也充满诗意。如第一编"启蒙时代"下的第一章"蒙昧的传说"讲神话传说，第二章"史诗时期"讲卜辞、易经及《诗经》中的大雅和颂，这些都还好理解，而第三章"女性的歌唱"不说具体内容就很难猜测是讲什么了——其实乃是讲《诗经》中的国风及小雅等抒情诗，而即使知道是讲这些，人们恐怕也不大能理解那怎么就是"女性的歌唱"？当然，如果我们明白这只是一个诗人在讲文学史，也就可以不求甚解了。

《中国文学史》是林庚十多年心血的结晶，所以他颇为自

珍,特意请其老师朱自清先生作序。朱自清很欣赏林庚的诗人才气及艺术直觉,序末这样赞扬其"诗"的特点云——

> 著者用诗人的锐眼看中国文学史,在许多节目上也有了新的发现,独到之见不少。这点点滴滴大足以启发研究文学史的人们,他们从这里出发也可以解答些老问题,找到些新事实,找到些失掉的连环。著者更用诗人的笔写他的书,虽然也叙述史实,可是发挥的地方更多;他给每章一个新颖的题目,暗示问题的核心所在,要使每章同时是一篇独立的论文,并且要引人入胜。他写的是史,同时要是文学;要使著作也是创作。这在一般读者就也津津有味,不至于觉得干枯琐碎,不能终篇了。这在普及中国文学史上是会见出功效来的,我相信。①

话都是好话,可略为玩味,也不过说这是一部写得好看、富有启发、有助普及的文学史读物而已,评价并不高,从序首的一段话则不难推知朱自清之所以如此评价的原因了——

> 文学史的研究得有别的许多学科做根据,主要的是史学,广义的史学。这许多学科,就说史学罢,也只在近三十年来才有了新的发展,别的社会科学更只算刚起头儿。这样,我们对文学史就不能存奢望。②

朱自清的这种"史化"立场,与林庚的那种"诗化"的文学史

---

① 朱自清:《什么是中国文学史的主潮?——林庚著〈中国文学史〉序》,《朱自清文集》第3卷,江苏教育出版社1988年版,第210—211页。

② 同上书,第208页。

研究趣味，可谓判然有别。可以想象，秉持如此立场的朱自清要给林庚的著作作序，那其实是很感为难的，但朱自清身为师长，还是尽力说了一些好话，而又标出了自己的和而不同之立场。这"不同"还有更有趣的表现，那就是该序在林庚书中只被标题为"朱佩弦先生序"，可在收入朱自清的文集《标准与尺度》时，却有一个加问号的正题"什么是中国文学史的主潮？"①对林庚的这部如此诗化地畅论中国文学史之主潮的著作来说，朱序正题的这个问号，实在含蓄得足够意味深长。

王瑶与林庚的年纪相差不多，又是同出朱门的师兄弟，则相互商量学问正自不必客气，所以他的书评《评林庚著〈中国文学史〉》②写得非常率直，一开篇就直截了当地说——

> 这是一部新出版的中国文学史。它不仅是著作，同时也是创作；这不仅因为作者的文辞写得华美动人，和那一些充满了文艺气味的各章的题目（例如讲五言诗的一章题为"不平衡的节奏"，讲山水诗的一章题为"原野的认识"），这些固然也是原因，但更重要的是贯彻在这本书的整个的精神和观点，都是"文艺的"，或者可说是"诗的"，而不是"史的"。
>
> 写史要有所见，绝对的超然的客观，事实上是不可能

---

① 朱自清：《标准与尺度》，上海文光书店1948年版，第130页。
② 本文初刊《清华学报》第14卷第1期（1947年10月出刊），按当时的惯例，题目径用林庚原书名，似乎是收入《王瑶文集》（北岳文艺出版社1995年版）第2卷里新编的《中国文学论丛》时，才改题为《评林庚著〈中国文学史〉》。下面的引文来自《清华学报》，不再一一出注。

的。写一部历史性的著作,史识也许更重于史料。这本书是有它的"见"的,而且这像一条线似地贯穿了全书,并不芜杂,前后也无矛盾;这是本书的特点,但相对地也就因此而现出了若干的缺点。

在王瑶看来,林庚的《中国文学史》的"特点"和"缺点"其实是互为表里的——"这本书的精神和观点都是'诗的',而不是'史的'"。所谓"诗的"即是其特点,而"不是'史的'"则是其缺点。王瑶随后的长篇评论,就非常有力地揭示了这两个方面如何互为表里、制约着林庚的文学史研究:一方面是六经注我式的"诗化"叙事,使全书构成了一个自圆其说的逻辑;但另一方面则是文学史的复杂实际被林庚高度地简化了。对这样一种文学史研究方式,王瑶是颇不以为然的,所以他提出了许多批评意见,而几乎没有任何肯定,到了文末王瑶更揭橥了自己的文学史研究立场,那是一种可以简称为"史化"的文学史研究主张——

> 我们相信,文学史的努力方向,一定须与历史发展的实际过程相符合,须与各时代的社会生活和思想文化相联系,许多问题才可能获得客观满意的解答。朱佩弦先生在序中说,"文学史的研究得别的许多学科做根据,主要的是史学,广义的史学",正是从事研究的人所应注意的。

王瑶对朱自清的呼应,是很有意思的。因为据王瑶稍后的回忆,他当日写这篇书评,原本就是应朱自清的要求而为,而朱自清作为这篇书评的第一个读者,他对王瑶的批评乃是由衷的赞赏①——王瑶其实说出了他想说而不便说出的话，所以朱自清亲手将王瑶的书评交给《清华学报》发表了。这表明，朱自清的序言和王瑶的书评乃是相互配合、前后呼应的，而给了王瑶自己和他的老师朱自清以底气的，就是王瑶即将完成的文学史著《中古文学史论》——这部著作乃正是坚持"史化"的研究路子而取得成功的一部文学史著，显著地推动了中国文学史研究从幼稚的童年时代进而迈入比较成熟的年代，所以朱自清对之赞赏有加。

当然，王瑶也是一个具有强烈现代意识的学者，他自然明白一个现代的研究者难免现代的价值立场，但即使如此，如何体贴地理解和认识历史，在他仍是第一位的学术追求。这可以说是一种"历史化"的或者简称之为"史化"的文学史研究理路。对此，王瑶确与自己的老师朱自清是完全一致的。1948年8月，王瑶的《中古文学史论》全部完稿，他在"后记"中追述朱自清的殷切关怀，尤其强调了他们师生二人对于文学史学的一致看法云——

> 我自己对于文学史的看法，和朱先生是完全一致的。多少年来在一起，自信对于朱先生的治学态度也有相当的了解，也常常在一起讨论；这书又都是经他校阅过的，或者尚不至和他的看法差得太远。朱先生对文学史的看法是怎样的呢？他在《古文学的欣赏》一文中说：
>
> 人情或人性不相远，而历史是连续的，这才说得上接受

---

① 参阅王瑶《中古文学史论·初版后记》，《中古文学史论》，北京大学出版社1998年版，第313页。

古文学。但是这是现代,我们有我们的立场。得弄清楚自己的立场,再弄清楚古文学的立场,所谓"知己知彼",然后才能分别出那些是该扬弃的,那些是该保留的。弄清楚立场就是清算,也就是批判;"批判的接受"就是一面接受着,一面批判着。自己有立场,却并不妨碍了解或认识古文学,因为一面可以设身处地为古人着想,一面还是可以回到自己立场上批判的。

作者也从来是遵从着这个方向去努力的,虽然成绩并不尽如人意。他在给林庚作的《中国文学史》的序文中说:"文学史的研究得有别的许多学科作根据,主要的是史学,广义的史学。"去年《清华学报》复刊,朱先生嘱作者为林庚此书做一书评;那时作者正患腿疾不能出门,书评写好后托人带给朱先生,他来信说:

昭琛弟鉴:书评已读过了,写得很好。意见正确,文章也好。虽然长些。我想不必删。你进城见了哈大夫么?腿的情形如何?为念!邵先生处已将稿子送你修正否?

祝好

自清十二·十

……这篇林著文学史的书评登载在《清华学报》第十四卷第一期,曾提出了一些作者对文学史的研究和写作的意见,也就是我写这本书的态度;蒙朱先生赞同,在我是很欣慰的。①

---

① 王瑶:《中古文学史论·初版后记》,《中古文学史论》,北京大学出版社1998年版,第312—313页。

朱自清所谓"自己有立场,却并不妨碍了解或认识古文学,因为一面可以设身处地为古人着想,一面还是可以回到自己立场上批判的",这可以说是"史化"的研究文学史的态度之要义。有了这种态度,历史在我们眼里也就不可能是"一切历史都是合理的"之简单承认既成事实主义,也不可能是六经注我、强历史就范于"当代性"或"现代性"的主观主义,而是尽可能设身处地地理解历史的是非曲直,则批判地继承云云其实也就不言而喻了。在这里面,拥有今天的价值立场,其实并不很难,甚至可以说是很容易的事——任何一个文学史家都不难有这样那样的"当代性"或"现代性"的价值立场,比如掩映在林庚的"诗化"笔墨之下的,就是一种"反映着五四那时代"的当代意识,一种生机主义的历史观和浪漫主义的文学观的混合物,而真正困难的乃是,作为当代人的我们能否不那么六经注我地、强历史就范于我地理解和剪裁过往的文学史?这实在非常困难。检点一个世纪以来的文学史研究,有多少人栽在了各种"诗化"的当代性追求上,而真正富有历史感的文学史又是何其稀少啊。

王瑶的《中古文学史论》就属于那少见的特出杰作之列。

在"美化"与"酷评"的两极之间
——作为文学史名著的《中古文学史论》是如何炼成的

《中古文学史论》所讨论的范围,从汉末开始而终之于梁陈,略当八代,历年四百,这四百年既是中国历史上最为纷乱动荡的时期,也是中国文学史上最为纷乱难治的时段。而王瑶先生却非常难能地克服了困难,成功地对这四百年间的文学史作出了极具历史感、学理性和系统性的学术清理,贡献出一部迄今难以超越的学术杰作。事实上,近百年来的中国文学史研究,对别的任何阶段或朝代的文学之研究,都没有产生可与《中古文学史论》相媲美的著述,倘就其学术的完满度而言,也只有鲁迅的文体史著作《中国小说史略》堪与比肩。

迨至上世纪八十年代以来,中古一段文学史又成为研究的热点,不断有新著推出,诸如关于中古诗歌史的专著就有好几部,而关于中古文学思想史或文学批评史的著作也出了不止一种,但坦率地说,拿它们与王先生的《中古文学史论》相比,可都差远了。犹记上世纪八十年代后期读到一部中古诗歌史的专著,其篇幅超过《中古文学史论》的二倍之上,但所论只不过把诗歌史的常识,用著者自以为新鲜的美学理论乔装打扮了一番而已,显得华而不实、浮夸之极。再后来读到罗宗强先生的《魏晋南北朝文学思想史》,看到他一方面力主"历史的还原",另一方面却又在学术创新的压力和"当代性"的诱惑下,极力凸显魏晋南北朝文学所谓"文学的自觉"之非功利和为艺术的主线,于是对曹丕的《典论·论文》的名言"盖文章,经国之大业,不朽之盛事",作出了不同寻常的修辞学解释,以为不是直言判断而是比喻修辞①,从而着意强化了其"非功利"的意义,至于对这一时期最伟大的文评著作《文心雕龙》,罗先生则进行了煞费苦心的重新解读,终于使自己认定"《文心雕龙》所表述的文学思想,并

---

① 罗宗强:《魏晋南北朝文学思想史》,中华书局 1996 年版,第 16—17 页及第 40 页注㉖。

非如学界所曾经认为的那样,与其时之文学主潮异趣,它们之间,其实是一致的"①。记得多年前初读罗著,看到这么优秀的学者居然也被学术创新的焦虑和"当代性"的诱惑,引领到与其标榜的"历史的还原"大相径庭的地步,不禁既同情又感叹。回头再看王瑶先生的论述,比如对曹氏兄弟文学观异同的解读,那才真正称得上是还原历史的探本之论——

> 普通以为子桓、子建兄弟对文学的看法不同,因为曹丕《典论论文》认为文章是"经国之大业,不朽之盛事",而曹植《与杨德祖书》中却说"辞赋小道,固未足以揄扬大义,彰示来世也。昔扬子云,先朝执戟之臣耳,犹称壮夫不为也。吾虽德薄,位为藩侯,犹庶几戮力上国,流惠下民,建永世之业,流金石之功,岂徒以翰墨为勋绩,辞赋为君子哉! 若吾志未果,吾道不行,则将采庶官之实录,辩时俗之得失,定仁义之衷,成一家之言"。表面上看起来,这两种论调完全不同,但细细分析,他们对文学的看法和意见,还是一致的;不同的只是政治地位和文章的口气而已。曹丕的论述对象是建安诸子,是他的掾属,所以在"今之文人"下,绝不述及曹氏人物;是以一种居高临下的带教训的口吻说的。这些人的地位自然难建立永世的大功业,但为了"年寿有时而尽",想求"名挂史笔"的另一方面的不朽,却是大家一致的要求;于是劝他们做文章好了,这就可以不朽,也可以帮他经国;所以把文章的地位抬得特

---

① 参阅罗宗强《魏晋南北朝文学思想史》"后记",中华书局1996年版,具体论述参见该书专论《文心雕龙》的第六、七、八三章。

别高。其实大家都是想要"声名自传于后"的,而且都以为立功业的名会更大一点,不过曹丕大权在握,要做即能做,所以不必再有此要求了。而且站在领袖地位,也得遏制一点别人进取名利的欲望,所以他的说法自然和曹子建的不同了。子建既在政治上没有那样欲为即为的地位,他自然以建立功业为"名挂史笔"的最好方法,而且那篇文章又是一封私人书信,是向知己表白自己的口气;借扬雄的地位来说明如果还有一点建立功业的地位和机会,是绝不自甘于翰墨的。在属文中,子建以为"成一家言"的学说,其不朽的程度较辞赋为高;其实曹丕也是这样看法,所以他特别推崇著《中论》的徐干。所举的"西伯演易"和"周旦制礼"的例子,也并不是诗赋。一个时代对文学的观念,总比较有个一般的尺度,这时大家对于不朽的要求太强烈,但对文学的看法却还是一致的。不幸的是子建始终没有找着"建永世之业"的机会,于是最后也只好以"骋我径寸翰,流藻垂华芬"来自慰了。①

这个解释在鲁迅论说的基础上更进一步,堪称切中肯綮的分析、发覆烛隐的解说。至如《文心雕龙》,王瑶先生也据《原道》《宗经》《征圣》《正纬》诸篇指出,刘勰首先旨在"说明万物皆是道的表现,而文也是原于道的。……因为经是无所不容的,所以各种文体皆源出于六经"②。如此《文心雕龙》就未必与当今论者所谓那一时期脱离政教的非功利文学主潮合

---

① 王瑶:《中古文学史论》,北京大学出版社1998年版,第223—224页。
② 同上书,第80—81页。

拍了。两相比较，王瑶的看法无疑更为切合《文心雕龙》的实际，谨慎地避免了按某种"当代性"来强为之说、"诗化"地重构历史之弊。

毋庸讳言，学界后来对魏晋六朝文学的研究，近乎生吞活剥地接受了鲁迅所谓"用近代的文学眼光看来，曹丕的一个时代可说是'文学的自觉时代'，或如近代所说是为艺术而艺术（Art for Art's Sake）的一派"①的说法，又不断地以某种"当代性"予以诗化的发挥，而没有意识到鲁迅当年的讲演本不免"立异新奇"以吸引听众之处，所以其所谓"文学的自觉时代"的说法就不无夸张、略带戏论之意味。其实，鲁迅所谓"文学的自觉时代"，不过是强调汉末曹魏时代的文人始"有意为文"、以发抒性情、求致文名不朽而已，这与他说唐人传奇乃是"有意做小说"近似，岂可当真理解为"为艺术而艺术"？在西方，真正的文学独立意识乃是十九世纪以来才有的新趋向，在中国则更是晚近以来才萌芽的新现象。所以，王瑶对鲁迅的这个半开玩笑的说法，就非常谨慎而未作刻意的发挥。比如所谓"文学的自觉"的一个突出表现，就是文学批评在魏晋六朝发生和发达起来了，但与一般文学史研究者好按西方文学理念来替中国文学批评拼凑理论系统或体系的做法不同，王瑶更注重中国文学批评特点之探寻，以为一则魏晋以来文学批评之开展，实受东汉人物品藻之风的影响，所以多侧重于具体的作家评论而非理论体系之演绎，二则由于文学地位的提高，人们需要向经典作家作品学习，于是有总集

---

① 鲁迅：《魏晋风度及文章与药及酒之关系》，《鲁迅全集》第3卷，人民文学出版社1981年版，第504页。

的次第编纂和文章的分类揣摩,遂使文体辨析成为中国文学批评的一大特色。这些看法乍看似"卑之无甚高论"、理论性不是很足,却审慎地避免了"过犹不及"的过度阐释而更切近文学史的实际。

王瑶这种注重对文学史实际之审慎阐释的研究思路,在他的《中古文学史论》"初版自序"里有言简意赅的申说——

> 本书的目的,就在对这一时期中文学史的诸现象,予以审慎的探索和解释。作者并不以客观的论述自诩,因为绝对的超然客观,在现实世界是不存在的;只要能够贡献一些合乎实际历史情况的论断,就是作者所企求的了。①

按,以往学界对《中古文学史论》成就之成因的讨论,比较多地强调鲁迅《魏晋风度及文章与药及酒之关系》对王瑶的积极影响,并强调朱自清严谨学风对王瑶之熏陶等等,这些当然都是事实,但局限于此,似乎不足以说明王瑶的史学立场及其成就之由来。其实,王瑶这段自道宗旨的话,颇有言外之意和学术针对性,对理解他的文学史学思路可谓意义重大。

其一,为什么王瑶特别强调对文学史诸现象要"予以审慎的探索和解释"?窃以为,这很可能暗含着他对当年的一场关于魏晋文学美学论争的教训之反思。

事情的起因是著名美学家、中央大学哲学系教授宗白华,在刘英士主编的《星期评论》第 10 期(1941 年 1 月 19 日出刊)上发表了《论〈世说新语〉和晋人的美》一文。宗白华一开篇就亮

---

① 王瑶:《中古文学史论》,北京大学出版社 1998 年版,第 4 页。

明了自己的偏爱——

　　汉末魏晋六朝是中国政治上最糟,社会上最苦痛的时代,然而却是精神史上极自由、极解放、最富有智慧、最浓于宗教热情的一个时代,因此也是最富于艺术精神的一个时代。……

随后,宗白华便依据《世说新语》,归纳了"晋人"或"魏晋人"的美感和精神特性,大要如次:"(一)魏晋人表现于生活上人格上的自然主义和个性主义,解脱了汉代儒教统治下的礼法束缚","(二)自然美——山水美——的发现","(三)魏晋时代人的精神是最哲学的,因为是最解放和最自由的,所以对于人生和宇宙全体的一股深挚的情调,所谓'人生情调'和'宇宙情调'也特别显著","(四)晋人的'人格底唯美主义'培养成一种高级的社交文化,语言措词的隽妙,后世莫及","(五)晋人之美,美在神韵","(六)晋人的美学是'人物底品藻'"。最后总结道:"总而言之,这是中国历史上最有生气,活泼爱美,美的成就极大的一个时代",而"截然地寄兴趣于生活的过程而不计目的,显示晋人唯美生活的典型"。稍后,宗白华又对此文作了一些修订补充,重新发表于他自己主编的渝版《时事新报》副刊"学灯"第126期(1941年4月28日出刊)和第127期(1941年5月5日出刊)上。而就在这个增订稿前的"作者识"里,宗白华自述写作宗旨道:"魏晋六朝的中国,史书上向来处于劣势地位。鄙人此论希望给予一个新评价。……这次抗战中所表现的伟大热情和英雄主义,当能替民族灵魂一新面目。在精神生活上发扬人格底真解放、真道德,以启发民众创造的心灵,朴俭的感情,建立深厚高阔、强健自由的生活,是这篇小文的用意。"如此"当代性"之目的,乃正是宗白华"美化"或"诗化"魏晋人生而无视其黑暗面的缘由。

这种论调很快就遭到批评——如一个署名"介子"的人在重庆《三民主义周刊》第 1 卷第 22 期(1941 年 6 月 10 日出刊)上发表了《晋人的颓废》一文,针锋相对地说——

> 汉末魏晋六朝,在中国历史上是一个黑漆一团的时代,不仅政治糟,社会糟,乃至国人的精神气魄,公私生活,无一不糟。倘若中国还需要恢复固有的民族精神的话,则最要不得的,莫过于晋朝人。但是近来颇有不少人在赞美晋人,认为晋朝是中国人最富有人的美感和艺术精神,最浓于宗教的热情一个时代,甚至于把晋人的生活比之于荆、关、董、巨简淡玄远的山水画。我不否认晋朝人所表现的一种静态的美,和他们在艺术上的相当成就;但是我们却不能因此就把晋人在另一方面所表现的萎靡颓废、醉生梦死、骄奢淫逸、残忍冷酷等等,来统统加以掩盖,更不能因此就将他们那种堕落不堪的生活所遗留给后人的恶果,也轻轻抹杀。……

这个批评正是针对宗白华而发,所以稍后宗白华的答辩《关于晋人的颓废》在《星期评论》第 31 期(1941 年 7 月 4 日出刊)发表时,主编刘英士在文后的编者按里就附注了宗白华的《论〈世说新语〉和晋人的美》和介子的《晋人的颓废》之出刊处供读者参考。按,"介子"显然是个笔名,然则他到底是

谁？我初步判断，"介子"很可能就是经济史学家傅筑夫。① 作

---

① 按，"介子"和傅筑夫都是《星期评论》和《三民主义周刊》等刊的作者。傅筑夫（1902—1985）早年与鲁迅有交往，相与讨论古代神话，后转攻经济学，1937年1月至1939年5月自费留学英国伦敦大学政治经济学院，师从罗宾斯（L. Robins）教授研究经济理论，又在陶尼（H. Tawney）教授指导下研究经济史，也受该院著名政治学家拉斯基（H. J. Laski, 1893—1950）的影响。1939年7月傅筑夫学成回国，在重庆国立编译馆任编纂工作，与刘英士是同事，日常发表的文章多是经济评论和经济史论文。而"介子"则可能是他发表杂文、散文时的笔名，如署名"介子"的散文《闲话伦敦》（刊于《星期评论》第2期，1940年11月22日出刊），编者刘英士在编后记《最后的补白》里说："《闲话伦敦》是篇迟到的海外通信，作者当然是个留英学生。本期未接读者来函，姑以此代通讯，编者认为十分荣幸。"按惯例，编者在编后记里是要介绍作者及其供职单位的，可刘英士说到"介子"却有意不详其所在，一如介绍"子佳"（梁实秋）的《雅舍小品》而故意装糊涂，显见得"介子"是他比较亲近的人，或许是应其要求而故意不说明，只交代说"介子"是一位留英学生，而从《闲话伦敦》来看，这篇通讯并不是当时从伦敦寄来，乃是回国以后的追忆，其中特别写到抗战初期在伦敦的一次援华演讲会上，伦敦大学政治经济学院的著名学者拉斯基的讲演，这其实暗示了自己是该院的留学生；而同样署名"介子"的《闲话伦敦之二——谈同情心》（刊于《星期评论》第25期，1941年5月23日出刊），其中回忆自己的留英生活道，"有一次，我和一个中国同学，到陶尼教授家里去吃茶，随便谈到中国问题"，这无意中透露了"介子"作为陶尼学生的身份——诸如此类的点滴留英回忆，其实都是傅筑夫的经历。至于"介子"这个笔名的来历，也似有典故——历史上实有傅介子（？—公元前65年）其人，当西汉昭帝时，楼兰王屡次杀害汉使臣，傅介子主动请缨率将士赴楼兰，诛杀楼兰王安归，而另立尉屠耆为新王并改其国名为"鄯善"。傅筑夫之取笔名"介子"，很可能是联想到历史上的"傅介子"而来。并且，傅筑夫深受鲁迅影响，而这种影响也体现于"介子"的《晋人的颓废》一文中——不仅该文的观点显然受鲁迅的讲演《魏晋风度及文章与药及酒之关系》之影响，而且文中多次用"阿Q"来比拟晋人自欺欺人的作为。凡此，都表明"介子"实际上就是傅筑夫。

为一个受过鲁迅影响而后来又专治中国经济史的学者,"介子"即傅筑夫在《晋人的颓废》里特别注重拿晋代社会政治经济民生之黑暗,来反照名流士大夫的清谈风流之美背后的污浊,所论条分缕析,而痛加贬斥,颇近于酷评,文末则联系现实、斩钉截铁地断言——

> 晋人就是这样糊里糊涂、有意无意的造成了中国历史上一个黑暗时期,并给后来中国人的萎靡颓废的生活,奠下一个牢不可破的基础,直到现在我们依然可以看到许多自命为"才子"或"名士"的糊涂虫,都还充分表现着晋人的流风余韵。所以不管晋人在艺术上的成就是怎样,他们的生活方式是要不得的。本来我们不应当诋毁古人,但是为了使中国人像人,这个群魔乱舞的黑暗时代,却不可使之重现。而且即就艺术而论,真正的美,也是汉唐的刚健雄伟、生力弥漫,而不是晋朝人的萎靡颓废、矫揉造作。

一个著名美学家和一个匿名的经济史学家之间围绕"晋人的美或颓废"而生的这场争论,诚可谓"美化"与"酷评"的针锋相对,却都包含着为"当代性"而说法引喻的学术企图,虽然两人的观点恰好相反,却都共同折射出对复杂历史实际之不免简单化和片面性的理解。

王瑶作为专研中古文学史的青年学者,对这场学术争论不可能不关注,所以耐人寻味的是,王瑶在随后的《中古文学史论》里明确地采取了事实与价值的二分法。在"初版自序"里他就针对所谓"八代之衰"的说法而坦言:"我们和前人不同的,是心中并没有宗散宗骈的先见,因之也就没有'衰'与'不衰'的问题。即使是衰的,也自有它所以如此的时代和社会的原因,而阐发这些史实的关联,却正是一个研究文学史的人底最重要的职责。"①所以在王瑶那里,对文学现象之有同情的历史理解是第一位的,价值评判倒在其次,从而避免了诗化之礼赞和道义之酷评的两种简单化。再如,在讲到门阀士族在垄断政治的同时也垄断了文学时,王瑶认为"我们当然不能依作者的门第品评作品的高下",这显然是一种现代的价值立场,但他紧接着却没有用这种价值立场去酷评魏晋六朝文学,而是强调"我们虽然不能说名门大族出身的人底诗文一定好,但文学的时代潮流却的确是由他们领导着的"②这一历史事实,于是研究者也就必须撇开当代的价值评判,尽可能贴近历史去研究世族士大夫主导下的文学究竟怎样以及为什么那样的问题了。在讲到魏晋文论的特点时,王瑶也反复强调了这种价值与事实的二分法。如论及魏晋时期如何把政治上的才性品鉴理论运用于文学批评时,他强调"这种理论运用在文学批评上是否合理,那是一个价值问题。但中国文论之直接受这种理论的影响,却是一个存在的史实"③,所以文学史研究者也便不能不追根溯源、探讨原委了。再如该书《拟古与作伪》一篇,专论魏晋文人的拟古与托古作风,这种作风常遭近人否定性的评价,以为是没有创造性甚至是有意作伪,但王瑶先生却不能满足于此种现代性的价值评判,而强调"魏晋人的有这种风气,自是事实,那么这种情形究竟是在

---

① 王瑶:《中古文学史论》,北京大学出版社 1998 年版,第 4 页。
② 同上书,第 30 页。
③ 同上书,第 110 页。

什么样的动机下产生的呢?"①于是追寻历史事实、分析事情原委,指出彼时文人的拟古和托古写作行为并非有意作伪,那在当时乃是一种被视为正常的学习方式、和古人竞争的方式以及立言撰史的方式。这无疑是极富历史感的洞见。诸如此类的二分法处理,在《中古文学史论》中运用颇多,所谓当代性或现代性的价值判断不再是研究者刻意追求的目标,而被限制为一种参照或参考视角,居于主导地位的乃是对文学史实际之有同情的理解和审慎的阐释。推原王瑶对历史实情之所以持如此"审慎的探索和解释"的态度,很可能是他从刚刚过去的"晋人的美或颓废"之争中吸取了学术的经验与教训吧。

其二,王瑶审慎地探索和解释文学史现象、力求作出合乎历史实情之论断的学术态度,当与他长期接受以"释古"为标识的清华学派之熏陶和训练有最大的关系。1988年末在清华大学纪念朱自清的座谈会上,欣闻清华大学中文系之重建,王瑶发表了深情的回忆——

> 应该看到,清华中文系不仅是大学的一个系,而且是一个有鲜明特色的学派。清华大学中文系的成就和贡献,是和朱先生的心血分不开的;朱先生当了十六年之久的系主任,对清华中文系付出了巨大的精力。朱先生在日记中提到要把清华中文系的学风培养成兼有京派海派之长,用现在流行的话来说,就是微观与宏观相结合;既要视野开阔,又不要大而空,既要立论谨严,又不要钻牛角尖。他曾和冯

---

① 王瑶:《中古文学史论》,北京大学出版社1998年版,第196页。

友兰先生讨论过学风问题,冯先生认为清朝人研究古代文化是"信古",要求遵守家法;"五四"以后的学者是"疑古",他们要重新占定价值,喜作翻案文章:我们应该采取第三种观点,要在"释古"上用功夫,作出合理的符合当时情况的解释。研究者的见解或观点尽管可以有所不同,但都应该对某一历史现象指出它之所以如此的时代和社会的原因,解释它为什么是这样的。这个学风大体上是贯穿于清华文科各系的。朱先生在中文系是一直贯彻这一点的。清华中文系的学者们的学术观点不尽相同,但总的说来,他们的治学方法既与墨守乾嘉遗风的京派不同,也和空疏泛论的海派有别,而是形成了自己的谨严、开阔的学风的。这种特色也贯彻在对学生的培养上。……清华中文系的许多学者都强调时代色彩,都力求对历史作出合理的解释,而不仅仅停留在考据上。这个学派是有全国影响的,在社会上发生了很大的作用。①

这是学术界第一次提出清华学派之说,而清华学派其实不限于中文系的朱自清、闻一多和浦江清等大家,而且也包括了研究哲学的冯友兰、研究史学的陈寅恪以及研究佛学和玄学的汤用彤(他出身清华并曾任教于西南联大)等学术大师,转益多师的王瑶显然从他们那里都有所受益,从而对清华学派的基本精神——"应该对某一历史现象指出它之所以如此的时代和社会的原因,解释它为什么是这样的"——有至为深刻的体会。事

---

① 王瑶:《我的欣慰和期待》,《润华集》,中国社会科学出版社1992年版,第83—84页。

实上,在现代的三代学人中,王瑶乃是接受学术训练最为严格和持久的人——1934年9月王瑶考入清华大学中国文学系,开始系统的学习,1937年抗战爆发后被迫辍学数年,但并未放松自修,到1942年5月辗转抵达昆明在西南联大复学,次年6月完成极为出色的毕业论文《魏晋文论的发展》,随即考入清华大学文学院中国文学部、师从朱自清攻读研究生,陆续完成关于魏晋文学的不少专论,1946年4月集为《魏晋文学思想与文人生活》,作为清华大学研究院的毕业论文——至此十二年过去了,王瑶这十二年艰苦曲折的求学历程,也正是清华学派发展壮大的过程。研究院毕业后,王瑶任教于清华大学中国文学系,继续致力于中古文学的研究,1947年9月开设"中古文学史专题研究"等课程,到1948年5月底完成《中古文学史论》全书时,他已是出类拔萃的青年学者了。这个漫长的严格的受训与成才过程,是许多前辈、同辈和后辈学者不曾经历的,而王瑶正是在这个过程中打下了极为扎实的文史基础,获得了开阔的学术视野,养成了"应该对某一历史现象指出它之所以如此的时代和社会的原因,解释它为什么是这样的"的释古学风。没有这些工夫和功夫,《中古文学史论》的出现是不可想象的。

《中古文学史论》无疑是扎实厚重、体大思精的顶尖学术杰作,将朱自清所谓"广义的史学"——"文学史的研究得有别的许多学科做根据,主要的是史学,广义的史学"[①]发挥得淋漓尽致。作为一个文学史家的王瑶非常清楚,对文学史现象的研究

---

① 朱自清:《什么是中国文学史的主潮?——林庚著〈中国文学史〉序》,《朱自清文集》第3卷,江苏教育出版社1988年版,第208页。

是不可能在所谓纯文学的范围里解释自洽的,而需要扎实的史学修养、开阔的人文视野、知人论世的批评传统和新的社会历史分析方法之结合,这充分体现于本书的各篇章。

即如第一篇《政治社会情况与文士地位》,着重论述魏晋六朝时期的一个最大的社会政治情况——门阀士族制度如何形成为主导整个社会政治经济的制度安排,于是握有政治经济特权的高门士族,也就"理所当然"地成为在文化和文学上居于优势地位的力量,因而这一时期文学的特点,不论好与坏,也都与这一制度安排息息相关。所以作者在篇末强调说——

> 我们虽然不能说名门大族出身的人底诗文一定好,但文学的时代潮流却的确是由他们领导着的。因为当文化和政治经济同样地为他们所把持保有的时候,不只他们在学习的环境地位上方便,而且诗赋文笔等的风格和内容,也都一定是适应着他们的生活需要的。他们清谈老庄,文学上便盛行着淡乎寡味的玄言诗;他们崇尚嘉遁,文学上便有了希羡山林的招隐诗。他们的作品绮靡,可以形成"俪典新声"的一般风气;他们注重事义,也可以使"文章殆同书抄"。在当时的诗文里,看不到一般社会生活的反映,因为作者们本来不需要看的;他们自己只是生活在公宴游览的圈子里。寒士如果成名了,那就说明他已经钻进了那种上层士大夫的生活,他虽然出身寒素,但已变成华贵之胄的附庸了。因为一个寒士如果把文义当作进仕的手段,则他的作品一定须受到大家的称赞,那他就不能不用心摹学当时一般的作风和表现内容;也许他的诗文比别人的还好,但他只能追随而不能创造一种新的潮流,因为他的身份资望都

不够。①

这里显然运用了社会历史的以至政治经济的分析,但没有丝毫教条味,也没有强古人就范于今的酷评,而切中肯綮地对当年的历史实情究竟是怎样的、为什么会那样作出了实事求是的分析,令人读后真有茅塞顿开、豁然贯通之感。作者的史学态度之沉稳固然让人叹服,而过人的史学工夫也让人钦佩不止。事实上,现代史学界对门阀士族问题的讨论持续不断,而王瑶虽非专研此一问题的历史学者,但他的这篇《政治社会情况与文士地位》无疑是彼时的集大成之作,所以长期无人超越,直到上世纪八十年代北大历史系田余庆先生的论著《东晋门阀政治》出现,才算有了迟到的超越王瑶此篇之专著。王瑶的史学功底于此可见一斑。

该书第二篇《玄学与清谈》也同样精彩。按,魏晋玄学与清谈,既是哲学史和思想史上的重要现象,也深广地影响到那一时期的文学与美学,所以也是中古文学史上绕不开的问题。王瑶在该篇中,一方面综合了哲学史、思想史和学术史的研究成果,清晰地梳理出从经术转变为玄学、从清议转变为清谈的历史过程和逻辑层次,进而指出玄学与清谈的合流及其趋于浮夸之势,而另一方面也有他独到的发明,那就是他敏锐地发现玄学清谈不仅是一种抽象的思想探讨,而且"已成了士大夫生活间的必要点缀,因为这可以表示他们的尊贵和绝俗"②。由此,王瑶准确地揭示了魏晋文士之思想、生活和文学行为之间的某种一体

---

① 王瑶:《中古文学史论》,北京大学出版社 1998 年版,第 30—32 页。
② 同上书,第 45 页。

化特征云——

> 清谈既成了名士生活间主要的一部分,自然所谈的理论也会影响到他们的立身行为和文章诗赋的各方面。而且玄学理论是当时学术思想的主流,自然也会对文学发生影响。阮籍的"当其得意忽忘形骸",陶渊明的"好读书不求甚解,每有会意,便欣然忘食",以及竹林之游、兰亭禊集,《世说新语》及各史传中许多记载着的著名逸事,都和清谈同样地是他们生活中的主要部分;而且也都是玄学思想影响下的具体表现。文论的兴起和发展,咏怀咏史、玄言山水的诗体,析理井然的论说,隽语天成的书札,都莫不深深地受到当时这种玄学思想的影响。而且流风未已,远被齐梁。①

这就将玄学清谈从抽象的哲思落实为士大夫的生活趣味、美学趣味和文学趣味,成为现形足观的现象、具体可感的对象,而王瑶正惟能如此综合观照,才会有这样圆通透辟之论。

当然,王瑶也充分意识到文学史研究与一般历史研究的差异,因为文学史乃是对"文学"的历史研究,所以自有不同于一般历史研究的"文学性",同时王瑶也充分地自觉到文学史研究与文学批评、文艺理论的差异,因为文学史乃是对文学的"历史"研究,所以必须有"历史性"。在这两个至关重要的文学史学方法论问题上,王瑶显然深受鲁迅的启迪。对此,王瑶在《中古文学史论》的"初版自序"中有简略的交代,后来他在上世纪

---

① 王瑶:《中古文学史论》,北京大学出版社1998年版,第54页。

八十年代中期所写的"重版题记"里,又作出了详细的追述和清晰的分疏——

> 由本书的内容可以看出,作者研究中古文学史的思路和方法,是深深受到鲁迅《魏晋风度及文章与药及酒之关系》一文的影响的。鲁迅对魏晋文学有精湛的研究,长期以来作者确实是以他的文章和言论作为自己的工作指针的。这不仅指他对某些问题的精辟的见解能给人以启发,而且作为中国文学史研究工作的方法论来看,他的《中国小说史略》《汉文学史纲要》《中国新文学大系小说二集导言》等著作以及关于计划写的中国文学史的章节拟目等,都具有堪称典范的意义,因为它比较完满地体现了文学史既是文艺科学又是历史科学的性质和特点。文学史作为一门独立的学科,它既不同于以分析和评价作品的艺术成就为任务的文学批评,也不同于以探讨文艺的一般的普遍规律为目标的文艺理论;它的性质应该是研究能够体现一定历史时期文学特征的具体现象,并从中阐明文学发展的过程和它的规律性。……他能从丰富复杂的文学历史中找出带普遍性的、可以反映时代特征和本质意义的典型现象,然后从这些现象的具体分析和阐述中来体现文学的发展规律,这对文学史研究工作者是具有方法论性质的启发意义的,至少作者是把它作为研究工作的指针的。①

不过,以往学界对王瑶的文学史学思想之研究,似乎过分集

---

① 王瑶:《中古文学史论》,北京大学出版社1998年版,第2—3页。

中于他受鲁迅思路和方法影响的某一点上,即"从丰富复杂的文学历史中找出带普遍性的、可以反映时代特征和本质意义的典型现象"。这一点当然很重要,比如"药酒女佛"等文学现象,确属最能代表魏晋六朝文学特色的典型现象,所以王瑶继鲁迅之后,在《中古文学史论》中写了《文人与药》《文人与酒》及《隶事·山水·宫体——论齐梁诗》等专论,作出了更翔实的梳理和更进一步的补充,几乎达到了"题无剩义"的完备程度。但是,王瑶文学史学的另外两个基本点——对文学史不同于文学批评和文学理论的"历史性",和不同于一般史学的"文学性"之强调,包括对"典型文学行为"的开创性研究,则似乎被学界忽视了,所以在此略作补叙。

如上所述,王瑶所理解的文学史不同于文学批评和文学理论之处,乃在于它必须"研究能够体现一定历史时期文学特征的具体现象,并从中阐明文学发展的过程和它的规律性"。这里面包含三个关键词——具有代表性的具体现象即"典型现象",文学发展的过程,和文学发展的规律性——其中最后一项"规律性"已近于文学理论了,所以此处不谈,剩下的两项即文学典型现象和文学发展过程,才是文学史之"史"的特性之所在,尤其是文学发展过程,对文学史研究来说可谓至关重要,试想文学史研究如果不讲"文学发展过程",则它的"历史性"何以体现?这也就是王瑶晚年为什么要反复批评文学史研究不是作家作品论的集合之意,其目的就是要强调文学史的这个"历史性",而最能体现这个"历史性"的就是"文学发展过程"。王瑶的《中古文学史论》的成功之一,就是特别善于在这个"文学发展过程"上做文章——不论是讲"文学思想"的篇章,还是讲"文人生活"的篇章,或者讲"文学风貌"的篇章,无不体现出鲜明的历史发展之层次。即以"文学风貌"编的五篇而论,从《曹氏父子与建安七子》到《潘陆与西晋文士》到《玄言·山水·田园——论东晋诗》再到《隶事·声律·宫体——论齐梁诗》和《徐庾与骈体》,将这一时期文学的每一阶段之特色和前后演变的发展层次,疏解得何等鲜明。至于这一时期的几个典型文学现象"药酒女佛",不也呈现出演变或嬗变的历史层次么?所以王瑶的中古文学史研究之成功对后来者的一个重要启示,就是文学史必须要抓住"文学发展的过程",即使对作家作品的研究,文学史之不同于文学批评,也在于它是把作家作品放在"文学发展过程"的历史视野里来透视和阐释的。

至于对文学"史"的"文学性",王瑶也坚守不殆。在《中古文学史论》里,不仅论文学的社会政治思想背景的诸篇,最终都是为阐释文学问题服务的,而且在论文学风貌诸篇里每每抓住最能代表某一阶段文学的典型作家、最能说明某一文体的典型文本,具体分析、详为解说,诚所谓既见林又见木,所以令人对相关文学现象印象深刻、体会转深。即如论宫体诗之起源则以沈约为代表,特意选析其《梦见美人》和《携手曲》二诗,而以梁简文帝为宫体诗的典型诗人,因其影响后世甚大,所以选析简文帝诗《率尔成咏》和刘绥、刘遵诗各一首;论骈文则概述其源流特点之后,乃以徐陵和庾信为典型作家,同样选析其典范例文。这其实是把文学批评吸收到文学史研究中,从而大大强化了文学史论著对文学本身的品评。

但窃以为王瑶的中古文学研究最出色之特色,乃是对典型文学行为的分析——那是一种超越了狭隘的文学文本分析之局限而力求人与文一体化的统摄性阐释。这种阐释思路当然导源于鲁迅关于魏晋风度及文章的讲演,不过在鲁迅乃是由于融会贯通所以自然而然地顺手拈来,到王瑶则自觉地发扬光大,如《文人与药》和《文人与酒》。至如《论希企隐逸之风》一篇则堪称深造自得之作,王瑶在该篇中将名士们希企隐逸的思与诗,和实际人生的躁进与势利,视为互通互补之两面,从而对名士们的思想言语行为和实际生活行为之矛盾,作出了令人耳目一新的精辟分析。此处不妨引他论潘岳的完整一段为例——

> 潘岳《闲居赋》云:"身齐逸民,名缀下士。"又言"仰众妙而绝思,终优游以养拙。"序中言其"览止足之分,庶浮云之志"当然也是一种希企隐逸的思想。但元遗山《论诗》绝句三十首中有云:"心画心声总失真,文章宁复见为人,高情千古闲居赋,争信安仁拜路尘?"《晋书·潘岳传》云:"岳性轻躁,趋世利,与石崇等谄事贾谧,每候其出,辄望尘而拜。构愍怀之文,岳之辞也。"元遗山当然是以他一生的行为来批评的;但这些人既以为隐逸可"为隐而隐",没有其他的外在目的,则他们在诗文中所表现的希企隐逸的思想,也仅只表示一种对于隐逸的歌颂。我们不但能用史实来证明这些作者们没有做到这样超脱,甚至他也根本就没有想尝试地这样去做。因为这种思想既然是当时的主要潮流,作者自会受到社会思想的影响,而且大家既都视此为高,则即使做不到,也无妨想一想。顾炎武《日知录》云"末世人情弥巧,文而不惭,固有朝赋采薇之篇,而夕有捧檄之喜者,苟以其言取之,则车载鲁连,斗量王蠋矣"。这是从来如此的实情,在魏晋时期,我们也只能说诗文中的思想和作者平

生的行为大半不符合;但若由此便断定他们做文章时是故意说谎话,却也不见得。《朱子语录》云:"晋宋人物,虽曰尚清高,然个个要官职。这边一面清谈,那边一面招权纳货。陶渊明真个能不要,此所以高于晋宋人物。"陶渊明不但希企隐逸,而且实际上归田躬耕了,这当然不是一般名士所能做到的。但我们所论的是一般的希企隐逸之风,这些名士们的主要矛盾虽是言行不符,但他们底希企隐逸在主观上却还是衷心的。他们不满意自己现实的生活,怕不能常保,怕名高祸至,因而想要摆脱;当然也不过只是想想而已,并没有真正来尝试解脱。这就是他们生活中的矛盾——现实与想象的矛盾,所以嵇康临刑时,又想到"今愧孙登"了。这种表现在诗文里的希企隐逸的思想,虽然和他们一生的事迹格格不入,但这企求还是由他们的生活和思想中产生的。他们并不是说假话,的确是有这样的想法。①

再如论梁简文帝的宫体诗,同样精辟地揭示出他以诗的拟想行为代替实际的纵欲行为之"意义"——"这正是梁简文帝的成功处;他不必如齐郁林王的放鹰走狗,和如东昏侯的捕鼠达旦,《梁书·本纪》且评之为'实有人君之懿'。这和梁武帝的皈依佛教是一样的,虽然生活的环境和形式没有改变,但总算可以不必极端地纵欲了。像其他出身门阀的文士们一样,他们找到了一个发泄的寄托。"②如此将生活和文学打成一片来辩证解

---

① 王瑶:《中古文学史论》,北京大学出版社 1998 年版,第 191—192 页。
② 同上书,第 280—281 页。

说,文学超越文本的局限而呈现为人的行为,很有立体感和穿透力。这样一种文学阐释委实拓展了文学研究的境界。

从"进步"的执迷到"保守"的重申
——王瑶对《中国新文学史稿》的得失之反省及其他

1936年6月29日,胡适致函其私淑弟子罗尔纲,批评他研究清代军制等的学术计划"系统太分明",而特别强调说:"凡治史学,一切太整齐的系统,都是形迹可疑的,因为人事从来不会如此容易被装进一个太整齐的系统里去。"①这话大概也包含了胡适对其早年学术雄心的某种自我反省吧。就此而言,胡适后来之未能续写《白话文学史》和《中国哲学史》的下卷,与其说是他不能,不如说是他不愿再把复杂的历史装进一个太整齐的系统里去。

由此来看王瑶在上世纪四五十年代的学术转型,就很值得玩味了。写《中古文学史论》时的王瑶,是那么尊重历史本身的复杂性因而审慎于自己的历史阐释,他本有足够的理论能力去构筑一个解释中古文学的"整齐的系统",却不愿按照或一种当代性来成就所谓一以贯之的解释;然而写《中国新文学史稿》时的他却像换了一个人一样,毫不迟疑地按照一种当代意识形态来结构"中国新文学"的历史叙述,一如胡适早年用新文化和新文学的意识形态来建构"古代中国文学史"一样,虽然二者所执

---

① 胡适1936年6月29日致罗尔纲函,《胡适全集》第24卷,安徽教育出版社2003年版,第313—314页。

并不相同,相同的乃是都乐于用某种当代性来建构一个"太整齐的系统",那只能是一个简单化和片面性的系统。所以《中国新文学史稿》也如同《白话文学史》一样,只能算是学术史的名著,而不能成为学术名著。

当然,作为学术史或学科史的名著,《中国新文学史稿》的地位和贡献都是确定无疑的。这里只说它的局限和问题,比如那种宁左勿右的片面性也同样影响深远,而新时期以来学界在总结《中国新文学史稿》的得失时,总是比较乐意把成就归于王瑶个人,而把缺点归罪于毛泽东的《新民主主义论》及其文艺思想的影响和限制。其实,与其说毛泽东的《新民主主义论》及其文艺思想影响和限制了王瑶,不如说它们适合了王瑶——作为三十年代的左翼文学青年,王瑶的政治立场本来就偏左,只是四十年代受到清华"释古"学派的节制,尤其是朱自清既宽容又冷静的态度,时时提醒着年轻的王瑶不要在思想上走极端、在学术上走偏锋,后来老师去世了,革命成功了,新中国一时欣欣向上,这让年轻的王瑶备受鼓舞、满心欢喜,而又不再受老师的节制,于是因缘时会的王瑶,其学术雄心和政治热情同样高涨,而赶写《中国新文学史稿》,就既是他在学术上的抢先之图,也是他发自衷心地奉给新中国、新政治体制的献礼。此所以激扬文字、纵论新文学的"史稿"很快写出了,为他在新中国之初赢得了进步的学术政治地位。虽然不久之后,王瑶就迭遭批判,但很难说他当初写《中国新文学史稿》就是被迫适应之作,毋宁说那原是王瑶自觉自愿地适应"当代性"政治—文学体制之作。

如今回头来看《中国新文学史稿》的学术得失,借用经济学的术语来说,那其实是"结构性"的问题而不是枝节性的问题,所以说来话长,而本文已经冗长不堪了,那就长话短说吧。事实上,该书的整个论述是按照符合或不符合当代性的先进思想来划线的,于是一边是进步的革命的文学——从《新青年》左翼到三十年代的左翼文学以至四十年代的左翼—解放区文学,得到了极为突出的强调,而另一边则是对不那么进步的以及非左翼的文学统统贬抑。如此自觉地按照当代性的价值判断来论现代文学史,这与王瑶当年写《中古文学史论》之尊重历史的复杂性因而审慎地有同情地就事论事、就史论史的态度,可谓大异其趣了,而得失也很显然——《中古文学史论》是一部至今难以超越的学术杰作,《中国新文学史稿》则只是一部应时之作。而问题的严重性在于,由王瑶开拓的这个"应时而作"的现代文学史研究趋向,成了我们的现代文学史研究的一个最具生命力的传统,迄今盛行而不衰,几乎可以说是"积重难返",只不过所应之"时"或者说所追求的"当代性"也在"与时俱进"而已。比如,近二十年来一些学界先进试图按照启蒙主义、自由主义、文学本体论等先进的思想观念,来统领中国现代文学史以至二十世纪中国文学史的研究,那不就是另一种与时俱进的"当代性"的思想和价值立场么?而当学者们乐此不疲地这样做的时候,他们最爱援引的历史哲学,几乎毫无例外的是克罗齐的名言"一切历史都是当代史"和科林伍德的名言"一切历史都是思想史"。这样的当代性与王瑶五十年代发挥的当代性,不过五十步笑百步而已。

所谓"新时期"已过去三十多年,中国现代文学史或二十世纪中国文学史之更新的"太整齐的系统",有的勉强建立起来了,但虚弱得很,也简单化之极,有的仍只是雄心壮志而有待于建设。有意思的是,新时期以来的王瑶先生却似乎退回到比较"保守"的立场,这立场要而言之,乃是从《中国新文学史稿》对"当代性"以至"规律性"的执迷,回转到《中古文学史论》对历史的尊重和对现象本身的关注,因之自我反省与学术重申兼而有之。这里只举《关于中国现代文学研究工作的随想》为例。此文是王瑶 1980 年 7 月 12 日在"中国现代文学研究会学术讨论会"上的发言,作者虽自谦为"随想",实乃新时期现代文学研究拨乱反正的纲领性文献,其中令人印象深刻的——至少对我影响至为深刻的——乃是这样两点。

其一是对现代文学学科的历史性之确认和重申。他说——

> 作为一门学科,现代文学史也有它自己的性质和特点,我们必须重视这种质的规定性,充分体现这门学科的特点。文学史既是文艺科学,也是一门历史科学,它是以文学领域的历史发展为对象的学科,因此一部文学史既要体现作为反映人民生活的文学的特点,也要体现作为历史科学、即作为发展过程来考察的学科的特点。文学史家要真实地反映历史面貌,要总结经验、探讨规律,就必须在丰富复杂的文学现象中概括出特点来。文学史是一门历史科学,但它不同于艺术史、宗教史、哲学史等别的历史科学,这是很清楚的;但文学史作为一门文艺科学,它也不同于文艺理论和文学批评,这就没有引起我们足够的重视。虽然这三者都是以文学现象作为研究的对象,有其一致性,但也有各自不同的特点。例如讲作家作品,文学批评可以评论一个作家或者分析他的几部作品,文学史虽然也以作家作品为主要研究对象,但不能把文学史简单地变成作家作品论的汇编,这

不符合文学史的要求。作为历史科学的文学史,就要讲文学的历史发展过程,讲重要文学现象的上下左右的联系,讲文学发展的规律性。用列宁的话说,历史科学"最可靠、最必需、最重要的,就是不要忘记基本的历史联系,要看某种现象在历史上怎样产生,在发展中经过了哪些主要阶段,并根据它的这种发展去考察它现在是怎样的"(《列宁全集》第29卷第430页)。要正确地阐明文学的发展,就必须从历史上考察它的来龙去脉,它的重要现象的发展过程。①

这里被突出强调的是现代文学史作为一门历史学科的历史特性——"要讲文学的历史发展过程,讲重要文学现象的上下左右的联系,讲文学发展的规律性。……要正确地阐明文学的发展,就必须从历史上考察它的来龙去脉,它的重要现象的发展过程。"我有理由相信,这里面其实包含了王瑶先生对他的《中国新文学史稿》之"当代性"的某种反省,不是么?

其二是淡化文学史研究对"规律性"的追求,而特别强调"现象比规律更丰富"。按,"规律性"乃是马克思主义社会历史研究特别看重的东西,新时期之初的王瑶不可能直接批评它,甚至还不得不提它,但他采取了淡化的策略,强调文学史研究应更重视文学现象——

> 文学史不但不同于文学批评,也不同于文艺理论。虽然文学史和文艺理论都要探讨和研究文艺发展的规律,但

---

① 王瑶:《关于中国现代文学研究工作的随想》,《中国现代文学研究丛刊》1980年第4期。

文艺理论所探讨的文艺的一般的普遍规律不同于文学史所要研究的特定的历史范畴。文学史必须分析具体丰富的文学历史现象，它的规律是渗透到现象中的，而不是用抽象的概念形式体现的；因此必须找出最能充分反映本质的现象，从文学现象的具体面貌来体现文学的发展规律。列宁在《哲学笔记》中指出："现象比规律更丰富"，因为"任何规律都是狭隘的、不完全的、近似的"；"反对把规律、概念绝对化、简单化、偶像化"。所以不但不能"以论代史"，而且也不能"以论带史"，因为"原则不是研究的出发点，而是它的终了的结果"；"原则只有在其适合于自然界和历史之时才是正确的"（恩格斯《反杜林论》）。我们进行研究时当然要遵循马克思主义文艺理论的指导，但它绝不能成为套语或标签，来代替对具体现象的历史分析。不讲文学现象，就不能构成文学史。①

应该说，王瑶对"现象"的重视在新时期的学界是受到重视的，但我也得坦率地说，这重视是片面的，甚至有点买椟还珠，盖学界一般比较重视的乃是"现象"的文学史方法论意义，至于王瑶由此对历史规律性的质疑和对历史存在的本体论之重申，却完全被忽视了。其实，历史作为一次性的实存，乃是"现象先于本质"或"现象重于规律"的，所谓"本质""规律"云云，如果不是大而无当的架构，就是从我们的当代性意识所生发出来的某种抽象理论建构而已，而这样那样的理论建构，总是会"生生不

---

① 王瑶：《关于中国现代文学研究工作的随想》，《中国现代文学研究丛刊》1980年第4期。

已"而"后来居上"的,所以也都无关历史之宏旨。就此而论,歌德的名言"理论是灰色的,而生活之树长青",恰可改为"理论是灰色的,而历史之树长青"或"规律是灰色的,而历史之树长青"。窃以为,当王瑶借用列宁的名言"现象比规律更丰富"来针砭现代文学研究对"规律"或"本质"的执迷、对"定性"的偏好时,那其实是包含了深切的自我反省而值得学界深思的。因为,现代文学研究对"规律"或"本质"的执迷、对"定性"的偏好,就是从《中国新文学史稿》开始的,比如贯穿其中的对文学"是和政治斗争密切结合"的规律之肯认,对现实主义、革命现实主义作为新文学发展正道之独尊,对新文学之"新民主主义"性质之执着,就显而易见,而新时期的王瑶则清醒地意识到偏执于"规律"和"定性"的文学史研究,无论动机如何美好,都会把现代文学史的复杂实际简单化、片面化。然而有趣的是,转向"保守"的王瑶却很快就被我们这个惯于追求先进的"当代性"的学科超越了,足见对"当代性"的执着追求,差不多成了现代文学史研究难以摆脱的惯性。

就我个人而言,确是在试图超越而摔了一跤之后,才理解王瑶先生为什么会回归"保守",并从而领悟到学术研究在力求创新的同时也得多少保持那么一点"保守"的精神之必要。

这里我说的是王瑶先生对现代文学起点问题的"保守"看法。盖自上世纪八十年代以降,学术思想比较解放了,新观念、新方法热盛极一时,文学研究界开始了研究新局面的开创。在这种情况下,近代、现代、当代文学研究各自封闭、相互脱节的研究格局招致了普遍的不满,而打通观照的统一化研究趋向也应运而生。我记得在1986年夏秋之际还曾召开过一次全国性的

"近代、现代、当代文学分期问题"的学术研讨会。当时我刚进北大学习,没有参加那次会议,但我曾和河南大学的师兄关爱和、袁凯声合写了一篇论文提交会议。我们的主张是用"中国文学逐步走向现代化的进程"这样一个说法将近、现、当代文学打通,作为一个整体来研究。这种观点当然不免受了"二十世纪中国文学"概念的感染,但也不完全是这影响的结果,而自有我们自己的学术渊源。因为我们的导师之一任访秋先生早就如此主张并且早有《中国新文学渊源》等著述在,而任先生三十年代中期在北京大学读研究生时的导师之一就是作《中国新文学的源流》的周作人(另一个导师是胡适)。当然,任先生并不是简单地照搬周作人的观点,因为他自己对明清文学有专深的研究,并在专研晚明思想史的嵇文甫等左翼学者的影响下,将周作人的观点从右向左(此处"左"不等于"极左")发展了;而当任先生在八十年代初给我们讲授"中国新文学渊源"课程时,他也只是强调自晚明以迄于清末自有一支内在的新文学渊源,并没有否定"五四"文学革命的突破性意义。但在我们几个青年学子手中,就难免发挥过分了。可在当时,我们的以及与我们类似的观点似乎颇受欢迎、相当流行,记得我们三个人的观点就被当作主要意见写入1986年的那次会议的综述中,我们也因此而被樊骏先生戏称为"河大三剑客",那是让年轻的我们颇为沾沾自喜的。所以当我随后读到王先生的《关于现代文学史的起讫时间问题》一文,就觉得王先生有些保守,因为他在那篇文章中坚定地宣称:"我是主张中国现代文学史仍然应以'五四'作为它的起点的。"①其实当年的王先生并不是容不得年轻人的学术创新,他之所以坚持那样"保守"的观点,是因为就文学史的实际而言,"'五四'以后的新文学的历史特点是如此显著"②,而此前却并不显著之故;同时也因为他在理论上坚持要求完整准确地理解"现代"的涵义——"现代文学史的起点应该从'现代'一词的涵义来理解,即无论思想内容或语言形式,包括文学观念和思维方式,都带有现代化的特点。它当然可以包括反帝反封建的民主主义的内容,但'现代化'的涵义要比这概括得多。如前所述,同今天的文学仍然一脉相承的许多特点,都只有从'五四'文学革命讲起,才能阐明它的发展脉络和历史规律性。"③但当时的我们都被打破陈说的创新热和纵论历史的宏观热冲昏了头脑,哪听得进王先生的告诫。直到1988年我们师兄弟几个又受命为即将出版的《中国近代文学史》撰写一篇"有新意"的绪论时,我才发现近代、现代中国文学的历史联系远不像我们当初想象的那么怡然理顺,要把中国文学"现代化"的起点从"五四"前移,在理论想象上很不错,但实际上我们可引为根据的还是那点人所共知的老材料,并不足以支持我们的新说。所以我在很不情愿地为那个绪论草拟了大纲之后,自觉无法对付具体论证的难题,便把难题留给了两位师兄,自己耍赖开溜了。这件事给我一个深刻的教训,而对王先生"保守"背后之严肃的历史意识

---

① 王瑶:《关于现代文学史的起讫时间问题》,《王瑶文集》第5卷,北岳文艺出版社1995年版,第50页。

② 同上书,第51页。

③ 同上书,第58—59页。

和慎重的治学态度也有了较为亲切的理解,从此不敢在根据不足、把握不大的情况下轻言创新之论和宏观研究。

受此教训,我对于前些年的一种学术新见——"没有晚清,何来五四"之论,即认为"五四"前六十年的晚清文学,尤其是小说,早已自发地具备了比较充分和多样的现代性,并断言这种现代性甚至比"五四"以后的文学更健全,前者反倒是受了后者的"压抑"而未能自由发展下去云云——也不敢贸然接受。这并不是说它不好,也许倒是它听起来特别地雄辩滔滔、美妙诱人,反让我有些怀疑近现代中国文学史上居然发生过如此美丽的错误了。历史学虽然允许而且赞成各种学术创新,但一个够得上严肃的历史研究者,包括文学史研究者,其实都明白历史并不是一个可以任人随意打扮的小姑娘,而即使穿上帝王衣服的刘禅仍然难免阿斗相。所以不管论者多么贬低以鲁迅、胡适为代表的"五四"新文学,都改变不了绝大多数人的这样一个历史印象,那就是真正使得中国文学站立在现代世界文学之林而无愧的,并不是论者所鼓吹的晚清小说繁荣、都市文化崛起之类,而是鲁迅及其他新文学作家的创作。

这并不是要刻意厚"今"薄"近",只是因为这是个无可更改的事实,而事实总是胜于雄辩。因此,回到王瑶先生的治学态度上来,应该说他晚年在学术上的某些"保守"并不是固执己见的理论偏执,而是对基本的文学史实际的尊重和对自诚明的学术良知的信守。这的确是文学史研究中最基本的东西。疏忽或歪曲这些基本的东西,随心所欲地解构—重构历史,则不论有多高妙多时髦的理论——现代的、后现代的——都是华而不实之论,而无助于对中国近现代文学历史的认识。而近年学界在现代文学的起点问题上之新见更有甚于此者,此所以重温王瑶以及任访秋等前辈学者在这个问题上的提醒,或者可以让我们清醒一点。我很高兴地注意到,就在最近吴福辉先生在评述任访秋先生的近代文学研究时,特别强调说——

> 他(指任访秋先生——引者按)的近代文学"过渡说"的总述,至今仍有绝大的指导意义。比如它可以让我们在现代性研究的问题上降温。因为掌握住晚清文学"过渡"这一基本的性质判断后,就不会对这一段文学的"现代性"做出过分的阐释,而目前在学术界确乎有这个危险。另外,"过渡说"也可以克服我们为了寻找现代文学的起点,一定要在晚清确定一部标志性作品或一个标志性年份来的"热劲"。我不是绝对地反对这样做,也对这种努力表示尊重,但既然都是晚清"过渡文学时代"的产物,千方百计寻觅出某部标志性作品所具有的某些现代性因子,这些新因子很可能在另一部作品中也有。《海上花列传》具备的若干现代性,《孽海花》就没有了吗?而按照任先生所做晚清和五四文学的关系研究,只有《新青年》上鲁迅的《狂人日记》,一旦披载问世,才会发生新思想、新文体、新语言的爆炸性效果,引动历史真正转折的到来呢。①

这是切中时弊之言。事实上,王瑶先生和任访秋先生所要"保守"的,都是文学史研究的历史感,而我们这个学科却往往

---

① 吴福辉:《任访秋"三史贯通"的学术范式及其意义》,《汉语言文学研究》2013 年第 4 期。

会因为这样那样的"当代性"热情而疏忽了历史感。

王瑶先生晚年在学术上的回归"保守",还表现为他在新方法热之时却反其道而行地重新关注传统的考证学。他的这种关注并没有来得及形成文字,而只是在1987年秋季的某天我和我的同窗的博士资格考试上,王瑶先生出乎意料地拿这个问题考问我,所以给我留下了非常深刻的印象。我曾经在关于任访秋先生的一篇回忆里说及此事,这里就照抄如下——

> 考试前钱理群老师即警告我们师兄弟俩说:王先生好给不知山高水深的学生一个下马威,以杀杀其没来由的虚骄之气,而以王先生的博雅,他的问题也就往往出其不意,打学生一个措手不及而几乎从不失手的。所以我和我的同窗当时是怀着极为惶恐的心情走进考场——王瑶先生的书房的。而事情也真如钱老师所警告的那样,在各位主考老师一一考问过我们之后,袖手旁观的王瑶先生果然笑呵呵地向我们师兄弟俩发动了"突然袭击"。他首先用一个有关古代白话小说的版本学问题把我的那位极富才情的同窗掀下马来,接着又乘胜追击,考问我:胡适提倡的"大胆的假设,小心的求证"的治学方法与西方实证—实验主义思想和中国清代汉学家的治学方法有无关系?王先生提这样的问题确实出乎我的意料,因为这完全是一个非文学的学术思想史问题,今日看来虽是常识,在当时却属冷僻问题,但侥幸的是这个问题本身倒并未难住我,这是因为我在河南大学求学期间,曾经很幸运地从任先生那里得到过一些学术思想史的熏陶和指教。记得那时任先生给我们开过一门专业课——中国新文学的渊源。在这门课中,任先生不

仅把中国新文学与晚明以来的近世文学革新思潮联系起来考察,使我们大开眼界,而且纵论中国学术思想与中国文学变迁的关系,使浅学如我者闻所未闻。而为了听懂任先生的讲课内容,我在课外不得不认真补习中国学术思想史的知识,因而对从皮锡瑞到周予同的经学史论著,对章太炎的《訄书》、梁启超的《清代学术概论》、钱穆的《中国近三百年学术史》等学术史名著以及曹聚仁的通俗著作《中国学术思想史随笔》等均曾涉猎,至于胡适推崇清代汉学家的文章亦不陌生。应该说,幸而先有任先生给我的这点学术思想史"家底",我才能较为从容地应对王先生的问题——记得当时曾举高邮王氏关于《战国策》中"左师触詟愿见赵太后"一语中"触詟"为"触龙言"之误的推断被70年代长沙马王堆汉墓出土帛书所证实的事为例,说明汉学家基于经验的推断亦有暗合西方近代归纳法之处,但汉学家的治学方法终竟停留在经验性条例的水平,而未能提升为具有普遍意义的方法论。王先生对我的这番回答似乎颇感意外而又较为满意,因为当时像我这样的青年学子大都耽迷于外来的新方法、新观念热之中,而于中国古典学术传统所知甚少,而王先生本人却正关注着近代以来中国古典学术传统的现代转化问题(这一点我是事后才知的)。①

按,王先生所谓从清代汉学家的治学方法到胡适提倡的"大胆的假设,小心的求证"的治学方法之共同处,也就是文史

---

① 解志熙:《深恩厚泽忆渊源》,《中国现代文学研究丛刊》2000年第4期。

研究中讲求论从史出的文献考证之法。而坦率地说,我当时虽然侥幸地答对了王先生的问题,却长期不解他为什么要在那个新方法热的时候重提这样传统的治学方法。直到差不多十年之后,看够了我们这个学科在新新不已的"当代性"中凯歌行进而其实仍陷于"以论带史"以至"以论代史"之中不能自拔的时候,我才猛然意识到王先生当年重提传统的文献考证之学,其实暗含着对我们这个学科新新不已的"当代性"之保留,甚至可以说他的"保守"姿态颇有些针锋相对的意味。的确,要治疗我们这个学科"以论带史"以至"以论代史"的"当代性"之顽疾,最对症的药就是传统的文献考证治之学了,它至少可以提醒我们在追求"当代性"之时,除了这样那样的"理论根据"外,也得多少讲求点"历史文献"的根据吧。

我得老实承认,王瑶先生当年对我的这番考问,其实就是我在 1996—1997 年之际反复强调现代文学研究应该有点"古典化和平常心""现代文学研究要想成为真正的学术,必须遵循严格的古典学术规范"的源头之一。过去之所以不愿说出来,是因为不想落个攀附名家之名,如今在王瑶先生百年诞辰之际坦白道出此中原委,聊表个人的尊敬和纪念吧。

2014 年 1 月 20 日草成于清华园之聊寄堂

作者附记:

因本文过长,曾分为两篇刊发——《"现象比规律更丰富"——王瑶的文学史研究片谈》(刊《中国现代文学研究丛刊》2014 年第 3 期),《从"进步"的执迷到"保守"的重申——王瑶的新文学史研究之反省及其他》(刊《汉语言文学研究》2014 年第 2 期)。

"史论"之特征,史家之个性
——《中古文学史论》的"史论"特征与王瑶的学术个性

高恒文

史著有"史述""史论""史考"之别,王瑶《中古文学史论》以"史论"标题,正是此书之特色①;史有三长,曰才曰学曰识是也,而"史论"尤其在于"识"焉,《中古文学史论》史识惊人,朱自清称赏不已,"小说与方术"是为一例也②。然而"史识"当从

---

① 王瑶在《中古文学史论》的"重版题记"中说:"本书属稿一九四二至一九四八年期间,书名即称《中古文学史论》";"一九五一年作者曾以之分别编为《中古文学思想》《中古文人生活》《中古文学风貌》三书,由上海棠棣出版社出版";一九五六年修改全书,"改题《中古文学史论集》,交上海古典文学出版社出版";一九八四年,作者"拟仍照原先计划,将棠棣版三册合为一书,仍名《中古文学史论》,予以重版"。引自王瑶《中古文学史论》,北京大学出版社1998年版,第1页。按,原初和最后都是以"中古文学史论"命名,即使中间因故改动也是标明"论集",而从未径称"中古文学史",于此可见著述之初衷即为"史论",而无意于"文学史"也。

② 王瑶:《中古文学史论》"初版后记",北京大学出版社1998年版,第341页。按,王瑶文章所引,乃朱自清专门谈论"小说与方术"的信,因此不能理解为朱自清仅仅称赞这一章而已。

"史"出,观乎《读陶随录》《读书笔记十六则》诸篇,可知《中古文学史论》之由来也①。王瑶评林庚《中国文学史》,有"诗的"与"史的"之说②,当即歌德自传所谓"诗与真"之意,此亦可知《中古文学史论》作者"史的"意识之理论自觉也。以上数端,乃笔者阅读王瑶《中古文学史论》之体会,曾概乎言之曰:"史的"杰作,"论"之精确。现不揣浅陋,略作申说如下。

一

尽管《中古文学史论》出版之初,作者曾说"名为《中古文学史论》,是沿用刘师培《中古文学史》的习惯的称法,并没有特别的意思"③,但我以为,标明"史论"二字,既体现了著者的"史"的追求,即意在描述著者所谓的中古"这一期文学史的诸现象",更在于"论"的自觉,所以作者更大的学术追求在于"对这一期文学史的诸现象,予以审慎的探索和解释"、作出"合乎实际历史情况的论断"④。虽然历史的叙述中必然包含着对历史事实发生、经过和结果的解释,并且直接地或隐含地有着著者的

---

① 王瑶:《读陶随录》和《读书笔记十六则》,写作时间几乎与其《中古文学史论》同时,见王瑶《中古文学史论》"附录",北京大学出版社1998年版,第358—388、415—430页。

② 王瑶:《评林庚著〈中国文学史〉》,原载《清华学报》第14卷第1期,1947年10月,引自《中古文学史论》,北京大学出版社1998年版,第406页。

③ 王瑶:《中古文学史论》"初版自序",北京大学出版社1998年版,第4页。

④ 同上。

价值判断,但《中古文学史论》的显著特征在于,相对于现象的描述而言,著者的努力更在于对中古文学形象的发生、发展、变化和特征进行"审慎的探索和解释"。更进而言之,虽然本书是对中古文学的整体的研究,但著者又显然是通过对重大现象的揭示来突出中古文学的总体特征的,而对于次要现象和个别情况,则是在重大现象和总体特征中处理的,甚至有所忽略:比如谢灵运与谢朓的山水诗的不同的艺术技巧、刘勰《文心雕龙》与钟嵘《诗品》的不同的文学观、《文选》与《玉台新咏》的不同旨趣等等,至少也是重要的文学现象,但著者显然没有作为重要问题来讨论;并且像后人津津乐道的"魏晋文章"中如嵇康与阮籍的论文的异同高下,乃至北朝文学以及南北朝文学之间的关系,也阙而不论;更有意味的是,正如著者批评林庚《中国文学史》完全以今天甚而"西洋的文学观念和文艺派别来处理中国文学史"以致"貌合神离"①,《中古文学史论》中所论诗、文、小说,在"文"这一方面,关注的显然是现代意义的文学散文,而于当时几乎同样重要的表、疏、启、奏、书、传、赞、碑、铭等,却没有给予同样的地位,是否合乎历史实情?对此可以从"潘陆与西晋文士""徐庾与骈体"二章中论述文章,得到证实。虽然说"是沿用刘师培《中国文学史》的习惯的称法",并且也可以看出与刘著的师承关系,但两者的"文学"观念显然大有区别。刘著"文学辨体",辨乎"文""笔"之别;所论"文学"及"文章",文体概念,

---

① 王瑶:《评林庚著〈中国文学史〉》,引自《中古文学史论》,北京大学出版社1998年版,第406页。

殆同乎刘勰,抒情之文与应用之文并重①。因此,我们可以说,《中古文学史论》较刘师培《中古文学史》,"文学"之观念更是现代的文学观念,即"五四"以来的文学观念,亦今人之"文学现代性"之所谓也。

所以,《中古文学史论》是以现代的"文学"之观念论述"中古文学史"的"史论"著作;是"史论",而非"史",没有径称"中古文学史"是大有讲究的。明乎此,可见《中古文学史论》乃名实得体的"史论"之作,著者命意与是书特征也正在于此。

这样,关于"小说",特立"小说与方术"一章,主旨仅仅是论述"小说"与"方术"的关系,就可以理解了。因为就文学史而言,关于小说,常规的写法应该从小说的兴起、发展变化的历史脉络叙述其思想和艺术的特征,并且还要在总体叙述中突出重要作家和作品的特色,然而本书的这一章则是由"小说"与"方术"的关系考证"小说"兴起的原因,进而在此基础上论述其思想、内容的特征②,却对这种"小说"之艺术形式的特征和变化,几乎没有正面论述,我们最多只能由"小说"与"方术"的关系意识到这种小说的传奇性可能决定了这种小说的奇特的想象和突出的夸饰等叙事特征。通常的"史"的性质的历史叙事自然是不能这样仅仅只围绕一个中心问题而论述的,应该有其关于"小说"的必要的完整性历史叙述,只有"史论"才可以这样。事实上,后来的关于这一时期的文学史著作在论述小说时,大多更

---

① 参阅刘师培《中古文学史》和《汉魏六朝专家文研究》二书,刘师培:《中国中古文学史 汉魏六朝专家文研究》,商务印书馆2010年版。
② 王瑶:《中古文学史论》,北京大学出版社1998年版,第107—135页。

关注"志人"和"志怪"两个类型及其各自的内容、主题和艺术形式的特征,描述其历史的发展、变化的过程,这样似乎更能具体描述小说的思想特征和形式演变的历史发展风貌。本书仅仅论述"小说与方术",是因为小说的兴起是这一时期的重要的文学现象,更因为这一现象的发生尤其是与"方术"这样一个一向被忽视的原因有着最重要的关系,并且这个原因又是与本书别处所论述的这一时期的社会生活、文化思想密切相关的,作者措意于此,正是发挥"史论"的写法,以达到全书所追求的"对这一期文学史的诸现象,予以审慎的探索和解释"之目的,重在对"现象"的"探索和解释",而不是如"史"之于现象本身作全面、完整描述为重点。

"文论的发展"一章也是如此。首先论述由汉至魏的经学的衰落从而导致了文学的发展,认为"由此而逐渐引导至重视著作和重文的趋势,就已开了魏晋文学和文论的先导",同时东汉"清议"到魏晋玄学和人物评论则直接影响了文论的发生,这是论述文论兴起的原因。其次论述魏晋文论的特征在于:"初期文论中的内容","完全是以作家论为主干的";"其后才渐渐地讨论到文体的体性风格和文学的一般原理"。再次论述魏晋以后的文论基本上是"魏晋的发展":"大体上说,南朝的文学和文论,虽都自有特点,但都可以认为是魏晋的发展";"这些文论的内容仍和人物评论保持着很深的渊源和关系,在发展中并没有摆脱了这一影响";"真正对于文学理论的建树,也并不多"。[①]可见这一章的主要问题是文论的发生、发展和特征,而对文论的

---

① 王瑶:《中古文学史论》,北京大学出版社1998年版,第56—86页。

具体内容却根本没有作为主要的论述对象;甚至《文心雕龙》和《诗品》这两部在通常的文学史著作中都是特辟专章或专节给予专门论述的重要著作,也只是十分简略地论及而已,并且还是归结在玄学和人物评论之影响的特征之上加以评论的:"大体上说,《文心雕龙》一书,仍是沿着《文赋》的观点,是玄学的看法,不过更详细严密罢了";"《诗品》之衡诗为上中下三品,是受了当时人物品评底进一步影响"。① 这种以特征而不是以内容为主要论述对象的写法,显然也是常规的文学史写作所不能想象甚至也不能允许的,而又只能是"史论"的写法,只有"史论"才可以这样,对于作者所关心、所认为的重要问题或重要问题的主要方面,进行远比一般文学史更加专而深的细致分析。

我们这样认识《中古文学史论》,分析其作为"史论"的写法和特征,并一再说明其与通常的文学史写法的区别,也不仅仅是为了指出这部著作的特征,同时还想说明的是,这种写法也说明了著者的学术追求。王瑶在《评林庚著〈中国文学史〉》一文最后一节时说:"写一部中国文学史本来是件艰巨的工作,几乎每一位研究中国文学学者的最后志愿,都是写一部满意的中国文学史。"②说实话,我很怀疑王瑶在写作《中古文学史论》时是否也会有这样一个"志愿",甚至以为这是一个颇有反讽意味的说法。道理很简单,现代史学的一个重要特征就是愈来愈专门化,通史已经不再是史家——尤其是一个优秀或自负的史家——的

---

① 王瑶:《中古文学史论》,北京大学出版社 1998 年版,第 83—85 页。
② 王瑶:《评林庚著〈中国文学史〉》,引自《中古文学史论》,北京大学出版社 1998 年版,第 412 页。

志业了,而专门史、专题史才是他们努力的方向与目标,并且这也是所有人文学科的现代发展的基本特征,文学史也是如此。通常意义的文学史和历史学科的一般的通史,都只是常识性的严肃著作而已,基本价值只是大学通识教学的教材。甚至斯宾格勒《西方的没落》、汤因比《历史研究》这样曾经轰动一时的著作,今天也沦落为只有思想史价值,而不再为严肃的史学家所看重①。证之于王瑶学习时代之三十年代和他写作《中古文学史论》之四十年代,中国现代第一流的史学著作,似乎是如汤用彤的《汉魏两晋南北朝佛教史》或者萧公权《中国政治思想史》这样的公认的杰作②;冯友兰的《中国哲学史》则颇有如陈寅恪、金岳霖诸人的非议③;名满天下的钱穆的《国史大纲》这样典型的通史著作,其实只是大学通识教育的教科书④;陈寅恪是公认的著名史学家,他三十年代发表的魏晋南北朝史研究的专题论文,四十年代的《隋唐制度渊源略论稿》和《唐代政治史述论稿》则

---

① 参阅余英时《中国史学的现阶段:反省与展望》,《史学与传统》,时报文化出版公司1982年版,第1—29页;余英时:《中国史学思想反思》,《人文与理性的中国》,程嫩生、罗群等译,何俊编,联经出版事业公司2008年版。

② 参阅汪荣祖《萧公权与中国政治思想史的建构》、黄俊杰《萧公权与中国政治思想史研究》,见《萧公权学记》,汪荣祖、黄俊杰编,台大出版中心2012年版,第3—38、39—82页。

③ 陈寅恪:《冯友兰中国哲学史手册审查报告》,《金明馆丛稿二编》,三联书店2009年版,第279—281页;金岳霖:《冯友兰中国哲学史手册审查报告》,见冯友兰《中国哲学史》(下册)"附录",华东师范大学出版社2000年版,第434—438页。

④ 参阅钱穆《国史大纲》之"书成自记",《国史大纲》,台湾商务印书馆1994年版,书前本文单独页码,第1—4页。

是专门史,这些著名的著述,不仅不是"通史",反倒恰恰是"史论"性质的论文或专著①。王瑶心仪陈寅恪,也有所取径于汤用彤(详见本文第三、四节),现代学术史肯定给予他以很大启发。

更意味深长的是,王瑶在五十年代初的《在思想改造运动中的自我检讨》一文中,一再自述自己的学术理想是"我要在中国古典文学的研究方面成为一个第一流的学者"②。现代通史著作已经不可能再是《史记》《汉书》和《资治通鉴》那样的作品了,因此难免更要进行一般性的常识的叙述,甚至在作者没有专门研究之处不得不沿用别人的研究成果,甚至节制发挥个人的创见而使用一般流行的定论,即使是个人的卓识也只能在一般性的概述史实之中体现,远不如"史论"更加专而深,融考证与阐释于一体,更见功力与卓识,显现"第一流的学者"之风采。王瑶在这篇"自我检讨"中还说:虽然"我改教了新文学","但我在思想上并没有放弃了我研究古典文学的计划,我以为研究新文学是很难成为一个不朽的第一流学者的"③。除了政治的原因,写作《中国新文学史稿》,因为写作之初就被设定为大学本科教材④,其性质就决定了不可能具有"第一流"的学术贡献和成就。

---

① 参阅余英时《试述陈寅恪的史学三变》,《陈寅恪晚年诗文释证》,东大图书公司1998年版,第331—377页。

② 《王瑶全集》第7卷,河北教育出版社2000年版,第265页。

③ 同上书,第268页。

④ 参阅王瑶《中国新文学史稿》的"初版自序",《王瑶全集》第3卷,河北教育出版社2000年版,第30—31页。

二

　　"史论"体现著者的"史识",而"史识"的得当与否、深刻或肤浅,则关乎"史论"的生命。然则卓越的"史识"何来?《论语》:"子贡曰:夫子之文章,可得而闻也;夫子之言性与天道,不可得而闻也。"①又,"子罕言利与命与仁"②。何哉?司马迁《太史公自序》云:"子曰:我欲载之空言,不如见之于行事之深切著明也。"《索隐》曰:"孔子之言见《春秋纬》,太史公引之以成说也";"孔子言我徒欲立空言,设褒贬,则不如附见于当时所因之事"。③司马迁毕竟是伟大的史学家,深明"成一家之言"之奥秘,所以特意引孔子之言,以发明史学义例。王瑶显然是深知此史家之至理名言的,所以他在《中古文学史论》"初版自序"中说:"本书的目的就在对这一时期中文学史的诸现象,予以审慎的探索和解释。"④也就是说,著者的"史论",不是依据或固守某一文学的甚至哲学的理论,对文学史现象进行解说,大发议论,甚而追求"语不惊人死不休",而是关注历史现象本身,以"审慎的"态度,对历史现象发生、过程和性质、特征进行"探索和解释"。也正因为如此,王瑶在写完此书的前一年批评林庚的《中

---

① 《论语·公冶长第五》,引自皇侃《论语义疏》,中华书局 2013 年版,第 110 页。
② 《论语·子罕第九》,引自皇侃《论语义疏》,中华书局 2013 年版,第 205 页。
③ 《史记·太史公自序第七十》,中华书局 1979 年版,第 3297—3298 页。
④ 王瑶:《中古文学史论》,北京大学出版社 1998 年版,第 4 页。

国文学史》是"诗的"而不是"史的",即不是对历史之实然进行的描述和论说("史的"),因为"在这部书中,历史和时代的影子都显得非常淡薄","作者的思想和观点""却有许多与史实不太符合的地方",并且进而指出失败的原因就在于"以西洋的文学观念和文艺派别来处理中国文学史"。①

关于《中古文学史论》之论从史出的特征,孙玉石先生《作为文学史家的王瑶》一文②,已有十分深入、细致而精到的分析,兹不赘论。这里只能略述一点由此而来的体会而已。

诚如本文上一节所说,《中古文学史史论》之所以是中古文学之"史论",而不是中古文学之"史",就在于它没有并且也不是对中古文学史进行全面而系统的完整叙述,而是对"这一时期中文学史的诸现象"的论述。我的理解是,所谓"诸现象",就是指那些具有重要意义的"现象",而不可能是中古文学史中所有的文学之"现象"。很显然,"现象"的取舍,选择哪些"现象"作为研究和论说的对象,就更能体现出著者的眼光和史识了。作者自云曾受到鲁迅"把他拟写的六朝文学的一章定名为'药·酒·女·佛'"的启发③。鲁迅这样理解六朝文学,确实是惊人的历史发现和论述。然而王瑶虽然敬佩却也没有完全慑服于鲁迅的卓识之下,完全照抄、袭用鲁迅的成说,"药""酒"和

---

① 王瑶:《中古文学史论》,北京大学出版社1998年版,第406、410页。

② 陈平原主编:《中国文学研究现代化进程二编》,北京大学出版社2002年版,第468—504页。

③ 王瑶:《中古文学史论·重版题记》,《中古文学史论》,北京大学出版社1998年版,第2页。

"女"分别见诸"文人与药""文人与酒"和"隶事·声律·宫体——论齐梁诗"三章,而"佛"却没有了,并且还增加了诸如"玄学与清谈""拟古与作伪"等数端,这显然是同乎所不能不同、异乎所不能不异,来自著者对中古文学史的独到而深刻的理解。如果说"玄学""清谈"("玄学与清谈")、"门第"("政治社会情况与文士地位")、"隐逸"("论希企隐逸之风")等尚且是中古史学研究中的由来已久的大题目,那么"拟古与作伪"和"小说与方术"等,则显然是第一次在文学史著作中作为重要的文学"现象"得到论述,这是著者深入史实所得到的重大的文学史之"发现",而不是仅仅依靠任何理论所能窥见的,深刻地体现出了著者的杰出的史识。朱自清对"小说与方术"一章的称赏,良有以也。

所以说,《中古文学史论》是对中古文学史中的重大文学史之"现象"的论述,并以此来凸显这一时期文学的历史发展的风貌、特征和性质,著者的史识之卓越,首先体现在对具有重大文学史意义之"现象"的发现。

文学史"现象"之重要,并不仅仅是因为数量的原因,即某一现象的重复性和广泛性,更主要的是在于这种现象的性质,即王瑶在《中古文学史论》"重版题记"中所谓的"从丰富复杂的文学历史中找出带普遍性的、可以反映时代特征和本质意义的典型现象"[①]。

如果说王瑶的史识是有深刻的思想性和理论修养的,也可

[①] 王瑶:《中古文学史论·重版题记》,《中古文学史论》,北京大学出版社 1998 年版,第3页。

以从他这样对"典型现象"的论说中得到说明。王瑶五十年代初自述,早在三十年代的大学本科期间,他就认真研读过哲学和文学的理论著作:一是"唯物论"的理论著作,"譬如布哈林的历史唯物论,我是花了很大力气读过的,到现在近二十年了,我还能完整地说出他那力量的均衡的公式";二是"读了当时很多的关于文学理论的书籍"。① 据此可证,"典型现象"之说,看似出诸1949年之后的中国大陆的正统文学理论,其实来自王瑶自己三十年代对哲学和文学的理论的研读。对文学史"现象"有此深刻的理论认识,视之为"带普遍性的、可以反映时代特征和本质意义"的"典型"之"现象",所以就不至于迷失在错综复杂、纷繁杂乱的文学史的事实之中,以至于难辨史实之主次、轻重和事件之脉络、方向;《中古文学史论》也正是通过论述这样的文学史"现象",表现出著者的非凡的史识。

"论希企隐逸之风"所论述的就是最具"典型"意义的"现象"。首先论述从东汉到魏晋,社会动乱和政治迫害是士大夫希企隐逸的两大原因,继而论述"魏晋文人希企隐逸之风,也深受着当时玄学的影响",然后论述"经过魏晋玄学的洗礼,由抗志尘表的高士又回到了朝隐(引按,指回到近乎汉代东方朔'以仕为隐'),但除避世全身的消极意义外,又加上了所谓'崇高怀道''心神超越'的追求"。② 这样就不仅说明了"希企隐逸之风"的十分广泛的社会之普遍性,而且更揭示了它所体现的社

---

① 王瑶:《在思想改造运动中的自我检讨》,《王瑶全集》第7卷,河北教育出版社2000年版,第264页。
② 王瑶:《中古文学史论》,北京大学出版社1998年版,第188—210页。

会思想、文化的"时代特征和本质意义"。这样的"现象",显然就是著者所谓的"典型现象"。略感论述不够充分之处在于,深受魏晋玄学影响的希企隐逸之风何以走到高唱"朝隐"的地步? 著者论述的"魏晋玄学重意的理论,其势必然要发展到这一点,于是就有所谓朝隐的说法了"①,固然是关键之处,但恰恰是这个关键之处,论述得似乎不够清晰、透彻,略嫌笼统,没有论及从王弼到郭象的玄学发展的变化,尤其是郭象玄学理论的重大影响。也许著者写作此章的时间,在陈寅恪著名的文章《陶渊明之思想与清谈之关系》发表之前,因而没有能够参照或引用陈寅恪的精彩论述②。当然更不可能看到更晚才出版的余嘉锡《世说新语笺疏》中的相关的深刻论述③。陈寅恪文章中的论述,十分著名,这里就不必引述了,且引述余嘉锡著作中的一般读者相对不太熟悉的这样一段深刻论述,见《世说新语笺疏·言语第二》"嵇中散既被诛"条笺疏:

---

① 王瑶:《中古文学史论》,北京大学出版社1998年版,第201页。

② 陈寅恪:《陶渊明之思想与清谈之关系》一文,最早发表是1945年,由哈佛燕京学社在成都出版单行本。王瑶:《魏晋诗人的隐逸思想》(上)(下),载1946年10月21日、28日北平《新生报》"语言与文学"周刊第1、2期,这是《论希企隐逸之风》第四节的一部分,可见"论希企隐逸之风"一章的写作时间在此之前。参阅《王瑶著译年表》,见《王瑶全集》第8卷,河北教育出版社2000年版,第413页。考虑到陈、王两人文章分别发表在抗战胜利和北归之际,其时出版、发行、流通特殊困难,王瑶北归清华亦是十分费时、艰难,所以"论希企隐逸之风"完稿之前极有可能没有看到陈文。陈平原:《重刊〈中古文学史论〉跋》亦认为没有能够及时参考陈文,见王瑶《中古文学史论》,北京大学出版社1998年版,第445页。

③ 余嘉锡:《世说新语笺疏》,1950年代初完稿,上海古籍出版社1993年版。

《庄子·逍遥游》:"尧让天下于许由,曰:'夫子立而天下治,而我犹尸之,吾自视缺然,请致天下。'许由曰:'子治天下,天下既已治也。'"郭象《注》曰:"夫能令天下治,不治天下者也。故尧以不治治之,非治之而治者也。今许由方明既治,则无所代之,而治实由尧,故有子治之言。宜忘言以寻其所况,而或者遂云治之而治者尧也;不治而尧得以治者,许由也。斯失之远矣。夫治之由乎不治,为之出乎无为也。取于尧而足,岂借之许由哉?若谓拱默乎山林之中,而后得称无为者,此庄、老之谈所以见弃于当涂。当涂者自必于有为之域而不反者,斯由之也。"嘉锡案:庄生曳尾涂中,终身不仕,故称许由,而毁尧、舜。郭象注庄,号为特会庄生之旨。乃于开卷便调停尧、许之间,不以山林独往者为然,与漆园宗旨大相乖谬,殊为可异。……要之魏、晋士大夫虽遗弃世事,高唱无为,而又贪恋禄位,不能决然舍去。遂至进退失据,无以自处。良以时重世族,身仕乱朝,欲当官而行,则生命可忧;欲高蹈远引,则门户靡托。于是务为自全之策。居其位而不事其事,以为合于老、庄清静玄虚之道。我无为而无不为,不治即所以为治也。①

也就是说,玄学也给正始之后的名士们竟然标榜"朝隐"的理论借口,而郭象正是提供这个理论的发明者。王弼和郭象是玄学理论的两位大家,但一前一后相继出现的这两大理论家却有着关键的不同之处,并且这个不同正是关乎人生行事、出处。参照

---

① 余嘉锡:《世说新语笺疏》,上海古籍出版社 1993 年版,第 79—80 页。

汤用彤的深刻分析,可以明了余嘉锡对郭象《庄子注》的批判。一方面,汤用彤也深刻地指出了玄学与魏晋名士的人生观的关系:

> 魏晋名士之人生观,既在得意忘形骸。或虽在朝市而不经世务,或遁迹山林,远离尘世。或放弛以为达,或佯狂以自适。然既旨在得意,自指心神之超然无累。如心神远举,则亦不必故意忽忘形骸。读书须视玄理之所在,不必拘于文句。行事当求风神之萧朗,不必拘于形迹。夫如是则身虽在朝堂之上,心无异于山林之中。①

王瑶的论述与此同意。但另一方面,汤用彤论述的王、郭理论的同异,王瑶的论述中却是忽略了。汤用彤说:

> 王弼与向、郭均深感体用两截之不可通。故王谓万物本于无,而非对立。向、郭主万物之自生,而无别体。王既著眼在本体,故恒谈宇宙之贞一。向、郭既著眼在自主,故多明万物之互殊。二方立意相同,而推论则大异。又王弼既深见于本末之不离,过以为物象虽纷纭,运化虽万变,然寂然至无,乃为其本。万殊即归于一本,则反本抱一者,可见天地之心,复其性命之真。向、郭亦深有见于体用之不二,故言群品独化自生,而无有使之生。万物无体,并生而同得。因是若物能各当其分,各任其性,全其内而无待于外,则物之大小虽殊,其逍遥一也。王言反本抱一,故必得

---

① 汤用彤:《言意之辨》,《魏晋玄学论稿》,人民出版社 1957 年版;引自《魏晋玄学论稿及其他》,北京大学出版社 2010 年版,第 30 页。

> 体之全,则物无不理。若安于有限,居于小成,则虽"穷力举重,以不能为用"(《老子》四章注)。向、郭主安分自得,故物各以得性为至,自尽为极。若全马之性,"任其至分,而无铢毫之加"(《养生主》注),则驽马亦可足迹接乎八荒之表(参看《马蹄篇》注)。驽马之与良骥,得其性则俱济也。①

正是因为这个重要的不同,才有了余嘉锡在《世说新语·言语第二》"嵇中散既被诛"条笺疏中对向秀、郭象(按,通常以为《庄子注》作者乃向、郭二人)的严厉批判。

又,《世说新语·政事》"嵇康被诛后"条:"嵇康被诛后,山公举康子绍为秘书丞。公曰:'为君思之久矣!天地四时,犹有消息,而况人乎?'"②案,"天地四时,犹有消息",出典于《易》:"天地盈虚,与时消息。"山涛之言,看似吐嘱典雅,实则偷换概念,以经典文饰其贪恋富贵权位的思想和行为。余嘉锡《世说新语笺疏》云:

> 所谓"天地四时,犹有消息",尤辩而无理。大抵清谈诸人,多不明出处之义。……涛乃附会《周易》,以为之劝,真可谓饰六艺以文奸言,此魏晋人《老》《易》之学,所以率天下而祸仁义也。③

---

① 汤用彤:《王弼之〈周易〉〈论语〉新义》,《魏晋玄学论稿》,引自《魏晋玄学论稿及其他》,北京大学出版社2010年版,第39页。必须说明,此文最初发表于《图书季刊》新第4卷第1、2期合刊,1943年。

② 余嘉锡:《世说新语笺疏》,上海古籍出版社1993年版,第171页。

③ 同上书,第172—173页。

余氏严厉斥责,义正词严,殆同乎"嵇中散既被诛"条笺疏,大义凛然。然则汤用彤发覆其中之隐义,至为明晰:

> 夫盈虚消息,清谈人士之所服膺。辅嗣为玄宗之始,与此曾再三致意。然其《易》注,于系遁乃曰"遁之为义宜远小人"。于肥遁则曰"超然绝志,心无疑顾"。于观之上九"圣人不在其位"则云"高尚其志,为天下所观"。于泰之九三"时将大变"则曰"居不失其正,故能无咎"。于乾之初九"潜龙勿用"则云"不为世俗所移易"。辅嗣于君子不遇之时,而特重其行义不屈。比于山涛之告嵇绍,不亦胜之远乎。盖玄风之始,虽崇自然,而犹严名教之大防。魏讽死难,汉室随亡。何晏被诛,曹祀将屋。清谈者,原笃于君父之大节,不愿如嵇绍之绵延事仇也。王弼虽深知否泰有命,而未尝不劝人归于正。然则其形上学,虽属道家,而其于立身行事,实仍赏儒家之风骨也。①

王弼是玄风初始的理论家,郭象则属继起之第二阶段的理论家,一前一后,大体上可谓分属为魏末为晋初之不同时代的代表性的玄学之大家。王弼"其形上学,虽属道家,而其于立身行事,实仍赏儒家之风骨也";而郭象则是其玄学思想与立身行事完全归于道家也,并且是彻底调和、混同儒、道之别,完成其十分精致的所谓"朝隐"之人生学说,名教与自然之人生的亦政治的思想冲突,因而完全消失于此。王瑶"论希企隐逸之风"一章,与

---

① 汤用彤:《王弼之〈周易〉〈论语〉新义》,引自《魏晋玄学论稿及其他》,北京大学出版社 2010 年版,第 72 页。

"政治社会情况与文士地位""玄学与清谈"两章,密切呼应,论述亦环环相扣,至为缜密,此处引余嘉锡、汤用彤之说,略为疏证,以明晰其隐义,诚不足以为王著百密一疏而义有未安之病也。

三

更进而言之,"典型现象"之所以能够是"带普遍性的、可以反映时代特征和本质意义"的文学史"现象",还在于它与时代的"政治社会情况",更重要的是与"玄学与清谈"这样的时代之思想、文化,具有深刻联系,所以王瑶在《评林庚著〈中国文学史〉》一文中说:"文学史的努力方向,一定须与历史发展的实际过程相符合,须与各时代的社会生活和思想文化相联系,许多问题才可能获得客观满意的解决。"①这一段话集中体现了王瑶的文学史研究的理论自觉,和他论"典型现象"一样地深刻而精确。

上文曾经提到过王瑶的理论修养问题,这里当随文略谈这个问题的另外一个方面,即王瑶的哲学和文学的理论修养,具有明显的左翼"革命文学"理论的思想特征。"带普遍性的、可以反映时代特征和本质意义的典型现象"一语,其中"普遍性""时代特征""本质(意义)"和"典型(现象)"这四个关键词,就是左翼"革命文学"理论的核心概念;这个思想特征也见诸这里所引述的论"文学史的努力方向"一段话。但我更关心的是,他的这

---

① 王瑶:《中古文学史论》,北京大学出版社1998年版,第412页。

种思想特征的理论修养,不仅没有三十年代左翼"革命文学"理论一度所表现出的那种教条化、机械论的弊端,而且由于严谨的史学训练使得他对"文学史的努力方向"有着完全合乎史学规范、性质的深刻的理论自觉和理论认识。"文学史的努力方向",实际上也就是文学史研究的方向;他的这种理论认识,深刻而准确地表述了他的文学史研究之所以是"史的"之思想,语言的表述方式和概念的使用,虽然具有明显的左翼"革命文学"理论的特征,实则融汇、贯通了此外的思想成分。我以为,他这段话中所谓的两个"(必)须",何尝不可以说是刘勰《文心雕龙》中"文变染乎世情,兴废系于时序"这句名言的现代表述? 王瑶是很赞同刘勰的这句名言的,他在《中古文学史论》中说:

> 我们很同意刘勰的"文变染乎世情,兴废系于时序"两句话,所以我们企图用世情和时序来解释永嘉以后以至晋末宋初的一百年间玄言诗的流行情形。①

其实不仅论玄言诗,《中古文学史论》全书都贯彻了这个思想,并且很有意味的是,"政治社会情况与文士地位""玄学与清谈"两章,不仅统领全书以下各章,大体上可谓是与各章所论述的重大文学史现象密切相关的"世情"和"时序";更进而言之,即使这两章也是从"世情"和"时序"两个方面进行论述的。

"政治社会情况与文士地位"一章,既是论述了"政治社会情况"和"文士地位"这两个问题,也是讨论这两者之间的密切

---

① 王瑶:《中古文学史论》,北京大学出版社1998年版,第261页。

关系。首先,从汉魏战乱到魏晋险恶的政治环境,再到东晋以后各朝偏安江南的内乱外患,深刻地影响了文士的生活和人生,也同样影响了文学的兴废和新变;虽然在这一章中没有直接论述到对文学的影响,但实际上此下各章在讨论不同的文学史现象时,都会回到这一章所论述的问题上来,或者说这第一章就是此下各章论述的一个重要的前提。"曹氏父子与建安七子"论建安文学,其"慷慨""任气"之特征,是因为汉魏战乱之社会特征,此自不待言,而即使山水、田园乃至宫体之南朝诗,又何尝不是因为各朝偏安江南的外患内乱不已的社会、政治环境?个人、家族、政权均是朝不保夕,风雨飘摇,因而有此特殊的人生追求、躲避或沉醉;尤其是宫体诗所表现的对艳异、软媚的病态甚或变态的迷恋,这种唯美趣味之极端颓废的实质,就在于明知危在旦夕而只好得过且过式的苟安于一时之享乐、麻醉。其次,"政治社会情况"的影响,自然是对文士的生活和人生的外在影响;而文士出身,则又受东汉豪族到魏晋以下世族这种门阀社会状态的制约,寒门之士固然"才秀人微",士族弟子如谢灵运、谢朓也身不由己,难逃士族与皇家的政治漩涡,不免死于非命。著者指出:"门阀本身即是文化的保存和继承者"①,"即使文义之事,寒素之士也是很难和豪族争强的"②;世族"一门能文"的现象很是常见,"文义著作,至少也不失为寒士进身入仕的一种手段,很多人都是以此刻苦显名的"③。并且进而这样论述:

---

① 王瑶:《中古文学史论》,北京大学出版社1998年版,第26页。
② 同上书,第27页。
③ 同上。

我们当然不能依作者的门第品评作品的高下,但作者在当时的社会地位却是依他的门阀和官位而定的;文义之事固不能说毫无关系,但确乎是很微,很间接的。我们虽然不能说名门大族出身的人底诗文一定好,但文学的时代潮流确是由他们领导着的。……寒士如果成名了,那就说明他已经钻进了那种士大夫的生活,他虽然出身寒素,但已变成华贵之冑的附庸了。因为一个寒士如果把文义当作进仕的手段,则他的作品一定须受到大家的称赞,那他就不能不用心摹学当时一般的作风和表现内容;也许他的诗文比别人还好,但他只能追随而不能创造一种新的潮流,因为他的身份资望都不够。①

这样,世族的小圈子里互相推赏、彼此唱和,形成一种流行的文学趣味、风气,而寒素之士只能追随、模仿,于是一个时代之文学的总体特征、风格十分明显,作家之间的风格差异却因此而很小。中古文学虽然有不同时代、朝代的文学,但这却是中古文学的总体特征之一。也不是说个性特立的作家完全没有,然而情况只能是特例而已。要么如西晋的左思,诚如《潘岳与西晋文士》中说,"这样的人,还没有登入了像潘、岳一样的生活圈子,自然和他们的作风也就不同了"②;要么如东晋之陶渊明,放弃仕进而归隐田园,他的诗"平淡自然",迥异于当时富丽、雕凿

---

① 王瑶:《中古文学史论》,北京大学出版社1998年版,第27—28页。
② 同上书,第259页。

的诗风,后人称赏不已,然而《诗品》视之为"中品"①。

可见正是因为"一定须与历史发展的实际过程相符合,须与各时代的社会社会和思想文化相联系",《中古文学史论》才不仅是"史的"而不是"诗的"著作,而且作出了对文学史的真切的历史分析和论断,从而体现了著者的卓越的史识。从这个意义上说,史识之卓越与否,也是体现在史论是否切合历史的真实,对历史现象的分析是否如著者所谓的"合乎实际历史情况的论断"。

这里必须说明的是,虽然本文一再以《中古文学史论》之外的书评或自序等材料,来论述、验证本书的"史论"的特征和方法,固然是有"读其书不知其人可乎"之理据,但也应该指出,就在《中古文学史论》之中,恰恰也有与本文所引著者书评、自序中的议论意思一样或相近的话。比如"文人与药"有云,"明白了这种情形,才能了解当时人的心境,才容易理解当时的作品"②;"论希企隐逸之风"中说,"明白了这些现实的社会背景,才能了解魏晋文人为什么那样希企着隐逸的生活"③;等等。这不正是强调"一定须与历史发展的实际过程相符合,须与各时代的社会生活和思想文化相联系"之意吗?

然而,所谓"文变染乎世情,兴废系于时序"也好,所谓"一

---

① 参阅王叔岷《诗品导论》,《钟嵘诗品笺证稿》,中华书局 2007 年版,第 28 页;王叔岷《论钟嵘评陶渊明诗》,《陶渊明诗笺证稿》,中华书局 2007 年版,第 527—538 页。
② 王瑶:《中古文学史论》,北京大学出版社 1998 年版,第 143—144 页。
③ 同上书,第 196 页。

定须与历史发展的实际过程相符合,须与各时代的社会生活和思想文化相联系"也好,如果仅就其理论言说本身而言,似乎偏于注重文学的"外在的"分析和论述。验之于著者的论述,则《文心雕龙》有创作论和文体论,其实是并重文学的"内在的"分析和论述的。那么《中古文学史论》呢?

据实而论,《中古文学史论》著者的努力,似乎略偏于更重视对文学的"外在的"诸方面的论述。"政治社会情况与文士地位""玄学与清谈""文人与药""文人与酒"诸章,显然是从文学"与各时代的社会生活和思想文化相联系"的角度进行论述。这个特征也更清楚地表现在论述诗、文和小说诸章。"曹氏父子与建安七子""玄言·山水·田园——论东晋诗""隶事·声律·宫体——论齐梁诗"三章,合而观之,事实上几乎就是整个中古时期的诗歌史的完整呈现,然而即使这样,这三章对诗歌的论述,主要的也是重在对重要现象的分析,尽管对艺术风格的发展变化和特征,有着清晰、准确的论述,但对诸如五言诗的成熟及其格律化的演变过程和它走向唐代律诗的趋向,这些诗歌史研究中的显学性的问题,著者似乎不太关注。尤其是"玄言·山水·田园——论东晋诗"和"隶事·声律·宫体——论齐梁诗"两章,似乎更是如此,其中几乎没有分析"隶事""声律"的具体的艺术技巧本身,而是着重论述为什么重视"隶事""声律"的"社会生活和思想文化"的原因。"永明声律说的特点是什么呢?"著者这样提出问题来进行分析,先由沈约的议论来说明"声律说的原则是'宫羽相变,低昂互节',方法是所谓的四声八病的规律",接着说明"音韵学的发达,文人们对于音乐声律的爱好"和陈寅恪所谓的"中国文士依据及摹拟当日转读佛经之声"等方面的"促成当时四声八病各种规律凝聚的因素"①,却对四声八病之声律理论的具体内容没有分析和论说,并且声明"我们这里并不想一一诠释,只须知道四声八病的用意是在尽量趋避十字内声调及双声等音韵上相同的因素,使声音的变化繁多错综而已"②。当然,著者更没有论述诗歌创作中究竟怎样讲究声律的艺术实践和形式特征。很显然,著者所关心的是诗歌走向声律的"音韵学的发达""音乐声律的爱好"和"转读佛经至声"等外在的原因。这样论述"永明声律说的特点",是从正面展开论述的,即从沈约的议论开始的。后文又从钟嵘在《诗品》中对声律的批评谈起,从反面进行论述,得出这样的结论:

> 钟嵘是当时反对声病说的人,但由他的这些话中,我们可以说明一件事实,就是诗自完全脱离乐府以后,对于诗的欣赏方法,便由"唱"转变为"吟"了。这就表明诗底音乐性或声调美,不能再像以前"被之金竹"时代的那样凭借一种外加的乐器和乐调来维持了;而必须寄托其音乐于诗底语言文字的本身。这样,这种美的因素便必须让人来慢慢地咀嚼和领会,像以前的行人赋诗一样;因而语言文字的意义和音节,就都显得比以前更重要了。齐梁人热衷于数典用事和声律的形式美,都和这种欣赏诗的吟的方法有关。③

---

① 王瑶:《中古文学史论》,北京大学出版社1998年版,第289—290页。
② 同上书,第291页。
③ 同上书,第292页。

这样从"对于诗的欣赏方法,便由'唱'转变为'吟'了"角度,来论述"齐梁人热衷于数典用事和声律的形式美"的原因之一,确实是一个深刻而确实的阐释。但我们也可以说,这仍然是从诗与"时代的社会生活和思想文化"之"联系"来论述的,是"外在的"论述,而不是对隶事之技巧、声律之形式的分析。

　　虽然我这里的分析,借用了现代文学理论所谓的"外在的"与"内在的"文学研究之说①,但却不表明我同意此说所包含的价值判断,只是借以指出《中古文学史论》的一个方面的特征而已。"外在的"研究自有其与"内在的"研究同样重要的学术价值,一样是必不可少的文学研究的重要方面和方法。我倒是更相信左翼"革命文学"的唯物论之理论修养及其影响,可能使王瑶更偏重于相信"文学史的努力方向,一定须与历史发展的实际过程相符合,须与各时代的社会生活和思想文化相联系",并落实在其中古文学研究的具体实践之中,这才是《中古文学史论》更重视"外在的"文学研究的重要原因。

四

　　强调"文学史的努力方向,一定须与历史发展的实际过程相符合,须与各时代的社会生活和思想文化相联系",这种明确的文学史研究意识,对影响、制约文学的"外在的"诸方面因素的重视,却没有单纯地突出经济状况、生产力水平和阶级关系,

---

① 〔美〕韦勒克、沃伦:《文学理论》,刘象愚译,江苏教育出版社2006年版。

而是广泛考虑"社会生活和思想文化"的各个方面,历史视野更为开阔,思想也更为通达。这很容易让我们想到陈寅恪的魏晋南北朝隋唐史研究。《中古文学史论》中引述陈寅恪的论断达四五次之多①,是引用现代学者之学术成果最多的,超过了对鲁迅、刘师培诸人论述的引用,十分醒目。王瑶晚年《治学经验谈》述及师辈的学术影响时说:朱自清之外——

> 当时听课和接触比较多的教授还有闻一多先生和陈寅恪先生,他们的专业知识和治学方法都给了我很大的影响。②

书里的引述和书外的自述,更重要的是着眼于文学与"各时代的社会生活和思想文化"的多方面的"联系",这三点合而观之,陈寅恪的影响当为王瑶所受到的最大影响,至少不在鲁迅之下。陈平原《重刊〈中古文学史论〉跋》亦言及书里的引述和书外的自述,却遗憾"没有材料证明其写作得到过陈寅恪先生的亲自指点"③;平原君治学严谨而不拘谨,议论尤为通达,大有养士三千而不拘细故之风,何必执意于此"亲自指点"之一端耶?

"政治社会情况与文士地位"论述社会情况,指出曹氏集团"统一中原的经济基础"④、门阀势力"坚固的经济基础"⑤和豪

---

① 王瑶:《中古文学史论》,北京大学出版社1998年版,分别见第125、139、163、196页等。
② 《王瑶全集》第7卷,河北教育出版社2000年版,第216页。
③ 王瑶:《中古文学史论》,北京大学出版社1998年版,第445页。
④ 同上书,第5页。
⑤ 同上书,第13页。

族"资本的雄厚"对商业的"垄断"①,这样的论述,无论概念的使用还是思想的特征,都看似是左翼"革命文学"理论的唯物论、阶级论,实则中古史研究之通例,因为这一时期的典型的"政治社会情况"其实如此,否则不足以论中古时代政治社会之实情,陈寅恪魏晋史论如此,沿此思路研究汉魏南北朝史的后辈学者唐长孺、周一良、杨联陞、余英时、田余庆、王伊同、毛汉光诸家,亦莫不如此,可谓中古史研究之最大学术成就之所在,而绝非左翼史学独擅于此。《中古文学史论》发为此论,有此思想特征和研究思路,既是准确的历史观察,亦得之于陈寅恪中古史研究之杰出范例。若更进一解,也许可以说,王瑶三十年代中期接受的左翼理论之影响,又经过了此后的陈寅恪等师辈的史学影响之熏陶、洗礼,终归于其文学史研究之具体实践,从而成就此《中古文学史论》之杰作。

具体而论,窃以为"小说与方术"一章,极具陈寅恪《桃花源记旁证》之"文史互证"神韵。《桃花源记旁证》论述了《桃花源记》的"寓意",可见作者绝不是不知道小说的文学虚构与寄托的性质,但如果据此而论,仅为文学的研究而已;陈寅恪之史家的历史眼光的独特性在于,以具体的史实来论证作品所反映的当时社会的坞堡、聚族而居的现象,以及民众群体如何躲避战乱以自保的方式,因此将"文史互证"之独特思想和方法发挥得淋漓尽致,如果拘泥或过于执着于文学或史学的观察,难免有所疑

---

① 王瑶:《中古文学史论》,北京大学出版社1998年版,第17页。

问,高明如唐长孺尚且不免于此①,其实是对《桃花源记旁证》的"旁证"之义和陈寅恪的"文史互证"之"真精神",有所误会,其领悟不免犹隔一间。"小说与方术"论述小说的由来与方术之关系,亦犹《桃花源记旁证》考证文学想象的桃花源世界与历史世界中的聚族而居之坞堡的关系;方术的形成有着社会生活、思想文化的各方面原因,亦仿佛聚族而居之坞堡的形成有着各种社会生活、思想文化的复杂关系。中古小说之本体的研究,已不是中古小说史的大题目和新问题,然则"小说与方术"则是大发现和新创获,此乃《小说与方术》发覆千古之未明之史实的学术贡献,能够成此绝大之学术贡献,与陈寅恪"文史互证"的学术思想和方法之启发,我敢断言有着直接的关系。

"小说与方术"绝不是特例,"文史互证"的精神和方法,实乃贯穿整个《中古文学史论》,各章略有或显或隐之别而已。著者坚信"文学史的努力方向,一定须与历史发展的实际过程相符合,须与各时代的社会生活和思想文化相联系",就陈寅恪的学术影响而言,实则"文史互证"之义也。这是本文一再随文论及王瑶文学史思想的几个方面的最后一个方面,亦可谓最后之结论也。

浅学之士,倾心"文史互证",率尔操刀,纯属学术冒险;没

---

① 唐长孺:《读〈桃花源记旁证〉质疑》,《魏晋南北朝史论丛续编》,三联书店1959年版。按,唐氏魏晋南北朝史研究曾受到陈寅恪启发,乃学界共知的学术史事实,但我以为,这个启发是在唐氏对魏晋南北朝社会、政治、文化诸方面研究固有范围之内,并且在"问题意识"上也颇受启发,然则陈寅恪"文史互证"那样的论文,遍检唐氏"魏晋南北朝史论丛"三编,却几无一篇,此令人深思也。

有实学、卓识,难免流于风马牛相及之想当然耳。陈寅恪之所以史识卓然,是以史实了然、史料熟悉为基础的,其文章、专著中的考证,步步为营,有时甚至到了十分繁琐的地步。《中古文学史论》的论证缜密、考证精确,也给我们留下深刻的印象。

"玄学与清谈"一章,论述汉魏之际和魏晋之交这两个关键时期的学术、思想的转变,论证极为明晰,论断十分明确,可谓要言不烦,极尽文章之妙;其中材料的排比、引证和解释的功夫极为了得,否则行文势必拖沓、板滞;但精确的考证,尤其精彩。且看这个论断:

> 由严遵、扬雄,到桓谭、王充,皆对传统的杂有阴阳家言的儒术经生,表示不满。这种对经术的不满态度,即是魏晋玄学发达的直接前导。①

这个结论看似平常,实则大有识见。严遵、王充乃至桓谭,均为汉魏玄学研究所重视,但扬雄,以我有限的阅读范围来看,此前的现代著述,似乎论及的极少;仅在黄侃和汤用彤的文章中,看到对扬雄的意义十分重视的论述②。王瑶对扬雄的重视,是很有眼光的。也正因为如此,他不仅引述扬雄的文章,而且每一次都同时以旁证材料加以证实,比如:

> 扬雄仿易(引按,"易"当为《易》,应该有书引号,疑为

---

① 王瑶:《中古文学史论》,北京大学出版社1998年版,第32页。
② 参阅黄侃《汉唐玄学论》,《黄侃论学杂著》,中华书局1964年版,第482—483页;汤用彤《魏晋玄学流别略论》《王弼之〈周易〉〈论语〉新义》二文,《魏晋玄学论稿及其他》,北京大学出版社2010年版,第35、68页。

印刷错误)作《太玄》,已注重玄,虽然精神与魏晋不同,但不能不说是魏晋的前导。晋常璩《华阳国志·蜀都士女扬雄赞》(引按,当为《华阳国志·蜀都士女·扬雄赞》)云:"其玄渊源懿,后世大儒张衡、崔子玉、宋仲子、王子雍皆为注解,吴郡陆公纪(绩)尤善于玄,称雄圣人。"可见其影响的一般。①

下文又云:

> 《易》本为讲性与天道之书,最富哲理。魏晋时以《易》《老》《庄》为三玄,汉时尊经黜子,所以《周易》的地位更显得重要。扬雄《太玄赋》云:"观大易之损益兮,览老氏之伏倚;省忧喜之共门兮,察吉凶之同域。"已欲混合《老》《易》,讲求玄理,虽然还杂有阴阳术数;所以张衡《与崔瑗书》,谓"披读《太玄经》,知子云特极阴阳之数",班固谓其"《法言》大行而玄终未显",但这的确是魏晋玄学的先驱。②

以考证来确定扬雄的思想史地位,不是仅仅提及而已,可见是对扬雄的特别重视。这是《中古文学史论》中随文考证的例子。

对于更重要的问题,则是以专门的考证来进行论证,不惜以相当的篇幅。同样是在"玄学与清谈"这一章,著者对荆州儒学与汉魏玄学的关系,别具慧眼。先是详细考证荆州儒学的独特性及其意义,得出这样的结论:

---

① 王瑶:《中古文学史论》,北京大学出版社1998年版,第32页。
② 同上书,第33—34页。

> 可知荆州之后定五经章句,皆尊重古文,而更注意于《易》及《太玄》。其详虽不可知,但其新创之意浓厚,为两汉至魏晋学术转变的枢纽,则可断言。①

接着又是经过细密地考证王粲在荆州的学术经历,进一步得出这个结论:

> 王弼是王粲之孙,与刘表、宋忠皆有特殊关系;家学渊源,又得蔡邕的藏书,可知王弼《易注》,正由宋忠易(引按,当为《易》)及太玄(引按,当为《太玄》)之学发展而来。只是他摈落爻象,专门附会义理,注重性与天道的抽象哲理,遂开一代风气而已。②

得出这两个结论的具体考证,限于篇幅,这里就不能引述原文了。我以为,著者之所以这样详细考证,不仅是因为这两个问题十分重要,而且也因为这是此前的玄学研究一直比较忽略或者说是没有充分重视的问题。直至六十年代,牟润孙有所疑议,仅在细节,且文章尚且辟专门一节,以"荆州学派"为题,论述荆州儒学和王粲、王弼学术的特点③。有意思的是,和对扬雄的重视一样,恰恰还是只有汤用彤四十年代初曾经论述过荆州、王粲在玄学史上的重要意义,见《王弼之〈周易〉〈论语〉新义》一文,所谓"王弼之学与荆州盖有密切之关系""荆州学风,喜张异议,要

---

① 王瑶:《中古文学史论》,北京大学出版社1998年版,第35页。
② 同上书,第36页。
③ 牟润孙:《论魏晋以来之崇尚谈辩及其影响》,《注史斋丛稿》(增订本),上册,中华书局2009年版,第174—178页。

无可疑"云云①,原文的具体论证和考证,兹不引述。荆州之学与玄学的关系,诚如现代学者所论,但王僧虔《诫子书》中所谓"且论注百氏,荆州《八袠》,又《才性四本》,《声无哀乐》,皆言家口实,如客至之有设也","《八袠》所载,凡有几家"②,是重要史料,可见齐梁之际曾经就是这样认定的。

王瑶的"史论"得益于陈寅恪史学的启发,自不待言;其重视考证,以求议论合乎准确的史实,亦近乎陈寅恪文章、专著中比比皆是的考证。但是,汤用彤的影响也是确实存在的。不仅上文指出的两点,甚至"玄学与清谈"一章对汉魏和魏晋的玄学发生、发展的论述,都使人想到汤用彤《魏晋玄学论稿》中那些发表于1939年至1943年的文章③。尽管《中古文学史论》中没有引用过汤用彤的文章,似乎也没有人注意过王瑶与汤用彤之学术关系这个问题,但我相信这个判断是准确的,至少是很接近事实的——虽不中亦不远乎? 甚至就此处所论述的考证这个问题而言,似乎也有所取径于汤用彤。陈寅恪常常是大规模地考证,为一个问题而有多方面的仔细考证,且在每一方面又是不厌其烦地同时引证、考释不同性质、来源的材料。比较而言,汤用

---

① 汤用彤:《魏晋玄学论稿及其他》,北京大学出版社2010年版,第60—62页。又,缪钺《王粲行年考》一文中,对荆州儒学和王粲学术的特征,有所论及,原载《责善》第2卷第21期,1942年1月;1945年,钱穆《记魏晋玄学三宗》一文,也认为"王弼之学,原于荆州",论述稍详,原载《中央周刊》,1934年,另见《庄老通辨》,九州出版社2011年版,第412—413页。

② 萧子显:《南齐书》,中华书局1972年版,第598—599页。

③ 参阅《汤用彤著译目录》,见《魏晋玄学论稿及其他》附录,北京大学出版社2010年版,第351—352页。

彤的考证,似乎可以说是精当得多,因而文章也相对要雅洁得多。王瑶重视学术文章的"写法","建议镕义理、考据、词章于一炉"①,那么,甚至考证的"写法"也有取乎汤用彤的文章,并不难理解。

继续讨论《中古文学史论》中的考证这个问题。我对那些散布在各处的具体细节的考证,尤其兴趣盎然。且举几例,在行文结束之际,亡羊补牢,以救本文论说繁琐、文字缠绕之病。其一,考证"服药"与魏晋"重视仪容"时,这样说到何晏:

> 虽然他被人家杀了头,"长寿"一点无法证明;但就他"行步顾影"和"面至白"的漂亮情形,以及服散一事对于后来影响之大说,"颜色和悦"的结果,大概是不成问题的。所以即使单纯地为了"美姿容",也非吃药不可了。②

语言奇峭,语意讥诮,我相信这是毕肖鲁迅《魏晋风度及文章与药及酒之关系》的口吻,鲁迅的影响以至于学术专著中偶有这种演讲、杂文风格的文字,颇堪玩味。

其二,"文人与酒"中说:

> 《世说新语·任诞篇》云:"王孝伯言:'名士不必须奇才。但使常得无事,痛饮酒,熟读《离骚》,便可称名士。'"痛饮酒是增加享受的,读《离骚》是希慕游仙的,这是当时名士们一般的心境;而其背景正是时光飘忽和人生无常的

---

① 王瑶致钱鸿英的信,引自《王瑶全集》第8卷,河北教育出版社2000年版,第318页。
② 王瑶:《中古文学史论》,北京大学出版社1998年版,第153页。

感觉的反应。①

"熟读《离骚》"一句,是《世说新语》各种注本都不得正解的一句;"读《离骚》是希慕游仙的"之说,在这一章中的语境中,言之成立,可为《世说新语》补注。

其三,陶潜名句"采菊东篱下,悠然见南山",其中的"菊",尤其是自道学家的《采莲说》以来,被误解为道德化的形象,于是陶潜之"采菊",就等同乎孔子感叹松柏、郑板桥画竹了。"文人与酒"中除了引述陶潜诗文,还引述六条旁证材料,考证"采菊"原来是为了制作"菊花酒",饮之可以延年②。此说可谓定论,亦足以一扫千古雅兴,令人解颐。吾师任访秋三十年代已在论文中以考证发明此义③。两说前后呼应,足证严肃的考证可使千古史实得以昭然,不期然而有相同的真理之发现、史实之发明。历史之客观性,真的能被"后现代"之历史哲学、哲学阐释学等不断花样翻新的各种"新学"彻底"解构"吗?吾不信也,存疑!

五

《中古文学史论》诚然杰作也。半个多世纪过去了,它仍然是中古文学史乃至思想史和史学史研究充分重视的一部重要学

---

① 王瑶:《中古文学史论》,北京大学出版社1998年版,第169页。
② 同上书,第183—184页。
③ 任访秋:《读〈陶集〉偶识》,见《任访秋文集》之《古代文学研究》卷下,河南大学出版社2013年版,第1353—1354页。

术著作,卓然经典也。余英时论述魏晋思想史,陈寅恪、汤用彤等老一辈学者以下,除唐长孺等极个别学者的著述之外,罕有引用、依据1949年以后中国大陆专著、论文之例,然而其《汉晋之际士之新自觉与新思潮》这篇著名的长篇论文,却是一再注明"参阅"王瑶《中古文学风貌》《中古文人生活》《中古文学思想》,达五次之多①。逯耀东论魏晋史学,"中国的小说最初出于方术与方士"之说,明确注明依据"王瑶《小说与方术》"②。这种在中古思想史、史学史学术领域得到重视的例证,表明《中古文学史论》在文学史研究之外的思想史、史学史研究,亦广受重视。

但是,毋庸讳言,《中古文学史论》亦难免可议之处。余英时《汉晋之际士之新自觉与新思潮》在充分重视《中古文学史论》的同时,也指出:

> 《中古文人生活》论魏晋以下士大夫之避世甚详,但惜其过分着重政治社会背景,而未能自士之内心觉想立论。中古士大夫最重脱落形迹。宅心玄远,故得鱼则忘筌。今之治史者虽当发掘其现实之根源,但亦不宜矫枉过正,而完全忽视

---

① 余英时:《汉晋之际士之新自觉与新思潮》,《中国知识阶层史论(古代篇)》,联经出版事业股份有限公司1980年版,注释42、48、52、61、76,第255、263、266、277、290页。

② 逯耀东:《魏晋对历史人物评价标准的转变》,《魏晋史学的思想与社会基础》,中华书局2006年版,第102页。按,逯氏此文曾收录于台湾版论文集《魏晋史学及其他》(东大图书事业股份有限公司1998年版,第21—34页)中,全文没有注释。

其内在之一面。否则纵得其形象亦必不能心知其意也。①

此说自有其立论之依据,自不待言,亦与本文上一节所论王瑶左翼思想修养与文学史思想之关系,似可互相发明。有意思的是,与余英时评论王瑶恰成对照,钱穆致弟子余英时的信中,批评余英时《汉晋之际士之新自觉与新思潮》一文的不足,其中的第一点,恰恰是余英时批评王瑶时的立论之所在。钱穆说:

> 弟(引按,余英时,下同)原论文正因太注重自觉二字,一切有关政治社会经济等种种外面变动,弟意总若有意撇开,而极想专从心理变动方面立论,但内外交相映,心理变动有许多确受外面刺激而生,弟文立论,时觉有过偏之处。②

也许问题并不在于王瑶论著和余英时文章各趋一偏,而是各有其立论的旨趣。进而言之,我以为,王瑶的这种思想特征,再加上《中古文学史论》写作的历史环境,势必不得不如此也。避难于南国一隅之地昆明,激乎世变,有感于南朝偏安江南,诚如陈平原在《重刊〈中古文学史论〉跋》中所谓"四十年代之所以出现不少关于六朝的优秀著述,当与此'天时''地利'不无关系"③。东晋以下的南朝数国,国力贫弱,不图收复中原,却是君臣共同肆力于玄谈、文学,因而王瑶难以正面肯定晋宋之后的思想和文

---

① 余英时:《汉晋之际士之新自觉与新思潮》,《中国知识阶层史论(古代篇)》,联经出版事业股份有限公司1980年版,注释42,第255页。

② 引自《钱宾四先生论学书简》,见余英时《犹记风吹水上鳞:钱穆与现代中国学术》之"附录",三民书局1991年版,第250页。

③ 陈平原:《重刊〈中古文学史论〉跋》,见王瑶《中古文学史论》,北京大学出版社1998年版,第444—445页。

学,尤其是贬斥齐梁以下雕琢、佞艳的文风,是有其现实原因的。全书第一章"政治社会情况与文士地位"中竟然出现"所以就如同抗战期间后方'平抑物价'一样,门阀的经济势力还是巩固的"一语①,显然透露出著者写作此书时的现实情怀。

实则东晋以下南朝的学术、文化和文学,成就极大,并且开启了中国唐宋学术、文化和文学的新发展,中国的学术、文化和文学亦由此而至于又一登峰造极之境。章太炎《五朝学》以为世人对东晋以下五朝的指责,乃"是以责盈于后,而网漏于前也":

> 粤晋之东,下讫陈尽,五朝三百年,往恶日湔,而纯美不刓。此为江左有愈于汉。徒以江左劣弱,言治者必暴摧折之。不得其征,即以清言为状,又往往訾以名士,云尚辞不责实。汉世朴学,至是而为土梗。且夫鸣琴之政,醇酒之治,所从来非一世也。

所以章太炎进而这样为五朝的"名士"辩说:

> 夫驰说者,不务综始终,苟以玄学为诟。其惟大雅,推见至隐,知风之自。玄学者,固不与艺术文行牾,且翼扶之。……夫经莫穹乎《礼》《乐》,政莫要乎律令,技莫微乎算术,形莫急乎药石。五朝诸名士皆综之。其言循虚,其艺控实,故可贵也。

并且如此论说五朝的"玄学":

---

① 王瑶:《中古文学史论》,北京大学出版社1998年版,第15页。

> 且夫膏粱之性,难正也。终日湛于狗马曲旃之间,不易以玄远,虽日陈礼法,正复为奇,善复为妖也,其侈弥长。栖山泽,厌韭葱葵蓼者,非有玄学,不足以自慰荐。将歆荣华、干酒肉之味,其操不终。五朝有玄学,知与恬交相养,而和理出其性。故骄淫息乎上,躁竞弭乎下。

甚至这样评论五朝的"士大夫":

> 五朝士大夫,孝友醇素,隐不以求公车征聘,仕不以名势相援为朋党,贤于季汉,过唐、宋、明益无訾。①

《五朝学》的这种高度评价,或不免过誉,亦足以辩证历来史论。

钱穆的长篇论文《略论魏晋南北朝学术文化与当时门第之关系》和《读〈文选〉》,亦对南朝的学术、文化、文学和门第、士人,给予高度评价②,与章太炎之论,似无大异,可参阅,限于篇幅,不能详细引述,仅就与这里讨论的问题密切相关者,略作引述。《略论魏晋南北朝学术文化与当时门第之关系》这样评论魏晋南北朝门第、士人文化贡献的历史意义:

> 故在此时代中,政治上虽祸乱迭起,而大门第则依然安静。彼辈虽不关心政事,而政府亦无奈之何。此乃当时历史大病痛所在。然中国文化命脉之所以犹得延续不中断,

---

① 章太炎:《五朝学》,见《太炎文录初编》,引自《章太炎文集》第4卷,上海人民出版社1985年版,第73—77页。

② 钱穆:《略论魏晋南北朝学术文化与当时门第之关系》《读〈文选〉》,《中国学术思想史论丛》(三),联经出版事业公司2002年版,第274—330、161—210页。

而下开隋唐之盛者,亦颇有赖于当时门第之力。①

又云:

> 其间尤值重视者,则应推史与诗二者。盖此二者,尤为当时之新创也。当时史学重心在传述人物,诗则重在人物自身之表现。综合言之,可知此一时代之注重人生。惟其所重,乃在个人,而非群体。故论当时之政治,分崩祸乱,绝无足道;然不得谓当时便无人物,亦不得谓当时人物更无理想,无学术成就。政治虽颓败不振,在民间则仍保有文化与学术之传统,并能自有创辟。在此四百年之大乱世,而著作之多,超前轶后。唐代虽富强,又见称文盛,然据欧阳修《唐书·艺文志序》,唐代学者所自为之著作,仅得二万八千四百六十九卷,拟之此一时期,尚有逊色。今当进而探究其所以然之故,则不得不谓实与当时之门第有甚深之关系。②

即使在"永明体"大盛的梁代,学术、文学之贡献,亦至为盛大;钱穆论萧衍和萧统、萧纲父子一段文字,尤其值得注意:

> 就当时门第传统而言,萧氏父子,皆不失为风流人物,可资模楷。就政治立场言之,读书著书,都成落空。萧氏一门之悲剧,正是此一时代悲剧之缩影。今舍政治而专言门第,专注重当时门第中人之私生活及其内心想望,则萧氏一

---

① 钱穆:《略论魏晋南北朝学术文化与当时门第之关系》,《中国学术思想史论丛》(三),联经出版事业公司2002年版,第268页。

② 同上书,第267—268页。

家,终是可资模楷,堪成风流也。①

"风流""模楷"云云,可谓再三致意,低徊不已。以上议论,都是在列举、考证大量史实的基础上得出的结论,绝非一时兴到之论,凭吊故国,抒发思古之幽情。钱穆另一著作《国史大纲》,可为佐证。诚如余英时所说,"《国史大纲》自然代表了他(引按,钱穆)自己对一部中国史的系统见解"②;但是此书写作于抗日战争时期,也是有为而作,著者在该书《引论》中甚至认为"辄近中国之病,而尤莫病于士大夫之无识"③,然而书中关于南朝门第、士人,却有此结论:

> 然平情而论,南方门第对于当时传统文化之保存与绵延,亦有贡献。一个大门第,决非全赖于外在之权势与财力,而能保泰持盈达于数百年之久;更非清虚与奢汰,所能使闺门雍睦,子弟循谨,维持此门户于不衰。当时极重家教门风,孝弟妇德,皆从两汉儒学传来。诗文艺术,皆有卓越之造诣;经史著述,亦粲然可观;品高德洁,堪称中国史上第一、第二流人物者,亦复多有。而大江以南新境之开辟,文物之蔚起,士族南渡之功,尤不可没。

> 要之,门第之在当时,无论南北,不啻如乱流中岛屿散列,黑夜中灯炬闪耀。北方之同化胡族,南方之宏扩斯文,

---

① 钱穆:《略论魏晋南北朝学术文化与当时门第之关系》,《中国学术思想史论丛》(三),联经出版事业公司2002年版,第304页。

② 余英时:《一生为故国招魂》,《犹记风吹水上鳞:钱穆与现代中国学术》,三民书局1991年版,第9页。

③ 钱穆:《国史大纲》,上册,商务印书馆1993年版,第30页。

斯皆当时门第之功。固不当仅以变相之封建之势力,虚无之庄老清谈,作为偏狭之抨击。①

"乱流中岛屿散列,黑夜中灯炬闪耀"之喻,不当仅仅视之以史笔文辞之美,亦可见著者之赏誉;所论如此,亦不当仅以史论而视之,寓意所在,慨叹于今世也。钱穆"一生为故国招魂"②,持论甚严,犹能如此据实而论,对南朝门第、士人作如此"同情之理解",当为治南朝历史、文化者有所借鉴而且三思也;其所谓"偏狭之抨击",此之谓欤?余英时认为:"《国史大纲》中'南北经济文化之转移'三章尤其有绝大的见识,显示了多方面的史学修养和现代眼光。"③上文所引文字,正是其中一章的结论。

概言之,《中古文学史论》高度评价魏晋思想、文学,而对东晋以下南朝思想、文学,持论甚严,其可议之处,亦当于著者写作之时代、现实,求得一种解释,而不必执着于其左翼思想特征之一端也。

"论希企隐逸之风"一章,极为精彩,将东汉直至整个南朝的"希企隐逸之风"的来龙去脉及其原因,进行了清楚而深刻的论述,甚至从政治险恶、社会混乱的角度对士人的希企隐逸思想有着"同情之理解",例如论潘岳《闲情赋》时说:

> 我们不能用史实来证明这些作者们没有做到这样超

---

① 钱穆:《国史大纲》,上册,商务印书馆1993年版,第309—310页。

② 此语乃借用余英时追忆、评论乃师钱穆所言,参阅余英时《一生为故国招魂》,《犹记风吹水上鳞:钱穆与现代中国学术》,三民书局1991年版,第17—30页。

③ 同上书,第10页。

> 脱,甚至他也根本就没有想尝试地这样去做。因为这种思想既然是当时的主要潮流,作者自会受到社会思想的影响,而且大家既都视此为高,则即使做不到,也无妨想一想。……若由此便断定他们做文章时是故意说谎话,却也不见得。……他们并不是说假话,的确是有这样的想法,由当时一般的社会思想情形,可以得到说明。这些人一面在行动上贪求着荣利,一面却又在思想上想要解脱,这是从他们生活中所产生的矛盾。①

这是十分深刻的见解,也是十分典型的"同情之理解"的历史态度,因为历来对潘岳《闲情赋》都是贬斥的批评。然而也正是在这个论述中,最后一句虽然看似客观的事实说明,实则隐含着批判性的价值判断。再看这个论断的上下文的论述,前面论述了不能不有希企隐逸之想的社会生活的不得已的原因,后面则说:

> 可知即使在诗中所表现的隐逸地希求,也有一个时代的差别。慢慢地把隐逸的忧患背景取消了,单纯地成了对隐逸社会的逍遥超然的欣羡。又慢慢地认为自己目前的从仕,早已然获得了这种抗志尘表的意境,所差少的只是居住山泽的形迹。于是就有的还要再求心迹的合一;有的就认为"迹"是不重要的,干脆便不要迹了;这样就变成了单纯的"朝隐"——"仕"的代名词。这当然是时代的变迁,也是社会的变迁。于是不但隐逸成了太平政治的点缀,同时隐

---

① 王瑶:《中古文学史论》,北京大学出版社1998年版,第205—206页。

逸的希企也成了士大夫生活的点缀。①

这是事实的说明,也是严厉的批判。虽然我们不能否认这是南朝士人的一部分的思想特征,甚至是大部分士人的思想特征,但同时却也不能完全承认这就是南朝全部士人的思想特征,因为这至少不能说明被钟嵘《诗品》认为是"古今隐逸诗人之宗"的陶渊明的思想特征,而著者仅仅以片语说明陶渊明"他所写的与其说是隐逸生活的希求,毋宁说是隐逸生活的本身","他过的已经是隐逸的生活了"②,论述显然是很不够的。我们应当相信,南朝希企隐逸之风中,也确有人因为现实生活的感受而有了真实而深刻的人生领悟,从而达到了一种极高的人生境界,陶渊明是其中的代表,而其他或因为没有留下作品而不为人知,或没有达到陶渊明那样的思想高度。从这个意义上说,余英时批评王瑶"未能自士之内心觉想立论",不是没有道理的。

余英时《汉晋之际士之新自觉与新思潮》所论,在于"汉晋之际",与这里讨论王瑶主要是对东晋以下南朝士人的希企隐逸思想,论述对象有所不同,似不能以之辩证《中古文学史论》的论点。但陈寅恪、朱光潜四十年代论陶渊明,却是可以参考的。陈寅恪《陶渊明之思想与清谈之关系》云:

> 渊明之思想为承袭魏晋清谈演变之结果及依据其家世信仰道教之自然而创改之新自然说。惟其为主自然说者,故非名教说,并以自然与名教不相同。但其非名教之意仅

---

① 王瑶:《中古文学史论》,北京大学出版社1998年版,第209页。
② 同上书,第208页。

限于不与当时政治势力合作,而不似阮籍、刘伶辈之佯狂任诞。盖主新自然说者不须如主旧自然说之积极抵触名教也。又新自然说不似旧自然说之养此有形之生命,或别学神仙,惟求融合精神于运化之中,即与大自然为一体。因其如此,既无旧自然说形骸物质之滞累,自不致与周孔入世之名教说有所触碍。故渊明之为人实外儒而内道,舍释迦而宗天师者也。推其造诣所及,殆与千年后之道教采取禅宗学说以改进其教义者,颇有近似之处。然则就其旧义革新,"孤明先发"而论,实为吾国中古时代之大思想家,岂仅文学品节居古今第一流,为世所共知而已哉!①

此论至为深刻而明晰。由此可见,陶渊明作为"古今隐逸诗人之宗",其思想正是魏晋玄学、清谈之发展的具有积极意义的结果,其"隐逸"的田园生活,既非"太平政治的点缀",亦非"士大夫生活的点缀"。

朱光潜认为,陈寅恪所论"极有见地,只是把渊明看成有意地建立或皈依一个系统井然、壁垒森严的哲学或宗教思想",像一个谨守绳墨的教徒,未免是"求甚解",不如颜延之所说的"学非称师";不仅"曲解了渊明的思想",而且也"曲解了他的性格"。在朱光潜看来,陶渊明"在情感生活上经过极端的苦闷,达到极端的和谐肃穆":

渊明诗中如"结庐在人境,而无车马喧,问君何能尔,

---

① 陈寅恪:《陶渊明之思想与清谈之关系》,1949年哈佛燕京学社在成都出版单行本,引自《金明馆丛稿初编》,三联书店2001年版,第228—229页。

心远地自偏","即事如已高,何必升华嵩","贫富常交战,道胜无戚颜","形迹凭化往,灵府长独闲"诸句,含有心为物宰(引按,似当为"物为心宰"?)的至理;儒家所谓"浩然之气",佛家所谓"澄圆妙明清净心",要义不过如此;儒佛两家费许多言语来阐明它,而渊明灵心迸发,一语道破,我们在这里所领悟的不是一种学说,而是一种情趣,一种胸襟,一种具体的人格。再如"有风自南,翼彼新苗","平畴交远风,良苗亦怀新","鸟哢欢新节,泠风送余善","众鸟欣有托,吾亦爱吾庐","采菊东篱下,悠然见南山,山气日夕佳,飞鸟相与还"诸句,都含有冥忘物我,和气周流的妙谛;儒家所谓"赞天地之化育,与天地参",梵家所谓"梵我一直",斯宾诺莎的泛神观,要义都不过如此;渊明很可能没有受任何一家学说的影响,甚至不曾像一个思想家推证过这番道理,但是他的天资与涵养逐渐使这么一种"鱼跃鸢飞"的心境生长成熟,到后来纯是一派天机。

同样是极其推崇陶渊明的思想境界,立论却似乎走到另外一个极端。所谓"灵心迸发""心境生长成熟"云云,难免夸张而玄虚,明显具有克罗齐思想影响的痕迹。王瑶所谓的"希企隐逸"思想,朱光潜则视为陶渊明心中"理想的境界";认为陶渊明"所景仰的'遗烈'固然自成一境,任他'托契孤游';他所描写的桃花源尤其是世外乐土",其意义在于:

> 我们一般人的通病是囿在一个极狭小的世界里活着,狭小到时间上只有现在,在空间上只有切身利益相关系的人与物;如果现在这些切身利害关系的人与物对付不顺意,

> 我们就活活地被他们扼住颈项,动弹不得,除掉怨天尤人以外,别无解脱的路径。渊明像一切其他大诗人一样,有任何力量不能剥夺的自由,在这"樊笼"以外,发现一个"天空任鸟飞"的宇宙。……渊明打破了现在的界限,也打破了切身利害相关的小天地界限,他的世界中人与物以及人与我的分别都已化除,只是一团和气,普运周流,人我物在一体同仁的状态中各徜徉自得,如庄子所说的"鱼相忘于江湖"。他把自己的胸襟气韵贯注于外物,使外物的生命更活跃,情趣更丰富;同时也吸收外物的生命与情趣来扩大自己的胸襟气韵。这种物我的回响交流,有如佛家所说的"千灯相照",互相增辉。所以无论是微云孤鸟,时雨景风,或是南阜斜川,新苗秋菊,都到手成文,触目成趣。渊明人品的高妙就在有这种深广的同情;他没有由苦闷而落到颓唐放诞者,也正以此。①

此论亦不免有些玄远,实则试图从哲学的高度揭示了陶渊明思想和人品的卓越。我们知道,萧统、颜延之等同时代人十分欣赏陶渊明诗文、人品,原因恐怕也正在于此。由此可见,陶渊明的诗风虽然不合时代风气,但他的思想、人品也不是完全孤立绝世的,萧统、颜延之等人的欣赏,表明那个时代的思想,并不完全是消极、颓废的,似不宜如《中古文学史论》论东晋以下的南朝思想、文学那样严厉批判,孤立地突出一个陶渊明来予以肯定。朱自清在为萧望卿《陶渊明批评》一书作序时说:

---

① 朱光潜:《诗论》,正中书局1948年版;《朱光潜全集》第5卷,中华书局2012年版,第244—250页。

> 陶诗显然受了玄言诗的影响。玄言诗虽然抄袭老庄,落了套头,但用的似乎正是"比较接近说话的语言"。因为只有"比较接近说话的语言"才能比较的尽意而入玄;骈俪的词句是不能如此直截了当的。那时固然是骈俪时代,然而也未尝不重接近说话的语言。《世说新语》那部名著便是这种语言的记录。这样看,渊明用这样语言来作诗,也就不是奇迹了。他之所以能够超过玄言诗,却在能摆脱那些老庄的套头,而将自己日常生活体验化入诗里。钟嵘评他为"隐逸诗人之宗",断章取义,这句话是足以表明渊明的人和诗的。①

可见玄言诗还是具有成就了陶渊明诗的重要意义,完全否定玄学、清谈和玄言诗,是不能说明陶渊明诗的杰出的思想、艺术的成就和特点的。

论东晋以下的南朝思想如此,论东晋以下的南朝文学亦当如此。

《中古文学史论》对东晋以下的南朝文学,批判甚严,集中批判其作品所表现的避世、颓废的思想和讲究辞藻、典故、声律的技巧,并且像论南朝思想只是孤立地肯定陶渊明的思想那样,孤立地肯定谢灵运、谢朓、庾信、鲍照与同时代创作风气的不同或差异,却不是把这些作家的成就看作超越时代的同时也是时代风气演变的结果。限于篇幅,这里仅以"山水""声律"二事为例,略作说明。

---

① 朱自清:《〈陶渊明批评〉序》,引自萧望卿《陶渊明批评》,开明书店1947年版,第1—2页。

"隶事·声律·宫体——论齐梁诗"一章,对齐梁诗的批评极其严厉,开篇即云:

> 我们可以这样说,对偶和数典用事的追求,是要求一种建筑雕刻式的美;辞采声色和永明声律的调谐,是追求一种图画音乐式的美;而题材逐渐转换到宫闱私情,则是追求一种戏剧式的美。虽然这种美都是浮肿的,贫血的,堆砌的,和病态的;但都是宫廷士大夫生活堕落的象征和自然表现。他们要求刺激,但也要求在这里能显示出他们的风流高贵和学问渊博。这样,正如同魏晋以后政治上的逐渐萎缩一样,文学的发展也是直线型的堕落,"采缛"和"力柔"都在急剧的量变;从这些地方来观察,永明体和宫体的出现,不都是很自然的现象吗?①

并且认为:

> 于是,很自然地,顺着山水诗以来"极貌写物"的注意声色的方向,进一步便凝聚到了永明体的声律说。②

这是对"山水诗"和"永明体的声律说"的批评。然而,从宋之谢灵运到齐之谢朓,他们的山水诗,发现自然、书写自然不仅具有很高的艺术成就,而且开启了中国诗的一个广大的艺术新天地。对此,文学史研究已有基本的肯定,兹不必一一引述,且引朱光潜论中国"自然诗"时的论述:

---

① 王瑶:《中古文学史论》,北京大学出版社1998年版,第283—284页。
② 同上书,第288—289页。

> 自然比较人事广大,兴趣由人也因之得到较深广的义蕴。所以自然情趣的兴起是诗的发达史中一件大事。这件大事在中国起于晋宋之交,约当公历纪元后五世纪左右;在西方则起于浪漫运动的初期,在公历纪元后十八世纪左右。所以中国自然诗的发生比西方的要早一千三百年的光景。一般说诗的人颇鄙视六朝,因为这是一个最大的误解。六朝是中国自然诗发轫的时期,也是中国诗脱离音乐而在文字本身求音乐的时期。从六朝起,中国诗才有音律的专门研究,才创新形式,才寻新情趣,才有较精妍的意象,才吸收哲理来扩大诗的内容。就这几层说,六朝可以说是中国诗的浪漫时期,它对于中国诗的重要亦正不让于浪漫运动之于西方诗。①

朱光潜这里所谓的自然诗,就是六朝的山水诗;而其所谓"从六朝起,中国诗才有音律的专门研究",就是正面肯定永明体诗讲究声律在中国诗的艺术发展史上的重要意义。这段论述,可以说是对东晋以下的南朝诗的前所未有的高度肯定。

刘师培《中国中古文学史讲义》总论南朝文学云:

> 要而论之,南朝之文,当晋宋之际,盖多隐秀之词,嗣则渐趋缛丽。齐梁以降,虽多侈艳之作,然文词雅懿,文体清俊者,正自弗乏。斯时诗什,盖又由数典而趋逐句,然清丽秀逸,亦自可观。……至当时文格所以上变晋宋而下启隋

---

① 朱光潜:《诗论》,正中书局1948年版,第71—72页。

唐者,厥有二因:一曰声律说之发明;二曰文笔之区别。①

刘师培所论南朝文学特征与历史变化,辨析至为清晰而简要,这是和王瑶《中古文学史论》大体相同之处,所不同的是评价:刘师培和王瑶一样批评南朝文学"渐趋缛丽""多侈艳之作""数典而逐句",但他却同时下一转语曰"然文词雅懿,文体清俊者,正自弗乏""然清丽秀逸,亦自可观",这则是王瑶所没有肯定的。并且,刘师培在这个总论中还充分肯定了"声律说之发明"和"文笔之区别"的"上变晋宋而下启隋唐"的文学史意义。刘师培对"声律说之发明"进行了专门论说,其结论云:

> 此即永明声律论之大略也。《南史》以为"弥为丽靡",《诗品》以为"转伤真美",斯固切当之论。然四声八病,虽近纤微,当时之人,亦未必悉相遵守。惟音律由疏而密,实本自然,非由强致。试即南朝之文审之,四六之体,粗备于范晔、谢庄,成于王融、谢朓,而王、谢亦复渐开律体。影响所及,迄于隋唐,文则悉成四六,诗则别为近体,不可谓非声律论开其先也。又四六之体既成,则属对日工,篇幅亦趋于恢广,此亦必然之理。试以齐梁之文上较晋宋,陈隋之文上较齐梁,其异同之迹,故可比较而知也。②

这是对齐梁声律论的精确之论,后来学者多有论说,然则似未有出乎其右者也。

黄侃《文心雕龙札记》论"声律",析义精审,对沈约的声律

---

① 刘师培:《中国中古文学史讲义》,上海古籍出版社2006年版,第87页。
② 同上书,第92页。

说有所批评,而没有全部否定:

> 即实论之,文固以音节谐适为宜,至于襞积细微,务为琐屑,笑古人之未工,诧此秘为独得,则亦贤哲之过也。……观夫虞夏之籍,姬孔之书,诸子之文,辞人之作,虽高下洪细,判然有殊,至于便籀诵、利称说者,总归一揆,亦何必拘拘于浮切,龂龂于宫商,然后为贵乎?至于古代诗歌,皆先成文章,而后被声乐,谐适与否,断以胸怀,亦非若后世之词曲,必按谱以为之也。自声律之论兴,拘者则留情于四声八病,矫之者则务欲蠲废之,至于佶屈塞吃而后已,斯皆未为中道。善乎钟记室之言曰:文制本须讽读,不可蹇碍,但令清浊通流,口吻调利,斯为足矣。斯可谓晓音节之理,药声律之拘。①

此诚通达之论。刘永济《文心雕龙校释》亦云:

> 大抵沈约以前,潘陆之文,已渐入整炼,是时四声尚未分也。沈约以后,四声既分,禁忌遂众。故宫商律吕,来陆厥之责难,鹤膝蜂腰,致钟嵘之非笑。徐庾继作,益加谐美,而唐人律体,沿之遂生。平心论之,文贵有声,声贵调协,岂可以前人所未知,讥后人为妄作?但用之者首重切情,必使诵者无佶屈聱牙之病,闻者有声入心通之妙,斯为至善耳。②

此说似沿袭黄侃之论而来,而"唐人律体,沿之遂生"一语,可补

---

① 黄侃:《文心雕龙札记》,花神出版社2002年版,第138—139页。
② 刘永济:《文心雕龙校释》,中华书局1962年版,第125—126页。

黄侃之论尚未明言之义。要之,中国诗于齐梁时代讲究声律,是中国诗艺术发展的必然结果,也使得后来律诗得以出现①,故不足以其流弊而论也。并且,黄侃、刘永济之论,都肯定了钟嵘对沈约声律说的批评,可见即使是在齐梁时代,有识之士也不是认同并遵守声律说的。至于刘勰,如黄侃推论:"彦和生于齐世,适当王沈之时,又《文心》初成,将欲取定沈约,不得不枉道从人,以期见誉。"②然则《文心雕龙》以《原道》《征圣》《宗经》开篇,其命意,如刘永济所谓:"盖自然妙道,非圣不彰,圣哲鸿文,非道不立,此舍人以《原道》冠冕全书之故也。纪昀谓'文以载道,明其当然;文原于道,明其本然',语至明确。学者所当深思明辨者也。"③按,引述纪昀评论,或有不当;虽然"语至明确",但刘勰之"道",非纪昀之"道"也。黄侃于此特加辨析曰:"案彦和之意,以为文章本由自然生,故篇中数言自然。……盖人有思心,即有言语,即有文章,言语以表思心,文章以代言语,惟圣人为能尽文之妙,所谓道者,如此而已。此与后世言'文以载道'者截然不同。"④刘勰的文学思想,也是迥异乎当时唯美、形式之风尚的。

诚如是,则《中古文学史论》所论,自有其深刻之处,亦不免苛责古人也欤?

---

① 参阅朱光潜《诗论》之"中国诗的节奏与声韵的分析"三章和"中国诗何以走上'律'的路"三章,正中书局1948年版,第144—181、187—212页。
② 黄侃:《文心雕龙札记》,花神出版社2002年版,第138页。
③ 刘永济:《文心雕龙校释》,中华书局1962年版,第1—2页。
④ 黄侃:《文心雕龙札记》,花神出版社2002年版,第5页。

然而，以王瑶先生的博雅和精审，说他对时贤所称道的这一切会无认识，难免妄下雌黄之讥。或许，同样经历了艰难的南渡而又得以北返的王瑶，对东晋南朝士大夫之唯美而颓废的人生态度和形式至上的审美趣味，委实有切肤之痛，所以他虽然尽可能地给予"同情之理解"，但实在难以予之发自衷心的首肯吧？

作者附记：

本文是纪念王瑶先生百年诞辰之前承钱理群先生之命的"命题作文"。"命题作文"对中国受过专门训练的中学毕业生来说，其实并不难，而本文作为"命题作文"之于我，难在大大超出专业之外！虽然对汉魏南北朝的文史一直持续关注，但毕竟还是因为专业的原因而已，不算是心有旁骛。幸亏有一天忽然"开窍"，把题目确定在《中古文学史论》之"史论"二字，并且窃喜有了这样一个难得的十分讨巧而切题的题目。接下来的问题似乎就很简单了，写作比较顺利，竟然一口气写了三万二千多字！甚至在写作过程中一再体会到废名《寄之琳》中"犹如日，犹如月，/犹如午阴，/犹如无边落木萧萧下——"的诗意！

本文是发表在《中国现代文学研究丛刊》2004年第3期"纪念王瑶先生百年诞辰"专栏上的《中古文学之"史论"与王瑶的学术个性》一文的原文。解志熙先生编辑该期时，只给我预留下一万多字的空间。《中古文学史论》这么重要的著作，万字岂能担当？理直气壮，于是毅然将难题给了解志熙。他辛辛苦苦看稿，改稿，删稿，三万二千字终于变成了一万二千字，题目也改了！"面目全非？不不不，精华还在！"他说。

陈平原先生春节期间"电令"（短信而邮件），将拙文收入纪念王瑶先生的文集，并且追加"电令"（短信）曰"请在原文后加一附记，说明原委"。谢谢平原先生同意我发表原文！"文章是自己的好"之谓也欤？

王瑶与"清华学风"

——兼及《中古文学史论》的方法与意义

张丽华

二十世纪八十年代中后期,王瑶曾在不少场合论及民国时期清华大学的文科学风。在他看来,二十世纪三四十年代的清华文史学者之间,隐约有着某种共通的治学理路,堪称一个"有鲜明特色的学派"[①]。这一议题的提出,既有当时清华大学复办文科系所的现实考量,也与王瑶自身的学术渊源有关。王瑶1934年考入清华大学,1937年因战事中辍回乡,1942年9月在西南联大复学,此后在清华大学度过了十年的学习与研究、教学生涯,直到1952年院系调整清华文科各系并入北京大学。他的两部重要著作《中古文学史论》与《中国新文学史稿》,皆完成于清华时期。在弟子们的回忆中,晚年的王瑶先生常常戏言"我是清华的,不是北大的"。如果结合他关于清华学风的上述论说,并考虑到其晚年对于学术史的

[①] 王瑶:《我的欣慰和期待——在清华大学纪念朱自清先生逝世四十周年、诞生九十周年座谈会上的讲话》(原刊1988年12月10日《文艺报》第49期),《王瑶全集》第8卷,河北教育出版社2000年版,第84页。

兴致与计划①，那么，这一"戏言"，就或许不仅仅只是对青年时代学术生涯的情感眷顾，而是包含了他对当年清华文科学风相当大程度的学理认同。②

　　王瑶提出的这一议题，在二十世纪九十年代以后，尤其是在清华大学陆续重建人文社会科学的背景下，引出了学界不少关于"清华学派"的讨论。论者或延续冯友兰的"释古"说，或上溯二十世纪二十年代的国学研究院，试图为"清华学派"探源穷流、盖棺论定。然而，随着讨论的增多，关于究竟何谓"清华学派"以及这一学派的具体内涵，学者们的见解却日渐纷纭：如曾执教清华哲学系的张岱年强调这一学派的治学特色是"逻辑方法"，而近年史学界的研究者则着眼王国维、陈寅恪所代表的"国际前沿"；另有部分学者干脆质疑严格意义上的"清华学派"是否存在，主张将之归结为一种"会通古今、会通中西、会通文理"的大致倾向。③ 民国时期的清华文科学

---

　　① 参阅陈平原《王瑶先生主持的最后一项学术工作——〈中国文学研究现代化进程〉小引》，孙玉石等编选《王瑶与他的世界》，河北教育出版社2000年版。另，陈平原在近作《八十年代的王瑶先生》(《文学评论》2014年第4期)一文中敏锐地指出，王瑶在八十年代为清华文科招魂和他的提倡学术史研究，实存在着内在联系。

　　② 樊骏在《论文学史家王瑶——兼及他对中国现代文学学科建设的贡献》一文中亦指出了这一点，参阅孙玉石等编选《王瑶与他的世界》，河北教育出版社2000年版，第438页。

　　③ 对目前学界关于"清华学派"的讨论和争议的详细梳理，可参阅孙宏云《"清华学派"的渊源与建构》，桑兵、关晓红主编《先因后创与不破不立：近代中国学术流派研究》，三联书店2007年版，第431—506页。

者,其学术面貌原本就各有特色,而哲学、史学、文学以及其他社会科学的现代学科规训,也正在形成之中;后世论者或基于现实考量,或囿于既定的学科界限,选择的讨论对象不同,自然所见有别,难免言人人殊。

本文试图将这一议题放回到其"始作俑者"——王瑶的论说语境与学术脉络之中来讨论。鉴于"清华学派"已在目前学界的讨论中变得歧义重重,本文选择王瑶自己更为常用的"学风"①一词,以"清华学风"来指称这一议题。这里的"学风",虽然不如"学派"那么界限分明,但它也并非指泛泛意义上的学术气氛或学者的治学态度,仍暗含某种共通的知识观念或广义的学术流派之意。王汎森在其近著《执拗的低音》中,有一章专门论及"风"这一传统的史学观念,在他看来,"风"的作用方式不是遵循简单线性的因果规律,而是"各种介面之间的永不间断地'不能以一瞬'地交互作用(reciprocal)","风"的思维方式是"啄啐同时的","既为某者所塑造,又回过头来塑造它",循环往复。② 这为我们理解王瑶语境中的"清华学风",提供了一种饶有意味、同时也十分恰切的观察方式。关于王瑶在二十世纪八十年代提出"清华学风"的机缘、宗旨及其现实关怀,陈平原已

---

① 与"学派"相比,晚清民国时期的学者更常使用"学风"一词来指称某种共通的学术风尚或治学理念,如刘师培《论古今学风变迁与政俗之关系》、梁启超《近代学风之地理的分布》等。王瑶的用法,庶几近之。

② 王汎森:《执拗的低音——一些历史思考方式的反思》,三联书店 2014年版,第 201 页。

作了很好的辨析。① 本文拟结合王瑶写于 1942—1948 年的《中古文学史论》,侧重从学理上来探讨王瑶自身的治学理路与他所阐发的"清华学风"的内在关联:一方面,将王瑶关于"清华学风"的论述还原至当时的学术脉络与历史语境中,对其概念内涵略作回顾与辨析;另一方面,则透过对"清华学风"的历史还原和整体论述,来探讨王瑶《中古文学史论》的方法与意义,并在此基础上思考和整理王瑶留给我们的学术遗产中尚未被充分发掘的某些面向。

一

王瑶关于"清华学风"的论述,学者多引其 1988 年在清华大学纪念朱自清先生座谈会上的讲话。实则在两年前的《念闻一多先生》中,他已有了成文的表达,并明确将自己的研究与这一学风勾连起来:

> 以前的清华文科似乎有一种大家默契的学风,就是要求对古代文化现象作出合理的科学的解释。冯友兰先生认为清朝学者的治学态度是"信古",要求遵守家法;"五四"时期的学者是"疑古",要重新估定价值,喜作翻案文章;我们应该在"释古"上多用力,无论"信"与"疑"必须作出合理的符合当时情况的解释。这个意见似乎为大家所接受,并从不同方面作出了努力。……闻先生的《诗经新义》、朱

---

① 参见陈平原《大师的意义以及弟子的位置——解读作为神话的"清华国学院"》(《现代中国》第 6 辑,2005 年 12 月)及《八十年代的王瑶先生》二文。

自清先生的《诗言志辨》都是在这种学风下产生的成果。我是深受这种学风的熏陶的,1948年我的《中古文学史论》脱稿,由于研究的时代范围是过去所谓韩愈"文起八代之衰"的"八代",我在"自序"中说:"我们和前人不同的,是心中并没有宗散宗骈的先见,因之也就没有'衰'与'不衰'的问题。即使是衰的,也自有它所以如此的时代和社会的原因,而阐发这些史实的关联,却正是一个研究文学史的人底最重要的职责。"这段话就是当时我对这种学风的理解。①

在此,王瑶已将自家的研究思路和方法与他所理解的"清华学风"之间的关联,和盘托出。其1988年讲话中关于"清华学风"的论述,大体不出这一范畴。

在这两次对"清华学风"的论述中,王瑶均借用了冯友兰关于近代学术史由"信古""疑古"而"释古"的著名论说,来描述其总体特征。徐葆耕在《释古与清华学派》②一书中,接着这一说法,并加以拓展,试图以"释古"来概括包括王国维、陈寅恪、吴宓、冯友兰、朱自清、闻一多等众多清华学者在内的治学风格,这不仅将"清华学派"的外延大大拓展,也使得"释古"的含义略显汗漫。回到王瑶的语境,他在此所举的具体例证,如闻、朱的《诗经新义》《诗言志辨》以及他自己的《中古文学史论》,它们内在的学术理路与"释古"这一抽象概说之间的关系,其实还存

---

① 王瑶:《念闻一多先生》,《王瑶全集》第5卷,河北教育出版社2000年版,第657—658页。

② 徐葆耕:《释古与清华学派》,清华大学出版社1997年版。此书可视为最早讨论"清华学派"这一议题的专书。

在不少有待阐释的空间。《中古文学史论》处理的是"起于汉末,讫于梁陈"这一中古时期的文学史现象,论述范围涵盖中古社会制度、思想文化、文人生活以及文学风貌等各个方面,在学术史上被认为是承接刘师培《中国中古文学史讲义》和鲁迅《魏晋风度及文章与药与酒之关系》之后最重要的中古文学史论著。① 这样一部致力于勾勒和阐发文学史现象的著作,在何种意义上可以与闻一多以考据、释义为主的《诗经新义》以及朱自清着重辨析文学批评概念含义变迁的《诗言志辨》相提并论呢?所谓"释古",如果仅仅按照这里的字面意义理解为"对古代文化现象作出合理的科学的解释",则几乎可以适用于一切以古代文化为对象的人文科学研究。那么,所谓的"清华学风",其独特性又何在呢?要深入并准确地理解王瑶在此概述的这一"学风"的内在理路,我们必须将相关的论述还原到当时的历史语境中,作进一步的探讨。

1930年,冯友兰的《中国哲学史》上册出版,他在《自序》中指出,近年来的中国史学颇有进步,以顾颉刚为代表的"古史辨"派,对于古史的"查无实据"处多有辨正;但他认为"前人对于古代事物之传统的说法,亦不能尽谓为完全错误",并援引官僚查案报告中的"事出有因,查无实据"之语,主张应探讨古史之所以如此的原因——"前人对于古代事物之传统的说法,'正'也。近人指出前人说法多为'查无实据',此'反'也。若

---

① 葛晓音:《王瑶先生对中古文学研究的贡献》,《文学遗产》1990年第4期。

谓前人说法,虽多'查无实据',要亦多'事出有因',此'合'也。"①其日后著名的"信古""疑古""释古"之说,在此已初露端倪。1935年,冯友兰正式提出以"信古""疑古""释古"来概括"近年研究历史学者之三个派别":

> "信古"一派以为凡古书上所说皆真,对之并无怀疑。"疑古"一派,推翻信古一派对于古书之信念,以为古书所载,多非可信。"信古"一派,现仍有之,如提出读经诸人是。"疑古"工作,现亦方兴未艾。"释古"一派,不如信古一派之尽信古书,亦非如疑古一派之全然推翻古代传说。以为古代传说,虽不可尽信,然吾人颇可因之以窥见古代社会一部分之真相。②

二十世纪二三十年代,以胡适、顾颉刚、傅斯年为代表的新派史学在学院里的文史研究中占据着主流地位;秉承着胡适在《整理国故的方法》提出的"宁可疑而错,不可信而错"的态度,顾颉刚以"层累地造成说"为骨干,解释了上古历史的虚构过程,掀起了一场影响深远的"古史辨"运动;这场运动所散布的辨伪精神,不仅涉及上古史,也影响到了当时文史研究的各个领域。③冯友兰的"释古"之论,针对的主要对象,正是这一方兴未艾、被

---

① 冯友兰:《自序(一)》,《中国哲学史》上册,中华书局1961年版。
② 冯友兰:《中国近年研究史学之新趋势》(原刊1935年5月14日《世界日报》),《三松堂学术文集》,北京大学出版社1984年版,第331页。
③ 关于这一新派史学研究理路的整体考察,参见王汎森《价值与事实的分离?——民国的新史学及其批评者》,《中国近代思想与学术的系谱》,吉林出版集团有限责任公司2010年版,第381—468页。

他命名为"疑古"的史学新潮。

将冯友兰的"释古"之说还原到二三十年代的史学语境,不难发现,他这一被后世学术史屡次引用的"三分法",在提出之初,其重心并非用于描述清代以来学术史发展的三个时期,而是指称他所处时代史学研究中并存的三个派别。冯友兰在文章中强调"释古"乃"最近之趋势",并引用黑格尔的辩证法来论证其合理性,目的是为了对抗当时蔚然大宗的"疑古"一派,为自己的哲学史研究张目。① 作为哲学家的冯友兰,对于其当代史学趋势的叙述,其实正如他在一篇演讲中所自嘲的那样,乃是"票友表演"②,并不能作为严格的史学论断来接受;它们与其说是出自史家的归纳,不如说是哲学家理论演绎的结果。这里,"释古"并非如后世论者所理解的那样,与"疑古"处于一种主张"重建"古史还是"推翻"古史的二元对立关系;所谓"释古",是在"疑古"的基础之上,增加对史料进行阐释的维度,用冯友兰自己的话说,是"合"对"反"的关系——虽然前人的古史知识与观

---

① 或许正是因为受到黑格尔历史哲学的炫惑,这一同时并存的"三派别"论,很快就被冯友兰自己发展成了历时的"三阶段"说(参阅冯友兰《近年史学界对于中国古史之看法》,《三松堂学术文集》,北京大学出版社1984年版,第333—337页)。然而,检视冯友兰在不同场合的论述,其三分法所对应的历史时期,其实颇为模糊,它们通常随着讨论对象的不同而发生游移。譬如1934年冯友兰在布拉格第八次国际哲学会议上发言,讲《中国现代哲学》,将近五十年的哲学思想史划分为正、反、合三个时期,其中属于"正"的第一时期,以晚清康有为、谭嗣同的学术为代表;这与他在论述史学研究时的时期划分,便截然不同。

② 冯友兰:《近年史学界对于中国古史之看法》,《三松堂学术文集》,北京大学出版社1984年版,第333页。

念不可尽信("查无实据"),但通过对其之所以如此的思想、社会与时代原因的考察与解释("事出有因"),亦能达到对于部分历史真相的了解("窥见古代社会一部分之真相")。

这一主张背后的学理基础,可追溯到冯友兰对于历史书写无可避免的主观性的认识。他在《中国哲学史》的绪论中,提出了"历史"与"写的历史"的区分:前者指"事情之自身",或称"客观的历史";后者指"事情之纪述",或称"主观的历史"。① 在冯友兰看来,后世史家根据原始史料或二手文献而试图写出与客观"历史"相合的信史,但这一"写的历史"永远也无法与"历史"之实际画上等号②;成就"信史"的困难有三,第一,古书以及金石文字皆可能"书不尽言,言不尽意";第二,史料"多系片段,不相连属",史家必须运用想象,如此即已掺入主观;第三,自然科学可以实验定真伪,然而史家对于史事之假设,因"人死无对证",绝对不能实验。因此,虽然"历史"之实际只有一个,但"写的历史"却必然永远处于不断重写之中。③ 这里,史学家与史料文献的关系,被理解为阐释者面对文本或作品的状况,无论阐释者如何力求客观,终不能达到对于"作品"纯客观的解释。冯友兰这一关于"历史"与"写的历史"的区分,对"疑

---

① 冯友兰:《中国哲学史》,中华书局1961年版,第19页。
② 在此,冯友兰引述了 Max Nordau 的 *The Interpretation of History* 一书中的观点:"客观的真实之于写历史者,正如康德所说'物之自身'之于人的知识。"(《中国哲学史》,中华书局1961年版,第19页)实则冯友兰关于"历史"与"写的历史"的区分,亦来自 Nordau 此书。
③ 冯友兰:《中国哲学史》,中华书局1961年版,第16—21页。

古"史学尤其是"古史辨"的方法论基础构成了重要的修正。①

陈寅恪在为冯友兰《中国哲学史》上册所撰的审查报告中,提出了著名的"了解之同情"的主张。若将冯友兰的上述观点纳入背景,便不难发现,陈寅恪的这番议论其实正是对此而发:

> 盖古人著书立说,皆有所为而发。……吾人今日可依据之材料,仅为当时所遗存最小之一部,欲借此残余断片,以窥测其全部结构,必须备艺术家欣赏古代绘画雕刻之眼光及精神,然后古人立说之意与对象,始可以真了解。所谓真了解者,必神游冥想,与立说之古人,处于同一境界,而对于其持论所以不得不如是之苦心孤诣,表一种之同情,始能批评其学说之是非得失,而无隔阂肤廓之论。②

陈寅恪延续了冯友兰关于"信史"之难的话题,不过扭转了

---

① 罗志田曾撰文分析了罗香林1933年发表的一篇旧文《读顾颉刚先生〈古史辨〉》,根据他的介绍,罗香林此文以"史事的本身"与"写的历史"之区分为分析框架,对顾颉刚的"古史辨"思路进行了学理检讨,认为"从'写的古史'去回复'古代事情的本身'"是办不到的,顾颉刚所整理和探讨的并非"史事的本身",而是"写的古史"之历史——即"传说和记录逐步嬗变的景况"。罗志田指出,罗香林已修正了顾颉刚的主张,将他关于"传说"的具体思路上升为牵涉史学认识论的原则(参见罗志田《〈古史辨〉的时代语境与学理基础——述罗香林少为人知的一篇旧文》,《经典淡出之后:20世纪中国史学的转变和延续》,三联书店2013年版,第28—51页)。通过上面的论述,我们不难发现,罗香林的这一"修正",其分析的理论框架明显来自冯友兰。

② 陈寅恪:《冯友兰〈中国哲学史〉上册审查报告》(原载《学衡》1931年3月第74期,收入冯友兰《中国哲学史》商务印书馆1934年8月版),《陈寅恪集·金明馆丛稿二编》,三联书店2001年版,第279页。

他的消极态度,主张对历史书写者或阐释者的"主观"性——想象力进行正面的规训:通过对古人立说之环境、背景以及对话对象的"真了解",而在"神游冥想"中与古人处于"同一境界",从而作出合理的批评与阐释。虽然立意不同,但对于"历史"与"写的历史"的区分及其背后所包含的史家对于史料之"阐释"关系的认知,陈寅恪与冯友兰则有着相通之处。在这则审查报告的后半部分,陈寅恪重点申述了伪材料亦有真价值的论点,在他看来,当下考据学所热衷于辨别的古书之真伪,不过是相对问题,只要能审定伪材料的时代及作者,并据此说明此时代及作者之思想,则伪材料亦具有真价值。不难看出,这一论述所针对的,同样是当时蔚然大宗的"疑古"、辨伪之学。陈寅恪在此将冯友兰提出的关于"写的历史"所具有的阐释性质,向前推进了一步,即在对阐释主体之阐释行为的历史研究中,亦能见出社会以及思想、文化发展的脉络。① 冯友兰在 1935 年正式提出的"释古"主张中,对于"释古"之于历史研究的意义——"吾人颇可因之以窥见古代社会一部分之真相"的认知,显然是吸收了陈寅恪这一论点的结果。

作为史学家的陈寅恪,对于冯友兰《哲学史》的"史学"品格,未必真心褒扬;然而,在与二三十年代占据主流地位的史学

---

① 葛兆光指出,在文献的运用上,冯友兰的《哲学史》沿用了传统因书系人的方式,而陈寅恪在此提出儒家及诸子经典皆非一时一人之作,主张以"纵贯之眼光,视为一种学术之丛书或一宗传灯之语录"的方法做考古式的研究,这可视为对冯著的另一种批评。参阅葛兆光《"平生为不古不今之学"——读〈陈寅恪集·书信集〉的随感》,《读书》2001 年第 11 期。

新潮的对话中,二者对于史家与史料之间的"阐释"关系却达成了共识,并对历史书写者(同时也是阐释者)的价值立场及其所受时代与环境的制约,有着敏锐的警惕与自觉。这一近于阐释学的历史观念,不仅使得他们对"古史辨"的方法论基础提出了修正,同时也与傅斯年所领导的中央研究院历史语言研究所的"工作旨趣",即以"一切历史学皆是史料学"相号召的近于自然科学的实证方法,拉开了距离,预示着一条通向文史研究的新路径。①

回到王瑶在二十世纪八十年代关于清华学风的论述,我们不难发现,他通过征引冯友兰的"释古"之说所意图表明的,正是这种具有阐释学史观的历史研究方式。王瑶在上述引文中所引的《中古文学史论》自序——"即使是衰的,也自有它所以如此的时代和社会的原因,而阐发这些史实的关联,却正是一个研究文学史的人底最重要的职责",正是这一研究方式的绝好表达。在这篇自序中,王瑶还写道:"作者并不以客观的论述自诩,因为绝对的超然客观,在现实世界是不存在的;只要能够贡献一些合乎实际历史情况的论断,就是作者所企求的了。"②很显然,他在此也共享了冯友兰、陈寅恪所认可的历史书写具有不可避免的主观性质的认识论前提。

---

① 关于陈寅恪与傅斯年史学理论的差异,可参阅德国学者施耐德《真理与历史:傅斯年、陈寅恪的史学思想与民族认同》(社会科学文献出版社2008年版)一书中的相关论述。

② 王瑶:《初版自序》,《中古文学史论》,北京大学出版社2014年版,第10页。

作为1934年入学清华的学生,王瑶对于冯友兰和陈寅恪的上述论说,自然并不陌生①;最重要的是,作为王瑶的业师,朱自清的文史研究也明显带有上述阐释学的印记。朱自清的古典文学研究从文学批评入手,但他所着眼的并非批评史的写作,而是注重对历史上的批评术语之发生、演变作"史迹"的追踪。他出版于1947年的《诗言志辨》原题《诗论释词》,旨在对传统诗论中的四个术语——"诗言志""诗教""比兴""正变"的"本义和变义""源头和流派"作历史的考察,其方法近于今日的概念史研究;这里的"史迹",并非历史事实之发展,乃是概念——以词语为载体的文学批评"意念"在历史中的生成与演变。王瑶在对朱自清的学术研究进行回顾与总结时指出,朱先生的研究虽以"汉学家考辨经史子书"的谨严方式进行,他本人却反对繁琐的死板的考据,其中一个重要的原因是,他认为"绝对的超然客观,事实上是不可能的",考证"必须和批评联系起来,才有价值"。② 这里的"批评",并非是指与历史研究相对的诗学批评,而是指在事实的考据之外,对历史书写者或阐释者的主体立场有自觉的反思。

对于在历史研究中如何有效地沟通古今的不同立场,朱自清在《古文学的欣赏》一文中提出了他的见解:

---

① 根据1935年3月出版的《国立清华大学一览》中《文学院中国文学系学程一览(民国二十三年度至二十四年度)》,冯友兰此时担任清华大学文学院院长及哲学系主任兼教授,他在哲学系开设的"中国哲学史"课程,也是中文系本科生第二年的必修课;此外,中文、史学两系合聘的教授陈寅恪则在中文系陆续开设了"文学专家研究""中国文学中佛教故事之研究"等选修课程。

② 王瑶:《朱自清先生的学术研究工作》,《国文月刊》1948年第71期。

> 人情或人性不相远，而历史是连续的，这才说得上接受古文学。但是这是现代，我们有我们的立场。得弄清楚自己的立场，再弄清楚古文学的立场，所谓"知己知彼"，然后才能分别出那些是该扬弃的，那些是该保留的。弄清楚立场就是清算，也就是批判；"批判的接受"就是一面接受着，一面批判着。自己有立场，却并不妨碍了解或认识古文学，因为一面可以设身处地为古人着想，一面还是可以回到自己立场上批判的。①

这里的"设身处地"，近于陈寅恪的"了解之同情"；而和陈寅恪相比，朱自清更为清晰地表达了对于阐释者之"现代"立场的重视。在朱自清这里，对于古文学的欣赏（包括研究），并不是一个由古及今的推衍或是由今溯古的建构这样的单方面过程，而是包含有古今两种立场的互相对话、融合的双向交流机制。在《诗言志辨》的序言中，朱自清敏锐地指出，近代以来的文学专史或文类史著作，如王国维的《宋元戏曲史》、鲁迅的《中国小说史略》、刘毓盘的《词史》、郑振铎的《中国俗文学史》以及陈中凡的《中国文学批评史》等等，它们的出现，其实皆与西方文化的输入以及新文化运动的勃兴所导致的"文学"意念的改变息息相关——小说、词曲乃至"诗文评"纷纷升格为"文学"的一类。② 在他看来，对古代文学的历史研究与研究者当下的价值

---

① 朱自清:《古文学的欣赏》,《朱自清古典文学论文集》,上海古籍出版社1981年版,第27页。

② 朱自清:《诗言志辨序》,《朱自清古典文学论文集》,上海古籍出版社1981年版,第187页。

立场与文学观念,有着密切的关联。这种对于阐释者主体立场的敏锐自觉,与朱自清以文学批评为对象的治学入口有关——这使得他对于价值、观念这些范畴在历史中的流变有着特殊的敏感;但同时,我们也不可忽视冯友兰、陈寅恪这些清华同事的理论主张与治学理路,对他可能形成的影响或是交互作用。

作为朱自清的多年"亲承音旨"的弟子,王瑶对此自然心领神会。他不止一次地引述了朱自清《古文学的欣赏》中的上述论断,并称自己"对于文学史的看法,和朱先生是完全一致的"①,这一文学史研究理路后来又被他概括为"他的观点是历史的,他的立场是现实的"②,并认为是朱自清的治学精神中最值得效法和崇敬的地方。二十世纪五十年代,王瑶撰写了一系列关于考据学的论文,如《论考据学》《从俞平伯先生对〈红楼梦〉的研究谈到考据》《论考据在古典文学研究中的地位与作用》《鲁迅关于考据的意见》《谈清代考据学的一些特点》等。在王瑶看来,"一直到解放以前……整个的文史之学的研究方向……都属于广义的考据"③,因此,这批文章除了因应当时特

---

① 王瑶:《初版后记》,《中古文学史论》,北京大学出版社2014年版,第353页。
② 王瑶:《朱自清先生的学术研究工作》,《国文月刊》1948年第71期。此文后来编入《念朱自清先生》一文中,发表时这段论述改为了"他的观点是历史的,他的立场是人民的"(《王瑶全集》第5卷,河北教育出版社2000年版,第600页)。
③ 王瑶:《论考据学》,《王瑶全集》第2卷,河北教育出版社2000年版,第442页。

定的政治气候之外,还兼有学术史反思与总结的意味。上述各篇文章的论述重心虽稍有变化,但贯穿其中的一个重要论点是,从乾嘉学者到二十世纪二十年代以后胡适们所提倡的考据之学,虽以纯粹客观相标榜,但所有的考据,从提出假设到选择材料,实离不开"治学者的立场、观点和方法";如果意识不到这一点,纯粹"为考据而考据",则其方法与材料皆受到极大的限制。在1950年所撰的《论考据学》一文中,作为"考据而不囿于考据"的正面说明,王瑶举出的例证恰是两位清华学者的研究:一是陈寅恪的《狐臭与胡臭》,一是闻一多以钩稽古代社会史料的眼光而作的《周易义证类纂》;前者说明在材料不足的情况下,最终的"定论"需依赖于史家展开"了解之同情"的想象力,后者则阐明新方法和新眼光对于考据不可或缺。

陈平原敏锐地指出,王瑶在这一系列论文中对"为考据而考据"的批评,除了因时代的风气对胡适有不公允的评价外,还蕴含了学派之争,即以闻、朱为代表的"清华学派"与胡适为代表的"北大学派"(假如有的话)对考据学的不同看法。① 结合上文的论述,我们不难发现,王瑶这一"学派之争"的内在理路,实延续了包括冯友兰、陈寅恪、朱自清、闻一多等多位清华学者在内的具有阐释学视野的史学观念与研究路径。对于"治学者的立场、观点和方法"的警惕与反思,此后亦成为王瑶诸多论学文章中的重要视点;甚至也可视作其晚年开启"中国文学研究现代化进程"这一学术史研究项目的重要理论契机。在这个意

---

① 陈平原:《从古典到现代——学通古今的王瑶先生》,孙玉石等编选《王瑶和他的世界》,河北教育出版社2000年版,第314页。

义上,所谓的"清华学派",便不仅仅只是在学院建构(如与"北大"相对)的层面上成立,它还包含了一种对于二三十年代以来占据学界主流地位的实证史学(或称"新考据派")之方法与前提所进行的学理反思,在这一反思中所形成的阐释学史观及其"批判"意识,成为不少清华文史学者治学理路中共享的"最大公约数"。王瑶在八十年代所阐述的"清华学风",其真正的学理内涵,实在于此。

二

王瑶的《中古文学史论》撰写于1942—1948年,由十四篇既可自成单元又互有联系的论文组成,分为"文学思想""文人生活"与"文学风貌"三个部分,内容涵盖中古时期与文学发展密切相关的社会史、思想史、文化史以及文学批评与文体变迁的各个侧面。这些论文并非出自系统架构,而是逐年积累的结果。其中,1943年6月完稿的大学毕业论文《魏晋文论的发展》可视为第四篇《文论的发展》的底稿,1946年5月通过考试的题为《中古文学思想与文人生活》的研究院毕业论文,则大致涵盖了本书前两部分的内容,1946—1948年,王瑶在清华大学讲授"中国文学史分期研究(汉魏六朝)"和"汉魏六朝文"两门课程,这一期间他以此书作为讲课的蓝本,同时完成了其余的篇目。关于王瑶这部著作的学术贡献及其"转益多师"的学术渊源,学界已有详尽的论述①;这里,拟延续上文所述的"清华学风"的内在理路,对其整体研究思路与方法,略作辨析,并在此基础上讨论其学术史的意义。

1947年,在导师朱自清的嘱咐下,王瑶为林庚出版不久的《中国文学史》撰写了一篇书评。这篇书评在很大程度上可与陈寅恪的《冯友兰〈中国哲学史〉审查报告》相对读。陈寅恪在《审查报告》开头提出"了解之同情"的主张之后,即笔锋一转,开始批评时人历史研究中的"穿凿附会"之"同情",即研究者"依据其自身所遭际之时代,所居处之环境,所熏染之学说,以推测解释古人之意志",由此导致的结果是:

> 今日之谈中国古代哲学者,大抵即谈其今日自身之哲学者也。所著之中国哲学史者,即其自身之哲学史者也。②

陈寅恪此论,明确指向胡适的《中国哲学史大纲》(即"今日之墨学者")及其所引领的"五四"之后以新文化的眼光来"整理国故"的研究风潮。王瑶在书评中对林著《中国文学史》的批评几乎如出一辙。在他看来,作者用"反映着五四那时代"的"生机的历史观"贯彻了全书,"与其说是用这种观点来解释了历史,无宁说是用历史来说明了作者对旧的不满和对未来的憧憬",

---

① 参阅《王瑶与他的世界》一书中所收陈平原、葛晓音、孙玉石、钱鸿瑛、王依民、樊骏诸文;此外,《中国现代文学研究丛刊》2014年第3期刊出的高恒文《中古文学之"史论"与王瑶的学术个性》、解志熙《"现象比规律更丰富"——王瑶的文学史研究片谈》二文,对此书亦有专门讨论。

② 陈寅恪:《陈寅恪集·金明馆丛稿二编》,三联书店2001年版,第279—280页。

在这个意义上,他将林著的精神与观点,界定为"诗的",而不是"史的"。这里,"诗"与"史"的区分,并非文学的内部或外部研究之别,所谓"诗的",只是对于研究者主体立场太过明显(即太有"成见")的委婉说法,用王瑶自己的话说,即是"作者用他的观点处理了全部文学史……遂使这部著作的特点变成了'诗的'"①。

在《中古文学史论》的"初版后记"中,王瑶明确指出,他在上述书评中所提出的关于文学史研究和写作的意见,也正是他写作此书的态度。② 因此,这篇书评亦可当作《中古文学史论》的纲要文件来阅读。相对于研究者主体意识明显的"诗的"研究方式,王瑶提倡一种尽量摈除先入之见的"史的"方法与态度。他在《中古文学史论》自序中说:"我们和前人不同的,是心中并没有宗散宗骈的先见"③,即开宗明义地表达了这一立场。与刘师培《中国中古文学史讲义》之辨明文笔,以及鲁迅对"魏晋风度"的暗中期许不同,王瑶此书的最大特点是,作者对于中古时期的文学、文化与思想这一论述对象,并没有先在的观念架构或价值判断,中古文学只是以一个"历史的自然分期"进入他的研究视野。他将书名定为"文学史论",意味着不是以今天的观念去重写文学史,而是要秉持"历史的"态度,"对这一时期中文学史的诸现象,予以审慎的探索和解释"④。这一态度与方

---

① 王瑶:《中国文学史》(书评),《清华学报》1947年第14卷第1期。
② 王瑶:《初版后记》,《中古文学史论》,北京大学出版社2014年版,第354页。
③ 同上书,第10页。
④ 同上。

法,表明王瑶的《中古文学史论》与"五四"一代学者的文学史研究范型,已然拉开了距离。

王瑶在 1989 年所撰的《"五四"时期对中国传统文学的价值重估》一文中,对"五四"一代学者整理传统文学的立场、观点与方法进行了全面的探讨和反思。他一针见血地指出:

> "五四"时期的先驱者们既是现代新文学历史的开创者,同时又是传统文学历史的新的解释者……他们对于传统的理解,一定程度上实际也是对他们自身的理解,或者说他们要在对传统的新理解中来发现和肯定自己。①

王瑶准确地抓住了"五四"一代学者文学史研究的共同特质,即站在刚刚建立的"新文学"的观念和立场上,来选择、整理并阐释传统文学资源。在这个意义上,林庚的《中国文学史》,不仅是在文学观念或精神气质上"反映着五四那时代",其处理文学史的方法,无疑也可归入这一"五四"范型。

"五四"文学史研究范型的代表,自然非胡适莫属。他的《白话文学史》所构筑的"古文"和"白话"消长起伏的双线文学史,正是为"文学革命"的价值立场张目的产物。陈平原在论及胡适的文学史研究时指出,三十年代以后,胡适《中国哲学史大纲》的"示范"作用逐渐丧失,但其《白话文学史》所开启的文学史研究模式,尤其是他提出的"文学的新方式都是出于民间"的"文学史通例",却有着更长的学术生命,三十年代以后国人所

---

① 王瑶:《"五四"时期对中国传统文学的价值重估》,《中国社会科学》1989 年第 3 期。

撰文学史著,或多或少都受到影响。① 这一思路的影响,具体到中古文学研究,是乐府研究的繁荣。在上引《"五四"时期对中国传统文学的价值重估》一文中,王瑶举出了胡适为徐嘉瑞《中古文学概论》作序的例子,说明当时文学评价尺度的改变;这提醒我们需将他的《中古文学史论》置于一个更广阔的关于中古文学的前研究背景中来讨论。徐著初版于1924年,全书分为"绪论""平民文学""舞曲""贵族文学""唐代平民化之文学"六编,其中以乐府为代表的"平民文学"占据了绝大部分的篇幅。胡适为此书作序,并充分肯定了徐嘉瑞的观点,"认定中古文学史上最重要的部分是在那时候的平民文学,所以他把平民文学的叙述放在主要的地位,而这一千年的贵族文学只占了一个很不冠冕的位子"②。这一强调"平民文学"的思路,一直影响到三四十年代,乐府研究遂成为这一时期中古文学研究的主流,有一批学术专著相继出现,如黄节的《汉魏乐府风笺》、王易的《乐府通论》、罗根泽的《乐府文学史》以及萧涤非的《汉魏六朝乐府文学史》等。③

在这一背景之下,王瑶的《中古文学史论》对"五四"立场的"反抗"意味十分明显:其起首第一章"政治社会情况与文士地位",便是从魏晋的门阀势力在政治经济及文化上的特权着眼,

---

① 陈平原:《中国现代学术之建立》,北京大学出版社1998年版,第186—202页。

② 胡适:《中古文学概论序》,徐嘉瑞编著《中古文学概论》,亚东图书馆1924年版,1925年再版,第8页。

③ 参阅葛晓音《王瑶先生对中古文学研究的贡献》,《文学遗产》1990年第4期。

论证当时文士的地位皆依其门阀与官位而定,因此断定文学潮流的推移变化皆起于名门贵胄,而寒素出身的人只能追随;这一论断也成为一种标准,左右着王瑶对于这一时期"文学史的诸现象"的选择。此书各章的讨论对象,无论是讨论"玄学与清谈"还是"文人与药""文人与酒",或者评论"建安七子""西晋文士",直至玄言诗、宫体诗乃至骈文等等,大部分皆属于上层士大夫群体的文化、生活或者文体范畴。其中,"乐府"只占了非常微弱的篇幅,且从来没有作为正面的论述对象。作者只是在论及建安时代五言诗的成就时,才对关系密切的乐府略有涉及,且评价尺度极有分寸:只强调乐府在形式上的贡献,即句法辞采的质朴有力,至于促使诗歌由"言志"到"缘情"的转变,以及诗中慷慨悲凉的美学,则更多的仍要归功于文人传统以及乱离的社会现实;西晋之后,乐府和诗的界限逐渐远隔,这一"平民文学"的身影,也就在王瑶的文学史讨论中完全隐去了。

　　王瑶的这一选择并非偶然,也不仅仅是出于学术上的趋避(如针对同时期西南联大萧涤非的《汉魏六朝乐府文学史》);事实上,这种与"五四"文学史研究范型进行对话的自觉意识,在他的导师朱自清那里,已经有所表露。在上文述及的《诗言志辨》序中,朱自清已洞悉了鲁迅、郑振铎等学者文学史研究背后的新观念与新视野;在这篇序言中,他还将自己廓清"诗言志"的目的,指向了当时另一位新文化人周作人的文学史建构:

> 现代有人用"言志"和"载道"标明中国文学的主流,说这两个主流的起伏造成了中国文学史。"言志"的本义原跟"载道"差不多,两者并不冲突;现时却变得和"载道"对

立起来。①

"言志""载道"的起伏说,出自周作人1932年的《中国新文学源流》。此书虽与胡适的《白话文学史》立论有异,但背后"一代有一代之文学"的主张以及为"新文学"张目的价值取向,却与胡适的著作别无二致。对于周作人混淆了传统文学批评的"言志"与"载道"的问题,出身清华大学的钱锺书,曾在当时的书评以及此后的著述中,有着不断的争论与辩驳。②朱自清的《诗言志辨》,则通过严谨的概念史梳理,对周作人的这一混淆(同时也是"挪用")进行了廓清。

无论是朱自清的《诗言志辨》,还是王瑶的《中古文学史论》,在与"五四"文学史研究范型的对话与区隔中,不约而同地表现出对于"史的"方法的青睐与认同。朱自清在为林庚《中国文学史》所作的序中指出:"文学史的研究得别的许多学科做根据,主要的是史学,广义的史学"③;王瑶也在书评中强调:"文学史的努力方向,一定须与历史发展的实际过程相符合,须与各时代的社会生活和思想文化相联系,许多问题才可能获得客观满意的解决。"④这种对于"历史的"方法与态度的强调,与上文

---

① 朱自清:《诗言志辨序》,《朱自清古典文学论文集》,上海古籍出版社1981年版,第190页。

② 关于这一问题的讨论,可参阅张丽华《现代中国"短篇小说"的兴起——以文类形构为视角》,北京大学出版社2011年版,第8页,及附录一:《通向一种"参差对照"的史观——对钱锺书、周作人之争的再思考》。

③ 朱自清:《什么是中国文学史的主潮——林庚著〈中国文学史〉序(四)》,《朱自清古典文学论文集》,上海古籍出版社1981年版,第13页。

④ 王瑶:《中国文学史》(书评),《清华学报》1947年第14卷第1期。

所述的为陈寅恪、朱自清等清华文史学者所共享的阐释学史观之间,并不矛盾。恰恰是对于历史书写者或阐释者所具有的主观性的警惕与自觉,他们才会不约而同地对"五四"学者以"今"推"古"的研究方式提出批评,并将自身作为研究者主体的知识观念与价值立场相对化,在此基础之上,对于历史的相对客观的考察与探索,才成为可能。

《中古文学史论》有一章题为"文体辨析与总集的成立",其中王瑶提出了一个重要论点,即认为魏晋以来辨析文体风气的盛行,与总集的发展有不可分离的关系。近年来,从总集编撰这一文化史的角度去讨论文体观念的演变,成为中国文体学与文体史研究的一个热点①,王瑶的这一洞察,颇有先见之明。传统的文章辨体之学,在晚清以来新式教育的兴起以及现代"文学"观念的普及之后,逐渐式微,连同文体本身,亦被视为是"拘于形貌"的分辨,对于文学研究而言不再重要。王瑶的观念并没有超出他的同时代人,同样认为这种看重形式的文体辨析在文学理论上不太重要,然而,魏晋文论的发达却是事实,在他看来:

> 这种理论运用在文学批评上是否合理,那是一个价值问题。但中国文论之受这种理论的影响,却是一个存在的史实。②

因此,"即使由现代的观点看来没有什么价值,事实也使我们不

---

① 参阅吴承学、何诗海编《中国文体学与文体史研究》,凤凰出版社2011年版。

② 王瑶:《中古文学史论》,北京大学出版社2014年版,第97页。

得不由历史上去寻求它之所以如此的解释"①；他的颇具洞见的结论,即来自对于事实关联的敏锐观察:总集发展的时代,恰好和文论发生和发展的时代相符,不少文体辨析家(如挚虞、李充、任昉等),乃是从选家和目录家的态度出发的,而这也在很大程度上决定了当时文体理论的样态。在对文学史现象的解释中,这种将(后设的)价值与(历史的)事实谨慎分离的态度,使得王瑶的《中古文学史论》具备了十分鲜明的"史的"品格,这也是王瑶能够超越自身观念的局限,提出直到今天仍具学术生命力的论断的重要原由。

不过,强调"价值"与"事实"的分离,并不是要放弃"史识"回到"史料"的立场。我们必须注意,朱自清和王瑶对于"史的"方法的强调,是在批评林著文学史的背景中提出来的;在他们的文学史研究方法论中,如上文所述,还有对以自然科学的实证方法为诉求的纯粹考据学的反思和批评。文学史的对象,与自然科学的不同,它必然包含有书写、批评以及解释等"主观"因素;所谓对于文学现象的"历史的"阐释,除了摒除先见,寻求文学现象与特定的社会、思想与文化现象之间的"事实关联"之外,还包括将一个时代普遍的价值观念与阐释者的批评尺度,也一并置于历史的脉络中来讨论,这才是陈寅恪提倡的"了解之同情"或朱自清强调的"知人论世"的真义。陈寅恪在《读莺莺传》一文中,通过对唐代社会风俗的分析——"唐代社会承南北朝之旧俗,通以二事评量人品之高下。此二事,一曰婚。二曰宦。

---

① 王瑶:《中古文学史论》,北京大学出版社2014年版,第90—91页。

凡婚而不娶名家女,与仕而不由清望官,俱为社会所不齿"①,以及对唐代传奇文之"文备众体"的文类成规的发覆,从而对元稹的行为与《莺莺传》最后屡受诟病的"忍情"之说,提出了合理的解释与评价,堪称"了解之同情"的阐释范例。

王瑶对于陈寅恪的这一历史阐释法,显然有着会心的领悟。其《中古文学史论》中"拟古与辨伪"一章,正是这一历史阐释法的绝好例证。针对魏晋文人中十分盛行的对前代诗文的依托和拟作现象,王瑶首先从当时人"拟以为式"的学习属文的方式、文人间"命题共作"的风气等文化因素入手,揭示"拟古"之风的社会根源;接着便从"当时人对历史和文学的观念与我们不同"的角度,对这一现象提出了颇具说服力的解释:

> 在当时人的看法,"言"本身的重要远超过立言的"人",而且如果自己确信所持的理是"合于"或"近于"所依托的古人的话,则对于古人之言是有发扬作用的,更谈不上盗窃。其动机正如近代人对古书的辑佚工作……他们相信(依托和作伪)这对于流传和对于原作者也是一样有功劳的。近代人的研究古代是理智的,而他们的思古却是感情的。②

在王瑶看来,由于魏晋文人并不具备后世文学与历史观念中的"作者"和"时代"意识,他们的种种依托和拟作现象,只是为了拟古和补亡,而并非故意作伪欺世。这一解释方式,正合于陈寅

---

① 陈寅恪:《陈寅恪集·元白诗笺证稿》,三联书店2001年版,第116页。
② 王瑶:《中古文学史论》,北京大学出版社2014年版,第236页。

恪的"了解之同情"的宗旨:对古人的"同情",恰恰是因为对其所属时代的普遍观念与今日的不同有了"真了解",才得以达成的。这与"五四"学者从自身的观念出发去选择和提取"传统",形成了鲜明的对比;在这一研究中,我们自身"习焉而不察"的"文学"与"历史"观念,恰恰被最大程度地"相对化"了。

除了注意到"文学"与"历史"观念本身在不同时代的涵义变迁之外,对于文学批评的价值风尚、观念形态在历史中的流变,王瑶也有着特殊的敏感;这里,除了陈寅恪的历史阐释法之外,我们亦可见出朱自清的文学批评研究对王瑶的深刻影响。在《中古文学史论》中,对于后世评价较高而在当时却未必具有代表性的作家,如钟嵘、左思,王瑶皆能还原到当时的批评风尚与价值观念中,给予正当的位置与评价。在论述西晋文学风貌时,王瑶以潘岳和陆机作为代表;针对后世对左思的评价高过陆机的情况,他解释说:"因为后来时代变了,所以看法也就不同了","就文学史说,当时所公认的好的标准,是轻绮巧丽,而不是如左思的'得讽喻之致'"。[①] 因此,虽然就诗而论,后世论者认为左思的作风比潘、陆的雕章琢句要好得多,但这一时代的文士代表,则仍以潘、陆为宜。这种不断将"后世的观念"与"当时的事实"相分离的做法,在《中古文学史论》中随处可见;这提醒我们,王瑶所面对的"中古文学",并不是一个孤立的、客观的对象,而是有着后世学者不断叠加上去的各种论述的综合体;只有在对这些论述进行考古学式的还原之后,才有可能抵达理想中的接近于本来面目的历史。这种对于历史中的知识观念与批评

---

① 王瑶:《中古文学史论》,北京大学出版社2014年版,第270、272页。

价值进行考古式还原的工作,构成了王瑶的阐释方法中极富张力的一个维度,也是我们完整地理解他的文学史研究方法不可或缺的一个视角。

在王瑶这里,我们可以看到,有一种居于核心位置的对于阐释者主体立场的深刻自觉,无论是在对"五四"文学史研究范型的反思中,还是在他自己的研究中所采用的阐释方法上,阐释者的价值立场与知识观念,始终被他谨慎地"相对化"或者"历史化"地看待;也正是在这里,我们清晰地辨认出"清华学风"对他的"吹拂"与塑造。从这个角度再回到王瑶在二十世纪八十年代论及"清华学风"时对冯友兰"释古"之说的引述,"清朝学者的治学态度是'信古'……'五四'时期的学者是'疑古',要重新估定价值,喜作翻案文章;我们应该在'释古'上多用力",我们不难发现,尽管它已远离了冯友兰提出此说的原初涵义,但就超越"五四"时期"重估价值"式的文学史研究而言,这一关于"清华学风"的学术史描述,却道出了部分的历史的真实。

"五四"一代学者,在文学革命的背景下,需要通过清理传统来重新发现和肯定自己,因此不约而同地从自己的立场出发去构筑文学史,由此所呈现的文学史图景,无论是"进化说",还是"循环论",皆不脱历史目的论的色彩,用王瑶的话说,"他们在传统文学中所发现和肯定的价值特点,也正是体现在他们所创造的新文学中的基本特征"[①]。相比之下,包括王瑶在内的这批清华学者的文史研究,则对历史保持了一种更为开放的态度。

[①] 王瑶:《"五四"时期对中国传统文学的价值重估》,《中国社会科学》1989年第3期。

他们对于文学史与文化史的研究,不再是为了"发现和肯定自己",而是要恢复历史本身多元而复杂的面貌;在与"五四"学者文学史论述的"对话"中,他们皆警惕不要用现代的观念去选择和规范传统,而是试图采取一种近于客观的"历史的"阐释方式,从而提出更能符合实际情形的解释。

无独有偶,王瑶的"文学史论"之外,这一时期朱自清的《诗言志辨》以及陈寅恪的《元白诗笺证稿》,也皆以"辨"或"笺证"这样的阐释形式出现,而不是"五四"学者所习惯的"文学史"结构模式。他们所实践的谨慎的历史阐释法,为突破"五四"以来影响深远的目的论式的文学史论述,提供了可能:在此,研究者当下的观念与立场,并不具备必然的真理价值,相反,它们时刻与历史中的观念形成辩驳与对话关系;在这一古今不同立场与观念相互对话、融合的双向交流机制之上,文学史的发展,不再只是一个仅仅朝向自身的立场或者现代的目标进行的绝对过程,而可能被想象为一个充满了观念的交叠、断裂或者是反复地擦拭而又累积的空间。在这个意义上,王瑶的《中古文学史论》以及四十年代这批清华学者的文史研究,对于我们今天的研究而言,仍然有着丰富的启示意义。

可惜的是,在《中古文学史论》完成之后,王瑶很快就转向了《中国新文学史稿》的写作,而这乃是一部"运用新观点,新方法"[①]的教材,此后作为教条的历史唯物主义,便成了研究者不容置疑的观念架构与价值立场。不过,王瑶在《中国新文学史

---

① 王瑶:《〈中国新文学史稿〉初版自序》,《王瑶全集》第3卷,河北教育出版社2000年版,第30页。

稿》中对原始文献的大量引证，他在二十世纪五十年代对考据学的批评，以及他屡次申明的过去的文学史"就像唐人选唐诗"①的论点，仍然为我们留下了关于上述研究理路的一些可辨认的蛛丝马迹；而他在二十世纪八十年代关于"清华学风"的论述，则为我们提供了宝贵的线索，让我们终于有机会返回历史的渊茂丛林，一探究竟。

（初刊《北京大学学报》2014年第6期）

---

① 王瑶：《〈中国新文学史稿〉重版后记》，《王瑶全集》第4卷，河北教育出版社2000年版，第450页；《文学史著作应该后来居上——在〈上海文论〉主持的"重写文学史"座谈会上的发言》，《上海文论》1989年第1期。

大学内外
——建国初期王瑶的新文学史写作[①]

孙晓忠

一 大学与经典构成

1951年,国家建设急需人才,大学开始改革,全国各高等院校首先进行课程改革,随着院系调整逐步展开,大学的等级化被抑制,地方性大学专业化加强,大学和高级人才在全国范围内布局逐步朝均衡的方向发展。作为新中国意识形态生产的最高级场所,大学怎样来办一直是毛泽东最为关心的,此后许多重要论争由他发起,并且多由大学发起也就不奇怪了。随着私立大学和教会大学逐步退出,国家逐步形成统一的大学教育和人才分配制度。调整后的新大学第一步是课程和教材统一,其中内容变动最大的文科教材建设成为当务之急,教师如何来教也是个问题,因此发展新的知识批评体系,提高文科教师的政治水平成

[①] 本文根据作者博士论文的章节修改而成(博士论文完成于2003年1月),感谢导师钱理群先生当年对论文的指导与修改。谨以此文纪念王瑶先生一百周年诞辰。

为建国初大学工作的重点。

如何走近五十年代？当前许多学者通过研究五十年代的档案，过多地强调思想改造运动如何"迫害"了高级知识分子，结果造成了知识分子们"噤如寒蝉"，创作枯竭，这既有悖于五十年代初新中国朝气蓬勃新气象，也不符合历史事实。比如对北大俞平伯的批评，首先要明白，对于建国后仍不断给香港《大公报》等国外报刊写文章的教授，意识形态的管理是必要的。中央一直强调批评思想与保护个人相结合，并且注重不断改进批评方式。批评俞平伯时，就动用了他的老同学、时任九三学社中央主席许德珩做"安慰、鼓励和开导工作"，明确告诉他"批评不会有损失"，尽管受批评，不影响他拿全校最高的工资。问题似乎恰恰不在于高级教授如何受到"压迫"，而是掌握新的马列批评体系的青年教师心虚胆怯，实际上处于弱势，"没有勇气对教授的一些错误的学术观点提出批评，呈现了相当程度的怯战现象"①，联系到《文艺报》压着年轻人批评俞平伯的《红楼梦》研究的稿子，自然能理解毛泽东为什么要站到小人物的一边，批评《文艺报》了。

回到1951年，此时批判电影《武训传》和批判萧也牧的运动刚刚结束，由京津高校兴起的思想改造运动正由教育部推向全国，两年以来，高校教师思想水平虽然有所提高，课程也有了若干改革，但跟不上形势的发展。10月22日新华社向全国发表电讯指出："这种进步和改革还赶不上国家建设的需要，也落后于学生的要求。多数教师虽然在总的政治纲领上已能接受新

---

① 陈徒手：《故国人民有所思》，三联书店2013年版，第3—27页。

民主主义的方针政策，但在教育思想、治学观点、工作作风等方面，还或多或少地保留着欧美资产阶级的思想意识的残余……马克思列宁主义未能在高等教育工作中贯彻。"在京津高校的思想改造动员大会上，周恩来就知识分子如何取得革命立场、观点、方法作了详尽的说明，《人民日报》则要求"必须把革命理论学习和学习者自己的思想意识密切联系起来"，展开批评和自我批评，要求"在学校的教育计划和个人的教学内容、教学方法上能有明确的改革"，随后，《人民日报》《光明日报》和天津的《进步日报》分别刊登了北大校长马寅初的文章介绍北大教师的改造方法，《光明日报》发表清华大学中文系教授吴组缃的文章，对自己过去"钻研业务""不问政治"的态度进行了批判①，大学文艺思想改造就是在这个背景下展开了。

《文艺报》则具体到教学上，开始了关于高等学校文艺教学偏向的大讨论，随后是著名的美学大讨论。同是1951年，周扬在北京文艺界整风学习动员大会上指出，"文艺与人民脱离的一个最严重的现象，是一些高级文艺机关和文艺专门家对广大工农兵群众蓬勃发展、充满生命力的文艺活动没有加以足够的重视和指导。……在我们的艺术学校里，有一种忽视政治学习而片面强调技术学习的偏向"，周扬在这里开始把对文学艺术发展与文学教育联系起来，表现出对"文学"与"教育"关系的特别关注，这背后其实隐藏了更深的问题，即统一的全国性大学文科教育如何办，教材如何来写？

---

① 《京津高等学校教师开展学习运动》（无作者署名），《文艺报》1951年11月第5卷第2期。

首先是文学史如何教？这是历史观的改造，1951年，分管教育的出版总署副署长叶圣陶在第一届出版行政会议上严肃批评知识界和出版界的混乱局面：

> 一本名叫《社会科学初级教程》的书（北京新潮书店），对马克思列宁主义和毛泽东思想做了严重的割裂和歪曲。一本名叫《革命人生观的讲话》的书（大地书店版），把小资产阶级的立场、思想说成无产阶级的立场、思想。一本名叫《历史人物的评判问题》的书（棠棣出版社），作者自称要用"发展或历史主义的观点"来评判历史人物，实际上却采用了非历史主义的"以古例今"的错误的方法。……有这么一位作者把本质是胡适之的《白话文学史》之类的文学史说是根据辩证唯物论写成的《中国人民文学史》。有这么一位作者把比不上章回小说的一本《历史书》叫做《中国人民解放战争史》（天津知识书店出版）。①

看来，社会转型时代的历史往往为不同利益集团争夺、征用，不同的文学史读本如今趁机披上进步的外衣登场，如何来规范历史叙述，如何规范对历史的想象域？这是建国初期新史学兴起的背景，也是新中国文化治理的需要。譬如建国后对革命历史的叙述，革命回忆录的出版或再版都有严格的出版制度，地方出版社不得出版撰写革命烈士的文集或选集、全集②。

---

① 中国出版科学研究所、中央档案馆编：《出版史料》第3卷，中国书籍出版社1996年版，第229页。

② 《关于重要书稿送审和出版的规定》（1965），《中国共产党江西出版史》，江西人民出版社1994年版。

《文艺报》一面主张演新戏,一方面讨论旧戏改革,在周扬和胡乔木的亲自授意下①,以批判杨绍萱的《新天河配》为开端,反对文艺创作中的反历史主义倾向,意识形态不仅需要新的表述,更需要精致的而非粗鄙化的表述方式。而如何培养讲史者和读史者,重塑全民族的集体记忆,大学课堂成为最佳的场所。随着近代大学在中国的兴起,文学史逐渐成为大学文学系主干课程。如果说文学经典涉及的是对文学作品的价值等级的评定,提供一个文化序列,构建"思想秩序和艺术秩序确定的范本"序列②,那么大学的文学史教学无疑在这种秩序排列中起了最重要的作用,与各种选本和推荐"书目"比较,文学史直接地将有关"经典"的知识传授给下一代学生,这些关于经典的知识借助科学话语和大学的权威确立了它不容置疑、不言自明的叙述地位。在中国,新文学史登上大学讲坛,有一个过程,虽然胡适、周作人早在二十世纪二三十年代就开始讲现代文学史,但都带有临时讲演的性质,没有正式进入大学的日常教学活动和课程序列中,因此其实际影响并不大。和旧文学比较,新文学因为不是"学问",一直受到轻视。朱自清1929年春季在清华首开现代文学选修课程,1933年就中断了,到了四十年代,在世界性的战乱和流亡中,新文学一批弄潮儿出于对"现代"文化的失

---

① 根据张光年(光未然)回忆,1950年周扬和胡乔木支持他写文章批评反历史主义的戏剧改革(《与张光年谈周扬》,见李辉《往事苍老》,花城出版社1998年版,第275页)。《文艺报》发起了一次反历史主义的讨论。另参见陈涌《什么是〈牛郎织女〉的正确主题》(《文艺报》1951年10月第11、12期),批评《新天河配》不是叙述反抗天庭而是发家致富。

② 洪子诚:《问题与方法》,三联书店2002年版,第233页。

望,更纷纷转向传统文化。只有到了新中国新文学才被确立为一门学科,而且地位一路攀升,虽然是二级学科,但却达到和古代史一级学科并列的地位。1949年,华北高等教育委员会曾向华北各地高校下达过《各大学专科文法学院各系课程暂行规定》,规定将"培养学生对文学理论及文学史的基本知识"当作中国语文系的任务,《暂行规定》拟订基本课程中的文学史包括"历代及现代"。清华大学1951年课程改革后,古典文学只剩下三门课①。而新文学除了新文学史外,尚有"现代文选"和"写作实习"等配套课程,同时,"新文艺学"课程也和新文学不无关联。

英文中的经典一词"canon"源于拉丁文"kanon",意义为测量仪器的"苇杆"和"木棍",后逐渐引申为规则和法规。在英文中的"canonical"一词翻译为"规范",和"canon"当然有直接的词源关系。按照佛克马的解释,经典指"一个文化所拥有的我们可以从中进行选择的全部精神宝藏"②。"经典化(canonized)"则意味着哪些文学形式和作品,被一种文化的主流圈子接受而合法化,并且其引人瞩目的作品,被此共同体保存为历史传统的一部分"。文学经典总是依附于特定的文化体制,这些制度化因素包括在文学系统中能够发现组织化和管理性的单位,包括"作家协会、图书馆、政府支持、文学批评"等各方面因素③。确

---

① 王瑶:《在思想改造运动中的自我检讨》,《王瑶文集》第7卷,北岳文艺出版社1995年版,第494—505页。

② 佛克马、蚁布思:《文化研究与文化参与》,俞国强译,北京大学出版社1996年版,第36页。

③ 斯蒂文·托托西:《文学研究的合法化》,马瑞琦译,北京大学出版社1997年版,第55页。

立经典的过程就是一个不断剔除筛选的过程,其中大学课堂、现代大学的文学学科规训制度逐渐生产出一整套垄断的知识,它们对于文学经典形成的作用越来越大。正是通过课程设置、教科书的编写、作品的选讲、考试等一系列措施形成了一整套教育机制,文学在这架经典分拣机面前被迅速地分拣,为这个机器设置的程序专门用以判定"什么是'文学',什么是'非文学';什么是'好文学',什么是'坏文学',规定着人民如何想象文学,为社会提供一整套认识、接受和欣赏文学的基本方法、途径和眼光"①。这个程序包括学科规训、专业分工并由此而形成的垄断知识的权力,因此文学教育"是控制语言的权力——决定某些叙述必须排除,因为它们不符合一般认为可以说出的事实。它是控制著作本身的权力,把著作分为'文学'类和'非文学'类,传世的伟大作品和短命的流行作品。它是与其他人相对的权威和权力——那些限定并维护这种语言的人与那些有选择的纳入这种语言的人之间所存在的权力关系。它是决定那些被认为说这种语言说得好坏,是否发给证书的权力。最后,它是这一切都存在的文学学术机构与整个社会中居统治地位的权力利益之间的一个权力关系问题。通过维护和有控制地扩大所说的这种批评语言,社会在意识形态上的需要将得到满足"②。对于一个刚建立起来的国家和百废待兴的新中国文学,确立什么样的文学

---

① 罗岗:《"现代"文学在中国的确立》,华东师范大学 2000 级博士论文(未出版),第 65 页。

② 特里·伊格尔顿:《当代西方文学理论》,王逢振译,中国社会科学出版社 1988 年版,第 292 页。

经典、文学传统,更是关系着自身存亡的合法性,以及今后的发展方向。因此在建国伊始,党和国家如此重视大学文学教育的改造,正是要按照自己的意志,改造整个文艺的重要部分,是要通过制度化的教学确认经典,并借助文学教育,重构整个社会对于"文学"的普遍想象,进而重新规范整个文学,所以大学成为塑造时代的最重要场所。塑造新的人文话语,其中期刊充当了"把门人的角色",这就是《文艺报》关注大学文学教育的内在原因。

二 1950年教育部《中国新文学史教学大纲》

1950年5月,教育部召开全国高等教育会议,并成立课程改革小组,国家开始统一大学教材,结束解放前各大学自定教材的格局。在原华北高教委的课程方案基础上,颁发了《高等学校文法学院各系课程草案》,其中规定"新文学史"是各大学中国语文系的主要课程之一,其内容应该:

> 运用新的观点,新的方法,讲述自五四时代到现在的中国新文学的发展史,着重在各阶段的文艺思想斗争和其发展状况,以及散文、诗歌、戏剧、小说等著名作家和作品的评述。①

在此之前,大学并没有实行教材统一的制度,有的大学课程有教师自行编写讲义的传统。因此一旦教材要统一,全国的大

---

① 王瑶:《中国新文学史稿·自序》上册,开明书局1951年版。

学都急需符合要求的教材,尤其意识形态比较强的文科统编教材。中央为缓解需求压力,曾实行油印讲义交流的方法,各校上交好的讲义,中央油印散发以供交流,比如文艺学和新文学课程的教材就是如此,王瑶曾编写讲义。由于统一教材紧缺,为了应急,文法学院各系课程改革小组中的"中国语文系小组"决定依照教育部要求,在6月以前暂且把中文系的每一课程各拟一个教学大纲,印发全国各校中国语文系,以解燃眉之急。根据王瑶的回忆,当时的大学老师把这些教学大纲"比作宪法,是必须执行的"①。

1951年中国语文系中"中国新文学史"的大纲准备由陈涌带领老舍、蔡仪和王瑶编写,后陈涌因故未能参加,改由李何林负责。李何林先请蔡仪、王瑶和张毕来各拟了一份大纲,然后参照三人的意见再草拟出一份完整的大纲,最后讨论定稿。这三人其时都在大学教授新文学史,有一线教学经验,而且都在整理讲义准备争先出版。1949年后蔡仪在华北大学(第二部)国文系讲授中国新文学史,他根据讲义整理出的《中国新文学史讲话》(以下简称《讲话》)也紧随王瑶的《中国新文学史稿》(以下简称《史稿》),于1952年11月在上海文艺出版社出版,张毕来此时在东北师大任教,虽然他的《新文学史纲》(第1卷,以下简称《史纲》)1955年才出版,但此时初稿已经完成,只是由于他自己交代的"谨慎",尚未出版。

这三本文学史各具特色。蔡仪的《讲话》试图通过考察新

---

① 王瑶:《"鲁迅研究"教学的回顾和瞻望》,《王瑶全集》第8卷,河北教育出版社2000年版,第21页。

文学史上的关键问题,"去认识新文学运动的大致情形,并且进一步去理解毛主席《在延安文艺座谈会上的讲话》如何把握了新文学运动的主导方向"①。他在授课时强调思想斗争和党的领导在文学史中的线索,主张新文学运动服务于革命运动。为突出教材政治性,蔡仪将文学史的绪论作为重点来写。而在这个集体讨论出的《大纲》中,绪论部分基本采纳了蔡仪的观点;张毕来的《史纲》则有长篇大论的气势,书中不少章节的标题像是论文的题目②,以第二编为例,这一编写革命文学对小资产阶级的团结以及革命文学和"学衡""甲寅""现代评论"派的斗争,除了绪论,有些长题目都带有论的色彩,如第二章"文学研究会和创造社等的殊途同归"中第一节"革命的小资产阶级文学家的苦闷、彷徨与转变"等。

  总的来说,蔡仪和张毕来都充分注意文学史的阶级意识,将文学阵营划分为左中右,强调不同时期党对知识分子既团结又斗争的线索。在关心政治、强调文学史的论争甚至斗争线索这点上他们的观点是一致的,因此除了绪论采纳了蔡仪的意见外,《大纲》中每一编的第一章又都分别有一个绪论,介绍该时段的社会思想背景和党的力量增长情况。此后,开篇介绍文学发展的思潮和斗争背景,重视文学史绪论写作,逐渐成为文学史写作的范式。此后,李何林在他的文学史著作《近二十年中国文艺思潮论》(1917—1937)中,专门强调文学史应重

---

  ① 蔡仪:《中国新文学史讲话·序》,新文艺出版社1953年版。
  ② 黄修己:《中国新文学史编纂史》,北京大学出版社1995年版,第160—162页。

视绪论写作，强调文艺发展的文艺思潮背景，以及文学和社会发展的关系。

从这个《大纲》也可以看出，当时来自解放区的学者更有权威，骨干部分多为蔡仪和张毕来的内容，他们都注重阶级辨析，强调团结和斗争的线索。而王瑶的特点是擅长作品的艺术分析，《大纲》中作品文体分类部分，主要采用了王瑶的建议①，《大纲》前言交代：

> 大家认为第三、四、五编内有关作品各章的那样分类和所例举的那些作家，是否妥当，是否挂一漏万，实成问题。但又觉得这些小标题，比仅有笼统的诗歌、小说、散文、戏剧的每章大标题，对于有些人也许有些帮助。所以决定把这些小标题抽出来，作为"附注"放在后面，主供参考（我们呈交教育部一份，是这样办的）。这里我没有把它们抽出来，而在每一章的标题下面加注一句"本章各节小标题，仅供参考"，这当然由我一人负责。②

这个《大纲》在《新中华》上发表时，当时就有人说："采用王瑶拟订的各章创作的标题，除去因划分标准不一以及某些不周密的缺点外，最主要的批评意见是它不能重点突出"③，"特别是有关作家作品的诸章节，严重地存在着形式主义的倾向和兼容

---

① 李何林：《敬复王、韩、任、俞四位先生》，《新中华》第14卷第24期。

② 《〈中国新文学史大纲〉教学大纲（初稿）》，《新建设》1951年7月第4卷第4期。

③ 转引自黄修己《中国新文学史编纂史》，北京大学出版社1995年版，第130页。

并包的思想"①。随后召开的《文艺报》座谈会上,钟敬文等人对王瑶的标题很反感:"至于分章分节的小标题正如有的同志所说的那样,不十分恰当,容易造成错误的印象","尤其是许多小标题,漫无标准"。甚至有人认为这些标题"违反常识和逻辑"②,"就从标题上看,也可以看出作者的资产阶级趣味的如何浓厚,如'人生探索''形式追求'等等"③。

不仅王瑶的标题和作品分类不被认同,而且他开的参考书目也成问题,《大纲》的最后有一个供地方院校的教师使用的新文学史教学参考书目,摘录如下:

教员参考书举要(初稿,请大家补充,修改)

一 总集

1 新文学大系(其中十篇"导论"另有"中国新文学大系导论集"印行)

2 人民文艺丛书

3 五四文艺丛书(中央文化部编,即将陆续出版,其中已经编选完成的各册的"序言",多已发表,可参考)

4 抗战前出版的著名作家的"自选集""选集"

---

① 王西彦:《关于〈中国新文学史教学大纲(初稿)〉的讨论》,《新中华》第14卷第24期。

② 参见《〈中国新文学史稿(上册)〉座谈会记录》,《文艺报》1952年10月20号。

③ 参见钟敬文等人在《文艺报》座谈会上的意见,《文艺报》1952年第20期。

二　论文

1　毛主席在延安文艺座谈会上的讲话

2　整风文献

3　鲁迅三十年集

4　乱弹及其他

5　表现新的群众的时代(周扬)

6　"剑、文艺、人民"(胡风)

7　中华全国文学艺术工作者代表大会纪念文集

8　民族形式讨论集(胡风编)①

　　这个书目初由王瑶起草,交大家讨论后又作了修改,其中第一部分"总集"增加了2、4两种,并把"批评论文"、《民族形式讨论集》《中华全国文学艺术工作者代表大会纪念文集》移至第二部分"论文"内②。可以看出王瑶"总集"部分只列了《新文学大系》和"五四"新文学选集,第二种"人民文艺丛书",这套代表着建国后文艺方向的献礼性丛书,在当时的地位自然要高于"新文学选集"③,王瑶后来在思想改造运动中作了检讨:

---

①　《〈中国新文学史〉教学大纲(初稿)》,《新建设》1951年7月第4卷第4期,因王瑶是参与者,该大纲被收入《王瑶全集》第7卷,河北教育出版社2000年版。

②　《〈中国新文学史〉教学大纲(初稿)》,《新建设》1951年7月第4卷第4期

③　两套丛书都很重要,但比较主编的权力可以看出:"人民文艺丛书"是中宣部的周扬一手抓的,新文学选集是茅盾负责,而建国后中宣部实际上一直领导文化部。

譬如对于人民文艺丛书中的作品,我很喜欢柳青的《种谷记》,但柳青自己在一篇文章叫《毛泽东思想教育着我》中,已经认为他那种烦琐的描写是带有旧现实主义倾向的,而我欣赏的恰好正是他自己所批判掉的东西,像马烽的《结婚》,人民日报推荐为优秀作品,我总觉得有点干巴巴的。又如沙汀的作品,大家一致认为《还乡记》比较好,因为写了一个正面的带革命性的人物,而我却喜欢阴沉忧郁的《淘金记》。……过去在"大一国文"班上的课外读物曾指定过《淘金记》和《种谷记》。①

王瑶开的参考书目中,第一本就是《新文学大系》(以下简称《大系》),而且他尤其看重《大系》的导言和"新文学选集"各家导言,可以看出《大系》的文学史模式对他的影响,比如《大系》对作品分析的重视、新旧对立、十年断代等思维模式对他的影响,在《史稿》上册中他的简单的十年划分方法就曾遭到批评,和王瑶1919—1927年的断代不同,蔡仪他们则突出强调1921年的划时代意义。这次检讨中,王瑶通过检讨自己对"人民文艺丛书"的轻慢,反省自己对大学的错误认识,指出了之所以"看不起普及的作品",将普及和提高割裂,原因在于自己"认为大学应该是训练高级干部的,而且还引毛主席的话来说明作品应该有'为干部的'和'为群众的'两种",这是后话。1953年院系调整完成,为加强文化领导,周扬又出面召集一个起草现代文学史统一教学大纲的会议,但由于很多学校开不出现代文学

---

① 王瑶:《在思想改造运动中的自我检讨》,《王瑶文集》第7卷,北岳文艺出版社1995年版,第500—501页。

课,全国总共只来了十八个人,而且在这个会议上,汲取苏联现代文学史的经验,除了开头介绍文学的发展道路的"绪论"外,接下来的就是确立了以鲁迅、郭沫若、茅盾等大家为章节的文学史写作模式①。教育部原先是想通过大纲写作和最终的多人合作,写出一部统编现代文学史,可是由于此时分歧还太多,最终决定放弃,还是放手让各人写各人的,王瑶这才又回头来写自己的文学史教材②。

三 1953年《中国新文学史稿》的修订

1948年王瑶在清华讲授《中国文学分期研究》(汉魏六朝),1949年北平和平解放后,王瑶很是兴奋,打算大干一番,"好好埋头做一个中国古典文学方面的第一流专家",他甚至自信地认为先前打仗要上山头,可是到搞建设阶段,就得靠"搞学问"的,得依靠知识分子③,虽然有点"狂妄",但至少说明王瑶并不想做革命的"异端",他想做新中国建设者。这个想法对他来说也并不过分,在西南联大和清华,他追随朱自清、闻一多打下了深厚的国学功底,深得老师赏识。此外,王瑶早年在清华就一直参与左翼学生运动,他的自信还来自于他自认为对马列理论

---

① 王瑶:《"鲁迅研究"教学的回顾和瞻望》,《王瑶全集》第8卷,河北教育出版社2000年版,第21页。
② 根据王瑶回忆:"高教部委任他们搞教材,结果不搞,自己搞私货。"陈徒手:《故国人民有所思》,三联书店2013年版,第184页。
③ 同上书,第183页。

并不陌生。但建国后大学格局的第一次大规模变动便是课程改革,王瑶的课程内容应要求改教"五四至现在"一段,1949年清华正式设立"中国新文学史"课程后,新文学教师奇缺,王瑶只好改教中国新文学史,兼大一国文教研组主任,院系调整后他则更忙,北大、清华的新文学史课程都由他兼任。

1950年12月《史稿》上册完稿后送交开明书局,1951年9月由开明书店出版,首印五千册销售一空,两个月后的第二版加印三千册,可见新中国的第一本现代文学史在当时很畅销。

正当王瑶加紧撰写《史稿》下册时,《文艺报》于1952年8月30日召开了《史稿》座谈会。会议由出版总署和《人民日报》文艺副刊部委托《文艺报》承办,并且由出版总署副主任叶圣陶主持①,可见规格之高。座谈会其实开成了"批评会",总的缺点是《史稿》忽视文学革命斗争线索,忽视党对文学的领导作用,忽视阶级分析的方法;写作上有材料主义、客观主义和形式主义弊端。对那些在文艺运动上起过反动作用的,如徐志摩、沈从文等的作品,往往是赞美为主,就是对于政治上显然反革命的如胡适、周作人、林语堂等也不乏赞颂,尤其偏爱新月派。文学史眉毛胡子一把抓,就是分不清文学发展的主流,"著者在总论里虽然也用力叙述文学的主流,可是在分论里就把这种论述抛开了",即使总论部分有思想性,但是论到具体作家作品就会走样。也有人认为,《史稿》虽然将鲁迅列为专章论述,但党对鲁

---

① 与会者有孙伏园、孟超、傅彬然、袁水拍、金灿然等十八人,发言有吴组缃、李广田、李何林、林庚、杨晦、钟敬文(同时代表丁易)、黄药眠、王淑明、蔡仪、臧克家(《文艺报》1952年第20期)。

迅在文学思想上的领导与影响,却完全没有体现。不仅对鲁迅,对许多比较重要或有代表性的作家和作品,也往往缺乏足够的论述,而许多无关紧要甚至于有害的作家和作品,却占了大量篇幅。例如对蒋光慈、郭沫若和茅盾的地位估计不足,而对颓废派作品反而论述得"津津有味",甚至对反动作家王独清、张资平等也温情"礼遇"。

其次,《史稿》将作家按作品类型来论述,割裂作家整体,这样,"同一个作家,看不出他的主导思想,看不出他的发展过程",对认识大作家尤其有害;同一时期也看不出各种思想斗争消长。新的意识形态需要一个不断斗争和不断进步、发展的历史叙述框架,王瑶的旧方法自然成为批判的重点。对作家和作品,常从形式上或用冷静的社会学方式去评述。"多半还是社会学的方法,从笼统的社会生活去解释文艺现象,而不是从阶级斗争的意义上来评价作品",这是左翼革命文学理论的自然要求。同样是批评王瑶的旧方法,李广田采用了新的角度:"王瑶同志的作品和苏联季莫菲叶夫的《苏联文学史》比较,就显然表现了两种方法,《苏联文学史》采用的是新方法,把重要的提出来,不重要的就不提,而王著则是主从不分。"他一直认为王瑶是清华中文系"最麻烦的人"①,并带来了学生们的意见:"曾经听过王瑶同志的课的学生,提了四个意见":

  一、斩断了新文学的历史根源,也就是说,在王瑶同志的这本书中,我们看不出古典文学的现实主义传统;

---

① 王瑶:《在思想改造运动中的自我检讨》,《王瑶文集》第 7 卷,北岳文艺出版社 1995 年版,第 500—501 页。

二、兼容并蓄,对颓废的资产阶级文学没有批评,这具体表现在作者对新月派的态度上;

三、罗列材料,不作具体分析,作者对新文学的态度和已往的人研究旧文学一样;

四、对每一个文艺思潮,很少探求它所以兴起的根源,也就是没有联系当时的时代背景和社会基础来进行分析。

钟敬文在会上紧随其后:"据我所知道,师大中文系同学也有类似的意见。"对于《文艺报》这次承办的座谈会,王瑶委托同事吴组缃把大家的意见尽快带给他。会后他写了《读〈中国新文学史稿〉(上册)座谈会记录》,交《文艺报》发表,但被退回①。根据这篇文章交代,1952年2月下卷已经脱稿并送新文艺出版社,当他在8月份得知《文艺报》要召开这本书的座谈会时,"即决定通知书店方面,嘱令下册暂缓付印。当时上册已告罄,也嘱令暂勿再版",这些话提示我们上册的座谈会势必影响了下册的写作思路,也使我们明白:早在8月甚至更早,《人民日报》出版总署和《文艺报》就在筹备这次会议,座谈会的大背景就是知识分子的思想改造运动,"当时文艺界正陆续在全国范围内开始整风运动,作为一个研究中国新文学史的人,我密切注意了这一事实"。在这篇写给文艺报的"读后感"中,王瑶谈到了《史稿》的修改:

我打算先采取如杨晦和臧克家等同志在座谈会中的建

---

① 王瑶:《读〈中国新文学史稿〉(上册)座谈会记录》,《王瑶文集》第7卷,北岳文艺出版社1995年版,第506—509页。

议,根据大家所提的意见,对内容做一次重点的修改,然后出版。例如关于党的领导的说明,对于新月派的评述等等,以及下册中关于路翎等作品的评价等。同时还拟于书前加一新序……并在序中向读者介绍《文艺报》中这篇记录,望其参看。①

其实和课堂讲义比较,开明本已经作了大修改,比如为增强政治性,课堂上讲过的李辉英等章节都被删除了。②《史稿》修订后,1953年由新文艺出版社出版(以下简称"53年本"),加上开明版的八千册,上册共印一万两千册。仅从目录上来看,第7章第2节的"技巧与意境"变为"'新月派'与'现代派'",这些改动只有一个目的,就是取消对文学形式的强调,加强文学史的"斗争线索",比如将原开明版中第8章第6节"历史小说"变为"历史讽喻小说",将第9章戏剧一章第2节"结构·对话·效果"变为"《雷雨》及其他",从题目中可以看出王瑶是想变戏剧的客观技巧介绍为对于曹禺《雷雨》等左翼戏剧的强调。但是这些章节也都只改了一个题目,内容一字没改。他在检讨中交代了思想和学识水平的局限,"因此想一下改过来相当困难",其次认为这本文学史错误在整个方面,"要改动体例,势必重写……只能期之将来"。

---

① 王瑶:《读〈中国新文学史稿〉(上册)座谈会记录》,《王瑶文集》第7卷,北岳文艺出版社1995年版,第506—509页。

② 《王瑶书信选》中王瑶五十年代给读者叔度的信中介绍了为何删除李辉英,为何不讲《老张的哲学》等,见《王瑶全集》第8卷,河北教育出版社2000年版,第258页。

在治史方法上,王瑶当然延续了朱自清乃至更早的一代清华学者开创的清华考据传统,重史料,引号多,少带入自己的观点,仅从开明版的章节标题也可以看出他治史爱抓住历史"典型现象",即"从丰富复杂的文学历史中找到带普遍性的、可以反映时代特征和本质意义的典型现象"①。从导师朱自清研究中古文学时,他受鲁迅用"酒药女佛"概括魏晋文学的启发,自觉将文艺和历史勾连到一起,此后毕生都试图将"典型现象"贯彻到文学研究和文学史写作中。我想强调:王瑶从鲁迅身上总结到的"典型现象"之于王瑶,不仅是写作的意义,更是一种认识论的意义——既强调要将文学现象读入历史之中,也注重从历史中读出有意味的文学形式。典型现象确保了一个文学研究者既不是脱离时代的纯文学的形而上学,也不是空洞的马列口号,这甚至影响了王瑶的世界观。此后他对赵树理、沈从文的评价都非常注重将其作品和人放入历史中来考察。而明白此点,开明本的《史稿》中的"标题"也就不能理解为王瑶对纯粹艺术趣味的追求。这也有助我们突破从纯粹学术的寄托来理解王瑶五十年代末试图回归古代文学研究和对旧考据学的批判。

此后在1952年《文艺报》的座谈会上,不少人都批评他的《史稿》是用"旧方法"写成的,会上有的学者批评他总是客观引用别人的评语,"很容易令人想起了《文心雕龙》上的那些词句",王瑶在《史稿》序言中将自己的《史稿》没写好的原因归于自己和清华的藏书太少,不利于材料累积,这在座谈会上反被有

---

① 王瑶:《〈中古文学史论集〉重版后记》,《王瑶全集》第1卷,河北教育出版社2000年版,第10—11页。

的学者批评为"资产阶级"的学问方式①。有的人发言则直接抨击王瑶的这种师承传统,"例如著者比较爱引用的朱自清的话,有些就决不是今天我们所能够同意的"②。在开明本中,王瑶对李金发的诗歌的评价引用了朱自清的一段话:

> 朱自清先生说:"他的诗没有寻常的章法,一部分一部分可以懂,合起来却没有意思,他要表现的不是意思而是感觉感情;仿佛大大小小红红绿绿一串珠子,他却藏起来那串儿,你得自己串着瞧。这就是法国象征诗人的手法;李氏是第一个人介绍它到中国诗里。许多人抱怨看不懂,许多人却在模仿着。他的诗不缺乏想象力,但不知是创造新语言的心太切,还是母舌太生疏,句法过分欧化,教人像读翻译;又夹杂着些文言里的叹词语助词,更加不象——虽然也可说是自由诗体制。"③

在1953年版中,上面这段话原封不动,只不过在最后加了一句:

> 这种离奇的形式其实正是为了掩饰他那种颓废的反动内容的。

此后,他又借着谈朱自清的《中国新文学史纲要》为自己的文学史写作辩护。作为现代文学学科的开创者,在这本清华的

---

① 黄药眠的发言。参见《〈中国新文学史稿〉(上册)座谈会记录》,《文艺报》1952年10月20日。

② 参见《〈中国新文学史稿〉(上册)座谈会记录》中钟敬文的发言,《文艺报》1952年10月20日。

③ 王瑶:《中国新文学史稿》,开明书局1951年版,第79页。

现代文学讲义中,朱自清分"总论"和"各论"两部分。后者也正是和王瑶一样,分"诗""小说""戏剧""散文"。朱自清最早在课堂上按照文类来讲解现代文学史,王瑶说受了老师的这一讲法的启发,并且表达了不满:

> 长期以来这种先有总论然后按文体分类来写文学史的方法就为一些人所诟病;的确,事实上是有少数擅长多种文体的作家,例如郭沫若,就诗歌、小说、戏剧、散文都写过,而用这种文体分类评述的方法自然会把一个作家的创作分割于不同的章节,不容易使读者得到完整的印象。但事情有利即有弊,历史现象总是错综复杂的,当人们用文字叙述历史过程时,只能选择那种最容易表现历史本来面目和作者观点的体例,很难要求一点毛病也没有。这正如旧小说中的"话分两头"一样。①

作为教育部现代文学教材的负责人之一,王瑶不可能不按照集体讨论的大纲来进行写作。因此《史稿》大体是按照毛泽东的新民主主义论对中国性质的判断来进行写作的。在初版中我们发现,他在"绪论"中用了二十一条注释,其中九条为直接引用《新民主主义论》,一条引"座谈会讲话"。但同为引用,修订后的1953年版和开明本出现了微妙差异。在论及新文学的性质时,开明本的"绪论"中作者一再引用毛泽东的《新民主主义论》,对新民主主义革命及其文化性质的基本论述,却一再地

---

① 王瑶:《念朱自清先生》,《王瑶全集》第5卷,河北教育出版社2000年版,第610页。

使用"'但'书",如:"但新文学的性质也不就是无产阶级的社会主义文学,虽然无产阶级的文艺思想一贯是新文学的领导思想,而俄罗斯文学,特别是苏联作品,又给了中国新文学的发展以极其巨大的影响;但中国新文学还不可能为社会主义的政治经验服务,也并不一般地反映社会主义的政治经济生活,因而就它的基本性质说,不能说新文学就等于无产阶级文学。当然,就新文学史的发展来说,反映无产阶级的生活和阶级要求的作品是逐渐增多着的,像近来(1950)石家庄铁路工人魏连珍所创作的剧本《不是蝉》,代表了觉悟了的工人在人民政权下的解决要求,自然可以说是无产阶级的文学。但一般的就新文学的基本性质来说,它并不就是无产阶级文学。"[1]而经过《文艺报》批判后,王瑶先生在1953年版中对相应的这段文字作了如下修改,强调"中国新文学的基本性质,它是为新民主主义的正式经济服务的,又是新民主主义革命的一部分,因此它必然是由无产阶级思想领导的,人民大众的,反帝反封建的民主主义的文学。它的性质和方向是为新民主主义革命的任务和方向来决定的。但正因为新文学是由无产阶级思想领导,并属于世界无产阶级革命文学的一部分,因此随着中国人民革命的发展,经过了无产阶级对其他各民主阶级领导的加强(团结和斗争),新文学发展中经过了一次一次的思想斗争和改造,从"五四"开始即是逐渐向着无产阶级文学的发展的"[2]。同样是运用新民主主义理论解释同样的文学对象,却有不同的强调重点。这显然是《文艺报》批评

---

[1] 王瑶:《中国新文学史稿·绪论》,开明书局1951年版,第1—20页。
[2] 王瑶:《中国新文学史稿》,新文艺出版社1953年版,第1—20页。

"规范"的结果,或者因为像王瑶这样的非延安来的知识分子还不能熟练地理解新民主主义理论。到了1958年,王瑶对《史稿》则从如何谈论新民主主义的角度,做更深刻的检讨:即便文学史中写了两条路线斗争,写反帝反封建,如果忽视新民主主义中起决定作用的"社会主义因素"和党的领导权,这样的叙述也仍然是有问题的,"这就混淆了我们的新文学和一般的资产阶级民主主义文学的区别"①。蔡仪批评王瑶由于没有看清新文学运动和革命运动的关系,必然也就"漠视"了党的领导,他举开明本上册第15页为例:

> 党对文学战线的领导作用,是一个时期比一个时期加强而健全的,并逐渐巩固和扩大了它的影响。抗战以后,因了政治军事上统一战线的形成,党的文化政策是更容易传达给每个作家了;一九三九——四一年的民族形式的论争,可以说是对于毛主席《论新阶段》的深入学习,而自一九四二年的《延安文艺座谈会讲话》发表以后,更明确具体地指出了文学运动和作家创作实践的新方向。所以我们可以说,中国新文学的历史,是在鲁迅毛泽东所领导的方向下成长和发展起来的;而鲁迅就是毛泽东文艺思想在那个时期之最正确完备的体现。

在蔡仪看来,笼统地说"党对文学战线的领导作用,是一个时期比一个时期加强而健全的,并逐渐巩固和扩大",这是不够的。

---

① 王瑶:《〈中国新文学史稿〉的自我批判》,《王瑶全集》第7卷,河北教育出版社2000年版,第323页。

再版中,王瑶将这一段改写成:

> 无产阶级思想对文学的领导作用,首先就表现在五四文学革命及新文学的反帝反封建精神的彻底性上面。……其次,更重要的,无产阶级思想对文学的领导自然也表现在共产主义宇宙观和社会革命论的思想对文学内容的支配性逐渐加强了上面;这是新文化运动的中心思想,当然也是文学理论和创作的指导思想,我们的新文学就是以这种思想的领导而向前发展的。譬如左联时期的文学运动,就是直接在党的领导之下进行的。
>
> 我们说"鲁迅的方向",就是因为鲁迅先生通过了左联与党发生了经常而密切的关系,党给了他支持和力量,同时当然也因了他自己的积极和主动的战斗业绩,遂使他成为我们文化战线上的一面伟大的旗帜了。抗战以后,因了人民力量的壮大,因了政治军事上统一战线的形成,党的文化政策是更容易传达给每个作家了;一九三九—四零年的关于民族形式的论争,实际上就是对于毛主席《论新阶段》的深入学习和体会。而自一九四二年延安文艺座谈会以后,毛主席更亲自对文艺运动和创作实践给予了明确的指示和方向,因而使新文学的面貌为之一新。所以我们可以说,党对文学战线的领导作用,是一个时期比一个时期更其加强和巩固了的,而中国新文学的历史,就是在无产阶级思想的领导、党所领导的方向下成长和发展起来的。

显然后者强调了党、左联和鲁迅方向的关系。除了"绪论",正文部分改动较大的一处是对于新月派和现代派诗人的评价。王瑶在给当时专门培训新文学史教师的"新文学史班"讲新月派和现代派诗歌时,虽然批判了那些内容,但还是肯定了它们在技巧上的成就①,在开明本中开篇就说"新月社的人对诗是特别有兴趣的",并以陈梦家为例,强调他诗中"怀旧的情绪也适宜于唯美的传达形式,形式是很完整的","诗中也有一些不满现实的表现","对于那些"挤在命运里的磨盘里再不敢作声"的人们也寄予了一些人道主义的同情。1953年修订本中就加了许多更为严厉的判断,如断定新月派诗人的"文艺观点本来是典型的买办资产阶级的理论,因此在诗歌形式上也一样地表现了病态甚至反动的意识;为追求形式格律的完美,而竞尚雕琢,复以形式至上主义来掩饰那内容的空虚纤弱,以迷惑读者的感觉,所发生的影响是很坏的"。对陈梦家则强调他的作品"有许多不健康的怀旧情绪,内容是非常空虚的。其中偶然也有一些不满现实的表现……对于那些'挤在命运的磨盘里再不敢作'的人们也寄予了一点人道主义的同情,但这些都是诗的点缀,是非常淡薄和无力的……在当时是发生了麻痹人心的不良作用"。虽然也坚持了原有的肯定性评价,又立刻用"'但'书"加以淡化,以至实质上否定,这些都可以看出作者在批判的形势下,仍力图"科学""客观",又不愿意违背意识形态要求。

座谈会上蔡仪还批评王瑶肯定"反革命分子胡适的《尝试集》"的进步作用,王瑶书中批评了胡适"点头上车"式的虚假温情,但蔡仪诘问王瑶:为什么只看到进步的那一点,而没有看到

---

① 王瑶:《在思想改造运动中的自我检讨》,《王瑶文集》第7卷,北岳文艺出版社1995年版,第501页。

落后的一些呢？

于是评论《尝试集》的部分也作了修改,在不改动原评论的基础上,修改的方法是取消原来引文中的分节排列,在节约下来的空间补了下面几句话:

> 当然,我们这样讲只是为了说明初期新诗的健康特质,说明就连胡适这样的人的诗也不能不受到当时澎湃的革命思潮的影响。至于就《尝试集》本身来说,那这点仅有的内容绝不占主要的地位,因为其中更多的是消极的不良因素,或毫无意义的语言。譬如《一笑》诗中说:"十几年前,一个人对我笑了一笑。我当时不懂得什么,只觉得他笑得很好。"再举一首他自以为得意的《老鸦》:"我大清早起,站在人家屋角上哑哑的啼。人家讨厌我,说我不吉利;我不能呢呢喃喃讨人家的欢喜。"这算是一些什么内容呢!①

《史稿》第 80 页论述王独清、穆木天的诗歌时,在"这些人写的内容多半是情诗"后用同样的方式补加了一句:

> 但情感完全是颓废的,是新诗发展中的一股**逆流**。

这显然针对有人指责"看不清什么是主流,什么是支流,什么是反动的逆流"②,1953 年新文艺出版社的版本使用的仍然是开明本的纸型,所以正文部分只能做点挖补工作,利用换行的间隙见缝插针,做点修改,否则就会毁版。而唯一大规模修改不至于毁

---

① 王瑶:《中国新文学史稿》,新文艺出版社 1953 年版,第 62—63 页。
② 参见《〈中国新文学史稿〉(上册)座谈会记录》中王淑明的发言,《文艺报》1952 年 10 月 20 号。

版的,就是绪论的部分,所以尽管座谈会上对绪论意见不大,但是王瑶还是做了重点修改,既然正文部分大局已定,那么只能在绪论上做足文章,加强思想性。但是由以上比较可以看出,很多地方王瑶还是坚持了自己的意见,座谈会上有的批评者的意见,王瑶并没有接受①,至少在1953年的版本中没有体现。

我们从中可以看出王瑶修改的特点,即补充时代语汇加强思想性,但是遭受批评的文字并没有完全删除,而是通过"'但'书"和引文等种种方式将受批判的东西保存了下来。所以他在批判研究对象时,大量引用原话,这种被认为是考据式的写作方式也体现在王瑶对俞平伯《红楼梦研究》的批判中,而毛泽东不满《红楼梦研究》,也并非不满考据学,而是主要不满专家们在马克思主义者面前的学院派的"傲气",他们总认为马克思主义不能进入考据领域。而能否占领以考据为代表的旧文化中的高级文化,是新文化需要面对的阵地战。"《红楼梦》事件"发生后,在批判《文艺报》的会议上,针对主编冯雪峰检讨当初只将俞平伯的研究当作一本考据的书,有人一针见血地诘问道:这是不是说"马克思主义的原则不能或者不必进入考据

---

① 如蔡仪批评第236页中沈从文的相关段落没有改动。座谈会上批评的第131、132页对于周作人、林语堂的评价也未改。吴组缃批评他第二章谈初期的诗歌就把胡适、周作人、冰心、李金发等和郭沫若、蒋光慈平列起来加以评述(第79页),这个地方也未改动。吴组缃批评开明本的《史稿》"对于新月派诸人的诗歌之形式追求,倒津津乐道",但王瑶在对新月派的章节动手术时,第73—75页有关闻一多的部分没有改动。钟敬文批评第94页对王鲁彦的介绍,"我们看不出作家与某一作家的区别",但是王瑶也未作改动。此外,对第43页创造社的批评以及杨晦对第89页叶圣陶的评价的批评均未改动。

工作的领域"?① 王瑶的一组对考据学的批评文章受到肯定,进而进入《文艺报》的编委会②,针对胡适用"老吏断狱"来譬喻考据,王瑶指出:"但更重要的,"法官断狱时究竟是依据什么法律呢? 是过去的国民党的《六法全书》,还是人民政府的政策法令? 这就不能不牵涉到原则性的问题了:治学者的立场、观点、方法",并进一步,既用"调查研究"取代小心考证,又试图利用旧名词"赋予它完全不同的、新的意义",以整体视野取代点滴材料,呼唤新的考据学。③ 由此可见王瑶的马列理论素养。从开明本的序言里看,王瑶并不认为自己不懂马列,不过他认为自己只是马列主义民兵,还不是正规军,"这好像做了民兵以后,慢慢也就习惯做正规军了。由于我现在能从正面来叙述意见,就进一步认清资产阶级思想的错误,觉得考虑问题,写文章都有了进步"④。他后来还回击学生嘲笑他文章中自称"我们马克思主义者":"难道我愿意努力应用马克思主义有什么不对?"⑤

---

① 诘问者是胡风,会议上冯雪峰说只是将《红楼梦研究》当作了一本考据的书,胡风说,是不是考据就不需要马克思主义了? 这是不是说"马克思主义的原则不能或者不必进入考据工作的领域"?《在中国文联主席团和中国作协主席团扩大会议上的发言》,《文艺报》1954 年第 12 期。
② 1954 年 12 月,中国文联主席团、中国作协举行联席会议,通过了《关于文艺报的决议》,决定由康濯、侯金镜、秦兆阳、冯雪峰、刘白羽、王瑶七人共同组成《文艺报》编辑委员会。
③ 王瑶:《论考据学》,《王瑶全集》第 2 卷,河北教育出版社 2000 年版,第 445 页。
④ 陈徒手:《故国人民有所思》,三联书店 2013 年版,第 182 页。
⑤ 同上书,第 190 页。

1955年《文艺报》重新批判《史稿》,前一次《文艺报》拒绝发表王瑶对座谈会的"读后感",这一次发表了他关于写作《史稿》的检讨书①,《文艺报》的最终目的到此时已经很清楚了,《史稿》也最终停止出版。正如他在序中所说"至于说到正确完善的著作,我以为最好由领导约集专家,集体研究,分工合作,以期完成",这似乎又要回到当初写《大纲》的老路上了。② 1961年4月,中宣部组织召开了一次文科教材编选会议,再次提出编写现代文学全国统一教材。在同年5月8日中宣部召开的文科教材编选计划会议上,王瑶表达了对大学学术风气不浓、青年学术水平下降的不满,甚至萌生了重新去搞古典文学的念头③。

通过王瑶和他的文学史的遭遇,我们可以看出,在当代文学或文学史经典诞生过程中,除了像大学课程设置等规范措施,一些新的评价机制也正逐渐产生重大影响,这些新机制通过种种可能的方式将历史经典置于共和国文化的书写网络中,其中文艺杂志对文学和批评的介入与推动作用不可小觑。这不仅包括杂志对稿件的取舍标准和有意安排,而且包括以杂志为中介而产生的文艺座谈会批评机制,他们共同包围着当代文化文本,左右着文化的走向,形成了一个经典评价网络,而只有在这样的"经典"网络中,新文化方能有效地建立起来。

---

① 甘惜分:《清除胡风反动思想在文学史研究工作中的影响》,《文艺报》1955年第19期。王瑶:《从错误中汲取教训》,《文艺报》1955年10月。

② 参见《〈中国新文学史稿〉(上册)座谈会记录》中王淑明的发言,《文艺报》1952年10月第20期。

③ 王瑶在会上说:"青年在评论作品时有三多:一是爱国主义,二是人民性,三是局限性。"见陈徒手《故国人民有所思》,三联书店2013年版,第189页。

同时，我们也可以理解，建国初期中国共产党需要掌握对文化的领导权，从而保证国家文化治理的正当性。在对五十年代的知识分子"改造"运动的研究中，要打破控制与反控制的模式。过分强调历史的局限性如何打压了历史的丰富性，甚至将思想改造极端地理解为政治迫害，这样的理解要么理念先行，要么是对材料的主观选择，将历史书写变成了黑幕小说。王瑶的个案似乎说明，知识分子由和党的若即若离到试图主动跟上新社会的步伐，源于他们本身就没有放弃学术的政治性，或者没有天真地以为有所谓无政治的学术。在批评王瑶《史稿》的过程中，也可看出系里对王瑶的保护，而王瑶对《史稿》的修补和出版社在不毁版的情况下继续印刷，也告诉我们：中国共产党既注重文化意识形态的统一，又注重一切从实际出发；既考虑到了思想"启蒙"，又尽量照顾了出版社的"生意"。这就是我们的当代史和生活史。从王瑶建国初期的经历，我们可以发现：从历史的"缝隙"里钻出来的零余者或对立者或所谓的"隐士"，并不一定会是一个思想的丰富者，却一定会是一个历史的旁观者，而王瑶先生不是这样的旁观者。

（初刊《现代中文学刊》2014 年第 3 期）

论王瑶鲁迅研究论著的文化底蕴
——纪念王瑶先生诞辰一百周年

张梦阳

2014年是中国现代文学与鲁迅研究的奠基者和权威专家王瑶先生诞辰一百周年纪念。我又重温了他的鲁迅研究论著,深感王瑶先生的著作对今天的鲁迅研究仍然具有巨大的指导意义,特撰此文,以缅怀这位可敬的前辈学者。

一

王瑶鲁迅论的突出特点,是以广博深厚的中国古典文学修养探讨鲁迅作品的历史渊源,对鲁迅作品进行深广的历史和文学的双重透视。

王瑶是第一流的中古文学史专家,他留下了《中古文学史论》这样的传世名作,对魏晋文章特别是嵇康的论文有独到的研究,因而当他从古代到现代研究起鲁迅时,就自然而然地在鲁迅杂文与嵇康文章之间发现了内在的联系,闪现出恒在光点。这是其他任何人无法比拟的。

王瑶写过多篇关于鲁迅与中国古典文学的文章,而最有代表性的是 1956 年 9 月为鲁迅先生逝世二十周年纪念作的《论鲁迅作品与中国古典文学的历史联系》①。该文第一层,通过鲁迅强调向中国古典文学艺术学习的意见,说明"这些意见的重要意义也不仅在于它在理论上的正确程度,而更在于它是和中国现代文学的奠基者——鲁迅的作品的特色和渊源相联系的。因此,发掘鲁迅作品在这些方面的特点不只对了解这一伟大作家的独特成就有重大的意义,并且可以由之明确中国现代文学与古典文学的历史联系,理解鲁迅在中国文学史上的'继往开来'的重要地位"。第二层,说明"鲁迅作品的风格特色是与'魏晋文章'有其一脉相承之处的,特别是他那些带有议论性质的杂文"。而这种相承是从章太炎那里来的,章太炎对严复式的"载飞载鸣"的文体不满,认为只有"魏晋文章"才最适宜于表达革命的议论性质的内容,鲁迅接受了这种看法,他是为了要表达新的内容和与人论辩才喜爱比较善于表述自己政见的魏晋文章的。第三层,进一步说明鲁迅为什么爱好魏晋文章。鲁迅论嵇康说"康文长于言理",又云:"刘勰说'嵇康师心以遣论,阮籍使气以命诗',这'师心'和'使气',便是魏末晋初的文章的特色。"鲁迅正是出于表现新思想的需要,爱上这种富有个性和独立见解的"师心"以遣的议论文,特别是嵇康文章的议论性质与表现方式:"长于辩难,文如剥茧,无不尽之意";"析理绵密,亦为汉人所未有"(刘师培语)。从这里可以说明鲁迅杂文的历史渊源和表现方式的某些特点。鲁迅把魏晋文章的特色概括为"清峻、通脱",这就是说:"没有'八股'式的规格教条的束缚,思

---

① 《文艺报》1956 年 10 月 15、30 日第 19、20 期。

想比较开朗,个性比较鲜明,而表现又要言不烦,简约严明,富有说服力。"而在鲁迅杂文中,这些特色得到了崭新的表现和高度的发展。具体来说,就是孔融的"讥嘲笔调"和嵇康的以一连串譬喻展开反驳的方式。鲁迅继承了中国古典散文议论、抒情、叙事的优良传统,全面地代表着"五四"期散文的绚烂成绩的顶端。第四层,分析鲁迅小说中的几代知识分子形象与中国古典文学的历史联系:《狂人日记》中的狂人和《长明灯》中的疯子,有章太炎这一代的影子,也反映出阮籍、嵇康等人反礼教、反周孔的"思想新颖"的精神;《孤独者》中的魏连殳和《在酒楼上》中的吕纬甫这"第二代",则与阮籍、嵇康、刘伶等魏晋人物有类似之处;《伤逝》中的涓生和《幸福的家庭》中的"作家"这第三代,也反映了与历史人物相近的不幸的遭遇和面临抉择的歧途。第五层,分析了鲁迅小说对《儒林外史》讽刺艺术以及《金瓶梅》《红楼梦》写实手段的借鉴。第六层,分析了鲁迅作品从中国古典文学中汲取的抒情、写景、烘托气氛手法的成功之处,以及《故事新编》与历史文献的联系。第七层,说明学习和继承古典文学的优良传统,与作家自己的创造性是不相抵触的,鲁迅的学习绝不是生搬硬套,而是经过熔化的。鲁迅的作品与中国古典文学葆有着血肉的联系,并标志着中国文学历史的新的发展。

  王瑶的这篇论文,擅长宏观地把握研究对象,从整体上全面、深入地揭示了鲁迅作品与中国古典文学的历史联系,成为这一专题研究的经典之作,是中国鲁迅学史上不可多得的经典性论著。王瑶先生之所以能够取得这样的成就,除了借助于深厚的中国古典文学底蕴之外,还在于他善于从具体的文学实例入手,由小处发现鲁迅作品与中国古典文学的内在联系。这种联系是客观存在的,而不是臆造和外加的,例如嵇康文章"长于辩难""析理绵密"的议论性质与表现方式,确实与鲁迅杂文有着相通之处,无论是从鲁迅一生九次校订、抄写《嵇康集》的事实来看,还是从两人文章的内在理路揣摩,都可以确定以嵇康为代表的魏晋文章是鲁迅杂文的历史渊源,这两种文章的确在议论性质和表现方式上有着某些共同的特点。王瑶先生是长期浸润于魏晋文章与鲁迅杂文之中,潜心涵养,烛幽发微,自然而然得出结论,不像有些人,是先立原则,再设法寻找事例证明自己先验的观点,因而他对于二者历史联系的揭示,是完全令人信服的,毫无牵强附会之嫌,做到了宏观与微观的统一。当然,要做到这一点,仅仅讲究方法是不够的,还须具有敏锐的艺术感,对文学艺术的特殊规律和文章之道深有体悟,才能对鲁迅作品进行深广的历史和文学的双重透视,不仅摆出鲁迅作品与中国古典文学的外在联系,而且透视出文章之间的内在相通之处,透视出鲁迅小说中的典型形象与阮籍、嵇康等历史人物之间的精神血脉,透视出鲁迅小说对《儒林外史》讽刺艺术以及《金瓶梅》《红楼梦》写实手段的借鉴,以及从中国古典文学中汲取的抒情、写景、烘托气氛手法的成功之处。

二

王瑶不仅以他深湛的文化素养和艺术眼光,对鲁迅研究作宏观的鸟瞰,而且对鲁迅的重点作品作微观的透视。1961年8月11日,王瑶在北戴河海滨休养所写完了长篇论文《论鲁迅的〈野草〉》,发表于1961年9月出版的《北京大学学报》第5期。

这是一个政治和学术环境相对宽松的时期,王瑶在不触犯当时意识形态主框架的前提下,对《野草》的诗学特征进行了开拓性的探究,虽然论述上仍有迁就时代之处,但终归是《野草》学史上的第一次。

王瑶首先确定了《野草》的诗学特征:

> 人们都有这种感觉,在鲁迅的作品中《野草》是相当难懂的。这因为:第一,《野草》是诗;诗的语言总是要求更其集中、隽永、意致深远的;一般说来,诗总比普通散文要难懂一些。一首诗的主要特点并不在它所用的文字有韵或无韵,而在它是否包含有诗意,诗的内容和表现方式。《野草》虽是用散文体写的,但不仅由于"那时难于直说,所以有时措辞就很含糊",而且鲁迅自己即称之为"散文诗",并且谓乃"碰了许多钉子之后写出来的","技术并不算坏",那它比之那些带有政论性质的"当头一击"的杂文来,自然就要隽永、含蓄得多。第二,《野草》主要是抒情诗,它不仅属于如古典诗歌中之"咏怀""言志"一类,而且作者一方面以充分的自我批评精神,解剖自己思想感触中的矛盾;一方面又"并不愿将自以为苦的寂寞",再来传染给"正做着好梦的青年",而作者当时又正处于"路漫漫其修远兮,吾将上下而探索"的对新的道路的探索过程,因之这种"言志"就往往采取了比较隐晦的寓意的表现方式。我们如果缺乏对当时具体环境与作者思想感受的实际了解,读来自然就难免感到有点难懂了。

王瑶在这里对《野草》作出了这样的诗学判断:从文体上说,《野草》是散文诗,而且主要是抒情诗;从语言上说,《野草》是集中、隽永、意致深远的;从表现方式上说,《野草》是隽永、含蓄、富有诗意的,与那些带有政论性质的"当头一击"的杂文有所不同。

因为《野草》与鲁迅的"其他许多杂文集不同,它主要不是针对社会现实所发表的意见,不是如'投枪'一样的对敌斗争的产物,而是对自己心境和思想中矛盾的解剖、思索和批判",所以王瑶着力对鲁迅当时的思想矛盾——"人道主义与个人主义这两种思想的消长起伏"作了精辟的分析。

王瑶没有照搬鲁迅用过的现成名词,而是对这些名词进行了历史的辨析:鲁迅这里所说的人道主义,绝非伪善的资产阶级的人道主义,而是"以人民起来抗争为主要特征"的"真正的人道";这里所说的个人主义,也绝非"害人利己主义",而是主张个性解放的反封建的个性主义。因此,"鲁迅当时所实际感受到的个人主义与人道主义两种思想的矛盾,用准确的科学语言表达出来,就正是瞿秋白同志所分析的个性主义与集体主义的矛盾"。

王瑶的高明之处,在于善于作历史的分析。在这篇论文更名为《论〈野草〉》,收入人民文学出版社 1984 年 8 月版的《鲁迅作品论集》时,作者就在辨析鲁迅当时所说的个人主义一词中,加上了"在特定社会历史条件下所表现的具体内容"一语,说明作者的历史分析更加自觉和明确了。

在论文第二节中,王瑶进一步运用历史分析法对《野草》中所表现的黑暗和"阴影"进行辨析,他不是像有些人那样极力否认之,而是承认之、正视之,进而加以历史的辩证:鲁迅确实感到了黑暗,但是"正因为他有蔑视黑暗的气概,因此虽然感到了理想与现实的对立,希望与绝望的矛盾,但仍然能够坚强地进行战斗,'与黑暗捣乱'"。"所谓'阴影'固然是黑暗势力在他思想中的反映,但这并没有使他产生退却或妥协的任何想法;反之,尽管内心有矛盾、有痛苦,他却感到必须向前走去,必须进行新的探索和追求。"

鲁迅内心的矛盾性,正是形成《野草》内在张力的根本动力。如何认识这种矛盾,恰恰是《野草》诗学研究的难题,王瑶紧紧抓住这个难题进行了卓有成效的辨析,为论文在符合当时意识形态主框架前提下获得成功奠定了基础。

到论文第三节,王瑶才正式进入他最为擅长也最为喜爱的诗学的艺术研究:以诗性语言对《过客》中的三个人物形象作了精深的分析,对《复仇》和《复仇(其二)》中所表现的鲁迅的悲愤心情作了透彻的解剖,特别是在解读《影的告别》时,运用他中古文学史的丰厚知识,发掘出了以形与影的不同想法来写自己思想矛盾的中国文学传统——陶渊明《形影神诗》三首中的《影答形》。这一点可以说是王瑶的一大发现,过去从来没有人说过,对于研究《野草》的中国古典文学渊源开辟了一条思路,可惜的是至今开掘还很不够。

到论文第四节,王瑶又解析了《野草》最为突出的艺术表现手法——"写梦"。王瑶指出:《野草》中的"感触都是思想深处的折磨自己灵魂的思绪,是只能在独自思索中产生的,其本身就属于抒情咏怀性质的诗的意境,因此用梦的形式来表现不只可以增加诗意,收到'言有尽而意无穷'的艺术效果,而且也正表现了它与黑暗现实的某种对立的性质"。这就"使作家更多地运用了他的艺术修养,采取了意致深远和发人沉思的诗的表现方式,这就使《野草》一书在艺术上隽永醇厚,成为精致的抒情小品了"。而艺术构思和形象选择上的诗的性质和奇特的创造性,使作者所要表达的那种感触达到了动人心弦的效力。

第三、四节应该说是论文的精华部分,倘若王瑶能够抛开外界的种种束缚,充分发挥自己的这些特长,论文肯定会达到难以想象的高境,王瑶也一定会取得更为巨大的学术成就。然而可惜的是他不可能这样做,不仅前面加了一些政治性的演绎,最后第五节又添了一个光明的尾巴:为鲁迅"对光明未来热烈向望"和"后期思想的到达共产主义高峰而欢欣"。诚如一位青年学者所说:

> 由于王瑶先生写下了对《野草》的独特理解,才使这篇论文获得非同一般的成功,它体现出王瑶先生作为一个学者的巨大潜能,也体现出了他与鲁迅精神世界的独特的心心相印。但整篇论文的内在矛盾性仍不容忽视:每一节都有艺术把握和理性总结之间的裂缝,在运用诗的语言论述具体作品之后,意识形态话语又马上承接下去,远离作品而作政治语词的演绎;恰恰在诗的语言中,对强大无比的黑暗世界的痛苦感受,到了意识形态话语那里,立刻变为看不到革命力量和革命前途的一种盲视;而艺术上极为完美的作品又在思想情绪上被当作有局限有缺陷的半成品。①

从王瑶写作《论〈野草〉》的心态中,我们岂不可以窥探到中国一

---

① 薛毅:《论王瑶先生的鲁迅研究》,《王瑶和他的世界》,河北教育出版社2000年版,第515页。

代知识分子在困境中挣扎的心路历程,二十世纪又一种令人深思的精神文化现象?

三

新时期开始以后,王瑶在新创刊的《鲁迅研究》第1辑上刊出了他重新出山后写的首篇重量级论文《论鲁迅作品与外国文学的关系》①。这篇论文常常被研究者忽略,2009年9月中国出版集团《中国文库》第4辑的《王瑶文论选》也没有收入。

其实,这是一篇新时期全面研究鲁迅与外国文学关系的指导性论文。王瑶不仅具有深厚、坚实的中国古典文学底蕴,而且具备广阔的外国文学视野。《论鲁迅作品与中国古典文学的历史联系》,开拓了鲁迅作品与中国古典文学的联系研究;《论鲁迅作品与外国文学的关系》,则开拓了鲁迅作品与外国文学的关系研究。王瑶的鲁迅研究论著总带有首创的开拓性和全面的指导性,自这篇论文起,中国鲁迅学界才开始全面、深入地拓进外国文学领域。

当年我有幸到王瑶先生家里取回这篇论文,并担任了责任编辑,读过很多遍。三十三年后重读,仍然读旧如新。

这篇论文分八个方面进行了开拓性的论述:

(一)"向西方找真理"的一个方面:认为"鲁迅开始接触外国文学,是和他'向西方找真理'的过程一同开始的,因此他爱好和抉择就不能不受到中国人民民主革命的需要的制约"。

---

① 《鲁迅研究》第1辑,上海文艺出版社1980年版。

"因为所求的作品是叫喊和反抗,势必至于倾向了东欧,因此所看的俄国、波兰以及巴尔干诸小国作家的东西就特别多。"他的目的十分明确,是为了寻求"叫喊和反抗"的被压迫者的声音来振奋中国人民的精神,这是为中国民主革命服务的现实需要所决定的。正如他从事创作是为了改良社会一样,他对外国文学的爱好、翻译和介绍,也是始终遵循着对中国青年读者和中国现代文学有所裨益这一根本愿望的。

(二)"摩罗"精神:认为鲁迅早期写的"《摩罗诗力说》是他最早的一篇介绍外国文学的文章,也是中国最早的系统地介绍以拜伦为宗主的积极浪漫主义文学的文章"。他用"立意在反抗,指归在动作"来概括摩罗诗人的精神,他所指的其实就是革命精神,这是同他当时决定用文艺来进行战斗的革命道路密切联系的。鲁迅之所以赞扬这种精神,是有深刻的社会原因的。深受帝国主义和清朝统治者压迫的中国人民,处在辛亥革命前夕民主革命思潮高涨时期,所需要的正是复仇和反抗,所追求的正是自由和解放。这种精神是贯穿鲁迅一生的,他一直把《彼多菲诗集》带在身边。

(三)"上流社会的堕落和下层社会的不幸":认为鲁迅写作的目的是为了"将旧社会的病根暴露出来,催人留心,设法加以疗救的希望";为不合理事实的存在感到讨厌则只能产生"瞒和骗的文艺",而这是不能成为他所追求的"引导国民精神的前途的灯火"的新文艺的。鲁迅的小说,无论是写农民还是写知识分子的,都深刻地反映了从辛亥革命到第一次国内革命战争之前的中国社会现实,而且形式和风格也是民族化的,但它又和中国传统小说的面貌完全不同。其中最重要的一点就是鲁迅写了有重大社会意义的题材,写了"上流社会的堕落和下层社会的不幸",写了阶级的对立和矛盾,而且他自己是鲜明地站在被压迫人民一边的。

(四)"表现的深切和格式的特别":认为反映现代生活的表现方法,仅靠对中国古典文学的借鉴是不够的,因此鲁迅"不能不时时取法于外国"。在外国短篇小说作者中,他在艺术上比较欣赏的作家是契诃夫。但由于鲁迅思想的深刻性和战斗性,他对中国人民生活的熟悉和理解,以及他对中国古典小说传统风格的重视和继承,就使他的作品绝不是仅如契诃夫那样的对"小人物"的怜惜和同情,而是真正从革命的角度写出了农民和知识分子的遭遇与前途,因而不仅在思想上,而且也在艺术上取得了崭新的卓越的成就。

(五)散文诗·社会批评:认为鲁迅的散文诗《野草》受到望·蔼覃《小约翰》"幻惑之乡"和《屠格涅夫散文诗》"梦境和幻象"的明显影响,杂文中的"'文明批评'和'社会批评'",则有与日本厨川白村《出了象牙之塔》和鹤见祐辅《思想·山水·人物》相通的构思与抒写方式。鲁迅虽然不熟悉英文,但也赞成译介英国的随笔(Essay),以"博采众家,取其所长"。

(六)讽刺艺术:认为鲁迅主张"除了正确的认识生活之外,还必须在精炼、夸张的讽刺艺术上用工夫,才可能产生感人的力量"。鲁迅除了推崇《儒林外史》等中国小说外,最称赞英国斯惠夫德(今多译斯威夫特)的《格利佛游记》和果戈理的《死魂灵》,尤其喜爱《死魂灵》,指出其"讽刺的本领"和"独特之处","是在用平常事,平常话,深刻的显出当时地主的无聊生活"。"写法的确不过平铺直叙,但到处是刺,有的明白,有的却隐藏。"鲁迅还从"博采众长"出发,翻译了俄国萨尔蒂珂夫(谢德林)《某城纪事》中的《饥馑》,称赞作者的"锋利的笔尖,深刻的观察",认为这类作品"于中国也很相宜"。他还翻译了法国作家腓立普的短篇《食人人种的话》,认为这是"圆熟之作",但他"所取的是篇中的深刻的讽喻",并不赞成作者的思想。对英国大作家萧伯纳则是喜欢他"撕掉绅士们的假面"的杰出才能。

(七)体裁家(Stylist):认为鲁迅很注意从生活中提炼文学语言,所以称赞高尔基说的"大众语是毛胚,加了工的是文学"是"很中肯的指示"。认可称他为体裁家的批评者是看出了他的文学语言的特点,他在外国文学中同样也很注意在这方面有成就的作家。1921年鲁迅翻译了保加利亚作家跋佐夫的短篇《战争中的威尔珂》,并且在后记中也称作者为体裁家。

(八)"拿来主义":认为鲁迅在《拿来主义》的名文中,主张对于遗产首先要敢于"拿来",他既批判了那种在旧的遗产面前徘徊不前的"孱头",又批判了那种为了表示自己"革命"而毁灭遗产的"昏蛋"。在"拿来"之后,就要"挑选","或使用,或存放,或毁灭",根据情况,区别对待。"占有"和"挑选"并不是目的,目的是借鉴、推陈出新,也就是为了新的创作,但在借鉴上要保持清醒的态度,能够取其精华,弃其糟粕。

这篇论文以现在的眼光看来,似乎有时代的局限,但从大观上回视,就会发现新时期鲁迅研究的一大特点,即向鲁迅与外国文学之关系的领域进行了广阔拓展,而后来的研究者几乎都是沿着王瑶指出的思路拓进的。思路的宏阔,眼光的准确,论述鲁迅作品与外国文学的关系的全面性、系统性,为后来兴起的鲁迅与外国文学的比较研究指引了大方向,充分显示出王瑶宏观把握的学术气魄与微观透视的艺术眼力。

四

1981年为了纪念鲁迅诞生一百周年,王瑶呕心沥血写出了新的论文《〈故事新编〉散论》①。该文长达四万余字,是王瑶众多论文中最长、最有分量的一篇。全文分为性质之争、关于"油滑""二丑艺术"、戏曲的启示、且说《补天》《奔月》与《铸剑》、《非攻》与《理水》、《出关》与《起死》、《采薇》略谈、"演义"新诠,一共十节,全面、深入、中肯地论述了《故事新编》研究中存在的疑难问题,并对各篇进行了具体的分析。这篇论文的主要贡献是采用旁证的方法,以中国古典戏曲中丑角的插科打诨为例证,对《故事新编》的"油滑之处"这种文艺现象的美学意义进行了别开生面的阐释:"《故事新编》中关于穿插性的喜剧人物的写法,就是鲁迅吸取了戏曲的历史经验而作出的一种新的尝试和创造。它除了能对现实发生讽刺和批判的作用以外,并没有使小说整体蒙受损害,反而使作者所要着重写出的主要人物和故事更'活'了。"几十年来,《故事新编》的研究者们为"油滑之处"的评价问题争论不休,或者推崇为"特色",或者贬低为"缺点",或者干脆避而不答,都没有对这种文艺现象产生的缘由和美学意义作出认真的学术理论研究,王瑶则对之作出了比较令人信服的回答,显示出了他过人的"敏锐的洞察力和细密

---

① 《鲁迅研究》第6辑,中国社会科学出版社1982年版,后收入《纪念鲁迅诞生100周年学术讨论会论选》,湖南人民出版社1983年版。

的分析力"以及"深刻独创的见解",而这正是以他广博、深厚的文学艺术学养和活跃、开放的思维方式为基础的。

行文到此,加一段我亲身经历的插曲。1980年,鲁迅诞辰一百周年纪念活动筹备工作正式启动,3月30日至4月5日,在北京联合召开了纪念鲁迅诞辰一百周年学术讨论会的筹备会议和撰稿座谈会,全国各地的鲁迅研究学者集中在北京工人体育场,举行了空前规模的盛会。

会议第一天早晨五点半,我就跟车到北大接王瑶先生,在车上王瑶先生给我五角钱,让我代他买新一期的《中国戏曲学院学报》。我当时纳闷王先生为什么要看戏曲学院的学报,待买到翻读,见里面有论述插科打诨的文章,后来又看到了王瑶先生的《〈故事新编〉散论》,才知道王先生是为了解决《故事新编》研究中的"油滑"难题而找这篇文章作参考的。这给我以深刻的启悟:要解决学术上的难题,不能局限在一点、一处,而应该广泛思考,从旁门侧道可能会有发现。

1981年,王瑶还贡献出了《鲁迅思想的一个重要特点——清醒的现实主义》[①]一文,论述了鲁迅从实际出发、面向现实、绝不回避矛盾的清醒的现实主义精神,并分析了鲁迅这种精神的来龙去脉,强调鲁迅之所以执着现实,正是为了进行变革,创造美好的未来,至今对于理解鲁迅思想仍有着重要的启迪意义。王瑶的这些鲁迅研究论文,都收入1984年8月人民文学出版社出版的《鲁迅作品论集》一书,也已成为中国鲁迅学史上公认的经典之作。

---

① 《北京大学学报》1981年第4期。

五

概括起来，王瑶的鲁迅研究论著有着以下特征：

（一）具有深厚的中国古典文学特别是中古文学史的文化底蕴，所以对鲁迅与中国古典文学的历史联系有着深透的研究，能道出其中的真谛。这种"悟道"之文，绝对不是"赶"出来的，而是"养"出来的。过程可能很长，前期准备和撰写工作进行得很慢，但贡献出的是见道之论与涵养之文，往往成为学术史上的经典。

（二）具有广阔的外国文学视野，能够全面、系统地从世界文学境域俯瞰鲁迅作品与外国文学的联系及其在世界文学中的地位，提出开拓性、指导性的意见。

（三）知识广博，眼界宽广，能够在别人不注意甚至不知晓之处，出其不意地发现解决难题的路径，作出别开生面、令人耳目一新的旁证和解释。

（四）行文潇洒自如、出手大气，有一种常人难以超越的大家气韵和直率风度。

王瑶先生的境界恐怕是后人不可能达到的，但取法乎其上，得乎其中，我们应该从中得到的启发是：即使是以鲁迅研究为专业的学者，也不能只读鲁迅的书，而应该把自己的眼界放开来，博览群书，广泛观察，深入思考，学会旁证，只有这样，新世纪的鲁迅研究才可能有所突破。

思想方法的内在支援
——重读王瑶上世纪八十年代有关现代文学学科重建的论述

姜 涛

上世纪八十年代初,在中国现代文学学科重建与转型的过程中,王瑶先生的一系列论文及会议发言,如《"五四"新文学前进的道路》《关于现代文学研究工作的随想》《关于现代文学研究工作的回顾和现状》《关于现代文学史的起讫时间问题》等,曾起到过相当重要的作用,尤其是对现代文学研究是一门历史学科的强调,不仅凸显了学科自身的主体性,规划了一系列研究的课题、方法,后经弟子们的不断阐述,也带来了一种厚实、凝重的学科氛围。这种氛围影响极其深远,像我这样年纪的小字辈们,从摸索专业门径到开展自己的工作,一直浸润其中,接受着无形的滋养,王瑶先生当年的论说,即便不再被时时提及,却也像某种"行规"那样隐入了背景,不言自明。

然而,在王瑶先生诞辰百年之际,这一次重新温习这组文章,我的感受却有些不同。其中一些核心命题,虽早已耳熟能详,如作为历史学科的文学史,"必须把作品放在历史过程中来考察",要讲"文学发展的规律性",要注意"重要文学现象的上下左右的联系"等,但先生在论述中展现的总体性视野、对于复杂现象的辩证把握能力以及由此形成的历史浑厚感,仍能不断引发我新的阅读兴奋。为何如此,读后回想,时间距离带来的陌生化效果外,原因或许还是在于:这一系列文章既"实事求是"又具"远见卓识";既鼓励开拓创新,又时刻清醒地坚守自身、阵脚不乱。而且,那种独特的历史浑厚感,似乎不能完全在文学史或历史学科自身的范畴内理解,也不能完全在学术传承的层面予以解释(如对鲁迅、朱自清文学史研究方法的自觉继承),它关联着某种更为内在、也更具统合性的心智或主体状态。倘若缺失了这种主体状态的内在支撑,即便能够熟练地掌握文学史研究的一般方法,如抓住"现象"、关注"过程"、把握"联系",历史的认识也不一定能被如此饱满而辩证地撑开。这大概与所谓的"史识"相关,王瑶先生也曾提及。对此,钱理群老师有这样的解释:这就是说,文学史的研究总是与研究者对于历史的某种"独到的见解"("史识"),或者说研究者所选择的某种理论框架、某种价值系统联系在一起的——"史识""理论框架""价值系统"应当从客观历史运动中抽象出来,又反过来成为选择历史事实、解释历史现象、判断历史价值、描述历史过程的基本标准、尺度。①

　　稍加分析,在钱老师这里,"史识""理论框架""价值系统"三者,可能不是并列性的关系,而是包含了微妙的层次:如果"史识"指向了一种认识能力,后两者则是这种能力生成的前提,是烛照历史的内在光源。由此出发去追问何为"历史感",

---

① 钱理群:《王瑶先生文学史理论、方法描述》,钱理群等编著《王瑶和他的世界》,河北教育出版社1999年版,第478页。

这个看似寻常的说法,便仍值得斟酌再三,因为浑厚之历史认知能力的获得,不简单发生于"材料"与"方法"、"内容"与"形式"的二元关系中,而是根植于某种更为深厚的思想传统和历史经验。对于如何理解或重新想象现代文学学科的主体性,这一点可能颇为关键。

写于1979年的《"五四"新文学前进的道路》,是王瑶先生"拨乱反正"之后一篇非常重要的文章,后来作为《重版代序》收入1982年重版的《中国新文学史稿》(上册)。在新民主主义的框架下,这篇长文再一次全面重申了对"五四"新文学之"新"的阐释,"强调现代文学的主流和倾向,是符合无产阶级所领导的新民主主义革命的总路线。"[①]这一判断,在当年已显得过于"正统",今天的读者更不大可能心悦诚服地接受,但据孙玉石老师回忆,王瑶先生对此有明确的意识,曾半开玩笑地说:"台湾的研究者说我是太马克思主义了,这里又说我是资产阶级的伪科学,这真让我'左右为难',然而我自认我的研究还是坚持历史唯物主义的,对此,我是至死不悔的!"[②]"左右为难",却"至死不悔",这体现了王瑶一贯的学术品格,"左右为难"恰恰说明"至死不悔"不是一种教条的态度,它包含了对历史复杂性的认识,并且经过了"理论框架"(历史唯物主义)的形塑。这次重读中,我注意到有一个"关键词",在文中频繁出现,这就是"尽管"二字:

---

① 王瑶:《"五四"新文学前进的道路》,《中国现代文学史论集》,北京大学出版社1998年版,第253页。

② 孙玉石:《中国现代文学史论集·序》,北京大学出版社1998年版,第7页。

> 中国古典文学中尽管有许多民主性的精华……但就文学运动和创作的主流说,把团结人民和打击敌人作为自己的努力目标,把文学作为改造社会的有力工具,是从"五四"新文学开始的……

> 尽管许多作者当时从思想范畴上说还是民主主义者,还属于无产阶级的同盟军,但如鲁迅所谓"遵命文学"所显示的社会意义那样,他们的文学实践客观上是无产阶级领导的整个文化战线的一个组成部分……

> 尽管现代文学还不是单一的无产阶级文学,但就世界范围来说,它已经属于全世界无产阶级文学的范畴……①

先举出反例或限定条件,再通过说明去重申结论,"尽管"的修辞术,或许出于一种表述的策略、一种政治的智慧,但无疑也是一种历史透视的方法:首先,承认历史的多面性及复杂的限制性因素存在,并不意味着"就事论事"、主次不分,而是要始终着眼全局,在动态、发展的关系中把握问题。在1980年《关于现代文学研究工作的随想》一文中,针对有论者提出的二十世纪旧体诗词和章回体小说应进入现代文学史的意见,王瑶先生的回应也显现了"尽管"的智慧:没有接受,但也不是简单拒绝,而是在一种全局的视野中,考虑这些作品的具体功能、位置,如:是否公开发表获得社会评价?被引入新文学之后与原有文学主流

---

① 王瑶:《"五四"新文学前进的道路》,《中国现代文学史论集》,北京大学出版社1998年版,第253、256、266页。

又取得怎样的关系？这不是一般性地进行价值的开放或翻转，而是首先将"引入"意见"问题化"，并引申至文学史观念的层面：一方面，要打开文学史的范围，包容丰富性和复杂性；另一方面，又要明确"主流和全貌"的关系，轻重适当，明确发展的线索。[①] 在王瑶先生这儿，接纳复杂、异质的历史现象，目的不在于开放空间，而意味着如何在动态的进程和联系中考虑其功能、位置、意义，并作出理性的拣选，进而重新把握总体的历史走向。这种理解区别于机械的历史"客观主义"，也与重视差异性、多元性、异质性的"后现代式"方式迥然不同。模仿一下王瑶先生的修辞，尽管"主流""支流"一类的区分，今天听来会有些刺耳，但在某种多元、开放的历史观已失去紧张感、变为一种被不断再生产的常识的年代，区别轻重、把握关联、突出主次的方法所包含的历史透视性，仍然值得认真对待，而这种能力的获得，显然与王瑶先生一代人所接受的马克思主义、唯物论辩证法的思想传统紧密相关。[②]

《关于现代文学研究工作的随想》是1980年王瑶先生在中国现代文学研究学会首届年会上的发言，这篇长篇发言高屋建瓴、层次分明，就现代文学这门"很年轻的学科"的性质、特点、方法、范围、线索、标准等问题展开了全面论述，对鲁迅《魏晋风

[①] 王瑶：《关于现代文学研究工作的随想》，《中国现代文学史论集》，北京大学出版社1998年版，第283—284页。

[②] 在文章的结尾，王瑶先生特意向研究者建议："除了掌握历史资料、尊重历史事实之外，必须努力提高自己的马克思主义理论水平。只有这样才能够从丰富复杂的文学现象中找出带有规律性的东西"，"这是提高研究水平的关键"。同上书，第296—297页。

度及文章与药及酒之关系》《中国小说史略》《中国新文学大系·小说二集序》等文学史实践的典范性意义,也作出了精彩阐发。另外,王瑶先生还谈到如何对待国外学者的研究的问题,他的表述同样显示了一种开放又辩证的态度,认为不能笼统地进行评价,需要具体地分析国内外研究思路的异同。但紧接着,王瑶先生讲了这样一段话,今天读来仍会令人感奋:

> 我们赞成展开广泛的文化学术交流……但我们必须首先立足于自己的研究。我们是中国现代社会变革和文学发展的参加者或见证人,中国现代文学是产生在中国的土壤上的,我们有责任对之作出科学的研究和评价……①

这段话体现了一种对于学科的主体性自信,这份自信奠基于对"中国现代社会变革和文学发展"的内在理解,这种理解连带了一份特殊的责任感。这意味着,作为"参加者或见证人",王瑶先生一代学者不仅是历史的研究者,他们本身也就是历史的一部分。对他们而言,二十世纪中国革命及新文化实践的发生、展开乃至挫败,不可能只是知识的对象,对这段历史"科学的研究和评价"必然包含了对其价值前提、内在脉络的说明、申辩或反省。王瑶先生还特别提到了"科学",这个概念不只是在科学主义的层面提出的,对应于客观、规律、方法一类学术指标,而是包含了强烈的担当感、价值感。这多少会让人联想到韦伯富于激情的"志业"概念:"志业"不同于"专业",一种勇于担当又慎重

---

① 王瑶:《关于现代文学研究工作的随想》,《中国现代文学史论集》,北京大学出版社1998年版,第294页。

耐心的"责任伦理",恰恰是其不可或缺的内核。

与上述学科主体性自信相关的,还有一种宽阔的、整体性的历史视野。这表现在,在王瑶先生眼中,新文学的展开始终是二十世纪新民主主义革命历史实践的一部分,从来不可能被孤立地对待。比如,他在八十年代多次强调文学史研究要注意"上下左右"的联系,怎样理解这个"上下左右"呢?是否仅仅限于文学史内部的作家、文体、现象之间的关联?或许这只是一部分,"上下左右",同样涉及文学史背后总体的历史进程和多样性状况。然而,强调"上下左右"的联系,又并非沦入一种机械的历史决定论,整体性的历史视野与对于差异、多样性的灵活辨析,又是结合在一起的。完成于1986年5月的《关于现代文学史的起讫时间问题》,是王瑶先生晚年又一篇沉甸甸的大文章。在当时有关"近代""现代""当代"分期问题的热闹讨论中,他的观点似乎有些保守——"我是主张中国现代文学史仍然应以'五四'作为它的起点的",但这篇文章纵横开阖,依然显出非同一般的气象。

一般文学史分期讨论,首先会着眼于不同时期文学风格、性质的区别与联系,王瑶先生却先从史学界关于近代史的分期讨论谈起,再过渡到文学史,进而又区分了"通史"与"专史"的关系,在此基础上,才进入关于"五四"新文学与晚清文学关系等问题的讨论。这种今天看来"跨学科"的视角,在他那里,其实自然而然,并非一种刻意的跨越,因为在一开始,王瑶先生就没有仅仅落笔于文学史的内部,而是站得很高、看得很远,始终葆有全局性的眼光。阅读这篇文章,读者获得的最大启示,可能不是具体的分期结论和时间点判定,而是那种既看重事实又不黏滞于事实的灵活洞察力,以及那种在文学与历史、内部与外部、普通与特殊、通史与专史之间不断来往的辩证能力。对于分期的讨论,也由是成为对现代文学性质及其广阔历史关联的再一次贯通性思考。在文章的结尾,王瑶先生这样写道:

> 无论起讫时间定为何时,治现代文学史的人仍然必须注意到这一段文学史的历史渊源和它对当前可能发生的现实意义,而不能"前不见古人、后不见来者",把眼光只囿于现代文学史的起讫范围之内;这是讨论这一问题时必须予以注意的。①

这样的表述实际已超越了具体的学术观点,而包含了一种方法上的概括、对可能的认识局限的提醒。

写到这里,或许可以稍作总结了。重读王瑶先生上世纪八十年代有关学科重建的一系列文字,我所感受到的那种浑厚的、不可复制的"历史感",当然源于先生超卓的思辨能力、丰厚的学术积累以及对以鲁迅、朱自清为代表的文学史写作传统的继承,但同时也离不开对于现代中国社会变革的内在理解,离不开马克思主义思想传统潜移默化的影响。在他这里,"科学"与"责任"、"理论框架"与"价值系统",取得了某种浑然一体的统合性关联,浑厚的"历史感"背后,其实是一种浑厚的主体性。当然,这样的结论仍显表面化,要深切体知这一主体性的生成,有必要回到王瑶先生早年的历史经验当中去。作为典型的"一

---

① 王瑶:《关于现代文学史的起讫时间问题》,《王瑶文集》第5卷,北岳文艺出版社1995年版,第63页。

二·九"一代,他成长于三十年代左翼文化及社会科学理论兴盛的热潮中,大学时代不仅参加学生运动,有过入狱的经验,其最早的批评实践也伴随了"救亡"运动与左翼文化运动的展开。读一读他发表在《清华周刊》上的《一二九与中国文化》《表现在作品中的时代和艺术》《论作品的真实》及一系列鞭辟入里的时事批评,不难发现那种在动态中把握关联、在复杂现象中提炼判断的思想方法,早已深刻影响了"小胡风""小周扬"式的激昂雄辩。① 四十年代,他选择回到学院,投身于学术的"志业","一二·九"时代的经验其实在无形中塑造了他的学术起点②,革命者王瑶与学者王瑶,或许自始至终不能分开来看待③。

经历了最初的"拨乱反正"与学科重建,八十年代中期以后,王瑶先生的态度似乎更为开放,甚至淡化了原有的价值立场,在《中国现代文学研究的现状和前景》《文学史著作应该后来居上》等发言中,强调应开阔视野,吸纳新的方法,鼓励年轻

---

① "小周扬""小胡风"是当年清华同学对王瑶的私下称呼,参见赵俪生《宛在的音容》,钱理群等编著《王瑶和他的世界》,河北教育出版社1995年版,第14页。

② 在1952年所作《在思想改造运动中的自我检讨》中,王瑶谈到四十年代立志成为古典文学研究方面"第一流的学者"时,认为"研究好这门学问必须三方面都有基础:(一)古书的知识,包括历史和文学,(二)历史唯物论,(三)马列主义文艺理论。……我狂妄地以为这三方面我都有些基础"(《王瑶文集》第7卷,北岳文艺出版社1995年版,第496页)。

③ 钱理群先生在梳理王瑶先生早年从政治转向学术的经历时,已经提到:"革命者王瑶与学者王瑶的区别是明显的,但有确实存在着深刻的关联。"参见《"挣扎"的意义——读〈王瑶全集〉》,钱理群等编著《王瑶和他的世界》,河北教育出版社1995年版,第322页。

学者的突破和创新。然而,这并不等于说这些表述内部的紧张感有所松懈:一方面,那种总体性的历史视野依然像磁场一样发生强大作用,在强调研究的历史学科品质的同时,王瑶先生充分意识到这并非一种"去政治化"的结果,因为对于新文学历史经验的总结,恰恰吻合于"现代化"的历史要求:"我们今天面临的仍然是类似性质的重大问题,不过是在新的现实面前属于更高层次的问题罢了。"①另一方面,对于创新的尝试和成果,他并不是一概照单收纳,针对研究中一些以偏概全、"似是而非"的现象,也不断敲打:"还是谨严一些好","研究问题要有历史感"。阅读这些文章,我们似乎能读到两个不同的王瑶:一个王瑶面向未来,眼界开阔,支持新方法、新思路,支持"重新文学史"的可能性;另一个王瑶,则似乎有点"保守"、严厉甚至苛刻,坚持从过去看到未来,不放弃新民主主义的"价值系统",不放弃马克思主义的"理论框架",即便这种坚持并不时常表露,只是作为一种底色存在。

　　这是一种历史过渡时期的态度吗?抑或像友人和弟子们所回忆的,是一种特殊政治智慧的表现?作为后学晚辈,或许不可能真正把握先生"为学""为人""为政""为师"的多个方面,但我仍能感觉上述两个向度的内在统一,不可拆分。诚如王瑶先生所提醒的——"不能前不见古人、后不见来者",研究的创新以及提出新问题的能力,不仅在于方法、视野、观念的引入,同时也要考虑这些新的因素如何与原有历史视野结合的问题。1987

---

① 王瑶:《中国现代文学研究的现状和前景》,《润华集》,中国社会科学出版社1992年版,第4页。

年,在日本学者相浦杲《日本人心目中的中国文学》一书序言中,王瑶先生对该书的"角度与方法"十分赞赏,比如,通过考察1979—1981年间一系列农村题材的小说,作者"对同一时期中国农村发生的历史性变革及其引起的社会结构和农民意识的深刻变化"进行了独到的分析。王瑶先生特别看重其"跨学科领域的综合研究的新方法",而"如何将文学的批评研究与社会学的批评研究二者结合起来",其实不仅是一个"新课程",我们能感觉到社会历史批评传统与这一"跨学科"新方法之间的微妙对接与内在转化。① 在相关言论中,王瑶先生似乎暗示,原有的"价值系统""理论框架"并不矛盾于新方法、新角度,后者不仅能被包容于前者,而且还可从其内部获得生生不息的精神之源,而这又与学科乃至研究者自身主体性的确立内在相关。事实上,二十年前樊骏先生的长文《论文学史家王瑶》对此已有十分详尽的阐发。针对当时一些论者在"事实与价值""学术与意识形态""非学术渗透与独立的学术品格"的二分中定位王瑶的善意努力,该文也进行了辨析。② 这一论述在今天读来,显得尤其意味深长。

八十年代末期,面对"重写文学史"的潮流,王瑶先生明确表示支持。后来证明,"重写"释放的活力,的确强劲推动了现

---

① 王瑶:《日本学者研究中国文学的成果》,《润华集》,中国社会科学出版社1992年版,第122—123页。

② 参见樊骏《论文学史家王瑶——兼及他对中国现代文学学科建设的贡献》,钱理群等编著《王瑶和他的世界》,河北教育出版社2000年版,第443—444页。

代文学学科的拓展,这门学科的性质也随之发生了暗中的转换。如果说王瑶先生一代内在浑厚的学术主体性,与新民主主义革命历史的"参加者和见证人"的身份紧密相关,王瑶先生的弟子们,虽然学术立场和方式已有很大的不同,但对当代中国思想进程的内在参与,也使得后面一代甚至两代研究者的工作,仍具有某种充沛的主体性内涵。当更年轻的一代,在九十年代"告别革命"的氛围中,穿糖葫芦似地,从本科、硕士一路读完了博士,他们面对的,其实已经是条块分割的社会结构与学科现实。虽然不必重申"九斤老太"一类的抱怨,但在擅长"精耕细作"同时,年轻一代研究者视野、抱负的缩减,乃至自身主体性的暧昧、弱化,已构成了某种无形的限制。比如,对于"历史感"的追求,早已成为学科内部的共识,一些"回到现场"的方法,也被广泛分享,但由于缺乏与研究对象内在的连带感、方法背后缺乏饱满的主体性紧张,"回到现场"有时会简化为某种使用材料、重建孤立之"现场"的技术,进入历史的热情也很容易倦怠下来。

在这样暧昧的状况,怎样理解王瑶先生一代"左右为难"、向前瞻望又将视野不断向后"内卷"的姿态,对于年轻人而言,其意义便不止于学术史的重温、回顾。怎样在动态进程中深入历史,怎样在"上下左右"联系中撑开问题空间,以形成一种强劲的历史透视能力,王瑶先生当年的学科建设论述所提供的启示,也不仅体现在方法论的层面,而是涉及如何理解现代文学学科丰厚的传统,以及如何将这份传统持续转化的问题。当然,一种身心鼓舞、自我辨认的主体性契机,也就由此包含在了其间。

(初刊《现代中文学刊》2014年第3期)

第二辑

胆欲大而心欲小　智欲圆而行欲方
——《王瑶选集》序言

孙玉石

王瑶(1914—1989)，山西平遥人。1934年9月，自张家口察哈尔中学考入清华大学中国文学系。大学期间，得到闻一多、朱自清、陈寅恪、叶公超等教授的授业与熏陶。曾主编《清华周刊》，参与学运，左倾激进，两陷囹圄，发表过时政评论、文学批评、纪念鲁迅等文章数十篇。1937年秋，学校南迁，因事返乡，多遭阻隔，蛰居家中，蹉跎四年。至1941年9月，方赴昆明西南联大复学就读。1943年6月完成毕业论文《魏晋文论的发展》。7月于清华大学中国文学系毕业，随即考入文学院中国文学部，师从朱自清先生，专攻中古文学。1946年4月，从清华大学研究院中国文学部毕业，论文题目为《魏晋文学思想与文人生活》。是年8月受聘为清华大学中文系教员。先后为学生开设"大一国文""中古文学史专题研究(汉魏六朝)""陶渊明研究"等课程。1949年9月，根据需要，改为讲授"中国新文学史"。为此开始编写《中国新文学史》讲义，后来以《中国新文学史稿》上下册问世。1952年院系调整后，转入北京大学任教，讲授过"鲁迅研究"等专题课程。1956年被聘为教授。经二十年历练，历十年拼搏,王瑶先生已进入了全国著名大学者的行列,成为中古文学史研究界的佼佼者、中国现代文学史研究的拓荒者和学科发展的奠基人。在留给先生不多的研究时间里,除了于五十年代初出版的以《中古文学史论》为总题的《中古文人思想》《中古文人生活》《中古文人风貌》之传世大作,及具有开山性质的上下两册《中国新文学史稿》之外,先后出版的学术专著、史料编撰、论文汇辑等著述,尚有:《鲁迅与中国文学》(1952)、《中国文学论丛》(1953)、《李白》(1954)、《关于中国古典文学问题》(1956)、《中国诗歌发展讲话》(1956)、《陶渊明集》(1956)、《鲁迅作品论集》(1984)、《润华集》(1992)、《中国文学纵横论》(1993)等。离世后出版有八卷本的《王瑶文集》。

王瑶述及自己的内心追求时说:"自来后方以后,余一切之行计划,率皆以赴滇完成学业为一大目标……且五年荒废,身心两方,俱显停顿状态,如能得诸名师之启发,及高等学府生活气氛之熏陶,或可于学术途径上,得一启示之机,亦求进步之欲望有以趋之也。"①蛰居故乡,卖文不成,"我埋头念古书",并给自己"立了这样一个追求的目标,我要在中国古典文学的研究方面成为一个第一流的学者"②。解放以后,不必再为生活和职业发愁了,"于是我就打算要好好埋头做一个中国古典文学方面第一流的专家"③。改讲授新文学之后,"我在思想上并没有放

---

① 王瑶:《坎坷略记》(1942年4月20日),《王瑶文集》第7卷,北岳文艺出版社1995年版,第439页。
② 王瑶:《在思想改造运动中的自我检讨》,同上书,第496页。
③ 同上书,第498页。

弃了我研究古典文学的计划,因为我以为研究新文学是很难成为一个不朽的第一流学者的"①。由于思想改造、学术批判,"文革"遭难,漫长的折腾荒废剥夺了先生宝贵的学术研究时光,加上自专攻古典文学转为新文学史研究后,屡受左的思潮的批评,先生无法实现自己的学术宏愿。但这些坦露的自白里,先生的清醒和抱负、追求和怅惘、矛盾和挣扎,带给我们深深的遗憾和难以言说的反思;但是,先生已经做出的业绩,仍然具有某种不可超越的学术典范意义。他的学术道路和著述中所蕴涵的一些论说、经验和思考,给后来者留下了一份更为值得琢磨和珍视的精神遗存与前行启示。

研究中国古代或现代的文学史,最为重要的,是要有一种严肃沉厚的历史意识。王瑶的中古文学研究、近现代文学及鲁迅研究,贯穿不变的一个特点,是具有自觉而强烈的历史意识。这种历史意识,就是王瑶先生经常强调的研究者必须具备的一种"史识"。

他认为,这种"史识"就是要善于将纷繁复杂的大量历史资料和现象,进行严密的分析和综合。"以一种客观的态度来严肃地对待在研究过程中所陆续发现的大量的新的事实和资料,从她们的整体和相互联系的关系中来严格地加以分析"②,力求得出更为接近实际的理论判断和历史结论。他忆及听闻一多先

---

① 王瑶:《在思想改造运动中的自我检讨》,《王瑶文集》第7卷,北岳文艺出版社1995年版,第499页。
② 王瑶:《论考据在古典文学研究工作中的地位与作用》,《王瑶文集》第2卷,北岳文艺出版社1995年版,第496—497页。

生讲课的感受说:"在'中国古代神话研究'班上,他要求学生各选定一个古代神话故事的题目,从类书中先把有关材料摘录出来,再复查原书,将材料按时代先后排序,分析其繁简情况及有无矛盾现象,然后再考察它的来源和流变过程,写出一个报告。有时学生在作业中过于草率或犯了常识性错误,他的批评是很严厉的。"同一文章中他还说:"以前的清华文科似乎有一种大家默契的学风,就是要求对古代文化现象作出合理的科学的解释。""闻先生的《诗经新义》、朱自清先生的《诗言志辨》都是在这种学风下产生的成果。我是深受这种学风熏陶的。"1948年,他谈及了自己中古文学的研究原则:文学史上的"兴衰"现象,"自有它所以如此的时代和社会的原因,而阐发这些史实的关联,却正是一个研究文学史的人底最重要的职责"。"本书的目的,就在对这一期中国文学史的诸现象,予以审慎的探索解释。作者并不以客观的论述自诩,因为绝对的超然客观,在现实世界是不存在的;只能够贡献一些合乎历史实际情况的论断,就是作者所企求的了。"①朱自清先生去世后王瑶又写道:"我自己对于文学史的看法,和朱先生是完全一致的。"他引了朱自清《古文学的欣赏》中所讲如何理解或认识古文学的"批判的接受"的见解和立场,然后说:"作者也从来是遵从着这个方向去努力的。""他在给林庚作的中国文学史的序文中说:'文学史的研究得有别的许多学科作根据,主要的是史学。'"前一年里《清华学报》复刊时,朱先生嘱王瑶作一关于林庚著《中国文学史》的书评,文稿完成后,王瑶因腿疾不能出门,托人带去,朱先生阅后,复信

---

① 王瑶:《念闻一多先生》,《中国现代文学研究丛刊》1987年第1期。

中说:"书评已读过了,写得很好。意见正确,文章也好。虽然长些,我想不必删。"①王瑶在书评中,认真严肃而又颇为苛刻地评述了林庚的《中国文学史》,认为"这一部《中国文学史》不仅是著作,同时也可以说是创作"。"贯穿在这本书的整个的精神和观点,都可以说是'诗的',而不是'史的'。""这书对'史的'关联的不重视,却是很显著的","历史和时代的影子都显得非常淡漠","作者用他的观点处理了全部文学史,或者说用文学史来注释了他自己的文艺观,遂使这部著作的特点变成了'诗的'"。就在这篇文章里,王瑶明确提出了他研究文学史首重"史识"的观点:"写史要有所见,绝对地超然的客观,事实上不可能的。写一部历史性的著作,史识也许更重于史料。"②尽管王瑶在学术研究领域所进入的研究课题有各种各样的变化,但他这种深厚强烈的历史意识,这种进入历史研究时"史识更重于史料"的学术观念和精神,却是始终如一、不曾改变的。

　　王瑶先生天分很高,敏锐聪颖,这是成功的必要条件;大学教育所受直接的熏陶和自觉的师承意识,是他走向成功的更重要的保证。他说过:"我毕业于清华大学中国文学系和清华研究院中国文学部。因此就师生关系说,我是直接受到当时清华的几位教授的指导和训练的。1934年我考入清华大学中文系,系主任是朱自清先生,以后我的毕业论文导师和研究院的导师,

---

① 王瑶:《中古文学史论》自序,《中古文学思想——中古文学史论之一》,上海棠棣出版社1951年版。

② 参见王瑶为林庚著《中国文学史》所写书评,载《清华学报》1947年10月第14卷第1期。

也都是朱先生。当时听课和接触比较多的教授还有闻一多先生和陈寅恪先生。""像许多青年人一样,我也是由于爱好新文学才选择了'中国文学系'的;但是课程都集中在古典文学方面,于是我也就把汉魏六朝文学作为自己的专业方向了。一个人所经历的道路总是要受到他所处的时代和前辈的影响。我开始进入专业学习的三十年代初,受到了当时左翼文化运动和鲁迅著作的很大影响。于是把文学研究当作自己的方向,而且努力从鲁迅的有关著作中汲取营养。我的大学毕业论文题目为《魏晋文论的发展》,研究院的毕业论文题目为《魏晋文学思想与文人生活》,就都是在鲁迅的《魏晋风度及文学与药及酒的关系》一文的引导和启发下进行研究的;同时,还写了《文人与药》《文人与酒》等专题论文。应该感谢朱自清先生,他很尊崇鲁迅,对我的想法和努力方向给予了很大的支持。"① 稍后谈及清华大学学术研究风气的时候,他又说:"朱自清在日记中提到要把清华中文系的学风培养成兼有京派海派之长,用现在流行的话说,就是微观与宏观相结合;既要开阔视野,又不要大而空,既要理论谨严,又不要钻牛角尖。……清华中文系的学者们的学术观点不尽相同,但总的说来,他们的治学方法与墨守乾嘉遗风的京派不同,也和空疏泛论的海派有别,而是形成了自己的严谨、开阔的学风的。这种特色也贯彻在对学生的培养上。"② 学院的严格"科班"教育,一代学术风范的大学者们"亲承音旨"般的熏陶,

---

① 王瑶:《治学经验谈》,《江海学刊》1983 年第 2 期。
② 王瑶:《我的欣慰与期待——在清华大学纪念朱自清先生逝世四十周年、诞生九十周年座谈会上的发言》,《文艺报》1988 年 12 月 10 日第 49 期。

以及从悠久的传统学风到鲁迅的治学方向路数的养成和汲取，使得王瑶在一生学术研究中，承传了这样的一种精神遗产：既葆有开阔视野又力避大而空疏，既重史料搜寻的"竭泽而渔"又不陷入于单纯考证，既求理论严谨又不钻牛角尖，从而形成了一种开阔、严谨、坚实、创新的学术作风。他的治中古文学史、近代文学史、现代文学史以及鲁迅等，以不断地探索实践的成就，为我们树立了一种追踪学习的楷模。

为了更好地了解这种历史意识和学风坚守，这里我们选入王瑶大学和研究院的两篇毕业论文《魏晋文论的发展》《魏晋文学思想与文人生活》，与朱自清先生推荐单独发表、后来同前两篇一并收入于《中古文学史论》一书的《魏晋小说与方术》，以及读书报告《说喻》和《读书笔记》（十六则），仅为提供见微知著的方便。《说喻》一文，钩稽文献中大量史料，从比兴相近的见解，论及喻在文中地位与所喻之关系，后来如何演变为"明理者以切至为贵，抒情者以形似为宗"，并由用喻变化而窥见语言文学进展之一个侧面。朱自清曾如此说："下午读王瑶《说喻》，意外发现有新意见。"[①]读书笔记之重要作用，在于必须认真读书，并且善于发现前人误讹而以详证纠勘。看似小至一句一字之功，却须下死功夫而有益证史。从这些长短不一的《读书笔记》中，可以窥见作者如何从详细史料搜阅与分析，推演出颇有价值的"一得之见"。有时仅是一字的发微考辨，却纠正了自传统至当代学者对于经典的误读。至于作者的魏晋文学论文，所尽开

---

① 参见朱自清1943年2月8日日记，《朱自清文集》第10卷，江苏教育出版社1998年版，第225页。

拓之功力勤谨与发现论述的新颖精当,这里就不必去多说了。作为指导教师朱自清先生及其他教授,当时阅后的一些反应,读起来是颇有兴味的。1943年5月4日:"王瑶来访。近来失眠。"5日:"晚应岱孙邀在昆明戏院看 Parachute Proops,甚有趣。但失王瑶之约,颇懊恼。"19日:"王瑶告我,一多让他报考我们的文学研究所,并答允他可能被聘为兼职助教,此事一多从未让我知道。"是年6月,王瑶进行毕业论文《魏晋文论的发展》的答辩和研究所的考试,朱自清为指导教师,王瑶的来访,概为此事。闻一多推荐王瑶报考文学研究所并答允聘任事,也说明对于王瑶研究成果与发展潜力的认可。

经过两年半时间的攻读研究,王瑶大约于1946年2月完成了清华大学研究院中国文学部毕业论文部分文章的写作,论文题目为《魏晋文学思想与文人生活》。朱自清1946年2月12日日记载:"开始读王瑶文章,觉不甚满意。"2月15日日记载:"参加王瑶口试,对自己不甚了解情况甚烦恼。知识不扎实,年龄大,致使记忆力衰退,虽读书,但记不住要点,实在可悲。"这种认识差异与自我烦恼的文字,也从侧面透露了王瑶先生论文所述思考与搜阅史料的深度。一年之后已经回北京清华园的王瑶,进入论文的最后考试。朱自清1947年3月3日日记:"读王瑶文章。"3月6日载:"晚摘王瑶文章。"3月7日载:"下午去云大图书馆查资料。摘记王瑶文章。"3月8日载:"摘记王瑶文章。下午对王瑶进行口语考试,已通过,归还文章。"4月15日又载:"下午对王瑶进行论文考试,结果得八十四分。"前述朱自清3月3日日记所云"读王瑶文章"及后面屡书"摘记"者,概均指《小说与方术》一文。此文后来经朱自清推荐,发表于1948

年2月6日《学原》第2卷第3期。王瑶后来谈及《中古文学史论》一书时候这样写道:"其实这书中的十四章几乎每一篇都曾得到过朱先生的一些过分的奖誉和赞许,这在我自己是只有惭愧的。《小说与方术》一章成后,作者正在病中,他来信说:

> 昭琛弟如晤:前天读了你的小说与方术,觉得非常精彩。你能见其大,将繁乱的琐碎的材料整理出线索来,这是难得的,有用的;同天读到你的古文辞的研读,也觉得有特见。小说与方术我留着用一两天,就交给叔平看。
>
> 祝好
>
> 自清 三,四

作者对朱先生这些过分的推许固然感到惭愧,但由此可以说作者所了解的朱先生对文学史的看法,还不至于有多大的错误。至于作者自己能遵行到如何程度,就不敢说了。"①有关研究生论文这些师生之间留存的文字,更为鲜活地反映了王瑶先生学术成长中浸染了那些学术先行者们和后来人之间,在中国文学史研究事业中,对于历史的观念与科学方法论的理解和恪守,对于学术事业倾注心血、薪火相传的执着和热忱。这里选入的几篇鲁迅研究和近现代文学史研究的论文,虽然只是王瑶先生在这个领域里学术成果的很少一部分,但也同样见出他作为一个新领域开拓者高瞻远瞩的阔大视野、历史意识、探索精神和思考深度。从一些学术成果里当然可以看到某种已经属于历史

---

① 王瑶:《〈中古文学史论〉后记》,《中古文学思想——中古文学史论之一》,上海棠棣出版社1951年版。

的东西,但很多以严肃沉思和勤劳搜阅凝成的果实里,还带着难以复现的拓荒者足迹的血痕。重读论《野草》《故事新编》以及他对于现代文学史发展深思熟虑的那些论文,我们同样更应该、也一定能够看到它们所蕴涵的属于未来、属于永久性的一些学术思想和学人血脉的闪光。

王瑶先生许多学术之外的文字,别有一番心境和情怀,甚至是带着悲情与血泪写成的。

1989年夏天,先生前往上海参加祝贺巴金先生八五诞辰的学术讨论会,生病住院。我与他女儿超冰、吴福辉三人,受他的委托,前往巴老家里拜望祝寿。先生已被割开喉管,无法说话。他坚持用颤抖的手,亲自在一张纸上,给巴金老人写下了这样的话:"表示我专程来沪祝嘏,最近十年,巴金学术研究收获颇大,其作者多为我的学生一辈,如陈丹晨、张慧珠等,观点虽深浅有别,但都是学术工作,不是大批判,这是迄今我引以为慰的。"

在此前一年的夏天,他给女儿超冰的新居题字:"胆欲大而心欲小,智欲圆而心欲方。"也是这一年的10月17日,在北京召开的现代文学研究创新座谈会的讲话中,他赠青年研究者一句格言,仍然是那句陈年老话:"板凳甘坐十年冷,文章不写一句空。"

在逝世之前两年半,王瑶先生为别人、也为自己,写下了这样一篇仅百余字的《自我介绍》①,于幽默自嘲、讽世调侃的轻松话语中,真实地流露出慎己为人的风度才情,流淌着一位襟怀与学风阔大严谨的学者所拥有的魏晋名士的风度与灵魂驰骋的自由:

---

① 王瑶1987年5月为《清华十级(1934—1938—1988)纪念刊》作。

在校时诸多平平,鲜为人知。惟斯时曾两系图圉,又一度主编《清华周刊》,或能为睽违已久之学友所忆及。多年来皆以教书为业,乏善可述,今仍忝任北京大学教席。迩来垂垂老矣,华发满颠,齿转黄黑,颇符"颠倒黑白"之讥;而浓茗时啜,烟斗长衔,亦谙"水深火热"之味。惟乡音未改,出语多谐,时乘单车横冲直撞,似犹未失故态耳。

2010 年 3 月 15 日深夜于蓝旗营寓所
（初刊《东方论坛》2011 年第 2 期）

"一二·九"与王瑶先生的学术起点

姜 涛

追溯王瑶先生的学术道路时,他早年参加"一二·九"运动的经历,是一个常被提及的话题,即:在学者王瑶之前,还有过一个革命者王瑶。而且,这两个"王瑶"并非彼此分离,对应于两段人生、两种身份,而是有着紧密的关联。① 先生的同窗赵俪生,就对当年身边这位"小胡风"情有独钟,八十年代读过先生几位弟子的著述后,甚至有这样的感慨:"他后来之所以能带出那么多精彩的研究生","其中那股'气',是在1934—1937年间积贮下来的"。② 老同学的说法,看似随意,其实暗含了一个特别的思考角度:正是"一二·九"时代的政治及文化参与,才使一个左翼学者最初的态度、视野、方法乃至主体性,得到强有力的塑造;而怎样把握"两个王瑶"之内在关系,不仅涉及理解一

---

① 钱理群:《"挣扎"的意义——读〈王瑶全集〉》,《王瑶和他的世界》,河北教育出版社2000年版,第318—319页。
② 赵俪生:《记王瑶与冯契》,《赵俪生文集》第5卷,兰州大学出版社2002年版,第477页。

个学者的学术养成,也涉及对一个学科自身传统的深层挖掘、体认。

一

"一二·九"运动,爆发于 1935 年 12 月,以北平大中学生游行请愿为开端,几经起伏,其历史能量的释放一直持续到 1937 年"七七"事变。王瑶先生 1934 年 9 月考入清华大学,1937 年 6 月间离校返乡,大学时代恰好与"学运"同步。他所属的"清华第十级"(1934 级),刚入校时也因所谓"反'拖尸'"组织了起来,在"一二·九"运动中顺势担当了主力,姚依林、黄诚、吴承明、杨述、杨学诚等学生领袖,都涌现自这一级活跃的新生。① 那么,年轻的王瑶如何参与了这场学运呢?结合相关自述、回忆,我们大致能还原一个激进青年的忙碌身影:中学时代,开始阅读社会科学和左翼文学书籍,"比较早地接受了一些概念式的马列主义的知识"。进入清华后,参加外语系 1933 级赵德尊组建的秘密组织——"左翼作家联盟"清

---

① 所谓"拖尸"(toss),指的是大学中老生欺负新生的诸般"恶作剧",如"钻狗洞""抛举""浇冷水""戴绿帽子"等,这种习气来自美国大学,流行于三十年代的燕大和清华。清华第十级入校(1934 级)后,这一校园"传统"却遭到新生的激烈反抗,他们集体行动,散发传单,甚至准备了武器,与高年级学生对抗。同样的情况也发生在燕京大学。参见姚依林《"一二·九"运动回忆》,《战斗在一二·九运动的前列》,清华大学出版社 1985 年版,第 100 页;陈翰伯《巨浪,巨浪,不断地增长——燕京大学"一二·九"运动回忆片段》,《一二·九运动回忆录》,人民出版社 1982 年版,第 102 页。

华园小组,并以"国防文艺社""清华文学会"的名义公开活动。当时,小组成员各自发挥所长,"王瑶喜欢搞文艺理论,爱读普列汉诺夫和卢那卡尔斯基的书,爱写书评和文学评论与论战的文章",被同学称为"小胡风"。"一二·九"前后,曾多次参加救亡游行,并"两系囹圄":一次是在1935年3月,因牵扯"中国社会科学家联盟"的活动入狱;另一次则因参加1936年春的"三三一"抬棺游行。出狱后,1936年5月由赵德尊介绍加入中国共产党,担任《清华暑期周刊》编辑、清华文学会刊物《新地》编委及《清华周刊》第45卷主编,发表时评、文论、翻译等文章数十篇。①

上述政治及文化实践,可谓相当丰富,其中有两点,似乎值得注意:其一,虽投身学运,表现不俗,但与蒋南翔、姚依林、杨述、赵德尊等不同,王瑶并不属于运动的"领导层",而是更多作为一名积极分子加入其中,包括1936年5月的"入党",也并非出于组织的偏爱,而是"学运"处于不利形势下中共党组修正"关门"倾向、批量吸收新党员的结果。② 日后所拟《自我介绍》

---

① 这段经历的描述参考《自我介绍》《在思想改造运动中的自我检讨》《王瑶年谱》(《王瑶文集》第7卷,北岳文艺出版社1995年版)以及赵俪生《篱槿堂自叙》(《赵俪生文集》第5卷,兰州大学出版社2002年版,第110—111页)。

② 参见《战斗在一二·九运动的前列》,清华大学出版社1985年版,第49页。王瑶的入党介绍人赵德尊也回忆:当时的支部发展很快,"新党员无论是'民先'队员,还是共青团、'左联'、社联同志,都由分管文委个别谈心,自愿自觉谈思想转变过程,在斗争中表现积极坚定,举行简单入党宣誓"。参见赵德尊《征程鳞爪》,黑龙江人民出版社2007年版,第20页。

也自称"在校时诸多平平,鲜为人知"①。其二,"鲜为人知"毕竟出于一种自谦,"诸多平平"其实不乏精彩,且伴随了一种强烈的个人选择性。1952年2月,在知识分子改造("洗澡")运动中,先生梳理了早年的一系列政治及文化活动,其中的一段检讨,尤其值得玩味:

> 譬如我担任过《清华周刊》总编辑,左联领导的文艺杂志《新地》的编辑,也常写时事论文或文艺论文一类文字,于是我就自以为我是一个左翼理论家,很高傲。……现在想起来,就在"一二·九"学生运动的时候,我就有严重的看不起群众的毛病,当时我写了一些文章,以为这是像我这样人才能做的;而当大家到固安南下扩大宣传时,我却托词不去,认为这是一般群众的事情。②

表面看,这样的回顾处处自贬,却可能是"洗澡"运动中一种特殊的应对策略,简言之:检讨归检讨,白纸黑字,事实俱在,一个左翼知识分子形象、一个青年革命者的形象,其实得到了刻意维护。③ 依此逻辑,"高傲""看不起群众""托词不去"等小知识分子的劣习,也可从正面解读,暗示了某种介入方式的个人色彩。

---

① 王瑶:《自我介绍》,《王瑶文集》第7卷,北岳文艺出版社1995年版,第99页。
② 王瑶:《在思想改造运动中的自我检讨》,同上书。
③ 钱理群将这种检讨中的应对策略,命名为"'但'书"文体:"'但'之前,是基本事实的陈述,是实实在在的;'但'之后,是批判与认识,却是空洞的,无法抹杀前面陈述的事实。"参见钱理群《读王瑶的"检讨书"》,《中国现代文学研究丛刊》2014年第3期。

作为一场持续时间长、影响范围广的运动,"一二·九"包含多个不同的面向:除了示威游行等"高级斗争"形式外,1936年初北平"学联"就组织了"南下扩大宣传团",深入许多"偏僻的村镇",进行广泛的乡村宣传;"三三一"抬棺游行受挫之后,学生群体又转换路线,以多种"和平的、沉着的努力"来扩大基础,如在校园内发起各种座谈会、读书会、讨论会,尽量向各界人士寻求支援,慰劳二十九军,组织学生参加军事演习等。① 这些层层开展的运动,确实会向一个积极分子、一个新进党员提出要求。王瑶"托词不去"、以为写文章"是像我这样人才能做的""贡高我慢"的态度,从另一个角度说明,他对学运的参与并不简单为时代激情推动,而是包含了明确个人的主动性、选择性。作为同学心目中的"小胡风",他或许已意识到了自己的优势、特长所在,无论编辑刊物,还是撰写时评文论,坚持以理论批评的方式乃至学术的方式介入这场运动,恰恰是"我这样的人"应有的选择。这一选择也包含了对文化与政治有机联动的感知,换言之,革命活动与学术文化,对于青年王瑶而言,从一开始就不是可以分离的领域。

当然,个人选择与"组织"要求难免有所冲突,这也为一个革命者向学者的转化,埋下了伏笔。1937年"七七"事变前,王瑶向党组织请假返回山西平遥家中,由此开始了一个坎坷离乱的人生阶段。当时的山西,正是北方"抗日中心"之一,阎锡山组建"牺牲救国同盟会",得到了共产党人的大力支持,也吸引

---

① 参见华道一《"一二·九"运动一年来之史的检讨》,连载于《清华周刊》1936年12月16、23日第45卷第7、8期。

了一批"一二·九"青年的加入(包括赵俪生在内)。① 先生却在老家与组织"失联",甚至"脱党",其中的原委,按老同学的解释,除《清华周刊》停刊和情感受挫造成的情绪低落外,也源于"左倾关门主义残余仍很严重,组织对成员的看法有时很片面","为此,他很早就启程返回他的故乡——山西省平遥县道备村隐居起来了"。②

二

在"一二·九"时期的相关活动中,编辑《清华周刊》大概是王瑶最为重要的一项实践,以这份周刊为讨论对象,大概能更为集中地呈现青年王瑶的形象。《清华周刊》创刊于1914年,在二十年的沿革、发展中,其"足迹已经踏出了清华园的门槛,社会上已经给它极大的注意和估价"③。三十年代中期,这份老牌的综合性周刊色彩也日趋激进,发表大量时事报道、评论,回应

---

① 据孙陶林回忆,当时北方局曾指示,需要从北平动员一批青年学生去牺盟会工作,"民先队就动员一百多人,大部分是民先队的干部。后来,这些人都成了牺盟会的骨干。"(《回忆一二·九运动》,孙思白主编《北京大学一二·九运动回忆录》,北京大学出版社1988年版,第77页)。七七事变后,赵俪生也曾前往太原参加"牺盟"的训练班,相关经历参见《篱槿堂自叙》,《赵俪生文集》第5卷,兰州大学出版社1995年版,第117页。

② 赵俪生:《宛在的音容》,《王瑶和他的世界》,河北教育出版社2000年版,第15页。

③ 王瑶:《清华的出版事业》,《清华暑期周刊》原载1936年9月6日第11卷第7、8期合刊;引自《王瑶文集》第7卷,北岳文艺出版社1995年版,第420页。

紧迫的华北危局。王瑶之前的总编正是"一二·九"学运领袖蒋南翔,姚依林、杨德基(杨述)、赵德尊等都担任过编辑或撰稿人。

1936年5月6日,《清华周刊》第44卷第4期"清华论坛"上头条发表《所谓亚洲国联》一文,署名"昭琛",这是王瑶在周刊上的首次露面。1936年5月,正是"学运"调整方向、在校园内外扩大基础的时期,王瑶也在该月为党的组织接纳,一种深入参与时代现场的可能出现在他面前。随后,一篇篇署名"昭琛"的时政评论,连续刊载于《清华周刊》《清华暑期周刊》上,如《沧石铁路的建筑问题》《中央和西南》《华北的汉奸舆论》《西南事件座谈》《绥远局势严重》《西安事变》《山西当局训练民众》等。翻阅这些文章,今天的读者可能会感觉些许惊讶,当年一个学生作者竟会有如此开阔的视野和敏锐的洞察,不仅及时又广泛地关注国内外诸多重大的军政事件,如"绥远抗战""西南事件""两广事件""西安事变"等,在分析中也能由点及面,纵横捭阖,提供某种透视性的认识。即如第一篇《所谓亚洲国联》,就从日本倡导组织亚洲国联的消息写起,首先分析了"欧战"之后日本崛起所要面对的国际矛盾,以及其国内"二·二六"政变以来"军事法西斯蒂"强烈的抬头,继而比较了所谓"亚洲国联"与法国倡导的"欧洲集体安全组织"的根本不同,呼吁国人打消对于"国联"的幻想,认清日本加紧侵略的现实。文章篇幅不长,却能参照国际与国内,把握历史与现实的关联,并在此基础上呼吁一种集体的政治决断。

扩展来看,这样专业化的评论风格并非王瑶一人独有,《清华周刊》第43—45卷("一二·九"期间出版)发表了大量时政评论,涉及政治、军事、外交、铁路、金融等多个领域,这些文字都不止于简单的报道、表态,而是更多力求进行知识上的剖析、把握,对过于单一的救亡文字,周刊编者反倒有所拒绝,曾明确宣称:"许多救亡理论和救亡实践的文章,我们因为它太注重现实,不防意去登,许多文章意在影射别人,因为它太注重感情,也不加刊登,这便是我们的态度。"①在他们看来,激进的时代姿态本身不足以推动历史,"救亡"实力的养成离不开严肃的学术努力。与此相关,《清华周刊》的另一重点,在于非常主动地介入当时文化界、思想界的变动和争论。仅就第43—45卷而言,"中国文化本位"、汉字拉丁化运动、"国防文学"、辩证唯物论的普及、叶青的哲学批判等命题,都不同程度得到了回应,以至"影响中国文化的走向",也成为编者的自觉。② 在这一领域,王瑶的批评能力无疑得到了更充分的施展,尤其担任第45卷总编之后,他一边继续撰写时评、杂文,一边抛出《当前的文艺论争》

---

① 《编辑部的话》,《清华周刊》1936年5月27日第44卷第7期;1936年11月,刚刚担任总编的王瑶,明确重申了这一态度:"我们知道周刊是一种学术刊物,它也是表现我们研计成果的园地,所以我们固然绝不忽视救亡,但也绝不空谈救亡,我们相信没有和现实世界超然存在的甚么学术,惟有把学术和现实密切地连系起来才是有价值的学术,也才真正对于救亡有所补助。"(王瑶:《关于第四十五卷周刊》,《清华周刊》1936年11月1日第45卷第1期)

② 在为《清华周刊》停刊所作《为清华周刊的光荣历史敬告师长同学》中,王瑶历数了周刊的学术影响,包括"销行近万的艾思奇的《哲学讲话》,因为本刊的批评而修正后改为《大众哲学》。最近又有叶青等在本刊上探讨哲学消灭的问题",甚至骄傲地称:"我们说一句《清华周刊》的存在是直接影响中国文化的,也不算是过分地夸大吧!"(《清华周刊》1937年1月25日第45卷第12期)

《报告文学的成长》《表现在作品中的时代和艺术》《一二·九与中国文化》《论作品中的真实》等重磅论文,总体关照当时文学界发生的"两个口号""批公式主义""反差不多"等论战,也及时把握"集体写作""报告文学"等最新的创作现象,一个清华园中的"小胡风",也就这样登场了。

值得注意的是,上述时政、文化讨论的指向不同,但寻求一种新的知识方式与思想方法的冲动,却被相关论者普遍分享。对于新兴社会科学、辩证法唯物论的热情介绍和言说,在周刊上也占据了相当的篇幅,某种知识前提与方法论上的断裂、重构意识不时流露。① 自二十世纪二十年代末开始,新兴的社会科学理论已作为一种热潮兴起,为历史困厄中一代激进青年提供了理性认识社会走向、指导具体实践的整体性框架。"一二·九"前后,正是艾思奇的《大众哲学》流行的时代,"学运"的兴起也带来了"新哲学"或马克思主义学说的进一步普及。② 青年王瑶就成长于这样的知识氛围中,并开始了自己的批评实践。后来,虽自称早年接受的马列理论只是"概念式"的,而他初试锋芒的

---

① 相关文章有:起于《文艺批评是什么——李长之君〈论文艺批评家所需要之学识〉的商榷》(第43卷第2期)、斯基《当作理论、方法及实践指导看的社会学》(第43卷第7期)、丘西《读哲学讲话》(第44卷第1期)、实敏《唯物论辩证法的基本法则》(第44卷第2期)、实敏《理论与现实》(第44卷第6期)等。

② 这方面材料很多,这里仅举一例。清华哲学系的陈其五在回忆中提到:1936年4月后,"党组织了各种类型的座谈会,讨论会,也组织学习一些宣传马列主义的书籍,如普列汉诺夫的《史的一元论》、河上肇的《新经济学大纲》、李达的《社会学大纲》、艾思奇的《大众哲学》等"(《"一二·九"运动的一些情况》,《一二·九运动回忆录》,人民出版社1982年版,第170页)。

文字,恰恰显示了唯物辩证批评"非概念化"的活力。

二十世纪三十年代中期,正值文艺界展开"极广泛和极热烈"的论争,"这当中有两个口号的问题,联合问题,文艺批评公式主义的清算,和创作自由等等"。面对纷纭复杂的现象、交错横飞的概念与口号,如何在使用新兴理论话语的同时,又保持批评的敏锐和现实感,对于一个年轻批评者而言,自然构成了挑战:

> 东鳞西爪地乱说固然不是批评,左一句高尔基右一句吉尔波丁地不顾实地情形地渊博也不能算作批评。批评主要是一个客观认识问题,对于每一个批评对象的正确把握并不是一件很容易的事。当然,这里对于一个批评家自然需要成熟的文学教养和理论经验等,但更重要的是实践过程中怎样得到的丰富认识能力。①

在1936年10月完成的《当前的文艺论争》中,王瑶全面梳理了当时文艺界的各种论争,同时也表达了对某种批评陷阱的警惕。依托正确理论、站稳先进立场,便四处出击、颐指气使,这或许是不少左翼批评家的习气。王瑶的态度与此不同,在他看来,批评不是一种简单的判断行为,而是一件极其艰难的工作,需要"正确"理论的支撑,但绝不是理论的封闭生产,一种"丰富认识能力"的获得,需要多方面的准备和修养,尤其需要在"实践过程"中把握动态的情势及总体的关联。

---

① 狄恩(王瑶):《当前的文艺论争》,《清华周刊》1936年11月1日第45卷第1期。

同月,炯之(沈从文)在《大公报》上发表著名的《作家间需要一种新运动》,指斥文坛上的"差不多"现象,一时引来左翼阵营的诸多反批评,王瑶随后发表的《表现在作品中的时代和艺术》一文,就显现了批评意识的成熟。与习见的论战文字不同,此文没有否认当时文坛上"差不多"现象的存在,对于沈从文抛出的一些文艺陈言("我们翻开每一本古老的文学概论之类都可以看得到"),诸如文学非有"独创性不能存在"一类,也大致认可。王瑶的回应一开始就集中在方法论层面:作者虽然看到了"社会现象的一角","但他不会从这一角展望到全面,从这一现象透视到本质",而是因为"心灵中所崇拜的某种超然观念","把这一角和周围切断了,而且把它来孤立的夸大为他这一理论体系的证明"。正是这种方法的片面、狭隘,而非具体现象的认定,才导致了相关批判的抽象、无效。① 这一批评角度新颖,却击中要害,点出了沈从文发言的抽象性。

反观王瑶这一时期的批评,不论纵论时事,还是细查文艺,对于实践进程中诸多现象之关联的重视,对于"一角"和"全面"间总体性透视能力的强调,在他那里被提升到原则的高度。这一原则不只内化到批评意识中,在很大程度上,也作为一种思想方法,内在支撑了青年王瑶的文化及学术实践。即便谈及理想的文艺创作,他也这样写道:"当他(作家)选定一篇作品的题材时,这题材所表现的将不仅是这事实本身,而是和周围一切的社会现象联系着的",虽然作家"不需要写每一个社会中的现象,

---

① 甄奚(王瑶):《表现在作品中的时代和艺术》,《清华周刊》1936 年 12 月 6 日第 45 卷第 6 期。

但却不能不去了解每一个社会现象"。① 这段话不仅是写给作家们的伸张了现实主义的典型性观念,其实也可看作一个有抱负的青年批评家的自勉。

在后世读者的印象中,左翼批评或许难免沾染机械唯物论、历史决定论的教条气息,但"概念化"的使用并不能掩盖其曾有的历史活力。上世纪八十年代初,在现代文学学科重建的过程中,王瑶先生不断强调"必须把作品放在历史过程中来考察"、要注意"重要文学现象的上下左右的联系"等原则,这个学科凝重、浑厚的历史性品质也由此阐明。在八十年代的学科规划和三十年代的批评实践之间,在晚年的学术总结和早年的方法论自觉之间,显然存在着难以割断的联系。这也暗示革命年代虽已过去,但唯物辩证批评所包含的历史关联感及总体性意识,仍然可以构成学科发展生生不息的内在支援。

三

从某个角度看,坚持以学术、思辨的方式参与"学运",自觉运用唯物辩证的批评方法,青年王瑶"一二·九"时期的个人路径,代表了"一二·九"的另一重维度:这既是一场学生运动、政治运动,推动了全国性的救亡热潮,同时也释放了知识的、思想的热情,蕴含了一代人对新理论、新学术、新文化的渴望。可资佐证的是,围绕如何创造一种高水准的救亡文化,《清华周刊》

---

① 齐肃(王瑶):《论作品中的真实》,《清华周刊》1936年12月30日第45卷第9期。

的同仁们确实展开过持续的讨论:1936年7月的"救亡专号"就集中刊出《哲学与救亡的关系(座谈记录)》《科学和救亡运动中科学家的任务》《从现代科学的趋势说到中国现阶段的国防科学》《非常时期与国防文学(座谈记录)》等稿件①,力图在"救亡"的大前提下构建不同学科、领域的发展前景;在王瑶主编的第45卷上,刘清漪等则就"中国所需要的哲学"问题进行了多番辩难。所谓"承百代之流,而会乎当今之变",摆脱模仿,追求独创,在哲学的普遍性中捕捉现实的特殊性,建立某种自主的现代民族文化的抱负,总体贯穿了这场讨论。② 对于这一命题,王瑶也有相当的关切,他在1936年底完成的长文《一二·九与中国文化》,就集中表达了一代青年的文化自觉、历史自觉。

"一二·九"运动周年之际,《清华周刊》第45卷第7期(1936年12月16日)特意刊出了三篇大文:陈卓生的《一二·九运动的意义》、华道一的《一二·九运动一年来之史的检讨》、昭琛(王瑶)的《一二·九与中国文化》,意在以亲历者的身份,对一年来的学运进行系统性的总结和反思,"实在是本卷周刊中内容最充实的一期"③。文章从标题到内容,多少会让人联想到"五四"周年时一批"五四"健将进行的类似回顾,如罗家伦的

---

① 该"救亡专号"为1936年7月22日44卷第11、12期合刊。
② 刘清漪《从哲学的本质性说到现在中国所需要的哲学》(1936年11月1日45卷第1期),佟贵廷《谈现在中国所需要的哲学》(1936年11月15日第45卷第3期),王铭修《再谈现在中国所需要的哲学》,山红《理论的落后》(1936年11月29日第45卷第5期),刘清漪《三谈现在中国所需要的哲学——答辩佟,王,山,三君》(1936年12月23日第45卷第8期)。
③ 《编后琐记》,《清华周刊》1936年12月16日第45卷第7期。

《一年来我们学生运动底成功失败和将来应取的方针》等①。具体说来,三篇文章分工不同,各有侧重:《一二·九运动的意义》篇幅较短,在民族解放运动的背景中,整体评价了"学运"的政治意义;华道一的长文分两期连载,着眼于运动本身的展开,详细梳理了各阶段、各环节的成果和问题;王瑶的文章则着眼于文化层面,标题本身就显示了独特的问题意识——"一二·九"不仅是一场社会政治运动,而且也带来一种新文化展开的契机:

> 一二·九是学生底救亡运动,学生运动曾影响到文化上,对我们已经不是一件新奇的事情,我们已经有过五四,而且中国今日所具有的脆弱的新文化的基础,谁都知道是从五四建立起来的。

从"五四"到"一二·九",相隔不到二十年,两场"学运"之间的历史关联,自然很容易建立。但王瑶的眼光不止于此,他有着自己的着眼点,即:"学运"与新文化之间某种可能的共生性。依照某种观察,以"伦理的觉悟"为最后的觉悟,以文化运动为社会运动的基础,的确是"五四"的一大历史特征;"五四"之后,正是由于思想文化运动与政治社会运动之间有机性的瓦解,才造成了"国民革命"时代的危机——文化运动的特殊性被抹杀了,致使上下失去联系,"政治运动失了巩固的基础,只使运动者知

---

① 1920年5月4日,北京《晨报》印行"五四纪念增刊",梁启超、蔡元培、胡适、蒋梦麟、罗家伦、顾颉刚、郭绍虞等分别撰写了文章,意在总结、反省一年来的学生运动。罗家伦的长文也发表在这一辑增刊及5月1日的《新潮》第2卷第4号上。

其然而不知其所以然"[①]。对于这一五四遗产的价值，王瑶似乎有着清醒的认知，所以开篇就高屋建瓴，试图重建"学运"与文化运动的关联，即便这种关联还不是自明的，需要被有洞见的批评强力揭示。这也正是《一二·九与中国文化》一文尝试的工作。

以"五四"为参照，王瑶再度施展了他对复杂历史现象的驾驭能力，只不过这一次视野更宏阔，处理的问题脉络更为错综。长文首先从社会分析的角度，交代了"五四"与"一二·九"客观情势的不同，进而讨论了两个时期在文化任务、民主与科学之内涵方面的差异，构造出"一二·九"对"五四"继承又超越的纵向关联（"价值之重估的重估"）。在此基础上，笔锋一转，横向检讨了"学运"一年来"各部门各方面"的成绩，试图将通俗救亡刊物的发达、中国语文运动的开展、"新启蒙运动"和"救亡哲学"的提出、"国防文学"的实践、"两个口号"的争论以及各种协会组织的成立等一网打尽，勾勒出一幅全景式的文化图像，并有所针对地就传统文化的影响、救亡的联合战线、文化运动自身限制等问题展开论述。文章汹涌恣肆又滴水不漏，其中对于思想领域中"新启蒙运动"的引述，尤其值得注意。

所谓"新启蒙运动"，在三十年代中后期曾昙花一现，代表了陈伯达、艾思奇、张申府、何干之等左翼学者在救亡情境中构建新文化的努力。从时间上看，1936年9、10月间，陈伯达的《哲学的国防动员——新哲学者的自我批判和关于新启蒙运动

[①] 何干之：《近代中国启蒙运动史》，上海生活书店1937年版；引自《何干之文集》，中国人民大学出版社1989年版，第373页。

的建议》《论新启蒙运动》揭开了这场运动的序幕①,他的提议引起广泛关注及讨论,要迟至1937年以后。王瑶的文章则发表于1936年12月,他对思想界变动的敏感,可见一斑。就其中有关"新启蒙"的描述来看,如"新哲学"应与现实紧密结合、对于传统思想还缺乏深刻系统的批判、重提"打倒孔家店"的口号等,他肯定参考了陈伯达的文章。②考虑到"新启蒙"的几位主要发言人与《清华周刊》都不乏关联,这一点倒不难理解。艾思奇的《哲学讲话》就是因《清华周刊》的批评,第四版时改名为《大众哲学》出版③;张申府本来就是有影响力的清华哲学教授,在课堂上经常大放厥词,抨击时政,1936年3月还曾与王瑶囚于同一监狱④,其狱中所作《人生的意义》还头条刊登于《清华周刊》第44卷第7期上;至于陈伯达,也在《清华周刊》上露过一面,这位理论家曾在王瑶主编的第45卷第8期上发表过一篇小说《雪夜》。除此之外,《清华周刊》上对"新哲学"或救亡哲学的讨论,

---

① 两文分别发表于《读书生活》1936年9月10日第4卷第9期及《新世纪》1936年10月1日第1卷第2期,后都收入论文集《真理的追求》,上海新知书店1937年版。

② 参见陈伯达:《新哲学者的自己批判和关于新启蒙运动的建议》,《真理的追求》,上海新知书店1937年版,第1—7页。

③ 《清华周刊》1936年4月12日第44卷第1期,发表了丘西《读哲学讲话》一文,对艾思奇的著作提出了批评;1936年6月30日艾思奇在《关于〈哲学讲话〉》(四版代序)中,大段引述、回应了丘西的批评,也说明了改名《大众哲学》的理由。

④ 参见1980年4月30日,王瑶与舒衡哲的谈话(舒衡哲:《张申府访谈录》,李绍明译,北京图书馆出版社,第200页)。

在强调知识本地化、理论与现实的结合方面,也与"新启蒙"基本同调,是同一历史情境和知识诉求的产物。

事实上,"新启蒙"的提出与"一二·九"确实大有关联。1936年春,刘少奇主持中国北方局的工作,陈伯达担任宣传部部长,作为领导人之一,也曾活跃于"一二·九"的幕后。① "新启蒙"的提出,在相当程度上,考虑到了当时"民族大破灭危机"的政治氛围,其中关键表述之一即对"救亡民主大联合"的强调,与刘少奇在"学运"中反对"关门主义"的指示(《肃清关门主义与冒险主义》)似乎也有潜在呼应。置身"学运"的漩涡中,王瑶对此或许心知肚明,他也有意将"新启蒙"和其他文化现象一样,纳入"一二·九"文化的整体框架中。但通读长文,会发现"新启蒙"并非简单包容于"一二·九"的文化构想中,两种论述之间其实颇多重叠、相合之处。比如,在"新启蒙运动"的倡议中,陈伯达特别强调对传统思想进行系统批判,原因在于"侵略者""不抵抗主义者""各种式类的汉奸"都可能以"尊孔复古"为旗号散布独断、迷信、奴化的意识。② 这种对复古思潮背后政治意图的敏感,也出现在王瑶这里,他在文中花了不少笔墨扫描当时社会"上层"与"下层"中旧文化的影响,所列举的事实

---

① 高文华在《一九三五年前后北方局的情况》中谈及"一二·九"运动时,提到:"我们北方局支持并领导了这一爱国运动,在党内是赵升阳等同志,还有柯庆施、陈伯达领导的。"(《中共党史资料》1982年第1辑,中共中央党校出版社1982年版,第187页)

② 陈伯达:《论新启蒙运动》,《真理的追求》,上海新知书店1937年版,第10—11页。

也大多曾出现在陈伯达的笔下。① 再比如,对"极广泛的文化联合阵线"的呼吁,是王瑶长文的一个重点,而"各部门和整个文化界的联合工作"还不甚理想("不是想去征服别人而仍然是自己关起门来,就是放弃了自己的主张去迎合别人"),还被看成当时文化运动存在的一大问题,这显然吻合于"新启蒙"内部"统一战线"的主张。

抛开特定的态度、观点,更为重要的是,无论是新启蒙运动,还是"一二·九"文化,都奠基于一种紧迫的、具有共识性的时代感觉,即"必须有一新的文化运动,以作为政治的'预见'或作它的辅助"②,由文化运动和政治运动的有机想象出发,"五四"自然成为二者共同的历史参照系③。"新启蒙运动"被陈伯达命

---

① 陈伯达在《论新启蒙运动》中,列举的"复古"现象包括:"称伪国为'王道'的乐土""东京新建了孔庙""郑孝胥关于'夷狄之进于中国者则中国之'的解说""恢复读经,旌表孝子,褒奖烈女"乃至"许多光怪陆离的佛教团体"的建立、班禅与太虚受到社会欢迎等。王瑶在文中提及"礼义廉耻的新生活""特赦施剑翘等的一大串国有德政""友邦叫东北为'王道乐土'""东京也大建孔庙""班禅可以祈祷和平""太虚法师可以赈救灾民"等。不难看出,两人对现象的列举,颇为接近。

② 何干之:《近代中国启蒙运动史》,《何干之文集》,中国人民大学出版社1989年版,第401页。

③ 有关新启蒙运动与"五四"的历史连续性,余英时虽然有所质疑,但他也承认:"明显的,被巧妙策划来相互奥援的这两场运动——'一二·九'与新启蒙运动,在某种程度上不免让人联想到狭义的'五四'(1919年学生的示威运动)与广义的'五四'(胡适与新潮社所谓的'文艺复兴')。"余英时:《文艺复兴乎?启蒙运动乎?——一个史学家对五四运动的反思》,《重寻胡适历程》,广西师范大学出版社2004年版,第248页。

名为"第二次的新文化运动",它与"第一次(五四)的新文化运动"的不同,首先表现在"时代的歧异"上;其次,"五四"时代的哲学基础为"形式逻辑",而支配"新启蒙运动"的则是"动的逻辑"。① 艾思奇则将这个命题放在更长的时段中展开,在他所谓"民族自觉运动"第二个"自为"的阶段,辛亥革命、"五四"新文化运动与"大革命"、新启蒙运动之间的关系,显现了"否定之否定"的法则②,这与王瑶所称的"价值之重估的重估",也大致接近。

  由此说来,《一二·九与中国文化》的写作,并不简单是一次孤立的周年纪念,它超越了学院乃至"学运"的范围,突入了当时思想界的最前沿。青年王瑶有关"一二·九"文化的构想,在引述"新启蒙"论述的同时,也是对后者提出命题的一种强力回应,或更准确地说,是以"学生运动"为视角,在"一二·九"的框架下,重构且更充分展开了"新启蒙"的诉求。站在某种崭新"救亡文化"的起点上,以开创者自居,一代新人舍我其谁的担当意识、历史主体的意识,就洋溢在这篇万言长文之中。③

---

  ① 陈伯达:《论新启蒙运动》,《真理的追求》,上海新知书店1937年版,第14页。

  ② 艾思奇:《新启蒙运动和中国的自觉运动》,原载《文化粮食》1937年3月20日第1卷第1期;收入《艾思奇全书》第2卷,人民出版社2006年版,第298—302页。

  ③ 在1952年的自我检讨中,王瑶谈及了《一二·九与中国文化》所体现的个人抱负:我"认为'一二·九'是第二个'五四',是一次文化革命,还以为自己是这次文化革命中的主要人物"(《在思想改造运动中的自我检讨》,《王瑶文集》第7卷,北岳文艺出版社1995年版,第495页)。

四

　　抗战爆发之后,"新启蒙"的提倡很快落幕,并没有深化为一场真正广泛的思想运动,陈伯达、艾思奇等先后去了延安,并得到了毛泽东的赏识,日后成为中共重要的理论家和发言人。王瑶提出的命题——"一二·九与中国文化",似乎也未得到必要的反响。1937 年"返乡"之后,他遭遇了一段坎坷、离乱的人生,这样才有了后来的选择——进学院、入儒林,革命者王瑶变成了学者王瑶。但这并不等于说,二十世纪三十年代中期的文化努力,没有带来任何结果。从一种新的文化构建角度看,"新启蒙"的一系列主张,如"主张文学上的'民族形式';主张保卫中国文化中'最好的传统';主张对中国哲学进行一次'系统的批判';主张通过在中国问题中使辩证唯物主义'具体化',从而'充实'辩证唯物主义",都指向了后来"马克思主义中国化"概念的提出,并融入了延安时期毛泽东思想体系的形成中。①

　　对于王瑶先生个人而言,"一二·九"时代的政治及文化参与,也未尝不可作为一种学术起点来看待。一方面,熟练使用唯物辩证的方法,在时代状况的全景把握中,在实践过程的诸多因素的关联中,去处理文艺、思想及政治问题,早年的批评实践无疑深刻影响乃至支配了先生的学术道路,也为现代文学学科注

---

① 参见雷蒙德·F. 怀利《毛主义的崛起:毛泽东、陈伯达及其对中国理论的探索(1935—1945)》,第二章"发展中国的马克思主义(1935—1937)",杨悦译,中国人民大学出版社 2013 年版,第 17—45 页。

入了一种浑厚的历史品质。① 另一方面,无论介入"国防文学""两个口号"的争论,还是回应"反差不多"的指斥,重构"新启蒙"的论述,都创造了一种新文化的自觉,也带来了饱满的历史主体性。后来他依据"新民主主义论"的框架,叙述新文学的历史,这一"理论先行"的做法,更不简单是时代环境使然,而是包含了对这一历史框架的信任,其思想线索就包含在当年的救亡文化构想中。② 1980 年,在中国现代文学研究会首届年会上,王瑶先生做了题为《关于现代文学研究工作的随想》的长篇发言,就现代文学这门"很年轻的学科"的性质、特点、方法、范围、线索、标准等问题展开了全面论述。谈及海外学术思路的影响时,先生一段表述意味深长:

> 我们赞成展开广泛的文化学术交流……但我们必须首先立足于自己的研究。我们是中国现代社会变革和文学发展的参加者或见证人,中国现代文学是产生在中国的土壤

---

① 在 1952 年的自我检讨中,王瑶谈到四十年代立志成为古典文学研究方面"第一流的学者"时,认为"研究好这门学问必须三方面都有基础:(一)古书的知识,包括历史和文学,(二)历史唯物论,(三)马列主义文艺理论。……我狂妄地以为这三方面我都有些基础"(《王瑶文集》第 7 卷,北岳文艺出版社 1995 年版,第 496 页)。即便是王瑶先生的中古文学史研究,诚如不少论者提出的,其学术趣味和理路,也能见出马克思主义传统的潜在影响。

② 钱理群曾指出:王瑶先生在长文《一二·九与中国文化》中的看法,"与以后毛泽东的《新民主主义论》确有相通之处。王瑶先生在他写作《中国新文学史稿》时,以毛泽东的《新民主主义论》的有关论述作为全书的理论依据,应该说是有思想基础的"(钱理群:《"挣扎"的意义——读〈王瑶全集〉》,《王瑶和他的世界》,河北教育出版社 2000 年版,第 321 页)。

上的,我们有责任对之作出科学的研究和评价……①

这段话无疑体现了一种对于学科的主体性自信,这种自信源于这样的事实:面对二十世纪中国革命带来的思想、文化巨变,作为研究者的王瑶先生们,不是局外的观审者,而是始终保持了某种内在的理解,即便在历史动荡和知识转型之后,有关"革命传统"的反省和清理,同样应该包含了对研究自身主体性的重申。在这个意义上,追溯先生早年的政治参与及文化实践,其意义便不仅限于纪念、重温,而是涉及现代文学学科传统的体认与转化的问题。当然,在二十世纪思想史、文化史上,如何评价、定位王瑶先生所提出的"一二·九"时代的文化构想,也值得进一步展开。

(初刊《北京大学学报》2014 年第 6 期)

---

① 王瑶:《关于现代文学研究工作的随想》,《中国现代文学史论集》,北京大学出版社1998年版,第294页。

王瑶1956年的山西行和一篇演讲

谢 泳

王瑶1956年12月,曾以全国政协委员的身份来山西考察。关于王瑶的这次山西之行,《王瑶全集》第8卷所附的年谱中没有详细记载,只提到1956年5月,王瑶"曾以全国政协委员身份到山西视察,到文水县瞻仰刘胡兰墓。与兄王璘见面"①。这里提到的"1956年5月",可能有误,应当是"1956年12月"。董大中回忆:"我第一次见王瑶先生,是一九五六年十二月九日。那年我二十一岁,在太原市教师进修学校任教。王瑶先生受邀来太原访问,太原市教育局召开座谈会,有十几个人参加,我是最小的一个。"②

2009年夏天,我在山西太原的南宫旧书市场,收集到了一批山西民盟散出的旧档案,其中1958年7月整理的一个卷宗是《省文教委员会王瑶报告稿件》,具体整理日期是1958年11月27日,档案名列为《王瑶卷·10件》。我仔细查看了这一卷宗,

---

① 王瑶:《王瑶全集》第8卷,河北教育出版社2000年版,第377页。
② 董大中:《有口皆碑,洵为定论——纪念王瑶先生逝世二十周年》,《名作欣赏》2009年第12期。

其中比较有史料价值的,一份是记录当时邓初民和王瑶在太原期间出席山西省政协召开的一次座谈会的通讯记录稿,还有就是王瑶演讲的一个原稿。从中可以判断王瑶此次山西之行的时间,确是在本年的 12 月,因为座谈会记录的时间是 12 月 6 日,地点是山西省政协会议厅,除了邓初民、王瑶外,山西方面参加的主要人士有省委文教部长王大任、山西师范学院院长梁园东、太原工学院院长赵宗复等。

档案《王瑶卷·10 件》中的主要部分,是当时太原主要中学如六中、七中、太原师范等学校语文组的老师,事前提给王瑶的具体问题。

《王瑶全集》第 8 卷中所附《王瑶著译年表》中提示,1957 年 1 月 30 日,《山西盟讯》曾署名王瑶发表一篇文章:《关于学习和研究中国文学的一些问题——在民盟山西省筹委会举办的科学研究讲座会上的报告》①。年表中指出,本报告从未收入王瑶的任何文集,当然也没有收在全集中。我没有查阅到刊有王瑶报告的《山西盟讯》,但从年表编者所列出的准确报告题目判断,应当是看到过《山西盟讯》的,但不收入文章,不知是如何考虑的。八卷本《王瑶全集》中,有些文章曾刊在全国有名的杂志如《人民文学》《文艺报》上,而后来没有收入全集。有些可能是没有查到原刊,但更多可能是为尊者讳,而没有收入。王瑶是中国现代文学学科的重要奠基者,对他生平的考察和早年写作经历的所有记录,都应当是有助于深入研究王瑶的史料,以后有必要做相关的整理工作。

---

① 王瑶:《王瑶全集》第 8 卷,河北教育出版社 2000 年版,第 431 页。

我见到的档案《王瑶卷·10件》中,恰好保存了王瑶《关于学习和研究中国文学的一些问题——在民盟山西省筹委会举办的科学研究讲座会上的报告》原稿。原稿上留有相关负责人的批示"照抄一份,十二、廿六"。王瑶报告所用原稿纸是"民盟山西省筹委会稿纸",大体可以判断为报告是王瑶到了太原后临时起草的。其中还单列半页另加一段话,说明补入某页某处,如果是一份抄件,当不用如此说明。

1985年底,我到山西省作家协会《批评家》杂志社当编辑时,《批评家》创刊号上曾刊出过王瑶的一篇文章,是当时杂志主编董大中约的稿,《王瑶全集》的书信部分中,收有当时王瑶给董大中先生的回信。我隐约记得当时好像看过王瑶的稿子,特别是对他的署名手迹有较深的印象。档案《王瑶卷·10件》的这份原稿,与我原来的印象一致,可以判断是《山西盟讯》的原发稿件。

1956年对中国知识分子来说是重要的一年,因为本年召开的全国知识分子问题会议,传达出了对知识分子有利的信息,所以知识分子才开始有了说话的欲望和勇气,同时号召全国向科学进军,有一点百花齐放、百家争鸣的意味。王瑶的这篇讲话,虽然是临时讲的,但反映了王瑶对文学和文学研究的一些基本观念,这些观念虽然有时代色彩,但大体是王瑶一生的知识构成,对于我们了解王瑶的学术道路有一定帮助,因为随意起草的临时性演讲最能反映学者的基本知识结构。

因为《山西盟讯》是不易见的地方内部杂志,我据王瑶讲话原稿,抄出此文,供以后研究王瑶学术道路时参考,个别明显笔误,我做了调整:

关于学习和研究中国文学的一些问题
——在民盟山西省筹委会举办的科学研究座谈会上的报告

王 瑶

党提出向科学文化大进军的号召以后,已经在全国范围内引起一个高潮。今天我讲的问题是学文学算不算向科学进军。我以为学文学也是向科学进军。文学本身是艺术,但把它当作对象来研究,它就是科学。牛不是科学,但研究牛的学问却是科学。科学有两个主要部分:一是自然科学,一是社会科学,文学虽然不是科学的主要部分,但却是不可缺少的部分。对我们国家的一般干部来说,选择这条道路向科学进军,条件是比较方便的,它不需要专门设备,也不需要很多的专家指导。对学校的语文教师来说,它可以帮助我们提高理论认识,提高业务水平,即使我们的研究达不到什么成就,也是有好处的。因为它是反映生活的,它带有很大的群众性。提高人们的精神面貌,当然首先必须经济解放,但接着来的就需要精神上的解放。文学这门科学,就是帮助我们提高精神面貌提高理论水平的一种力量,所以我以为我们在业余来研究文学,可以算是向科学进军。现在我来把它分为三个问题讲:

(1) 文学与文学研究的关系

文学本身不是科学,但把它当作一种事物的对象来研究,它就是科学,正如同生物不是科学,但生物学是科学一样。我们说,文学不是科学,文学研究是科学。我们要研究文学首先要了解文学的特征,文学本身是艺术,艺术与科学不同,科学是用逻辑推理来说服人,以已知推未知,经过推理,如果你承认了这一点,就不能不承认下一点或另一点。文学与此不同,它是通过艺术的形象来感染别人,中国的旧小说上"欲知此人命运如何,且听下回分解"的地方,是最感染人最吸引人的地方,它使人们废寝忘食,文学如果没有这个力量,就是失败的文学。丁果仙的《空城计》,虽然我们也知道她唱的是"来来来,听听听",但我们还是要看她的《空城计》,这就是艺术的力量。《红楼梦》是一部人人都好看的小说,但梅兰芳演葬花中的林黛玉,却演得不十分像,因为小说中的林黛玉写得太好了,小说写得太好了,戏就不容易演。《白蛇传》中的白娘子为什么比较好演,就是因为《白蛇传》的小说写得不如《红楼梦》。果戈理的《钦差大臣》中写反面人物和电影中的牛科长,人一看却要发笑,笑,就是对这个人物的强烈批判,这也就是教育意义,这种富有教育意义的感染力量是很大的,它不是一般宣传说教的力量所能达到的。我们有许多青年同志,开始参加革命的时候,就是由于看了鲁迅先生的小说,对当时的旧社会产生了强烈的憎恨。这就是艺术的力量。

小说中的人物,是在生活当中发现的,经过加工、提炼,刻画成形象去感染人。因此,要写成好的小说,作家就必须熟悉生活,不熟悉生活要想教育人是不可能的。电影是艺术,我们进电影院,拿了一张说明书,尽管故事的情节已经了解了,但还是要看电影,因为电影是艺术,说明书不是艺术。艺术使人热爱生活,引起人的生活欲望,使我们知道爱什么人,恨什么人。人的生活是复杂的,就和生活本身那样复杂,所以在文学上也要百家争鸣,艺术的表现形式和风格也要多样化,每一个作家都有它的表现形式,李白的诗、杜甫的诗都各有各的风格,鲁迅先生在白色恐怖下写文章,经常不用自己的真名字,但人一看就知道这是鲁迅的文章,因为它有自己独特的风格。科学与艺术不同,科学是带有永恒性的,它可以后来者居上,新的定理可以代替旧的定理,但文学不是这样,我们可以照别人做出来的样子,制造一架飞机,但不能再写一个《阿Q正传》来代替鲁迅先生的《阿Q正传》,也不能说十九世纪的文学一定比十八世纪的文学好。鲁迅先生写了一本《中国小说史略》,我们也可以在鲁迅先生成就的基础上,继续努力写一个中国小说史,可以在理论方面超过鲁迅先生的中国小说史,但《阿Q正传》却不行。因为文学是表现生活的,我们对生活了解得少,就很难通过形象去表现它。古人说,读万卷书,行万里路,才能写出好的作品,不读书,不行路,是很难理解生活的,乡下人说,某人去过北京、天津,见识广,这话是有道理的。对一个作家来说,重要的是体验生活。

以上说的是文学的特点,是文学与科学不同的地方,我们了解文学的这种特点以后,我们看完一本小说,就应该分析它、研究它,看小说中的哪一点对我们感染最大,为什么它会有这样大的感染力。

文学是时代的脉搏,是反映生活、是反映时代的,当作一种艺术来讲,我们应该热爱文学,它可以使我们把工作做得更好;不能想象,一个人从早到晚只讲生产不讲生活,人总是热爱生活的,爱好文学可以帮助我们理解生活,热爱生活。

作为一种艺术来讲,文学是时代的反映,它反映生活最灵敏,批判了俞平伯以后,接着又批判了胡适、胡风,有人说,你们文艺队伍中为什么搞得这样糟,是的,我们队伍中有资产阶级思想,从我们这里开始批判完全是应该的;但这也说明了文学的另一特点:它们及时地反映时代反映生活,我们生活中是有这样东西存在的。

下面讲第二个问题。

(2) 中国文学的民族特点

党要求我们的科学文化在十二年内达到世界的先进水平。我们应如何理解这个问题呢?世界各国都有人研究文学,苏联研究文学的水平,比我们先进,但我们的文学该我们自己来研究,因为文学与化学不同,水是氢二氧,在美国是这样,在苏联也是这样,但文学就不是这样,各民族有各民族的特点,因此,研究中国文学还该我们亲自动手,我们能请一个苏联专家帮助我们制定一个五年的经济建设计划,但不能请苏联专家给我们写一个反映完成五年计划的小说。因为我们的文学有我们的特点,它不是科学。一个民族有一个民族的爱好,别的东西可以用外国的来代替,但民族的爱好却不能代替。英国人统治了印度四十年,虽然也尽了很大的力量来宣传英国的东西,但它却统治不了印度人民的心灵,对英国的音乐印度人民直到现在仍然很讨厌它,在印度电影《两亩地》和《流浪者》的影片中用的是印度的歌曲,而不用英国的歌曲。北京大学有许多外国留学生,学了中国的文学感到中国的文学很丰富,中国文学有它的特点。的确,我国的艺术,我国的音乐、美术、舞蹈都有它们特殊的风格;我们接触的世界文学不多,所以对他们的特点也了解得不够,我们每年过年吃饺子,就以为每个人都应该吃饺子,不了解人家的特点,也很难理解自己的特点。一个民族的爱好,是和一个民族的传统分不开的。在英国,妻子和丈夫分别的时候热烈地拥抱、接吻,在我们的家乡,却不是这样,妻子给丈夫煮了两个鸡蛋,就不能说这样表现出的感情就比英国的差一些。外国人在很悲哀的时候,不说话了。我们乡下人在悲哀的时候又哭又说,这也不能说他就不悲哀,我们有些老教授国庆节在天安门见到了毛主席,感动得擦眼泪,但年轻的人就不是这样,他们把帽子掷得很高,这也不能说擦眼泪的感情比掷帽子的感情差一些,只是表现的形式不同。保加利亚的一个留学生,把《吕梁英雄传》翻译介绍到他们的国家去,我问他灯笼是什么?他就不知道,因为他没有在那里体验过生活,所以他只能做一般的介绍。我们中国的小说有个特点,故事长,也能看,也能讲,外国有些小说就只能看,不能讲,听讲小说的人不如看小说的人受感动深。中国的戏曲在国际上有很高的评价,但我们却不能因此就冲昏头脑。我们知道鼓掌有两种,一种是政治的鼓掌,一种是艺术感动了人。如果我们的艺术,不带有民族特点,就不会得到这样的评价。我们的缺点,是我们对我们艺术上的民族特点还研究得不够。我们应该对几千年传下来的文化遗产加以总结把它变成理论,并用它来指导我们今天和明天的工作,用它来丰富世界的文化宝库,在国际的文学研究中,我们要拿出自己的东西,要有贡献,不是空着手向别人要东西。过去外国人知道我们的东西很少,这是由于我们落后,我们承认这一点,但如果说中国的文学遗产中没有科学,这是不符合实际情况的,没有科学就不会保持了几千年。李白、屈原的诗,是几千年以前的东西,今天我们把它介绍出去,把它放在世界第一流的作品中都是没有逊色的。这怎说它没有科学呢,只是我们还没有认识了它的科学所在。但我们在研究中国文学的时候,也要学外国的,因为有些东西人家比我们先进,我国人民也喜欢音乐,但不能不承认人家的音乐是经过整理发挥的,有五线谱,而我们的音乐还没有这样高的水平。今天的问题,是如何改变这种落后状态,使它迎头赶上去。要迎头赶上,一方面要研究自己的,一方面也要研究人家的,不学习人家的长处是不行的,我们要在学习了外国的以后,再摆脱外国的,中国的西餐是向外国学习的,但也要改造它,不改造就不适合于中国人的口味。鲁迅先生就有这个特点,他的许多作品是受了托尔斯泰、果戈理的影响,但他以后又摆脱了这些影响,他很熟悉中国的小说,在这方面的研究工作又有很深的造诣,所以鲁迅先生的小说保持了民族的特点。中国有中国的特点和习惯,照抄外国是不行的,"一个母亲有了两个女儿"这是我们习惯了的写法,外国人造这个句子却不是这样,他们写"有了两个女儿的老母亲"。鲁迅先生的作品之所以有这样的评价,就因为他的作品和中国的民族特点保持了血肉不可分的联系。我相信,我们在这方面进行研究,是会使我们的文学提高到世界先进水平的。

下面讲第三个问题。

(3) 文学研究的几个方面

把文学当成科学研究,它有三个方面:它包括文艺理论的研究、文学史和文学批评的研究。

现在我们先谈文学的理论研究。什么是理论呢？理论是经验的总结，是从经验中提升上来的东西，是用它来指导我们今天的研究工作的。但理论不是教条，一定要结合中国的实际。结合中国的实际，说起来容易，做起来难。马克思主义的文学理论，是欧洲文学经验的总结，没有中国的经验，这不能怪马克思，因为他不识中国字，没有到过中国。因此我们就必须进行创造性的研究。中国的文学不是从诗发展来的，是从"说叙"发展来的。像中国的章回小说一样，正在说叙到要紧的地方，他就来一个"要知此人性命如何，且听下回分解"，这是要不了，你给他几个铜板，然后就"话说此人如何如何"。还有中国的戏剧，演员在舞台上从这边走到那边，就是两千里，这都是中国艺术的特点。我们讲文学研究的，现在一举例子就是巴尔扎克的，要不就是托尔斯泰的，中国的例子，举起来有困难，这就说明我们对自己的文学理论研究得很不够，没有把民族的文学遗产给系统化，但这绝不能说我们的文学遗产中没有理论，像《文心雕龙》里边，就有理论，只是有些字眼，如"风骨"等，都没有经过科学的解释。我们在这方面进行研究，就可以丰富马克思主义的文学理论，丰富世界的文学理论。

下边再说文学研究的第二个方面，即文学史的研究。研究文学史，就是要研究文学发展的规律和特点。我们在这方面做得也很不够，中国的书里没有文学史，第一部中国文学史是一个英国人写的。五四以后，文学史的研究才逐渐展开，才把戏曲、小说提到文学的系统当中去，过去戏曲、小说没有地位,人们把它叫作"闲书",倒了霉的人才写小说,当官的人都不写小说,那时候写小说的人,不像现在这样的被称为"作家",写上一本书,就是"版权所有,不准翻印"。五四以后的情况改变了,鲁迅先生写了《中国小说史略》,在这书里他第一句话就说"中国小说自来无史"。他并且在这本书里作了不少的考证和整理工作,文学的范围比较明确得多了。但总地来说,我们在这方面的成就还太少,认真地说,还没有真正的进行文学史的研究工作。企图用马克思主义理论进行文学史的研究,是全国解放以后的事,开始得太迟了。在这方面存在问题也太多了,如文学史的分期问题,中国的现实主义究竟是什么时候成熟的,都还正在争论。目前在文学史的研究上,教条主义的偏向也很严重,都需要赶快纠正。

文学研究的第三个方面是文学批评的研究。文学批评的任务,是要分析作品的思想、艺术,评价作品的成就。

艺术是带有群众性的,它要经过群众爱好的经验和时间的考验,五四时代,有好些人写过书,但现在连名字都不知道了,只有鲁迅的小说经得起了考验。要经得起群众爱好的考验是很难的,梅兰芳的戏受人欢迎,没有艺术的力量是不行的。凡是经千年还能遗传下来的东西,都是有成就的,和巴尔扎克同时代的作家有好几个,但到现在,除了巴尔扎克以外,其余的人,都被人忘记了,要人爱好它,它本身必须有价值,这不是人为的宣传所能达到的。要理解群众的爱好,的确不很容易,但很重要。因为爱好不是勉强的,要感染人,没有艺术力量是不行的,唐朝的诗人很多,但李白、杜甫的诗到现在人还爱读；不好的作品，是经不起时间的考验的。文学批评的任务就是要通过对作品的分析研究，使读者把好的东西巩固起来，现在的文学批评中，还有一个偏向，就是只评论现代的作品，不评论古典的东西，这个也必须纠正，但评论古典的东西必须了解当时的历史特点。现在的青年人有很多不理解《儒林外史》，就是因为他不理解当时的历史特点。文学批评还必须针对艺术的特点来进行，小说中的人物，都代表一定的社会力量，我们分析小说中的人物，就必须从他的社会根源上去分析。不能公式化、概念化，简单化是分析不出人物的特点的。分析作品中的人物和分析真人不同，不能像对一个申请参加青年团的人那样，优点是什么，缺点是什么。我们语文老师在课堂上教书，就是一种艺术，我们把小说中的人物放在课堂上讲，学生不爱听，但他却偷偷地看小说，这就是我们的失败，我们把艺术性很强的作品，讲得干巴巴的，学生当然不爱听。

最后，我要说说结束的话。科学研究的十二年规划，向我们提出了繁重的任务，开个单子，需要研究的问题就很多，但我们力量组织得太不够了。统计了一下，解放以后写过关于古典文学文章的人，只有一百多人。但这不要紧，我们的潜力还很大，我们有很多人在进行业余研究，而且我们相信，他们的研究也一定会有成就。从总的研究水平上看，他们也不如一个专家，如果单从某一点上看，他们是可以超过专家的，好比一个地理学专家一样，他的水平当然比我们高，但对太原的地理却不一定比我们了解得多，所以我以为大家都动起来，互相帮助，是可以提高我们的研究工作的。

我重说一回，拿业余的时间，选择文学研究这条路来向科学进军是可以的。那么该怎样做呢？我以为首先要多读作品，多积累生活的知识，学习马列主义理论，学习古典文学，学习历史。我相信只要大家都动起来，我们是可以有成就的。

（初刊《新文学史料》2010年第3期）

读王瑶的"检讨书"

钱理群

本文的讨论所依据的材料,主要来自收入《王瑶全集》第7卷《竟日居文存》(河北教育出版社2000年版)里的王瑶自我检查,以及王瑶夫人杜琇近年整理的《王瑶"文革"时期的交代与检查》。

一 "检讨书"的历史形成(1942—1950)

中国知识分子历来就有"一日三省"的儒家传统;在近现代中国社会转型中,又时刻处在"今是而昨非"的困惑里,而不断有"自我批判"之举。但这样的出于自我修养或革新的需要的自觉的、个人的反省,却不同于我们这里讨论的"知识分子检讨":它是中国共产党发动的政治运动和知识分子改造运动的产物,有其特定的历史内容与表达方式。

因此,"检讨书"的起源,应追溯到1942年延安整风运动。这是在毛泽东"采取教育方法,将党内的小资产思想加以分析和克服,促进其无产阶级化"①的思想指导下,以运动的方式解决思想问题,改造党内知识分子,促使其"全面投降"的最初尝试。——"投降"问题是朱德在延安文艺座谈会上提出的,他强调:"不要怕谈'转变'思想立场,不但会有转变,而且是投降",他说,他自己就是看到中国共产党能够救中国而由旧军人"投降共产党"的。② 接着丁玲又在《关于立场问题我见》里,提出所谓知识分子"改造""投降",就是"把自己的甲胄缴纳,即使有等身的著作,也要视为无物,要抹去这些自尊心、自傲心"。③ 以后,"转变立场"即"投降"问题就成为知识分子改造的核心问题,也是我们讨论的"王瑶检讨书"的贯穿性问题。

研究者注意到,整风运动建立起的是一套完整的改造知识分子的模式:不仅有系统的理论,而且有可操作的方法与步骤。具体地说,就是先从学习统一规定的文件入手;然后是对照检查,自我批评;接着是相互进行思想帮助以至思想批判;在此基础上写出"思想检查与总结";再在群众中审查,过关;最后由组织依据运动中揭发出来的问题和个人的表现,作出政治结论,问题严重或认为仅靠学习不足以实现思想转变的人物,则安排离开原来岗位,到工农中间接受"再教育",甚至强制性的劳动改造。④ 在这一连串运动过程中,写书面检查和总结显然是一个

---

① 毛泽东:《关于若干历史问题的决议》,《毛泽东选集》(1—4卷),人民出版社1991年版,第996页。
② 参见《胡乔木回忆毛泽东》,人民出版社1994年版,第260页。
③ 参见《丁玲全集》第7卷,河北人民出版社2001年版,第69页。
④ 参见李洁非等《解读延安》,当代中国出版社2010年版,第89、90页。

重要环节。整风运动发展到后期,又有审干运动和坦白运动。审干运动一开始就要求每一个干部都要向组织写出自传,包括五个部分,即"自我概述""政治文化年谱"(各自的学历、履历、政治革命经验,以及受惩处情况,必须分项按年月叙述,不得有任何省略与遗漏,并且必须附上每段时期的证明人)、"家庭情况与社会关系""个人自传与思想变化",最后是"党性检讨"。写出自传,也要在本单位当众宣读,由群众审议,往往要通过反复批判、反复检讨、反复修改,才最后"通过",由组织作出结论,并存入个人档案。[1] 而所谓"坦白运动"也是要求每个人都填写"小广播(即听到什么'小道消息',其来源是什么)和社会关系调查表",写"思想历史自传",反省、交代自己有什么政治思想与历史问题。[2] ——整风运动中的"思想检查与总结"和审干、坦白运动中的"思想历史自传",应该是我们要讨论的"检讨书"的雏形吧,而且从一开始就具有了思想改造与政治审查的双重功能。

"检讨书"的正式成型,是中华人民共和国成立以后。研究者注意到,从1949年2月北平解放到1950年下半年,全国开展了以大学教师为主要对象,兼及中小学教师的政治学习运动。这场运动的指导思想、学习内容、组织形式,特别是普遍进行以

---

[1] 参见陈永发《延安的阴影》,台湾"中研院"近代史研究所专刊1990年版。转引自高浦棠、曾鹿平《延安抢救运动始末》,香港时代国际出版有限公司2008年版,第69—73页。

[2] 参见高浦棠、曾鹿平《延安抢救运动始末》,香港时代国际出版有限公司2008年版,第84页。

自我检讨和群众批评为特点的思想总结的学习方法表明,"它是中国共产党把延安整风时期形成的改造党内知识分子的理论、政策和方法运用到党外知识分子的开端,是革命胜利以后的第一次知识分子思想改造运动,是新中国意识形态领域政治运动的源头"[1]。应该说,在政权更迭的建国初期,发动这样的"政治学习运动"是有一定群众思想基础的。舒芜曾经有过这样的分析:"当时留下来迎接解放的人,大致可以分为四种情况:一种是对共产党解放军不太了解,甚至有点疑惧,但自我感觉又不会成为新政权清算的对象,因此抱着'来就来吧'的态度。另一种是政治思想上并不赞成共产党和马克思主义,但是眼看着国民党大势已去,不愿跟着殉葬,因而也就留下来了。第三种是苦于国民党统治下水深火热的生活,实在受不了,大旱之望云霓。还有一种态度最积极,政治上一直在为推翻国民党政权、建立共产党领导的政权,实行马克思主义而奋斗的,至少是自以为作过这种奋斗的。"[2]有意思的是,不仅"不赞成共产党和马克思主义"的右翼知识分子,而且连不同程度同情革命、但又未曾参加革命的中间派,甚至进步知识分子,在面对革命胜利以后的"新气象",都有一种自卑感、愧疚感,甚至有罪感,就有一种重新学习,重新认识、检讨自己,进而改变自己,以适应新政权、新时代的要求。因此,最初的学习,是由北平各大学的党员教授、进步教授发起,自愿参加的;到1949年12月全国教育工作会议把政

---

[1] 于风政:《改造:1949—1957年的知识分子》,河南人民出版社2001年版,第220页。

[2] 舒芜:《舒芜口述自传》,中国社会科学出版社2002年版,第209页。

治教育和思想改造确定为学校的主要工作,政治学习就成为强制性的,按照延安模式进行的,以"自我检讨,群众批评,人人过关"为特征的"运动"。就在这一兼具政治审查(学习过程中穿插着交代历史的坦白运动)、思想清算性质的运动里①,出现了由党外知识分子写的"检讨书"②。

最早在报刊上公开发表的有影响的知识分子的"检讨书"是朱光潜的《自我检查》(载1949年11月27日《人民日报》)和冯友兰的《检查我的学习》(载1949年11月28日《人民日报》)。在他们的检讨书里这样写道:"从国民党的作风到共产党的作风,简直是由黑暗到光明,真正是换了一个世界。这里不再有因循敷衍,贪污腐败,骄奢淫逸,以及种种假公济私卖国便己的罪行。任何人都会感觉到这是一种新兴的气象。从辛亥革命以来,我们绕了许多弯子,总是希望以后失望,现在我们才算是走上了大路,得到生机。"冯友兰在另一篇《我对于共产党的认识》的文章里,还提供了一个很有意思的细节:"有一天我听见我底窗户外面,有一个解放军与别人辩论。这个解放军说:'你知道什么是人生底意义?'我听见心里一惊。'人生底意义'是我们哲学教授常在教室里讲的一个题目,可是在解放军口里

---

① 当时有学校就明确规定:"在学完马列主义基本理论后,要求来一次思想清算运动,对于反动的落后的思想,作一番更深刻更切实的批评、揭发和清除。"见《中共中央文件选集》第18册,中共中央党校出版社1992年版,第411页。转引自于风政《改造:1949—1957年的知识分子》,河南人民出版社2001年版,第34页。

② 参见于风政《改造:1949—1957年的知识分子》,河南人民出版社2001年版,第31、32、34页。

出来，可就有不同的意义。"①这都说明朱光潜、冯友兰的检讨，以及建国初期的类似的检讨，都含有某种心悦诚服的成分，有一定的主观的真诚性；但同时不可忽视的，是政治上的巨大压力。时为复旦大学教授的蔡尚思在一篇题为《肯学习才得救》的文章里，就说得很直白："你只要有意在这个新时代生存下去，就得重新学习"，检讨、认错，就是题中应有之义。②像朱光潜、冯友兰这样的曾经和国民党有过政治关系的知识分子，他们的检讨就更带有认罪性质，因此，我们也可以说，他们的"检讨书"实际上就是"投降书"。而当局将其在党中央的报刊《人民日报》上公开发表，就是一种示范：不仅是对类似知识分子的警示，也是指明出路。于是，在朱、冯带头下，知识分子在党的报刊上发表检讨书，甚至成为一时之风尚：不仅是类似朱光潜、冯友兰的右翼知识分子，被视为"反动作家"的沈从文，纷纷表示不同程度的臣服，就连费孝通这样的要求进步的知识分子也检讨自己曾经"不肯低头"的迷误，表示"百无是处的悔恨心理，恨不得把过去历史用粉刷在黑板上擦得干干净净，然后重新一笔笔写过一道"③。这样，半是强迫、半是自愿的检讨书，就成为掌握政权的共产党收编知识分子，以及知识分子向执政者投降的重要工具。据研究者的考察，在建国初期有过三次检讨浪潮：1949年2

---

① 载《人民教育》第3卷第4期，转引自于风政《改造：1949—1957年的知识分子》，河南人民出版社2001年版，第19页。

② 蔡尚思：《肯学习才得救》，载1949年7月21日《文汇报》。转引自于风政《改造：1949—1957年的知识分子》，河南人民出版社2001年版，第36页。

③ 费孝通：《我这一年》，载1950年1月3日《人民日报》，转引自于风政《改造：1949—1957年的知识分子》，河南人民出版社2001年版，第40页。

月—1950年下半年的"政治学习运动",1951年4月—9月的"批判《武训传》"运动,1951年10月—1952年7月的"洗澡运动"(先是"思想改造运动",后来又与"三反运动"结合在一起)。经过短暂的喘息,以后又有由批判俞平伯和胡适开启的"学术思想批判运动"(1954年10月—12月)、"批判胡风"运动(1955年1月开始,5月发展为"批判胡风反革命集团"运动,6月发展为全国范围的肃反运动)。在这样的一个紧接一个的政治运动和思想改造运动中,出现了数以千万计的公开发表与内部宣读的"检讨书"。如研究者所说,从此,"'检讨'成了中国知识分子(岂止知识分子!)生活中最重要的部分,成为一种特殊的人生体验。'自我检讨'竟发展成为当代中国特有的一种最有适用价值的文体"[①]。

二 "洗澡运动"中的王瑶检讨书(1952)

"政治学习运动"与"批判《武训传》",没有规定人人都要检讨,因此也没有涉及时为清华大学中文系专任讲师的王瑶,他正忙着编写《中国新文学史稿》上册,没有卷入运动中。他成为运动重点批判对象,是在1951年10月开始的"洗澡运动"中。

"洗澡运动"的发动者依然是毛泽东,他于1951年10月23日在全国政协第一届第三次会议上宣称"思想改造,首先是各种知识分子的改造,是我国在各方面彻底实现民主改革和逐步

[①] 参见于风政《改造:1949—1957年的知识分子》,河南人民出版社2001年版,第28、145、220、310、369、393、220页。

实行工业化的重要条件之一"①。紧接着中共中央于1951年11月30日就发出《关于在学校中进行思想改造和组织清理工作的指示的通知》,强调发动新一轮思想改造运动的目的是要"从思想上、政治上、组织上清除学校中的反动遗迹,使全国学校都逐步掌握在党的领导之下,并逐步取得与保持其革命纯洁性"②。1952年1月"三反运动"(反贪污、反浪费、反官僚主义)刚开始,中共中央就发布了《关于宣传文教部门应无例外地进行"三反运动"的指示》,提出要让学校的校长与老师"在群众斗争中洗洗澡,受受自我批评的锻炼,拿掉架子,清醒谦虚过来"。而在3月13日发布的《关于在高等学校中进行"三反运动"的通知》里,就更严厉地指出:"资产阶级思想在极大多数学校现在仍然居于实际的支配地位",因此必须"揭发和批判资产阶级思想,从而确立工人阶级思想的领导权",因此,规定"每个教师必须在群众面前进行检讨,实行'洗澡'和'过关'"。③ ——可以看出,如果说1949—1950年的政治思想学习运动是解决政治上站在哪一边的问题,主要的是针对右翼与中间派的知识分子,那么1951—1952年的思想改造运动,尽管也包含了政治清理的要求,但越来越倾向于思想清理,以保证党在学校政治、组织、思想上的全面领导地位,因而把"洗澡"的要求遍及每一个教师,但

---

① 参见《建国以来毛泽东文稿》第2册,中央文献出版社1987年版,第482—483页。

② 转引自于风政《改造:1949—1957年的知识分子》,河南人民出版社2001年版,第206页。

③ 以上"通知"均转引自于风政《改造:1949—1957年的知识分子》,河南人民出版社2001年版,第205—206、207、209页。

又有洗"大盆""中盆"与"小盆"的区别,即分别情况,在全校大会、全系大会与小组会上作检讨。因此,这一次"洗澡运动"是震动了整个知识界的;知识分子作出的反应和应对方式也各不相同,研究者将其归为四种,即"虔诚的信徒""蒙混过关""公然对抗"以及以"自杀"的方式结束一切。①

王瑶是在1952年2月26日写成《我的检讨》并在中文系教师大会上宣读的②,那么,他是受到"洗中盆"的待遇了。由此而产生了我们的讨论兴趣:他作为一个普通讲师,为什么会成为系里的批判重点?他是如何应对的?

于是,我注意到一个细节:在检讨里,王瑶一再说自己"很高傲""有严重的看不起群众的毛病""我很骄傲""我很自高自大""夸夸其谈""狂妄",等等,"自高自大"一语就先后用了四次;其次,就是不厌其烦地承认自己"把主要精力都放在追求个人名利的写文章上""我自私自利的个人主义思想""一切都从个人出发"。最后总结自己的"资产阶级腐朽思想"也是归结为"自私自利"与"自高自大"两条。③ 这当然不是无的放矢。后来,1958年"拔白旗运动"批判王瑶为1952年的批判感到委屈,他的研究生同学、清华同事季镇淮发言说:"当时在清华的同事都知道,王先生当时问题很多,大家帮助他认识错误,怎么能说

---

① 于风政:《改造:1949—1957年的知识分子》,河南人民出版社2001年版,第213—214页。

② 参见杜琇编《王瑶年谱》,《王瑶全集》第8卷,河北教育出版社2000年版,第374页。

③ 王瑶:《在思想改造运动中的自我检讨》,《王瑶全集》第7卷,河北教育出版社2000年版,第264、265、267、268、269、271、272、274页。

是委屈呢?"①季镇淮没有具体指出引起当时清华同事不满的王瑶的"问题";但王瑶在其检讨里,也有所透露。比如他谈道:"我对群众工作、群众生活是极不关心的,今年工会改选,系里同志让我当学习干事,我坚决不答应";"我曾想离开清华大学,原因之一是南昌大学来请我做系主任,而且教的课是中国文学史,于是和学校为名义、薪金讲了老半天的价钱,使李广田同志在最近一次学习会中还说他长久地认为我是系里最感麻烦的一个人";等等。②这都表明,王瑶的精力集中在个人的著书立说,并不热心公共事务;而且注意争取和维护个人的利益(职称、工资等),在五十年代强调一切服从集体利益、听从组织安排的时代氛围下,就成了"问题",并且极易引发公众的不满,甚至反感。这样的基层组织与群众的意见,就在运动中把他推到了被批判的风口浪尖。这同时也说明,中国的群众性的政治运动,无论发动者有着怎样的宏大目标,落实到基层,就往往和各单位内部的各种矛盾、复杂的人事关系纠缠在一起,成了意见之争、利益之争甚至派别之争,从而在不同程度上模糊了运动的政治性,削减了运动的政治效应。这是构成了中国式政治运动的内在矛盾的。

而王瑶本人在检讨书里如此突出自己的自高自大与自私自

---

① 见《北京大学校刊》第229期关于中文系民盟组织召开扩大的交心会帮助王瑶的报道。转引自张锡金《拔白旗:大跃进岁月里的知识分子》,香港时代国际出版有限公司2010年版,第703页。

② 王瑶:《在思想改造运动中的自我检讨》,《王瑶全集》第7卷,河北教育出版社2000年版,第271、268页。

利,也是自有苦心的:他完全明白,这两大问题,是无法构成严重的政治问题的,他正可以在这两顶帽子下,既平息群众意见,又容易过关。这就说到了王瑶对运动的应对办法:他显然属于蒙混过关派,但他又自有特点。他在《自我检讨》里,也说得很清楚:"对于革命,对于党的各种政策,我都是采取了一种先研究分析了然后再考虑自己如何适应的态度。我当然不打算违抗党的政策,但这种适应实际就是一种对革命事业钻空子的态度。"①这样的"钻空子",和鲁迅当年所说的"'钻网'的法子"②,都是应对集权体制之策。在王瑶大概是完全自觉的。1958年"拔白旗运动"中,就有人揭发他在一次座谈会上公开说:"党是一个不可抗拒的力量,对党不满有三种态度,第一是推翻它,第二是改变它,第三就是设法和他取得一致,我取的就是第三种态度。"③"取得一致"中就包括"钻空子"。这一次应对"洗澡运动"中的检讨,他也是对运动的目的及党的政策作了一番研究分析。在"文化大革命"中的检查里,他谈到"三反运动"时,依然强调其"主要内容"是"划清敌我界限","当时我自以为在解放前对美帝国主义和国民党反动政权还是有所认识的"。④

---

① 王瑶:《在思想改造运动中的自我检讨》,《王瑶全集》第7卷,河北教育出版社2000年版,第272页。

② 《鲁迅致许广平书》(1925年4月8日),《鲁迅全集》第11卷《两地书》,人民文学出版社2005年版,第41页。

③ 参见《北京大学校刊》第229期的报道。转引自张锡金《拔白旗:大跃进岁月里的知识分子》,香港时代国际出版有限公司2010年版,第703—704页。

④ 王瑶:《我的检查》(1969年3月25日),参见杜琇整理《王瑶"文革"时期的交代与检查》,未发表。

我们前面已经说过，1951—1952年的"洗澡运动"有两重目的：既要进行政治审查，"清除反动遗迹"，又要"揭发和批判资产阶级思想"；但看来，王瑶当时与以后的理解都强调前者，而有意无意地淡化后者。而在"划清敌我界限"问题上，王瑶是自有优越感的。这就要说到王瑶检讨里一再谈到自己的"骄傲"，其实还有一层更深的意义：他认为自己是有骄傲的资本的。我们在前文提到舒芜对解放初"留在大陆的知识分子中的四种人"的分析中，王瑶显然认为他是属于"为反对国民党政权，建立共产党领导的政权，实行马克思主义而奋斗"的革命营垒的，他是和"在政治思想上不赞成共产党和马克思主义"，甚至和国民党有牵连的朱光潜、冯友兰这样的知识分子，有着本质的区别的。因此，在他看来，朱光潜、冯友兰这样的右翼自由主义知识分子才是运动的主要对象，他们要全面否定自己，彻底投降是必然与应该的。而自己，在响应改造的同时，还应该坚守一些东西，没有必要"把自己的甲胄全部缴纳"，视自己的著述全部为无的。这也是他对中国社会的一个分析，他用检讨的口气，谈到自己的也许是更为真实的思想和判断："我常说小资产阶级思想是有其社会基础的，在新民主主义社会是合法的，是不可能完全消灭的。"而当时（1951—1952年）中国共产党也还在坚持中国社会的新民主主义性质，毛泽东的批判，要到1953年。

这就决定了王瑶在"洗澡运动"中的检讨书里的应对策略：既要"适应"运动发动者的党的要求，又要有所保留，尽可能地迂回地维护自己的某些尊严。如研究者所说，运动的发动者本意是要迫使知识分子通过检讨自贬自辱，其中包括了"对家庭的贬辱""对本人所受教育的贬辱""对个人历史的贬辱""对个人思想境界的否定",这样就可以全面剥夺知识分子自尊自傲、和党争夺青年的资本,达到绝对服从与彻底投降于党的目的。①当时,在执政者的压力与诱导下,许多知识分子,包括有影响的重量级知识分子代表人物,都尽量向自己的家庭、学校及个人泼洒污水,真正是"斯文扫地",令今人不堪卒读。而王瑶却是少数清醒者之一,他一方面按要求如实交代与检讨自己的家庭出身、所受教育背景、个人历史与思想,同时又小心地掌握分寸,借助于检讨的技巧,维护着自己的基本形象。请看以下两段文字:"我是地主家庭出身,我父亲本是个贫农,到他五十岁时变成了地主。他以为'小财不当东',自己老了,买地牢靠;他对我的前途只是原则地鼓励,并没有具体指导。后来我离家到城市上学了,十几年的资产阶级教育对我影响是很大的,但这也并不是说封建思想对我完全没有影响。"——完全是平实的叙述,却不加任何分析与判断。"没有具体指导"斩钉截铁的一句话,就将父亲完全洗刷干净了。讲到"资产阶级教育的影响",也是语焉不详。封建思想影响,则是"不能说没有",来自何处,就不说了。"1935年又加入了党,'一二·九'学生运动时,我是一个共产党员,在表面上看起来,当时工作很积极,但我并没有从思想、从立场上解决问题。"②——这是典型的"但"书:"但"之前,是基本事实的陈述,是实实在在的;"但"之后,是批判与认识,却

---

① 于风政:《改造:1949—1957年的知识分子》,河南人民出版社2001年版,第220—229页。

② 王瑶:《在思想改造运动中的自我检讨》,《王瑶全集》第7卷,河北教育出版社2000年版,第263—264页。

是空洞的,无法抹杀前面陈述的事实。这样的"但"书,在整篇检讨里,比比皆是,以后就成了王瑶(也许还有更多的人)检讨书的基本模式。因此,今天的读者读了这篇检讨书,心目中留下的是这样一个"王瑶":他"比较早的接受了一些概念式的马列主义的知识";在"一二·九"运动中,他"从表面看起来,工作很积极";他"自以为是一个左翼理论家";他"认为自己对革命很忠诚,因为被捕两次表现还好,以为自己经得起考验";他"一直相信中国共产党领导的革命是必然要成功的,而且是拥护这种成功的"。尽管这里有许多限制词(如"自以为"等等),但却是一个基本真实的王瑶形象。本来"洗澡运动"的目的是要摧毁这样的形象,以剥夺王瑶在群众特别是青年学生中的影响,但这却是王瑶要竭力保护的,因为忠实于自己的历史和自我形象,是事关知识分子的基本尊严的。而王瑶最要维护的,是他的理想与追求:"要在中国古典文学的研究方面成一个第一流的学者。"他不合时宜地在检讨书里如此写道:"我以为中国念马列主义的人多半不念古书,就是念也只念中国历史或中国哲学,绝没有人念中国文学,因为他如果喜欢文学就念新文学了。而一般大学学者又只懂古书,绝不会懂马列主义。我狂妄地以为这三方面我都有些基础,如果有时间条件,一定能一举成名的。"——这是王瑶真正的肺腑之言,也是他的这篇检讨书最有价值的部分:它提供了认识和分析王瑶最重要的信息。人们自会注意到,王瑶强调的是"在中国古典文学的研究方面"成为第一流学者,因为在他看来,"研究新文学是很难成为一个不朽的第一流的学者的"。他的这一看法是坚持到底的,尽管他后来阴差阳错成了现代文学研究的第一流学者,但内心却始终是不平衡的,总是摆脱不了壮志未酬的终身遗憾。其实,这更是国家的损失;王瑶也看得很清楚,他在检讨书里如此写道:"我狂妄地以为新社会是应该让我这样做的,我是用马列主义研究的呀!而且我是国内最具备这样的条件的呀!"①——连用两个惊叹号,表明这是他从内心发出的呼叫,今天读来依然惊心动魄。

但是,回到现实中,王瑶还是要按照党的要求,作出妥协,给自己冠以种种污名,但也是掌握了分寸的。检讨一开始,他就这样给自己定调:"我是一个思想上存在着许多毛病的知识分子,我的主导思想一直是资产阶级小资产阶级思想。"这就意味着他的检讨,是限制在"思想"范围,尽量回避"立场"问题,绝不涉及"政治"问题。下面的具体检讨,尽管戴了许多帽子:"腐朽思想"呀,"荒唐可耻的想法"呀,"文艺思想中,存在着很多资产阶级残余思想"呀,"对毛主席的话可耻的歪曲"呀,等等,都离不开"思想"问题,最后的总结也是"脱离政治、脱离实际、脱离群众的严重的缺点",再就是前面说过的"自私自利,自高自大",归结为"个人主义"了。这样,最后终于谈到"最重要的是立场问题",王瑶知道,这是非说不可的,不然就过不了关,但却是与前面所有的具体检讨完全脱节的,就真正成了外加的"尾巴"了。② 就是这样,王瑶还是忍不住要透露自己的心里话,也是用检讨的口气,却这样说:"一个人的改造像大烟瘾一样,过程是减速度的,是越来越慢。一个人一个月抽十两大烟,第一个月

---

① 王瑶:《在思想改造运动中的自我检讨》,《王瑶全集》第7卷,河北教育出版社2000年版,第267页。

② 同上书,第263、266、267、269、272、274页。

就能改为八两,但最后还是要吃两颗丸药,越往后越难,很难一下除根。这意思事实上就是说我除过个人主义都已经进步得差不多了,这一点我不想改了。而且还说我又不和人民利益矛盾,党也不会不让我发展呀!"①这其实就是将前面的所有的检讨,全都颠覆了。"个人主义"(个性主义)正是"五四"培育出来的王瑶那一代人所要坚守的"不想改"的底线。王瑶也直言不讳:"我""常常是客观主义地分析自己的错误,自由主义地对待自己的错误"。② 而王瑶之所以敢于如此坚守,还是出于前面已经提到的他对当下中国社会的"新民主主义"性质的判断,在他看来,在新民主主义社会,个人主义是有其存在的合理性与合法性的,即所谓"党不会不让我发展"。

但我们不能因此夸大了王瑶的这种坚守,及他相应的反抗。王瑶也承认,他"简直就是抗拒改造的"③;但矛盾冲突只是一面,王瑶更与共产党、新社会有一致的一面,而且如前所说,他还是自觉地寻找与强化这种一致的。因此,他在检讨书里要维护的自我形象,是一个信奉马克思主义、支持革命的左翼知识分子。这也同时表明,他即使处于被批判的地位,也还是要坚守这样的左翼立场的。这样,他的检讨书就不仅是充满辩解,也用尽了"钻空子"的技巧,但也依然有真诚的,努力使党和批判者了解自己的一面,而且他也确实通过这次公开批判,思考了一些对

---

① 王瑶:《在思想改造运动中的自我检讨》,《王瑶全集》第7卷,河北教育出版社2000年版,第271页。

② 同上书,第273页。

③ 同上书,第272页。

他来说是根本性的问题。这是无法回避的现实:王瑶向往、参与、支持中国共产党领导的革命;但在革命胜利以后所建立起来的新中国、新社会,他却成了批判对象。这是为什么?这是一个触动王瑶内心的问题,他不能不认真思考。由于处于被批判的地位,因此,1952年"洗澡运动"中的王瑶主要是在自己方面寻找原因。他于是发现自己对新社会的想象,从一开始就有些一厢情愿:"我想象的新社会是什么样子呢?用冯友兰先生的话来说,就是一个下棋式的社会,而不是一个打牌式的社会;我觉得一个人应该得到最充分的发展机会,如果他被淘汰了,那是应该的,因为他的能力不如别人。我错误地以为新社会就是一个容许自由竞争的社会,一点也不了解集体主义精神,不了解新社会的高度组织性和计划性的精神。"①——这也是王瑶的肺腑之言:他终于认识到自己的"自由竞争"中个人充分发展的理想与新社会的集体主义精神与高度组织性、计划性的矛盾;他知道不可能放弃自己的理想与追求,知道自己无力也不想改变新社会,只能选择逐步适应,而这样做,他对理想、追求的坚守,也就只能是一种象征性的姿态,一个永远的梦。一贯清醒,也自以为清醒的王瑶,实际上已经看清了自己以后的命运。

最后要说的,是1952年检讨书的文体特点。有研究者早已注意到,在思想改造中,新中国知识分子所经历的话语转换,"知识分子在被纳入新体制下行政化了的单位的同时,通过思想改造运动也开始从意识形态上被并入一套全新的话语体

---

① 王瑶:《在思想改造运动中的自我检讨》,《王瑶全集》第7卷,河北教育出版社2000年版,第267—268页。

系","从发表在全国主要报刊上的著名知识分子的自我批判来看,从内容到形式,在很大程度都相互雷同:政策性强,词条量少,句法简单",知识分子已经"习惯于使用带着浓厚的政治色彩的简单语言去应付政治学习与政治运动,去被迫自我批判和批判别人,进而去进行在新体制下并适应这一体制的日常思维"。① 以此对照王瑶的检讨书,就可以发现,它一方面完全具备"检讨书文体"共有的特征,即研究者所说的"相互雷同"的,和党的意识形态、思维、话语系统保持完全一致的"带着浓厚的政治色彩的简单语言",另一方面,又常常突然冒出"王瑶式的话语",如前文引述的"戒大烟瘾"的比喻,"客观主义分析自己,自由主义对待自己的错误"的警语,如此出人意料,又精辟、形象、幽默,充分显示了王瑶式的智慧,让人过目不忘,而又极易传播。王瑶自己私心大概也颇得意于此,因此,尽管不断为这些怪话而检讨,却又始终不改,总喜欢用自己的语言去表达对各种思想、文化以至政治问题的看法。

三 反胡风运动中的王瑶检讨书(1955)

但王瑶万没有想到,在五六十年代的政治环境里,他的个人化的表达方式,给自己带来了意想不到的灾难。王瑶在"洗澡运动"中的检查,虽然过了关,但他不卑不亢,而又拒绝彻底缴械的态度,大概给党的领导留下了"坚持资产阶级立场"的印

---

① 黄平:《当代中国大陆知识分子的非知识分子化》,《二十一世纪》1995年4月号。

象;而他的相对坦率又出语不凡的表达,就更容易使党认定他是资产阶级知识分子的"代言人"。延安"整风运动"已经积累了"抓典型"的经验,现在,王瑶就被选择为知识分子改造的"典型"了。有学者查阅了官方档案资料,发现正是在1952年以后,当时还只是副教授,在学术上还没有获得显赫地位的王瑶,却成为官方密切关注的人物,"作为重点系重点人物,有关王瑶的动态消息在党内文件中频繁出现,以此为高层了解学界人士的思想动向提供第一手素材,这种费力费神的党内系统工程汇报,时间跨度长达二十多年('文革'期间另论),有的时候是在王瑶不知晓的情况下完成的。而且在北大中文系,关注对象还扩展到游国恩、吴组缃、林庚、王力、高名凯等名教授,他们诸多言论和王瑶一样一并收集,在至今留存数百万字的北京高校党内文件中构建了独特的'北大中文系意见群'"①。

我们也可以借助于这些档案材料了解王瑶在1952年检讨以后的状况。1953年1月23日北京高校党委会成立,新任书记讲话里,就第一次提到王瑶。据说在"洗澡运动"以后,高校里人心惶惶,"王瑶要求转业(按,据说是要求转到文学研究所),(表示)做不了灵魂师"。接着北大党委向上报告,说教师工作紧张,精神负担重,健康状况转坏,如中文系教授吴组缃、王瑶两人的肺病加重了。对身体一时之伤,王瑶倒不以为然,对新老教师之间的持续隔阂、斗争却深表忧虑,他称自己为"被提意见阶级",思想老是惶恐不安。——这正是"洗澡运动"的后果:据

---

① 陈徒手:《文件中的王瑶》,《故国人民有所思:1949年后知识分子思想改造侧影》,三联书店2013年版,第178—179页。

1953年9月高校党委的内部报告透露:"在三反思想改造以后,多数年轻教师认为老教师历史复杂,政治落后,业务不行,因之在教学工作中一遇到问题,总想用三反时的老办法向他们进行批判和斗争,常常笼统地轻率地批评他们这里思想性不够,那里立场不稳,这实际唯心论,那是反马列主义。"①王瑶为此身心交瘁,并用他特有的语言概括说:"中文系有三类人,一是团结对象,一是打击对象,三是服从干部",他自己当然属于打击对象。他因此说:"生活在这个社会上,没有安全感。"②此时的王瑶大概已经弄清楚自己在现行体制内的实际地位与处境了。

在此以后,似乎又有了某些转机。相关档案材料告诉我们,1954年批判俞平伯、胡适的思想运动先后启动,北大中文系党总支开列了一批能写批判文章的作者名单,将王瑶排在最后一位,但这毕竟给他提供了一个由被批判者变成批判者的机会。王瑶开始并不积极,后来还是认真地写了两篇文章:《从俞平伯先生对〈红楼梦〉的研究谈到考据》《批判胡适的反动文学思想——形式主义与自然主义》,写得煞费苦心:既要符合"大批判"的要求,又要竭力保存学术性,却得到了高层的好评。1954年王瑶被推举为全国政协第二届委员会委员,并成为《文艺报》新编委会的成员。有意思的是,在1955年4月一次会议上,王瑶谈到一开始写学术批判文章时,按时兴体例,时常用到"我们

---

① 陈徒手:《文件中的王瑶》,《故国人民有所思:1949年后知识分子思想改造侧影》,三联书店2013年版,第178—179页。
② 见《北京大学校刊》第229期的报道,转引自张锡金《拔白旗:大跃进岁月里的知识分子》,香港时代国际出版有限公司2010年版,第704页。

马克思主义者"句式,初写时很不习惯,觉得有些肉麻,后来经过思想斗争,才觉得到了前线就不能不承认自己应该是马克思主义者。他用一个比喻来形容自己的进步:"这好像做了民兵以后,慢慢也就习惯做正规军了。由于现在我能够从正面来叙述意见,就进一步认清资产阶级思想的错误,觉得考虑问题,写文章都有了进步。"①王瑶大概多少又恢复了"马克思主义者"的感觉了。但立刻遭到了当头棒喝:在一次批判胡风的会上,王瑶自称是从无产阶级立场出发批判,有同学当场指责:"你算什么无产阶级?"②

更重要的是,批判胡风,特别是胡风问题上升为反革命以后,王瑶就陷入了尴尬:因为在他的《中国新文学史稿》里,对胡风及胡风派的作家鲁藜、绿原、路翎都有正面的评价,特别是在分析文艺论争、创作时,大量引用了胡风的观点。而在此之前,毛泽东在1953年尖锐批判了"确立新民主主义秩序论"③,并提出了向社会主义过渡的总路线;而王瑶的《中国新文学史稿》正是以新民主主义论为其基本理论基础的,而且如前所说,这也是王瑶对中国现实进行分析的基本依据。面对毛泽东对新民主主义的批判,敏感的王瑶内心已经十分紧张。就在这时,1955年9

---

① 见1955年5月27日市高校党委办公室动态简报第98期《北京大学几个教师对学术思想批判的反映》。转引自陈徒手《文件中的王瑶》,《故国人民有所思:1949年后知识分子思想改造侧影》,三联书店2013年版,第182页。

② 陈徒手:《文件中的王瑶》,《故国人民有所思:1949年后知识分子思想改造侧影》,三联书店2013年版,第189页。

③ 毛泽东:《批判离开总路线的右倾观点》(1953年6月15日),《毛泽东选集》第5卷,人民出版社1977年版,第81页。

月《文艺报》上发表了题为《评〈中国新文学史稿〉下册》的批判文章,明确提出要"清除胡风反动思想在文学史研究工作中的影响"。王瑶就再一次写"检讨书"了:他立即在《文艺报》上发表《从错误中汲取教训》一文,以作回应。这一回再也不能回避政治问题,一开头就承认:"我不自觉地替反革命分子做了义务宣传,颠倒黑白,混淆是非,帮助他们扩大了反动影响;这是严重的政治性错误。"同时承认:"这是和作者本身的立场、观点的错误密切相连的。"①但这是什么样的"立场、观点"呢?看来,王瑶是颇费心思的。如前所说,1952年的检讨,他是一开始就定调为"资产阶级小资产阶级思想"的;而现在,毛泽东早已有明确指示:要批判资产阶级思想,"要将'小资产阶级思想'改为'资产阶级思想'"②,自然就不能再提"小资产阶级思想",只能说是"资产阶级思想"了。恰好批判者给王瑶戴了一顶"帽子":"资产阶级客观主义的立场和观点。"这是王瑶可以接受的,于是连忙表态:"我觉得他这批评是正确的。"于是通篇检讨也就在"资产阶级客观主义"上大做文章:"自己在尖锐的阶级斗争面前,反而表现了一种为学术而学术的客观主义倾向","所谓客观主义就是立场模糊的表现,就是作者含有浓厚的资产阶级思想的表现",等等。和1952年的检讨相比,1955年的检讨,就

---

① 王瑶:《从错误中汲取教训》,《王瑶全集》第7卷,河北教育出版社2000年版,第280—281页。

② 毛泽东:《在中央关于西南民委机关反分散主义斗争的通报中加写的话》(1953年8月5日),《建国以来毛泽东文稿》第4册,中央文献出版社1987年版,第295页。王瑶当然看不到毛泽东的这篇文章,但毛泽东的指示是被认真贯彻的,这应该是王瑶知晓的。

已经没有多少真诚可言,只求能过关了。因此,最后必然要归结到"党性原则",并且有了结尾的四大保证:"不断地提高自己的政治觉悟,认真地学习马克思列宁主义,坚决贯彻文学的党性原则,彻底清除资产阶级思想。"①这里,无论是内容还是语言形式,都是党要求的,完全符合党的观念、思维与话语方式。这是符合标准的"检讨书",已经没有王瑶的个人风格、风采了,连一丝痕迹都没有了。

四 "拔白旗运动"中的王瑶检讨书(1958)

尽管努力作了检讨,但王瑶还是处在高层的密切关注中,在党内档案里不断出现王瑶的出格言论。1954年7月高校党委宣传部《北大、清华教授中资产阶级思想的一些表现》里报告:"王瑶说:'你们党员有寄托,我就是为名利,在学术上谋一地位,不然我做什么'。教学极不认真。"

1956年1月,中共中央召开知识分子问题会议,宣布"知识分子的基本队伍已经成了劳动人民的一部分"②。但在内部为这次会议作准备的高教部关于北京大学的调查报告里,却对北大教授的政治态度作了"积极""落后"与"反动"三大区分,王瑶被认定为"落后分子"的代表,并有如下评价:"抗战前曾参加

---

① 王瑶:《从错误中汲取教训》,《王瑶全集》第7卷,河北教育出版社2000年版,第281、283、284页。

② 《中共中央关于知识分子问题的指示》,《建国以来重要文献选编》第8册,中央文献出版社1994年版,第133—134页。

我党,后因害怕反动派迫害脱了党,解放后感觉政治上没有前途,想埋头业务,一举成名,三反、思想改造时还闭门写新文学史。1952 年《人民日报》召开座谈会批评该书,他认为业务也完了,哭了一次。对副教授、11 级工资待遇很不满,去年改为 9 级仍然不满。教学工作极不负责任,大部分时间用写文章赚稿费。"①这大概就算是一个组织结论吧。

但王瑶却毫不知情,他还沉浸在知识分子会议发出的"向科学进军"号召所唤醒的新的希望里。1957 年 3 月 12 日,他受到毛泽东的接见和勉励,听到毛泽东在全国宣传工作上的讲话,更增添了学术研究的信心。正是在 1956—1957 年上半年短暂的相对宽松环境里,王瑶完成了两篇重要论文《论鲁迅作品与中国古典文学的历史联系》与《论巴金的小说》,尤其是前者,是充分发挥了他的学贯古今的学术优势的。1956 年同时出版了王瑶三部有关古典文学研究的著作《中国诗歌发展讲话》《〈陶渊明集〉编注》《关于中国古典文学问题》,学者王瑶的形象似乎再度浮现出来。但王瑶仍是清醒的,他很快就在中国政治形势的微妙变化里发现了某些让他不安的迹象;于是在北大党委召开的鸣放会上作了一次发言后,就沉默了。② 他也因此逃过了紧接着就发生的反右运动这一劫。

---

① 高等教育部:《北京大学典型调查材料》,《关于知识分子问题会议参考资料》第 2 辑,第 49 页,转引自张锡金《拔白旗:大跃进岁月里的知识分子》,香港时代国际出版有限公司 2010 年版,第 702 页。

② 参见杜琇编《王瑶年谱》,《王瑶全集》第 8 卷,河北教育出版社 2000 年版,第 377 页。

但毛泽东和党还要乘胜追击,又于1958年发动了"拔白旗运动"。1958年5月中共八大二次会议上,毛泽东提出:"凡是有人的地方总要插旗子,不是红的,就是白的,或是灰的,不是无产阶级的红旗,就是资产阶级的白旗","现在还有一部分落后的合作社、机关、部门、车间、连队、学校、企业,那里边插的还不是红旗,是白旗或者灰旗。我们在这些地方做工作,发动群众,大鸣大放,贴大字报,把白旗拔掉,插上红旗"。① 也就是在这次会议上毛泽东发出了"破除迷信,不要怕教授"的号召。② 在3月成都会议上,毛泽东还提出:"对于这些资产阶级教授的学问,应以狗屁视之,等于乌有,鄙视、藐视、蔑视。"③为贯彻毛泽东的指示,又是郭沫若闻风而动,于5月16日致北大历史系师生的信中,传达了毛泽东"厚今薄古"的口号,率先点明批判陈寅恪,扬言"陈寅恪办得到的,我们掌握了马克思主义的人,为什么办不到,我就不信",由此揭开了"拔白旗运动"的序幕。④ 1958年9月,全国文化艺术教育工作会议又作出决定:"要彻底清除资产阶级教育思想,不仅在政治上思想上插红旗,还要把红旗插到教学业务里的心脏里去,要拔掉资产阶级知识分子在学

---

① 毛泽东在中共八大二次会议上的讲话记录(1958年5月20日),转引自逄先知等《毛泽东传》(上),中央文献出版社2003年版,第818页。

② 毛泽东在中共八大二次会议上的讲话记录(1958年5月8日),转引自逄先知等《毛泽东传》(上),中央文献出版社2003年版,第817页。

③ 毛泽东:《成都会议上的讲话提纲》(1958年3月22日),《建国以来毛泽东文稿》第7册,中央文献出版社1992年版,第118页。

④ 参见吴定宇《陈寅恪的1958年》,《粤海风》2014年第2期。

术思想、教育思想、艺术思想上的白旗。"①中共中央、国务院《关于教育工作的指示》还特意提出"要批判学生不能批评先生"的观点,这就为学生参加大批判、对准教师提供了思想理论上的支持。②

　　就是在这样的政治气氛下,北大党委向上报告了在"双反运动"(反浪费、反保守)中中文系一位教师揭发的王瑶的言论:说自己是"上课马克思,下课牛克思,回家法西斯"。在1958年中共一次高层会议上,北京市市委书记处书记郑天翔在《关于知识分子的思想改造》的报告里,引述了这句所谓王瑶的名言,以此说明"高级知识分子脑子里实际上并没有什么社会主义和六亿人民,他们中有不少市侩主义的典型",并由此引申开来,批评王瑶这类旧知识分子"成天写文章,拿稿费。写文章的态度也极不严肃,为了多拿稿费,故意拉得又长又臭,想落得名利双收。写文章、出书常常是赶行情、看风头,并且很善于和出版社讲价钱"。这样就把王瑶推到了大批判的风口浪尖,王瑶那句"名言"更是为党内高层广泛知晓,主管文化教育工作的周扬、杨秀峰等连续两三年都在报告里引述王瑶这句话,以此揭露知识分子的"丑陋"。就在毛泽东发出"破除迷信,不要怕教授"的号召以后,在1958年6月中宣部政治教育工作会议上,康生就点名批判游国恩和王瑶:"不要迷信那些人,像北大的游国恩、王瑶,那些人没什

---

　　① 载1958年9月13日《人民日报》,转引自张锡金《拔白旗:大跃进岁月里的知识分子》,香港时代国际出版有限公司2010年版,第190页。

　　② 转引自张锡金《拔白旗:大跃进岁月里的知识分子》,香港时代国际出版有限公司2010年版,第200—201页。

么实学,那是搞版本的,实际上不过是文字游戏。"①

在此之前,在1958年初的"双反运动"中,中文系民盟组织就在4月19日召开扩大的交心会,发动各教研室副教授以上的老师和研究生代表,批评王瑶的资产阶级政治立场和名利思想。以后又在校刊上刊登《王瑶先生应当改变政治立场,向红专跃进》《王瑶先生的名利思想一例》《新社会在王瑶先生眼里的变相以及王瑶先生"衷心拥护党"的真相》等批评文章,火药味已经十足:"王先生时时观测政治气候,以便及时戴上口罩,预防瘟疫。这是何等的心虚!""党在王先生看来,不是工人阶级的先锋队,而是'唯一能给我们一切的'一个亲爸爸。只要是能给王先生一切,管它是什么玩意儿,王先生都会毫不含糊地跟着它走。这就是王先生的市侩哲学,这就是王先生拥护党的真相!"②这就已经把王瑶搞臭了。现在,康生代表党中央一声令下,王瑶自然成为众矢之的,再也逃不过了。而且这一次是直指王瑶这样的知识分子安身立命的学术研究的,叫阵的却是青年学生:中文系二年级组织的鲁迅文学社。据说开始时学生多少有自卑情绪,系总支做工作,经过一场内部辩论,统一了思想,不到一周,就写出了七篇批判文章。于是就有了8月31日《光明日报》的长篇报道,通栏标题是《北大中文系清算资产阶级学术思想》;其中一节的小标题是:《揭露了新文学史阵

---

① 转引自陈徒手《文件中的王瑶》,《故国人民有所思:1949年后知识分子思想改造侧影》,三联书店2013年版,第187页。

② 参见《北京大学校刊》第229期,转引自张锡金《拔白旗:大跃进岁月里的知识分子》,香港时代国际出版有限公司2010年版,第702—705页。

地上的白旗》。① 高层领导迅速作出反应:周扬在9月6日全国中文系协作组会议上讲话,力赞学生自己起来革命了,向王瑶、游国恩开火,学校局面打开了,轰开了阵地,这对于整个学术界都是一件大事,将来文学史上也要写进去。他说:"保持对立面有好处,像王瑶、游国恩不服气很好,正好继续批判。"②可以说,1958年"拔白旗运动"中对王瑶的批判,是直接由党的高层发动、支持与领导的,这是与在此之前的批判大不相同的。

王瑶当时可能并不知道这些在今天才揭露出来的内情,不过大概也能够感到对他的批判"来头不小";但或许更使他陷入困境的,是学生充当了大批判的先锋。发动学生斗老师,正是党推动知识分子改造运动的重要手段。早在1952年"洗澡运动"里,就有"深入发动群众,特别要依靠学生群众推动老师"的中央指示③;学生往往以"受害者"的身份来要求老师改造自己,王瑶1952年的检讨一再说及自己"在课堂上常常流露出一些不正确的非无产阶级思想,这对同学是有很坏的影响的"④,就是对

---

① 转引自张锡金《拔白旗:大跃进岁月里的知识分子》,香港时代国际出版有限公司2010年版,第700页。

② 见高校党委办公室整理的周扬讲话记录稿,转引自陈徒手《文件中的王瑶》,《故国人民有所思:1949年后知识分子思想改造侧影》,三联书店2013年版,第186—187页。

③ 中共中央《关于在高等学校中进行"三反"运动的指示》(1952年3月13日),转引自于风政《改造:1949—1957年的知识分子》,河南人民出版社2001年版,第215页。

④ 王瑶:《在思想改造运动中的自我检讨》,《王瑶全集》第7卷,河北教育出版社2000年版,第268页。

来自学生的压力的回应。但这一回不是督促改造,而是直接的面对面的批判。王瑶这一代"五四"培育的知识分子,对于平等的批评、讨论,包括学生的质疑,都是可以而且乐于接受的;但1958年在毛泽东"不要怕教授"的号召以及"卑贱者最聪明,高贵者最愚蠢"思想指导下的学生批判运动,实际上是一次不容申说的单方面的审判。这样的师生关系的逆转是王瑶万难接受与万分无奈的。直到事过三年的1961年,王瑶仍心有余悸:"过去先生可以毫无顾忌地对学生谈自己的体会,现在要我与学生个别接触,就存在戒备,说不定那一次接触,他说你给他散布了资产阶级影响,要来批判你。两个人的谈话又无从查对,反正学生总是对的,你只有检讨权,没有解释权,而且越解释越糟糕。原来是三篇文章批判你,一解释就会有三十篇。有的学生在会上批判你,会后又向你解释,说是因为有了压力才批判的,弄得你啼笑皆非。"更让王瑶难堪的,是学生勒令先生何时交多少自我批判的稿子,还要经过学生编委会的修改,最后硬要强迫先生回答:"你对改的有什么体会,感到有什么帮助?"这就强人所难,让王瑶有一种屈辱的"被告情绪"。[①]

  王瑶就是在这样的"只有检讨权,没有解释权"的情况下,向自己的学生交出他的检讨书:《〈中国新文学史稿〉的自我批判》。这是从未遇到过的难题:既要服从审判,又要掌握必须的分寸,坚持最基本的事实,以维护自己起码的尊严。我们不妨比

[①] 王瑶在中宣部召开的文科教材编选计划会议上的发言(1961年5月),转引自陈徒手《文件中的王瑶》,《故国人民有所思:1949年后知识分子思想改造侧影》,三联书店2013年版,第188—189页。

较一下批判者的判词与王瑶的检讨。批判者怒斥王瑶的《中国新文学史稿》"抹杀党的领导";王瑶小心检讨说:"我虽然也谈党对文学战线领导的逐渐加强和巩固;但我只注重在反帝反封建的彻底性方面,而忽略了社会主义因素的成长方面。这实际上就是忽视了党的领导作用。"批判者斩钉截铁地指责《中国新文学史稿》"根本否认在革命文艺阵营内部存在着两条路线斗争,否认解放后文艺界无产阶级和资产阶级之间激烈的斗争";王瑶的检讨则曲折回应说:"我既然忽视了社会主义因素的重大意义,又把党的领导作用抽象化了,那么对于社会主义的文艺路线,对于社会主义现实主义的前进方向,当然就绝不可能明确地体现出来了。而社会主义的方向路线如果模糊,那在客观意义上当然就没有解决两条路线问题,当然就不能不是为资本主义方向张目了。我当然没有这样明白主张过,但我不能不承认事实上存在这样的客观意义。"——这都是王瑶在洗澡运动的检讨里已经用过的"虽然——但是"的"'但'书"体,但这次应对"拔白旗运动"的检讨,就用得更加频繁,也更熟练了。其间不断插入"当然不能不是——""当然没有这样明白——""不能不承认——"这样的委婉表达,就使得文字极为缠绕,问题也就模糊化了。最后归结为"客观意义",即承认客观效果,而否认主观意图。这真可以说是"煞费苦心"了。

  王瑶最难应对的,也是他必须承认的"这部书最突出的、带有原则性的错误,是我当做正面论断引用了许多胡风、冯雪峰的意见"。王瑶为此也使出了浑身解数:一是委婉地陈述一些基本事实,如"在我写这部书的时候,他们的反动的政治面貌尚未揭露","书中写过一节关于革命文艺界对于胡风文艺思想批判的论述"等等；二是竭力划清"他们"和"我"的界限："如果说我的思想和他们的完全一致，那也是不符合事实的，我的书中也有许多和他们的意见完全不符合的地方；但我现在要检讨的不是这些，而是和他们的反动理论的共同点。"但在检讨了"我"和"他们"的共同点以后，仍不忘及时指出："他们的这种反动论点是根本违反毛主席指示的，是与马克思主义相敌对的"；而"我仍然站在资产阶级立场，根本没有建立群众观点和劳动观点"。——王瑶显然是认真研究与分析了毛泽东的两类矛盾的理论和党的相关政策，无论如何也要划清胡风"他们"的敌我矛盾性质与"我"的问题的人民内部矛盾性质的界限。保住这条底线，他怎么检讨都不会危及自己的政治生命。

不可回避的，还有王瑶的学术思想、态度与方法，因为"拔白旗运动"的目的就是要"把红旗插到教学业务的心脏里去"。关于自己的"资产阶级文艺思想"，其实早在1952年的检讨里就已经清算过，无非是"对于一篇作品的分析，首先注意的常常是人物性格是否鲜明，结构是否完整，以及是否有独特的风格等等，而不是首先从主题思想和教育意义上来着眼"，"欣赏那些孤独寂寞而又孤芳自赏的抒情，喜欢那种冷嘲热讽式的'隽永'"之类。——有意思的是，1958年这一次检讨只是把1952年的相关检讨抄了一遍，到了1969年"文革"时期的检讨又几乎原封不动地再抄一遍：连续十六年抄录同一检讨内容，说明王瑶的"资产阶级文艺思想"根本没有变，也不想变。

但必须变的，至少是口头上必须变的，却是他的学术思想和方法。这是1952、1955年的检讨都没有的新内容：王瑶主动提到他在"解放前写的《中古文学思想》的自序中，在谈到传统所谓'八代之衰'的问题时说:'即使是衰的,也自有它所以如此的时代和社会的原因,而阐发这些史实的关联,却正是一个研究文学史的人底最重要的职责——本书的目的,就最在对这一时期中文学史的诸现象,予以审慎的探索和解释'",王瑶强调,"在我的追求目标上就只是着重在说明现象和解释史实",这也就决定了在研究方法上重视"掌握丰富的材料"和按史实排列的结构方式。现在,王瑶检讨说,这都是"资产阶级的客观主义","材料主义"与"形式主义"的,是自己的资产阶级立场与世界观的表现,《中国新文学史稿》就成了"一面产生了很大危害性的白旗,是白旗就必须迅速、彻底地拔掉它,坚定地树立起共产主义红旗来",云云。——这里所说的在学术领域"拔白旗,插红旗",自然是一个政治口号,但却是有实际内容的,即是要改变王瑶这一代人所建立的学术范式,而另建新的学术规范与模式。具体到现代文学研究领域,即是要彻底摒弃以"说明现象和解释史实"为追求,一切从史实出发的研究道路,而走上"自觉地为革命的政治服务"的"以论代史"的研究之路。而这样的转变,对中国现代文学研究的影响是十分严重的。后来,在八十年代,王瑶和现代文学研究界同行,要"拨乱反正",就是要对五十年代以来通过多次批判运动所建立的当时认为是"左"的研究范式进行新的历史反思。在这个意义上,王瑶检讨书是自有一种学术史的价值的。

最后要说的,是王瑶对借批判他的学术态度与学风而泼来的道德审判式的污水,一律不予回应,他大概想起了鲁迅的话:辩诬本身就是一种屈辱。他只检讨了自己的"粗制滥造",承认自己因为认为现代文学研究"容易犯错误",因此"写作态度是不科学的,不是从客观实际、从研究对象的认真分析出发,而是用各种小心谨慎的办法来力求所谓'稳妥'"。在他看来,这才是他的研究态度与学风的真正问题所在。——这或许是王瑶通篇检讨最为真诚地道出了自己内心的无奈与苦痛之处。①

问题更在于,经过这一次"拔白旗"的批判运动,王瑶伤心已极,彻底绝望了。他赋诗一首表达自己的郁抑情怀:"白旗飘飘旌封定,不准革命阿Q愁;缘有直肠爱臧否,岂无白眼看沉浮。毁誉得失非所计,是非真伪殊难涂;朝隐逐波聊自晦,跃进声中历春秋。"②

而且他依然处于高层的密切关注中,高校党委的档案里,还是不断出现关于他的报告。一会儿说他觉得搞现代文学史"风险大",有机会还是去搞古典文学史;一会儿又汇报他的怪话:"目前大学学术空气不浓,老教师力求稳妥,力求不犯错误,这是妨碍学术发展的。《红旗》社论说,学术问题应该允许犯错误。这一条能认真贯彻就好了。以往一个问题的争论总有一方被说成是'资产阶级',自己要坚持真理,很不容易,也没有自信。"③后来在1961年召开的文科教材会议上王瑶又忍不住讲了一番不合时宜的话,谈到他最感痛心的青年教师与老教师的

---

① 以上关于王瑶1958年的检讨引述的文字均见《〈中国新文学史稿〉的自我批判》,《王瑶全集》第7卷,河北教育出版社2000年版,第323—324、326、328—331、333—336页。

② 参见杜琇编《王瑶年谱》,《王瑶全集》第8卷,河北教育出版社2000年版,第378页。

③ 转引自陈徒手《文件中的王瑶》,《故国人民有所思:1949年后知识分子思想改造侧影》,三联书店2013年版,第192、189页。

关系时,他在肯定了青年教师"对学校应该有发言权,对老教师有意见也应该提出"以后,又批评说,"有些青年教师对老教师也估计过低了,比如说他们'三十年来一事无成'","即使在旧社会,许多教书的人也并不都在睡觉,一些人还是非常勤奋的","一个老专家三十年功夫所达到的水平,现在的青年人也许只要十年就行。但究竟不能说一年半载就可以赶上别人几十年的功夫"。在谈到大批判时,他又说:"我们不应该害怕批判,马克思列宁主义是批判的科学;也不能想象将来就没有批判了。问题是在批判的时候,要让被批判者也参加讨论,不能没有发言权,只有检讨权,一下便成了定论。过去有的批判把问题提得太高,一下成了政治问题,这对学术发展不利。按常理说,一个学术工作者最怕人家说自己不学无术,但现在听人说不学无术连脸都不红,因为这是最轻微的批评,没有提到政治上来,听到后反而安心一些;我觉得这是不大好的现象。"①——这大概都是对1958年"拔白旗运动"的反思,说明绝望中的王瑶也还是在关注中国的政治与学术发展,这是改不了的积习;但在"文化大革命"中被揭发出来,就都成了王瑶"反攻倒算"的铁证了。

"文革"时期的一份交代材料里,王瑶谈到1963、1964年他和大学里的一位同学的谈话,透露了他在1958年大批判后的处境与思想、情绪,颇值得注意。他告诉这位老同学,"拔白旗运动"后,即解除了他的全国政协委员和《文艺报》编委的职务,以后就再也没有让他参加文艺界的集会和活动。这就应了他当年

---

① 王瑶:《补充交代材料》(1968年12月20日),参见杜琇整理《王瑶"文革"时期的交代与检查》,未发表。

说过的话:"党对人像对图书馆的卡片一样,需要的时候就翻一翻",现在不需要就自然扔了。① 他因此劝告说,"不要热衷于出版书和发表文章,我于此有惨重的教训,真是'一文既出,驷马难追',今后我将尽量少写文章,教书也要习惯于人云亦云"。王瑶进一步说:"对于我们受过批判的人来说,最主要的是不要再犯错误,而不是热衷和追求什么;否则是很容易画虎不成反类犬的。"这位老同学听了大吃一惊:他所熟悉的那个雄心勃勃、意气风发的王瑶,到哪里去了? 于是感慨而略含讥讽地说道:"自然规律真可怕,想不到王瑶也老成持重,非常有修养了。"王瑶仍郑重劝告:"牵涉到政策方面的话就是非慎重不可的,不只我们的身份是从旧社会来的知识分子,就是党员,甚至有过功劳、地位很高的人物也一样,说错了话就是'不得了':彭德怀不就是为了怀疑大炼钢铁、人民公社等政策而弄得身败名裂吗? 要把六亿人民向着一个方向集中领导,就必须排除各种各样的怀疑和干扰。我不只是谨小慎微和暮气塞窍,我承认自己对许多事情是根本无力判断的,因为要下判断就必须掌握全面情况,光靠自己的见闻和一份报纸是无法下结论的。你自以为是坚持真理,在别人看来恰好是歪理;客观影响如果不好,你当然得承担政治责任。我劝你还是吸取 57 年的教训,有点暮气的好。"那位老同学也不言语了。② ——这都是王瑶的肺腑之言。经过

---

① 王瑶 1957 年 5 月在党委召开的座谈会上的讲话,转引自张锡金《拔白旗:大跃进岁月里的知识分子》,香港时代国际出版有限公司 2010 年版,第 703 页。

② 王瑶:《关于我和赵俪生谈话的情况》,收入杜琇编《王瑶"文革"时期的交代与检查》,未发表。

1958年大批判的致命打击,王瑶仅在六十年代初政治空气稍有缓和的间隙里,写过《论鲁迅的〈野草〉》和《五四时期的散文的发展及其特点》两篇比较重要的论文,之后就基本停止写作,一切都但求无过,以"保全自己"为目的了。① 王瑶大概会因此想到他所熟悉的魏晋文人的命运吧。

五 "文革"期间的王瑶检讨书(1969)

但王瑶依然逃不脱"文革"之灾。

在1969年一份检讨里,王瑶这样谈到自己对"文革"的理解与态度:他最初以为这是类似《武训传》《红楼梦研究》批判的再一次的思想批判运动,"确实没有意识到自己也可能成为运动的对立面";到8月初,宣布剥夺选举权,被排斥在"革命群众"之外,"我还没有十分理解到问题的严重性";接着一连串的冲击:四次抄家,多次围斗,被打,强制劳动,等等,王瑶这才紧张起来,但似乎也能承受。以至同一"牛棚"里的季羡林在其《牛棚杂忆》里留下了这样的记忆:在苦不堪言的劳动中,王瑶却能苦中寻乐,偷偷泡上一杯茶,抽上一斗烟。

但等到家里的孩子都不理睬自己了,王瑶这时"才痛切感到自己是被彻底孤立起来了,心情十分紧张,充满了恐惧,悔恨和痛苦"②。——强迫子女和被揪出来的父母划清界限,是那个

---

① 王瑶:《我的检查》(1969年3月25日),收入杜琇编《王瑶"文革"时期的交代与检查》,未发表。

② 同上。

时代的"国策","文革"期间因此发生了无数的家庭悲剧。就在王瑶被批判的历史里,我们就看到有计划、有领导的步步紧逼:先是同事的批判(1952),再是学生的围攻(1958),最后是子女的孤立("文革"期间)。在中国,知识分子最珍视的,就是师生关系与家庭伦理关系,这也可以说是知识分子情感、心理上的软肋,现在就是要从此开刀,骨头再硬的知识分子最后也得屈从:这大概就是"中国特色的思想改造"。一个个的关口,王瑶都凭借着自己的智慧,也可以说是知识分子的狡黠,挺过去了。现在,他只有缴械一路。

但王瑶还是掌握了分寸。我们现在看到的王瑶"文革"期间的材料,主要有两部分,一是"交代材料",详细说明自己的家庭出身、社会关系、历史问题,这很有点类似于我们前面提及的延安审干运动和坦白运动里的"思想历史自传"。这说明"文革"本身就是一次政治审查。这一点,王瑶看得很清楚:这关系着自己的政治生命,是含糊不得,也不能让步的。因此,他写的交代材料,始终坚持实事求是,不管压力多大,也要自我辩解,澄清事实。对"大字报"揭发的"罪行",凡是涉及有可能导致政治后果的人事关系,该否认的就坚决否认:"我与胡风不认识,从无来往","我不记得曾与苏联专家马里雅诺夫有过接触,我想不起我认识这个人",等等。有关政治问题的言论,也尽力撇清。例如对在"文革"前就广泛流传的"上课马克思,下课牛克思,回家法西斯"的所谓"王瑶名言",也乘机说明:自己是在分析文学人物形象,"讲到人的思想表现的复杂情况和世界观的决定作用时讲的。我说例如有这样的人如何云云,并不是讲我自己"。① 在写交代时,王瑶还掌握一条原则:尽量不或少涉及他人,即使非讲不可,也绝不伤害他人。这样,王瑶也就在后人难以想象的空前的政治、精神压力下,守住了底线。在那迷乱、失范、疯狂的年代,王瑶始终保持了清醒,这是十分难得的。

我们现在看到的王瑶"文革检查书",主要有两份:一是收入《王瑶全集》第7卷的《在"文化大革命"中的检查》(只说明"据手稿发排",未注明写作时间),二是杜琇整理的《我的检查》(1969年3月25日)。后者是对一些问题的交代,我们的分析,主要依据前一篇。王瑶很清楚:这是思想检查,不是政治、历史结论,并不真正致命;而且,既然不允许实事求是,就无须辩解,只能无限上纲,满足批判者的一切要求。此文主要有五个方面。其一承认自己"主动接受周扬等人意见,忠实地贯彻修正主义的文艺路线,吹捧三十年代作品和所谓'左联'功绩",这"当然也只能是为刘少奇的反革命修正主义路线服务,为资本主义复辟制造舆论";其二,承认"我的文艺观点都是违背毛主席文艺思想的",自己有关毛主席《讲话》的文章,"许多观点都是歪曲地理解了《讲话》的精神的,完全是打着红旗反红旗的毒草";其三,一面强调"自己关于文学史的观点和指导思想"是从鲁迅那里来的,"我是接受了鲁迅的影响开始了自己的学术道路的"(这都是他过去的检讨从不涉及的),但也承认"并没有理解鲁迅,反而歪曲和亵渎了他这个伟大的名字,这是和我政治上的反动立场密切联系的";其四,承认自己"贯彻了修正主义教育路

---

① 王瑶:《关于我的"材料"的一些说明》(1967年5月),收入杜琇编《王瑶"文革"时期的交代与检查》,未发表。

线","我自己所走的道路和生活情况就是一个走白专道路的'活榜样',它对青年起了某种'诱导'的作用","扮演了一个替资产阶级争夺青年、培养资产阶级接班人的可耻角色,我所犯的罪行是十分明显的";最后,或许也是最重要的,是痛斥自己"解放以来出版了十本书和发表了许多篇文章,这些东西不但是充满了资产阶级学术思想和文艺观点的毒草,而且明显地是和我的政治立场相联系,是通过学术形式为修正主义政治路线和资本主义道路服务的"。① ——这就不只是当年延安"整风运动"以后丁玲所要求的"把自己的甲胄缴纳,即使有等身的著作,也要视为无物,要抹去这些自尊心,自傲心",而且承认这些写作都是"犯罪"行为。这是彻彻底底的"投降书",这是一开始就确定的知识分子改造的目标;王瑶这样的知识分子,一面服从,一面抵抗、挣扎,几十年一路走来,最后被逼到死角,就只有彻底缴械。在这一过程中,每一篇检讨书都记录下了历史的无情、内心煎熬的痛苦,是一部1949年后的中国知识分子精神史。如果说开始的检讨,无奈中还有几分真诚,有些心悦诚服,包含某些严肃的思考;到最后的认罪,就是纯粹的求生,并且带有某些奉命表演的成分,"法官"与"犯人"都并不认真相信和对待所说的一切,这就预伏着某些自我消解的因素。可以想象,王瑶在写下这一切时,是长长地吐了一口气的:事情做到了头,离结束就不远了。这场漫长的知识分子改造运动的主导者,最后达到了自己的目的:它胜利了,也失败了。

---

① 以上引文均见王瑶《在"文化大革命"中的检讨》,《王瑶全集》第7卷,河北教育出版社2000年版,第358—360、362、366、369—370页。

当真的一切结束,王瑶的生命进入了一个新的时期以后,他从来不提及这些检讨书,对批判他的当事人,也以宽容的态度对待之;但种种迹象表明:王瑶心灵的创伤并未平复。在1979年写给一位朋友的信中,王瑶这样写道:"事实上自58年被当作'白旗'以来,廿年间虽偶有所作也是完成任务,已无要打算如何如何之意了,蹉跎岁月,垂垂老矣。虽欲振作,力不从心。"①其时,王瑶六十六岁;他也曾赋诗表示:"叹老嗟卑非我事,桑榆映照亦成霞。"②但他又确实再也没有"打算如何如何之意"了。他在私下里,曾经和学生讨论"中国需要大学者,却没有产生大学者"的问题;听者突然捕捉到他"眼光中闪过的一丝惆怅,心里一震。猛然意识到,先生的不满、失望也许更是对他自己的吧"③。——他的"做第一流的大学者"的梦想早就被扼杀在不间断的批判与检讨里了。

2014年1月13日—19日
(初刊《中国现代文学研究丛刊》2014年第3期)

---

① 王瑶:《致王德厚(1979年8月31日)》,《王瑶全集》第8卷,河北教育出版社2000年版,第292页。

② 参见杜琇编《王瑶年谱》,《王瑶全集》第8卷,河北教育出版社2000年版,第385页。

③ 参见钱理群《从麻木中挤出的记忆——王瑶师逝世一周年祭》,《人之患》,浙江人民出版社1993年版,第48页。

八十年代的王瑶先生

陈平原

著名文学史家、原北大中文系教授王瑶先生(1914—1989),其作为学者的经历,大致可分为三个阶段。第一阶段,清华十年(1943—1952),即从考入清华大学文学院中国文学部师从朱自清(及闻一多)攻读硕士研究生,到受聘清华大学教员、讲师、副教授。此前的王瑶,于1934年入读清华大学中国文学系,在学期间,积极参与左翼文艺运动、秘密加入中国共产党、担任第45卷《清华周刊》总编辑;抗战全面爆发后,王瑶没有随大学南迁,而是回家乡平遥,经过一番痛苦的挣扎,方才于1942年9月在西南联大复学,一年后大学毕业并考上研究生,从此走上了学者之路。国立西南联合大学的本科生统一管理,研究生则分属北大、清华、南开三校,故本文以入读研究生为王瑶"清华十年"的起点。

1952年9月,因全国性的院系调整,清华文科各系并入北京大学,王瑶成了北大中文系的副教授,1956年晋升为教授。这第二阶段含十年"文革",一直延续到1977年底。二十五年(1952—1977)间,王瑶偶有春风得意,如1954—1958年任全国政协委员、《文艺报》编委等;但更多的时候被当局视为自私自利、落后分子、走白专道路的典型、反动学术权威,一遇政治运动必挨批斗,写检讨成了家常便饭。①

至于学者王瑶的第三阶段(1978—1989),之所以从1978年说起,那是因为,当年3月王瑶招收硕士研究生,从八百名考生中录取了七人,从此以讲学为主,兼及个人著述与社会活动,一直到1989年病逝。

若此说成立,谈论王瑶生命形态三阶段,可分别对应现代中国的学术史、思想史、教育史。考虑到从学术史角度表彰王瑶的《中古文学史论》和《中国新文学史稿》,或从政治史立场辨析五十至七十年代北大教授王瑶"丰富的痛苦"以及"挣扎的意义",学界已多有论述②,本文拟从"八十年代"中国大学重新崛起这一特定视野,辨析王瑶的生命特征及存在意义。

三代人的共同舞台

所谓"八十年代"的中国,无论官方还是民间,一般都从1978年说起——那年5月,《光明日报》发表《实践是检验真理的唯一标准》,引起持续大讨论,史称"思想解放运动";那年12月,中国共产党第十一届三中全会召开,确立了解放思想、实事

---

① 参见陈徒手《文件中的王瑶》,《故国人民有所思——1949年后知识分子思想改造侧影》,三联书店2013年版,第178—193页;钱理群《读王瑶的"检讨书"》,《中国现代文学研究丛刊》2014年第3期。

② 参见《王瑶先生纪念集》,天津人民出版社1990年版;《先驱者的足迹——王瑶学术思想研究论文集》,河南大学出版社1996年版;《王瑶和他的世界》,河北教育出版社2000年版。

求是的思想路线,否定了"以阶级斗争为纲"的错误口号,决定把全党及全国人民的注意力转移到现代化建设上来。值此千钧一发的"关键时刻",教育界发生了两件大事:那年2月,"文革"后恢复高考的第一届大学生(即"七七级大学生")入学;那年9月,"文革"后招收的第一届研究生走进校园——后者毕业时适逢国务院批准了《中华人民共和国学位条例暂行实施办法》(1981年5月20日),包含学士、硕士、博士三级学位的中国学位制度从此建立。就在此"八十年代"的大舞台上,六十五岁的北大教授王瑶信心满满地登场了。

如此叙述,面临一个困境,即对八十年代中国"青春勃发"的记忆,必须重新定义。在我看来,那时的中国,刚从十年浩劫中走出来,整个社会意气风发、生机勃勃,如此"美妙的春光",不只属于"年轻的朋友们"[①],更属于全社会。真是千载难逢的好时光,整个社会具有高度共识,立场及境遇迥异的人,基本上都对未来充满憧憬与期待。对于学界来说,凝固多年的"时间"开始解冻,"春风"真的"又绿江南岸"了。于是,学术舞台上,三代人同时翩然起舞——既有二三十岁的大学生,又有四五十岁的中年教师,更有六七十岁的老学者。

九十年代中国学界有句戏言,称中国大学乃"33—55—77",意思是说,1933级、1955级以及1977级的大学生,因其特殊经历(参与"一二·九运动"及全面抗战、"反右"及"大跃进"、"文革"及上山下乡),日后在政治或学术上多有优异表现。

[①] 借用八十年代初唱遍大江南北的流行歌曲《年轻的朋友来相会》(张枚同词、谷建芬曲)。

这种说法很有趣,但不太靠谱。我更愿意将其理解为三十年代、五十年代以及七十年代末入学的大学生,其特殊的政治阅历、学术训练、思想潮流及发展机遇,影响了其在"八十年代"中国舞台上的表现。有人初生牛犊不怕虎,有人拽住青春的尾巴荡秋千,有人则"发愤忘食,乐以忘忧,不知老之将至"。大家都希望"把被四人帮耽误的时间夺回来",一时间,中国学界风起云涌,百舸争流。

王瑶也不例外,1980年元旦赋诗一首:"叹老嗟卑非我事,桑榆映照亦成霞;十年浩劫晷虚挪,四化宏图景可夸。佳音频传前途好,险阻宁畏道路赊;所期黾勉竭庸驽,不作空头文学家。"①此等老年人表决心的诗句,前有唐人刘禹锡的"莫道桑榆晚,为霞尚满天"(《酬乐天咏老见示》),后有时贤叶剑英的"老夫喜作黄昏颂,满目青山夕照明"(《八十抒怀》)。考虑到"文革"刚结束时,叶剑英的声望如日中天,王先生的"元旦抒怀"明显受叶诗的启发。

"叹老嗟卑非我事,桑榆映照亦成霞",如此诗句,很能凸显时代风气——不仅后生小子,连老教授也都奋起直追,希望有所作为。有趣的是,三代人挤在一起,居然不觉得舞台太小,或必须以邻为壑。代与代之间,不能说没有矛盾,但那些磕磕撞撞均在可控范围内;而且,因可争夺的利益不太明显,大家都习惯于"向前看"。如此难得的机遇,很大程度受惠于"十年浩劫"造成了"白茫茫大地真干净"。

---

① 参见杜琇编《王瑶年谱》1980年则,《王瑶文集》第7卷,北岳文艺出版社1995年版,第727页。

随着时间的推移,三代人因学养、精力、位置的不同,开始逐渐分化,寻找适合自己的道路。具体到王瑶,作为北大名教授、中国现代文学学科的创始人之一,在学界备受尊崇,终于可以昂起头来,旁若无人,口衔烟斗,骑脚踏车在北大校园里"横冲直撞"了。

　　真所谓"好花易谢",几番风雨过后,充满激情、理想与想象力的"八十年代"终于落幕了。就在大幕落下的那一瞬间,具体说来,就是1989年12月13日,王瑶先生外出讲学期间病逝于上海。

　　王瑶去世后,不少报刊顶着压力,发表各种悼念文章。北大中文系、中国现代文学学会、《中国现代文学研究丛刊》编辑部积极筹划的《王瑶先生纪念集》,则于八个月后由天津人民出版社推出。老中青三代学者竞相撰写怀念诗文,除了个人情谊,更因很多人意识到这是一个时代结束的标志。故文章中的忧伤、愤懑与感怀,既指向王瑶本人,也属于那个特定时刻的精神氛围。

作为学者的遗憾

　　作为饱经沧桑的著名学者,八十年代的王瑶,不用再写检讨,可以肆无忌惮地挥洒才华了。可很快地,王先生意识到自己心有余而力不足。对于人文学者来说,六十五岁并不是无法逾越的坎。1981年,王瑶在鲁迅诞辰一百周年纪念会上宣读广受好评且日后多次获奖的《〈故事新编〉散论》,一时意气风发。助手钱理群曾描述王瑶撰写此文时的精神状态:"整整半个月,先生仿佛卸去了外在'角色'加于他的一切,沉浸在真正学者的单纯与明净之中。我不禁从旁欣赏起来,并且受到了深深的感动。我多么希望将此刻的先生永远'定格',并且想,如果先生终生处于这样的'学者状态',在他的笔下,将会出现多少天才的创造! 但在我与先生相处的十多年中,这样的'状态'却仅有这一次。"①不仅写作状态,就以学术水平而言,这也是王瑶晚年最有光彩、最见功力之作。我要追问的是,在王瑶笔下,为何这样的"大文章"没能一而再、再而三地出现?

世人都说王瑶晚年著述丰硕,成绩斐然,但这只是表面现象。在我看来,作为学者的王瑶,并没有尽力而为,以他的身体及精神状态,在八十年代本该有更多精彩著述。这一点,须考虑当事人的自我期许及实现程度。不妨引两位知根知底的西南联大老同学的追忆文章为证。季镇淮在《回忆四十年代的王瑶学长》中称:"自昆明至北平六七年间,王瑶学长表现了学术上的努力和信心,累积深厚,识见敏锐,成绩卓著。在清华新西院,他对我说过,'我相信我的文章是不朽的'。这似乎是青年人出于一时的狂言,但若没有真实的见解和坚强的信心,能说出这句话吗?他的《中古文学史论》,由一而三,复由三而一,一印再印,为中外学术界所赞许,已经得起时间的考验,他的学术上的抱负和自信诚不虚矣。"②朱德熙的《哭昭琛》提及王瑶很有幽默感,做学问"总带有点逢场作戏的味道",然后话锋一转:"我一直认

---

① 钱理群:《从麻木中挤出的回忆——王瑶师逝世一周年祭》,《王瑶和他的世界》,河北教育出版社2000年版,第173页。

② 季镇淮:《回忆四十年代的王瑶学长》,《王瑶先生纪念集》,天津人民出版社1990年版,第21—22页。

为昭琛具备一个大学者应有的素质。要是环境更好一点，兴趣更专一一点，他一定会做出更大的贡献。"①"文革"前二十多年的坎坷经历，属于大时代的悲剧，非个人意志所能改变；需要反省的是，"文革"后这十几年，王瑶是否尽心尽力？

先看出书情况，依刊行时间为序。1979 年，上海人民出版社重印作者略加校改的 1954 年版《李白》；1982 年，陕西人民出版社重印 1952 年版《鲁迅与中国文学》，增加二短文及《重版后记》；1982 年，上海古籍出版社重印 1956 年版《中古文学史论集》，新增《读书笔记十则》及《重版后记》；1982 年，中国青年出版社重印作者略加修订的 1956 年版《中国诗歌发展讲话》；1983 年，人民文学出版社重印作者略加修订的 1956 年版《陶渊明集》；1986 年，北京大学出版社将"棠棣三书"合成《中古文学史论》，作者核校并撰《重版题记》。所有这些，都是小修小补，只能证明作者此前的努力。1979 年，王瑶在孙玉石、乐黛云、黄曼君、王得后(德厚)的帮助下，修订 1951 年版《中国新文学史稿》；此修订本 1982 年 11 月由上海文艺出版社刊行，增加了作为"代序"的《"五四"新文学前进的道路》以及《重版后记》。整个八十年代，王瑶新编撰的有以下三书：1983 年编定、1984 年 8 月由人民文学出版社刊行的《鲁迅作品论集》；1988 年 12 月拟定目录并撰写《后记》，1992 年 9 月才由中国社会科学出版社刊行的《润华集》；1989 年 7、8 月间编定并撰写《后记》，日后收入 1995 年北岳文艺出版社版《王瑶文集》及 2000 年河北教育出版

---

① 朱德熙:《哭昭琛》,《王瑶先生纪念集》,天津人民出版社 1990 年版,第 12—13 页。

社版《王瑶全集》的《中国现代文学史论集》①。十本书中,七种属于旧作重刊;《润华集》收录的是随笔,而《鲁迅作品论集》和《中国现代文学史论集》中的论文,也有不少撰写于"文革"前。这样的业绩,不算十分丰厚。

我在撰于1989年岁末的《为人但有真性情》中称:"先生在学术上是有遗恨的,以先生的才华,本可在学术上作出更大的贡献。'文革'后先生曾有一个大的研究计划,可终因年迈精力不济而无法实现。他常说,57年以前他每年撰写一部学术著作,57至77这20年却一部著作也没出版。大家都说耽搁了,可耽搁在人生哪一阶段大不一样,正当创造力最旺盛的时候被迫搁笔,等到可以提笔时却又力不从心,这种遗恨只有个中人才能理解。"②写下这段话时,凭的是平日的印象。日后阅读收录在《王瑶文集》第7卷或《王瑶全集》第8卷的"王瑶书信选",更坐实了我当初的猜测。

1979年8月31日,王瑶致信王德厚:"我终日蛰居斗室,消息闭塞,又做不出事来,更无从谈质量了,承您鼓励,至感,当勉力为之。但事实上自58年被当作'白旗'以来,廿年间虽偶有所作也是完成任务,已无要打算如何如何之意了。蹉跎岁月,垂垂老矣,虽欲振作,力不从心。"③1980年2月4日,王瑶再次致

---

① 1998年北京大学出版社刊行的《中国现代文学史论集》,是孙玉石应"北大名家名著文丛"邀约而另外选编的,与王瑶编定的著作名同实异。

② 陈平原:《为人但有真性情》,《王瑶先生纪念集》,天津人民出版社1990年版,第278页。

③ 王瑶:《致王德厚》,《王瑶文集》第7卷,北岳文艺出版社1995年版,第635页。

信王德厚:"我近来工作效率之低,并非耿耿于过去之挨批,确实精力衰退之故,每日应付日常琐事即感到再无力作事,虽欲振作,颇有力不从心之感,殊觉苦恼。"①1982年10月13日,王瑶致信石汝祥:"如我之年龄,已甚感力不从心,效率奇低,提笔如'垂死挣扎',不做事则等于'坐以待毙',仍决定以勉力挣扎较好。"②类似的话,王先生多次讲给身边弟子们及来访客人听,故各家追忆文章中多有提及。

不是真的写不出来,而是写出来了又怎么样?对于眼界很高的王瑶来说,既然没办法达成自己的学术理想,放弃又有何妨?苦于太清醒,王瑶明显知道自己努力的边界与极限,再也没有年轻时"我相信我的文章是不朽的"那样的狂傲了。只是深夜沉思,"心事浩茫连广宇"(鲁迅《无题》)的王瑶,自有一种旁人难以领略的悲凉之感。

作为导师的骄傲

同是"东隅已逝,桑榆非晚",八十年代的王瑶,单就著述热情及努力程度而言,比不上哲学家冯友兰(1895—1990)或社会学家费孝通(1910—2005);其主要业绩及贡献,更接近古典文学界的程千帆(1913—2000)或王季思(1906—1996),都是运筹帷幄,悉心指导研究生,并从事学术组织工作。考虑到中国现代

---

① 王瑶:《致王德厚》,《王瑶文集》第7卷,北岳文艺出版社1995年版,第639页。

② 王瑶:《致石汝祥》,同上书,第663页。

文学学科的特殊性,以及此学科在八十年代思想解放运动中所发挥的作用,北大教授王瑶的工作因而更为引人注目。

举两位与王瑶关系密切的学者的文章,看他们眼中王先生的晚年。王得后在《王瑶先生》中称:"其实,王先生在最后的13年,做了大量工作。……两次出国讲学,一次赴香港讲学,在他个人的生平,也是'史无前例'的。培养了近十名中国现代文学硕士、博士研究生,他们新作迭出,苗而且秀。从80年代开始,长中国现代文学研究会整10年,主编《中国现代文学研究丛刊》整10年。"①中间省略部分,是介绍王先生的诸多著作。樊骏的《论文学史家王瑶——兼及他对中国现代文学学科建设的贡献》则更多从学科发展的角度立论:"从50年代初开始的20多年时间里,中国现代文学学科所经历的一连串厄运,使它的发展建设往往成了一场场灾难。……晚年的王瑶为学科作出了更多建树,也得到了应有的尊重与声誉,最后10年的学术生涯称得上'夕阳无限好'。"②这两位都不讳言王瑶晚年在个人著述方面的遗憾,但都强调其在学会、《丛刊》以及学科建设方面的贡献。③换句话说,关注晚年王瑶,或许必须将论述角度从"学者"转为"导师"。

八十年代的中国学界,如何承上启下,促成薪火相传,成了

---

① 王得后:《王瑶先生》,《王瑶先生纪念集》,天津人民出版社1990年版,第118—119页。

② 樊骏的《论文学史家王瑶——兼及他对中国现代文学学科建设的贡献》,《王瑶和他的世界》,河北教育出版社2000年版,第400—401页。

③ 樊骏撰有长文《在会长与主编的岗位上》,收入《王瑶先生纪念集》,天津人民出版社1990年版,第414—430页。

老一辈学者义不容辞的责任。而学位制度的建立,使得这种"苦心孤诣"成为可能。至于各种专业学会的建立,更是推动学术发展的重要契机。但是,并非所有导师都尽职,也不是所有学会都健康成长,这与主持其事者的心胸与眼界大有关系。不仅仅是组织才能或道德境界,更亟需某种战略家的眼光。这方面,王瑶有充分理由感到自豪。若谈八十年代中国的"中国现代文学研究",必定绕不过1980年7月王瑶在中国现代文学研究会首届年会上所做的专题演讲,这篇《关于中国现代文学研究工作的随想》①,对日后整个学科的健康发展有指导意义。与不少全国性学会陷入无穷尽的人事纠纷不同,中国现代文学研究会乃至整个中国现代文学界,整体风气是好的,这与王瑶等老一辈学者的言传身教有密切关系。

在这个角度,我才能理解那册除了讲话就是序跋的《润华集》的意义。作者在《后记》中称:"谁都知道,中国现代文学研究工作开国以来走过了一条坎坷的道路,近几年才走上了学术研究的坦途,诸说纷呈,前景喜人。作为从事这项工作长达四十年的作者,对之不能不感到无限的欢欣。书名《润华集》,取'润华着果'之意,是蕴含着作者自己的艰辛经历和对这一学科的繁荣发展的祝愿这种感受的。"②此文撰于1988年12月22日,一年后,王先生便驾鹤西行了。那些为后辈学者撰写的序言,有

---

① 王瑶:《关于中国现代文学研究工作的随想》,《中国现代文学研究丛刊》1980年第4期。

② 王瑶:《〈润华集〉后记》,《润华集》,中国社会科学出版社1992年版,第257页。

学理上的阐发,但更直接的作用是为新一代学者的崛起"保驾护航"。

这就是八十年代中国学界令人怀想的地方——三代学者同一个舞台,却没有发生大的碰撞;许多老先生很快调整姿态,不再坚持个人著述,转而成功地扮演伯乐或导师的角色。我记得很清楚,王瑶先生去世时,钱理群冒出一句很沉痛的话:"大树倒了!"活跃在大转型的时代,替无数后辈学者遮风挡雨,这样令人尊敬与怀念的"大树",属于那个时代诸多目光如炬且敢于直言的老教授。

或许是年龄的缘故,晚年的王瑶,喜欢谈论自己在清华大学念研究生时的导师,曾连缀旧作,增补新编,撰成了《念朱自清先生》和《念闻一多先生》。这两篇夹叙夹议的长文,并非一般意义上的文学批评,而是兼及古典与现代、诗文与学术、教育与思想、史实考证与个人追怀。《念朱自清先生》总共九节,断断续续写了近四十年,我在《念王瑶先生》一文中曾清理此文各节的写作机缘及发表状态①。这里说说《念闻一多先生》。此文完成于 1986 年 9 月 26 日,同年 10 月 6 日在清华大学召开的第三届全国闻一多研究学术研讨会上宣读,初刊《中国现代文学研究丛刊》1987 年第 1 期。可此文第一节"生命的诗"乃根据作者 1946 年 8 月 25 日发表在《文汇报》上的《忆闻一多师》以及 1949 年 7 月 16 日刊于《光明日报》的《念闻一多先生》改写而成;第四节"说诗解颐"初刊 1986 年 10 月 23 日《新清华》及《北京大

---

① 陈平原:《念王瑶先生》,《当年游侠人——现代中国的文人与学者》,三联书店 2006 年版。

学》,第五节"治学风范"发表在1987年1月23日《厦门日报》上。添上了第二节"诗歌艺术"和第三节"诗歌理论",才是完整的全文。为何如此大费周折,而不是一气呵成、一锤定音呢?这里有年龄与体力的因素,但更重要的是,作者几十年间始终在跟早年的导师进行精神对话,并由此推进自己对于现代中国教育及学术的思考。比如,《念闻一多先生》中这段话,日后被广泛引用:"以前的清华文科似乎有一种大家默契的学风,就是要求对古代文化现象作出合理的科学的解释。冯友兰先生认为清朝学者的治学态度是'信古',要求遵守家法;'五四'时期的学者是'疑古',要重新估定价值,喜作翻案文章;我们应该在'释古'上多用力,无论'信'与'疑'必须作出合理的符合当时情况的解释。这个意见似乎为大家所接受,并从不同方面作出了努力。……闻先生的《诗经新义》、朱自清先生的《诗言志辨》都是在这种学风下产生的成果。我是深受这种学风的熏陶的。"①这不仅是自报家门,更是进行学术史清理;有意无意中,开启了日后大学史研究的新思路。

《念闻一多先生》虽夹杂一些个人感慨,仍属专业论文,可文章结尾,作者突然话锋一转,提及眼下清华大学重建中文系,希望大家发扬闻一多风范云云。如何理解王瑶对于"清华学派"的论述,以及其立说的机缘、宗旨、边界及学理依据等,我在《大师的意义以及弟子的位置——解读作为神话的"清华国学

---

① 王瑶:《念闻一多先生》,《王瑶全集》第5卷,河北教育出版社2000年版,第657页。

院"》中有所辨析①。下面换一个角度,主要着眼于此说在教育史及学术史上的意义。

作为路标的意义

晚年的王瑶先生,除了中国现代文学研究的著述与指导,还做了两件未完工但前途无量的事:一是提倡学术史研究,二是为清华文科招魂。有趣的是,二者之间,其实存在着某种内在联系。

我在《大学者应有的素质》中提及:"八十年代以后,渐入老境的王先生,并没把主要精力放在个人著述,而是着力培养后进,以及推动学科发展。这种选择,其实蕴含着略显消极的'自我定位':已经没有能力冲击新的高度。"只有一点例外,那就是激情洋溢地发起并投入《中国文学研究现代化进程》的编纂工作。在上述"出版感言"中,有这么一句:"在我看来,学术史上的王瑶先生,除了中古文学研究和现代文学研究这早有定评的两大功绩外,还必须加上意识到但尚未来得及展开的学术史研究。"②

关于此书的缘起、体例、进程及遗憾等,我在《中国文学研究现代化进程》的"小引"中已做了详细说明,这里只想提及一

---

① 参见陈平原《大师的意义以及弟子的位置——解读作为神话的"清华国学院"》,《现代中国》第六辑,北京大学出版社2005年版。

② 陈平原:《大学者应有的素质》,《王瑶和他的世界》,河北教育出版社2000年版,第536页。

点,此书的最初动因,乃是王瑶在全国社会科学"七五"规划会议上的发言:"从中国文学研究的状况说,近代学者由于引进和吸收了外国的学术思想、文学观念、治学方法,大大推动了研究工作的现代化进程。……从王国维、梁启超,直至胡适、陈寅恪、鲁迅以至钱锺书先生,近代在研究工作方面有创新和开辟局面的大学者,都是从不同方面、不同程度地引进和汲取了外国的文学观念和治学方法的。他们的根本经验就是既有十分坚实的古典文学的根底和修养,又用新的眼光、新的时代精神、新的学术思想和治学方法照亮了他们所从事的具体研究对象。"这段初刊中国社会科学院编印的《学术动态》第 279 期的"千字言",引起了很多人的兴趣,于是,有关方面动员他老骥伏枥,认领了这个最初名为"近代以来学者对中国文学研究的贡献"的国家课题[1]。王先生私下里表示,他最想探讨的是,为何百年来中国的文学研究格局越做越小,水平越来越低,以致让人有"一代不如一代"的感叹。如此逆耳之言,在当年的舆论环境中,属于"政治不正确",只能关起门来说。

此课题命运多舛,尚未渐入佳境,就碰上了大风大浪,随后便是主编辞世;最终能勉强完成,得益于课题组同人的鼎力支持。主编王瑶来不及撰写总序,只留下了基本思路及只言片语,这使得全书缺乏整体感,各章之间水平不太均匀。但此书有两点意想不到的效果,一是开启了九十年代的学术史研究热潮,二是凸显了清华文科的特殊价值。最初选择二十个案,定稿时只

---

[1] 参见陈平原《〈中国文学研究现代化进程〉小引》,收入王瑶主编《中国文学研究现代化进程》,北京大学出版社 1996 年版。

有十七章，而其中明显带有清华印记的（求学或教书），竟然占了八席（梁启超、王国维、陈寅恪、朱自清、闻一多、俞平伯、吴世昌、王元化）。考虑到求学与任教的差异，以及民国年间教授的流动性，同一个案可重复计算；即便如此，体现在本书中的"学术图景"，清华的业绩在北大之上，这出乎一般人意料之外。

这就说到了《念闻一多先生》结尾的那句话："近闻清华大学又在筹建中国文学系。"① 正是因清华复办中文系，使得曾在清华求学任教十几年的王瑶浮想联翩。关于王先生如何为清华复办中文系出谋划策，原清华中文系主任徐葆耕在《瑶华圣土——记王瑶先生与清华大学》中有详细的描述，值得参阅②。

不仅如此，晚年的王瑶，多次在私下或公开场合声称："我是清华的，不是北大的。"这句话，王瑶从未落在纸上，但身边的弟子及访客可以证明。明明大半辈子生活在燕园，王瑶为何坚持自己属于清华，这让学界很多朋友大惑不解。必须记得，说这话的前后，王瑶撰写了《念朱自清先生》和《念闻一多先生》二文。因撰文怀念师长，重新回到美好的青年时代，爱屋及乌，因而特别表彰清华的学风及文化，这是一种可能性。从二十一岁到三十九岁，这十八年间，王瑶与清华结下了不解之缘。至于后面的三十多年，不愉快的岁月居多——即便没有那些阴影，北大生活也都不如清华岁月刻骨铭心。这是没办法的事情，要说对

---

① 王瑶：《念闻一多先生》，《王瑶全集》第5卷，河北教育出版社2000年版，第658页。

② 参见徐葆耕《瑶华圣土——记王瑶先生与清华大学》，《王瑶先生纪念集》，天津人民出版社1990年版，第389—398页。

于母校的感情,学生远在教授之上。

说到王瑶对于清华的认同感,不仅因其"青春年华",更因其"名山事业"。出版于1951年的《中古文学史论》不用说,另一部代表作《中国新文学史稿》,上册刊行于1951年,就连出版于1953年的下册,其完稿时间也是在1952年5月28日。此后三个月,王瑶方才转任北大教员。凡略为了解现代中国学术史的,都明白这两部书的分量及地位。因而,说清华时期乃学者王瑶的黄金时代,一点也不为过。相反,到了北大以后,虽也有不少撰述,但再也写不出"体大思精"的著作了。这是"事实",但不等于"结论"。需要辨析的是,王瑶所遭遇的困境,到底是学校的问题,还是大时代的限制。假如没有院系调整,依旧生活在清华园里的王瑶,恐怕也未必有好的处境。让王瑶很不喜欢的、几乎让人窒息的学术氛围,与其说是"校风",不如承认缘于整个国家的意识形态①。

当然,我不否认上世纪三四十年代北大中文系与清华中文系之间,在教育宗旨与学术风气上,存在着不小的差异。这点对于王瑶日后的论学与论政,确有一定的影响。在《从古典到现代——学通古今的王瑶先生》中,我曾谈及王瑶五十年代批判

---

① 这里不谈清华的反右与"文革",即便拨乱反正后,依旧让老学生有"今不如昔"的感叹。资中筠的《清华园里曾读书》(《读书》1995年第1期)说得比较隐晦,于光远的《大学者,有大师之谓也》(《中华读书报》1999年3月10日)则直截了当:"怀念母校是个普遍的现象。人老了更觉自己青年时代之可贵。不过现在我怀念清华,还同自己的教育观点有关。我是个'昔不如今'论者,但坦白地说,如果我是一个要上大学的学生,要我在旧时和现时的清华中进行选择,我会毫不迟疑地选择前者。"

胡适时所撰写的几篇谈考据学的文章,除了受时代风气影响,也蕴含着某种学派之争。"闻、朱二位虽都曾'像汉学家考辨经史子书'那样,专注于某些字和词的考据训诂;可都将其研究置于诗学、神话学或文化人类学的背景下。也就是说,这种蕴含着理论眼光与历史意识、近乎小题大作的'考据',才是王先生心目中理想的文学史研究。这就难怪先生对胡适讲考据学'只不过尊重事实,尊重证据'的说法很不以为然。"①

　　青春记忆、师长追怀、个人遭遇,再加上治学路径的差异,导致了王瑶更为认同清华而不是北大。必须承认,"我是清华的"这一说法本身,带有某种策略性考量(如配合清华中文系的复建);但更重要的是,王瑶谈论的其实并非北大、清华孰优孰劣,而是"老清华"与"新北大"的巨大差异。

　　作为长期生活在燕园的中国现代文学研究专家,王瑶对北大同样充满感情,这一点读孙玉石的《风雨燕园四十载》当能明白②。只是因痛感当下中国大学的精神状态及学术水平不尽如人意,王瑶于是进入历史,努力寻找一种较为理想的大学形态,自然而然地,他选择了自己熟悉的清华大学。明白这一点,对于王瑶用饱含深情且不无夸张的语调来谈论"清华学派",也就释然了。

　　民国年间的清华大学,其文史哲各系实力雄厚,与北大文科

---

① 陈平原:《从古典到现代——学通古今的王瑶先生》,《王瑶和他的世界》,河北教育出版社 2000 年版,第 314—315 页。
② 参见孙玉石《风雨燕园四十载》,《王瑶先生纪念集》,天津人民出版社 1990 年版,第 399—409 页。

之追求古雅渊深相比，显得更有朝气，也更有进取精神。但王瑶想做的不是"学科排名"，考虑到同一时期他在尝试学术史研究，且感叹中国学者一代不如一代，因此，不妨这么设想，他之极力为民国年间的清华文科叫好，某种意义上是在为老大学"招魂"。

二十多年前，无论王瑶本人还是整个中国学界，对"老大学"的魅力并不敏感，也没有多少专门论述，只是隐隐约约感觉到，那个时候的大学生活更值得追怀。如今，混合着政治批判、史学视野与怀旧思潮的"大学史"言说，逐渐引起国人的兴趣，这个时候回想王瑶之提倡学术史研究以及表彰清华文科，方才悟出一种特殊的味道。回到那个未完成的课题以及那本《中国文学研究现代化进程》，我终于明白，需要认真清理的，不仅是"文学观念和治学方法"，更是深受意识形态影响与制约的大学制度。

2014年4月23日于京西圆明园花园

（初刊《文学评论》2014年7月第4期）

学术史视野中的王瑶先生
——陈平原教授专访

采访人：张丽华（文学博士，北京大学中文系讲师）
时　　间：2014年4月24日下午
地　　点：北京大学人文学苑1号楼

张丽华：我们先从王先生的著作开始谈吧。您在回忆文章里提到，在见到王瑶先生之前，很早就读过《中古文学史论》，当时对这部著作的感受如何？对作者有什么样的想象？

陈平原：我的阅读有很大的偶然性。我的父亲是中专的语文老师，家里有王先生很多种书，所以，早在"文革"期间，他的书我就看过好几种。这本书，我最初翻看的是删节本的《中古文学史论集》，但是，虽然读过，其实根本读不懂。《中古文学史论》的写作风格，对于非专业的读者来说是有障碍的，它明显是一本面对专家的著作，因大量密集地排布资料，最后才是一个结论。初学者能读懂的，只是一个基本思路。我在读大学之前，根本没有这个知识准备，当时能读懂的，只是一般的文学史。即便后来我到了中山大学念本科、硕士，在进入北大读博之前，其实都不能说读懂了这本书。

我来北大前夕,恰好王先生应邀要去日本演讲,那时我刚通过入学考试,他说我给你布置一个作业,做一个这几十年来中古文学研究状态的综述。趁这个机会,我又重新读了一遍,那时才比较有感觉。在我看来,王先生《中古文学史论》在四十年代达到很高的水平,五十年代以后,中古文学并不是研究热点,不说停滞不前,但起码缺少突破性的发展。我就此做了一个综述,交给先生,先生表示满意。

张:如果放在中古文学研究的脉络里,王先生这本书大概是一个什么样的位置?

陈:中古文学研究,要说大的阶梯,最早有刘师培1917年的北大讲义《中国中古文学史》,接着是1927年鲁迅在广州撰写了《魏晋风度及文章与药及酒之关系》,再接下来就是王先生的这本书了。其间还有一些单篇文章很精彩,如宗白华的《论〈世说新语〉和晋人之美》、陈寅恪的《陶渊明之思想与清谈之关系》等。王先生其实是在当时读书人普遍关注晋人之美、关注魏晋风度、关注中古文学生活的精神氛围中,从事自己的研究的。王先生的同学范宁在回忆文章里就说,西南联大时期,中文系的研究生几乎全做中古研究,范宁自己做魏晋小说,季镇淮做"观人论",王先生做文学思想。这个问题,我后来曾分析过:对于抗战中撤退到大后方的读书人来说,中古的魅力某种程度在于南渡的心境。

张:在王瑶先生的学术师承里,我们一直强调王先生对鲁迅的继承。这方面有没有被后来的叙述夸大的可能呢？

陈：早年王瑶先生在清华编辑《清华周刊》的时候，是一个左翼文人的身份，他那时就写过几篇关于鲁迅的文章。"文革"结束后，他再三强调与鲁迅精神上以及学术上的联系，是有一个大的背景的，那就是整个社会对鲁迅的崇敬。就左翼立场以及对知人论世的"世"的感觉而言，他和鲁迅确实是相通的，"文人与酒""文人与药"这两章，一看就是从鲁迅那篇文章发展而来的。学术上，王先生肯定受到了自己的导师朱自清先生的影响。但他和朱自清确实不一样，王先生对具体的文辞不是很感兴趣，诗文及审美不是他所擅长的。他偏于历史，所以他讲人心、世道、思想、潮流等时，更为本色当行。

有一个问题，我之前也提到，但没有深入讨论，那就是怎么看待他与陈寅恪的关系。王先生《中古文学史论》背后的思路明显是偏史的，其中最精彩的是对那个时候的士人生活及精神状态，还有思想潮流与文学表达的论述，这个论述背后有陈寅恪的影子在。尤其是谈陶渊明的那些篇目，非常明显。当年西南联大校园里，那些关心中古的研究生们，是如何阅读、理解、接受陈寅恪的著述的，这个问题现在还没有很好的探讨。

张：二十世纪五十年代之后，王瑶先生开始转向现代文学研究。王先生转向的契机，以及您认为王瑶先生能够成功转向的基础是什么？

陈：王先生自己有过论述，是学校要他开现代文学的课，他才转向的。做检讨的时候他再三说，当初觉得研究现代文学不能"成名成家"，还是希望能从事古代文学研究。在我看来，这个表述是有缺陷的。我在谈王先生的学术史意识时说过,解放后,他如果继续做中古文学研究,也就这个样子了。其实,他的转型有外在的压力,也有内在的兴趣。这个兴趣基于几点:第一,他曾经是个左翼文人。第二,他对鲁迅非常崇拜。现代文学这个学科,尤其是五十年代以后,鲁迅神话支撑起整个学科的半边天。第三,他受朱自清先生的影响。在1929年到1933年间,朱自清在清华大学讲过"中国新文学研究"这门课,并留下了系统的讲义,王先生手头有这份讲义,后来,1978年钱理群这一届研究生进来,王先生把讲义交给赵园去整理,发表在上海的《文艺论丛》上,他还因此专门写了一篇文章。

对王先生来说,之所以转向现代文学,有外在的压力与诱惑,加上"诱惑"两个字,可能更合适些。对一个敏感的学者来说,这的确是一种新的可能性,他必须思考:整个社会转型以后,如何安身立命?其次,还有内在的知识准备和学术史意识,导致他非常容易转过来。假如真有抵触情绪,他不会那么快地完成《中国新文学史稿》。他在1949年开课,1951年出《史稿》的上册,下册是1952年6月22日完稿,1953年出版。三年之内,完成一个学科的奠基性著述,这种工作热情,很能说明问题。王先生晚年谈到对清华的怀念与迷恋,再三强调,"我是清华的,不是北大的",其中一个重要原因是,他的两部主要著作《中古文学史论》和《中国新文学史稿》,都是在清华完成的;他最好的学者生涯,是在清华。

张:说到这两本书,我对其中述学文体的变化特别有感触。从《中古文学史论》到《中国新文学史稿》,文体截然不同。短短几年,述学文体就发生这么大的变化,这里面是否有当时"毛文体"的影响?

陈:其实,对于人文学者来说,对话的对象某种程度上决定了你的风格及水平。王先生写《中古文学史论》的时候,他所面对的历史资料以及研究成果,从中古到现在,非常丰厚,并且他对话的对象是中古文人,所以其论述风格简要、质朴、古奥。而新文学是另外一种对象,需要另一种论述方式。

至于"毛文体",虽然1949年后左翼文化成为主导,但王先生和那种解放区过来的文人学者不一样,不能说他深受"毛文体"的影响;他受到的是三十年代左翼文化的影响。左翼文人的白话文,基本上是一种翻译体,夹杂不少刚译介过来的马列文论的术语,还有苏联文艺理论的影响。王先生《史稿》的论述风格,是从这里来的。毛泽东的文体相对干净、简单、有力,虽然后来被大家所重复模仿而成为陈词。

还有一个因素,今天我们可能不太能理解。新中国成立初期,最关键的学校不是北大、清华,而是1948年8月成立的华北大学,此大学1950年10月改名为中国人民大学,那是从延安的陕北公学发展而来的,根正苗红,更为新政权所信赖。清华教师王瑶写《史稿》这本书的时候,某种意义上也是在转换立场,是在学习一种新的语言、文化、政治表述。后来王先生检讨说,他当时觉得理论上没把握的,就引用权威的话,从周扬到冯雪峰到胡风等,可没想到这些人后来一个个倒下去了。

张:这本《史稿》后来的命运如何?

陈:《史稿》上卷第二版的《修订小记》很有意思。我后来看王先生的检讨书才知道,上卷出来后,《文艺报》开了一个会,批评很严厉。其中有一个观点,说这不是枝节问题,而是整个立场的问题。王先生接过来说:我的立场不行,理论没学好,要思想改造多少年后才能写一本新的,但是我把资料搜集好了,且按照我的思考排列下来,"它在目前阶段发生一点'填空白'的作用"。这表面上是一个非常谦虚的自我批评,但王先生说"我起码留下了资料",这句话很重要。当初人家批评他,说很多东西不是你的,这边抄过来,那边抄过去,引一个马克思,又引一个高尔基,还有鲁迅,引了一大堆别人的话,这算什么学问;但是在王瑶先生心目中,生活在大转折时代,不能保证路线是正确的,但起码资料留得下去。这是古典文学研究的思路。日后王先生还说了一句话:唐人选唐诗,即便后来的人觉得有错误,但它留下了一个历史的印记,让我们知道那代人是怎么思考的。

二十世纪五十年代在他之后出版的各种新文学史稿,如丁易的、刘绶松的、张毕来的,在打倒"四人帮"以后,基本上都不能看了,但王先生的书还值得参考,这是他聪明的地方。新时代的意识形态尚在形成中,我们不能判断它的未来走向,也没有强大到自己独树一帜的地步,那就采用这个办法,保留基本的学养和资料,让后来人在这个地方往下走。当初纯粹做现代文学的,大都相信某一种理论、旗帜或立场特别正确,拿过来就用,冲锋陷阵,大胆砍杀,留下很多遗憾;而王先生表面上"东拼西凑"的那个《史稿》,反而留了下来。这跟他在西南联大受过比较好的学术训练有关,即使转移学术阵地,他的史识及学养,使得其论述相当谨慎,褒贬之间,很有节制,故多年后还能读。

《史稿》从1954年起就不能再印了,而且被当作反面典型;

每有政治运动来,王先生必检讨《史稿》的写作。直到1979年,这书的名誉得到恢复,王先生才开始请人协助修订,重新出版。

张:后来您和钱理群老师、黄子平老师提出"二十世纪中国文学三人谈"的课题,是否有和《史稿》进行对话的意思?

陈:当年研究中国现代文学的权威,最主要的三位学者是王瑶、李何林、唐弢。唐弢虽然也主编现代文学史,但他主要做鲁迅研究以及新文学的史料整理,李何林是做左翼文学运动及鲁迅研究,对整个中国现代文学有史的整体性的思考的,是王瑶先生。我们出来挑战,肯定会影响到王先生的权威性。

"三人谈"刚出来的时候,在学界引起很大的反响。王先生第一担心我们骄傲,第二那时乍暖还寒,怕有人会打压,所以他自己先站出来批评我们。他说你们的论述有世界主义的倾向,中国现代文学在民族文化中的根基这方面论述不够。刚改革开放的时候,出于意识形态考量,经常批判"全盘西化"。王先生特别担心我们被卷入,因为当时的文学潮流及学术倾向,往往和政治风潮纠合在一起。很多人认为是代际的差别导致王先生对我们提出批评,按照老钱的说法,王先生是"老奸巨猾"的,他知道自己先站出来说,别人就不好意思多说了。

张:关于文学史研究,王瑶先生有一个很有名的判断:文学史既是文艺科学又是历史科学。刚才您也提到,王先生自己的研究偏于历史。樊骏先生在《论文学史家王瑶》一文最后部分谈到,王先生晚年对这种偏向有一个反思:把一切的价值放置在历史中去判断,是不是也会有所遮蔽?其实北大的现代文学研究,也在很大程度上传承了王瑶先生这种偏于历史研究的趣味与传统。对于这种偏向的得与失,您怎么看呢?

陈:我进入北大念书时,中文系文学专业还有四位老先生健在:林庚、吴组缃、王瑶、季镇淮。其中,王瑶和季镇淮先生偏史,林庚和吴组缃先生则偏文。孙玉石老师曾回忆说,王先生和吴先生一起开会的时候会互相吹捧:一个是史学修养,一个是文学趣味。理论上这二者应该兼得。北大中文系的好处是,这两种路向都各有信徒,各有受众,都能被接受,都能被欣赏。

"五四""文学革命"之后不久,新文化人就开始整理国故了。这一思潮的整体思路就是使"文学研究"成为学问,要想使它成为学问,一定会往考据、历史这方面走,因为从审美角度来说,往往很难形成定论。这个问题我上课时经常提及,它有优势,也有缺憾:优势是强调整体性,突出史学品格,缺憾是对审美的层面有所忽略。清代的戴震说过:大国手门下不出大国手,二国手三国手门下反而可能出大国手。为什么呢?大国手的气场、学养、威望,不知不觉会给学生造成巨大的压力,很容易使下面的人不能反思,更不敢反叛;可要是都照着老师的路子走,学问必定越做越小。聪明的导师不会管得太死,会释放一些空间给有才华的学生,让他们自由发展。王先生指导学生是因势利导,有的管得很紧,有的则基本不管。

作为学者,王先生是有比较大的眼光和胸襟的;但从他的整个著作来看,比起同时期北大学者林庚、吴组缃来,王先生缺乏艺术的敏感,所以他往史的方面走。这里有大学制度问题,有北大清华的学风差异,也有个人性情的因素。

张：您在《中国文学研究现代化进程》一书的"小引"中，充满感情地回忆了王瑶先生晚年开启这个学术史研究课题的情形。您最近也在写关于八十年代王瑶先生的文章。可否就此谈一谈王先生这个课题背后的一些思考？

陈：关于这个课题，王先生最初想追问的是，我们二十世纪中国的人文学者为什么一代不如一代？梁启超、王国维开启的学问格局是很大的，可为什么后来越做越小？王先生研究古代文学，他知道看一个时代的学术成就，不是小时段，应该是中长时段，像清代三百年是个什么状态。有的时代天才成批出现，有的时代则一个都没有；若生活在后一种时代，所谓了不起的"大家"，其实也没什么了不起。最初的设想很简单，那就是王国维、梁启超那代人是在传统的学术氛围里熏陶出来的，同时又满腔热情地拥抱了西学；而上世纪三十年代之后，我们逐渐专业化了，不仅中外文学截然分开，文史哲也都楚河汉界了，这些因素导致我们的学问格局越来越小。一开始注意的是方法与学养，可随着研究的深入，发现问题远比这复杂。

最近这篇论文，我讲八十年代的王瑶，将他的学术史研究和"我是清华的，不是北大的"对照起来看。那时清华想重建中文系，向王先生请教，王先生强调清华中文系是"复办"而不是"新建"。讲"复办"，那是因为我们有很精彩的传统。所以，他开始思考并论述"清华学派"，在这个过程中，强调自己的清华出身，有策略性的考虑。还有就是我刚才所说的，作为学者王瑶的黄金时代，是清华十年，那是他最辉煌的时段。到了北大，前面二十多年老挨整，真正过舒心日子是到了七十年代末才开始。在学术上，王先生是有遗憾的。他老跟人说，你一定要把大的东西在六十岁之前做出来,不然的话,后面你会心有余而力不足的。"文革"结束后,你别看他很风光,其实心里颇为悲凉。不管是书信还是谈话,他再三表达这样的意思:要写的话是"垂死挣扎",不写的话则"坐以待毙",与其坐以待毙不如垂死挣扎,那我就再写一点吧。可我算了一下,1978年,王先生才六十五岁,就说力不从心;今天老钱都七十五了,还活蹦乱跳,做很多事情。主要不是身体状态,而是心境的问题。经历过长期的思想改造与洗脑,那代人其实是很悲苦的。我记得八十年代广东有个画家叫廖冰兄,他画了一幅漫画,某人被迫长期蹲在大瓮里面,习惯了,等到思想解放,把瓮打碎了,但是他再也没办法挺直腰杆站立起来。八十年代的王瑶,在北大、在学术界都是备受推崇的,别人给他戴了很多高帽,说他多么了不起。只有若干熟人或近在身边的学生,才能深切体会到他的遗憾。他四十年代写《中古文学史论》时跟季镇淮说过:"我相信我的文章是不朽的。"他那时是多么硬朗、乐观、自信,晚年的王瑶,我相信他知道自己没能完成年轻时的自我期待。

张:《中国文学研究现代化进程》(初编)中没有刘师培,是否有"影响的焦虑"?

陈:不是这样。当初王先生的思路是凸显二十世纪中国学者的自觉选择,即兼及中西,因此不收传统的文史学者。那时他觉得章太炎和刘师培是传统学者,日后随着研究的深入,我们发现,章、刘本身也深受西方学术的影响。当初"二十家"的设计就是这样的,有缺陷,但并非"影响的焦虑"。这二十家中,选择王元化争议很大,很多人认为王元化不是古典文学研究专家,他只有一本《文心雕龙创作论》(日后更名《文心雕龙讲疏》);但王先生坚持这么做,其基本立场是:王元化用西方文学理论、马克思主义立场来解读《文心雕龙》,为这个古老的学科带入了新的视野,因此他代表了一个方向,一种新的可能性,那就是既要有国学根基,又要有西学修养,还得有足够的想象力和创造力,这才是一个好的学者。王先生甚至说,让王元化殿后,这样做很好,这书因而有了一种方向感。王元化先生也很认真,这篇文章前后换了四个作者,有的写不出来,有的写出来了但不理想,王元化先生说他来处理。

张:王瑶先生被朋友们断言,"除了是学者……还是一位不搞政治的政治家",您怎么看王瑶先生的"政治"情怀?以及这种"政治"情怀对他学术研究产生的影响?

陈:王先生研究中古文学,深受《世说新语》影响,有魏晋文人的风范。他特别喜欢跟友人及学生聊天,经常语惊四座。大家一鼓掌,他就更得意了,因而有很多精彩语录留下来了。比如"上课是马克思,下课是牛克斯,回到家里是法西斯",此类流传广泛的隽语,还有好多。后来挨批判,他自己反省,说好逞小聪明。本来是逗趣、好玩,但一上纲上线就很麻烦了。可这是《世说新语》中人的趣味。与此相关的是政治及学术上的敏感。他能从《人民日报》的字里行间读出很多言外之意,然后迅速推进,并作出自己的判断。可这些东西,猜对了又怎么样?好友朱德熙先生说他做学问带有点游戏的意味,还说他对政治过于热衷,如果不是这样,学问会做得更大。后来的人为了维护王先生的形象,再三辩驳,说他这是有意为之,且无碍学问。但我是认同朱先生的看法的。

张：是不是因为这个原因，王瑶先生才会花很大精力去做现代文学学科的一些组织工作，比如学会和《丛刊》？

陈：不能说他在学会或《丛刊》上花了很多精力，故影响个人著述。他的好处是识人，且能用人。比如，学会的事，大都是樊骏在管，他很放心。八十年代以后，王先生意识到自己学问的界限，开始将精力转移到扶植年轻人。当然不只王先生，当时一大批老学者都是这样的。你看王先生的《润华集》，三分之二是序，给弟子辈的乐黛云、孙玉石、蒙树宏、吴小美、黄曼君、黄侯兴、钱理群、吴福辉、温儒敏等写序，目的是扶持，让后辈尽快成长起来。王先生去世的时候，老钱说了一句话，让我很震撼，那就是：大树倒了。生活在那个风云变幻的时代，大树的存在，使得年轻学者可以遮风挡雨。大树倒了，下面一代学人就必须直接面对各种困难，这困难有政治上的，有学术上的，也有人事上的。当然，也会促使他们尽早成熟。

（初刊《北京青年报》2014年5月7日）

第三辑

从最初到最后的日子里
——王瑶先生诞辰一百周年的零星感想

孙玉石

一

1960年夏天的一个早晨,在32楼四楼走廊里1955级全体毕业生同学大会上,我忽然被宣布为王瑶先生的现代文学研究生。这是此前自己毫无知悉的。同时被宣布为王瑶先生研究生的,还有陈素琰。据说当时王瑶先生知道之后,这种既不倾听指导老师自己的意愿,也没有征求学生个人的志向,而完全由系里党总支、年级党支部一手包办,"强加"给他的"招生"结果,使王瑶先生曾经很不满意地表示说:"我不承认,这不是我招的!"但这是"党决定的",系里决定的,他生气也没有用,只能服从。而外校的应届研究生,不能"分配"入北大学习,需要年末参加北大研究生的招生考试,成绩合格才被录取。我在这等待的半年里,参加过《古代文学作品选》十几首唐诗的注释,给吴组缃先生的"《水浒传》研究"课当了半年听课、点名、收发作业的助教。

一直到1961年2月,我们几位研究生,陈素琰、于霖霞和我才一起到家里拜见了导师王瑶先生。王先生给我一种极为严厉肃穆、不苟言笑的感觉。他给我们开了一份"必读书目",讲了要读的作品和杂志,提出随时写读书笔记,须按期交读书报告,并交给导师检查等要求。每次听了汇报读书情况,或看了读书报告之后,王先生很少说表扬性的话,往往批评多,很严厉,说话很不客气。我和其他几位研究生,没少挨先生的"训"和"克"(kēi)。每次去见先生,心里都要做好挨"训"的准备,有一种心怀惴惴、战战兢兢之感。有的学生,有时受了批评,回来之后,还委屈地暗自流泪。

　　对于学生稍微满意的读书成果,先生往往给予肯定,甚至出人意料地热情支持。我读研究生二年级初期,一天《北京大学学报》文学版编辑李盐女士,突然到我住的宿舍29楼找我,为的是给我送来一份《北京大学学报》拟刊发的我的一篇文章的清样,让我校对,文章题目是《鲁迅对中国新诗运动的贡献》。这时我才搞清事情的原委:王瑶先生从这一年开始指定我们研究生读《鲁迅全集》,我读完之后,于1962年10月写成了一篇读书报告。我很忐忑地交给了王先生。王先生看后,完全没有告诉我,自己直接送给了《北京大学学报》编辑部,让他们看看能不能发表。他们很快决定采用了,并送清样给我,让我校对。此篇内容很肤浅的读书报告,很快在1963年第1期《北京大学学报》上发表了。这篇学习实践性论文,很难说有什么学术分量,但这一过程中,先生对于一个学生鼓励栽培的热忱和用心,却深深留在我的心里,让我终生不能忘记。"文革"大批判风潮中,我被研究生处贴的"大字报"点名为"反动学术权威王瑶的修正主义苗子",两派相争时,系里对立派教师"大字报"里也给我戴上了这一帽子。在这种政治斗争舆论、这种动员学生起来揭发自己老师气候的压力下,我自己怯懦的灵魂放弃了坚守,也将这样一份真诚纯洁的培养方法和师生情谊,当作王瑶先生以"名利思想"为诱饵毒害学生的事例,写在批判先生的"大字报"里。面对如烟的历史,面对王瑶先生远去的灵魂,我心中永远忘不了自己记忆深处这一丝无法抹去的自惭自愧的阴影。

二

1983年春天,我被派往日本东京大学中国语中国文学研究室担任外国人教师。在那里一年半的生活、教学中,在与日本学术同行和友人的深入接触中,我总能感觉到王瑶先生远播海外的学术声望,许多日本友人对于王瑶先生学术成就和品格的景仰,使我的内心增加了许多交流的温暖和快悦。我是王瑶先生的学生这一身份,让我和许多日本朋友之间的友情深度、情感联系得到了放大、增强,也得到了许多意想不到的真挚而温馨的厚爱。

1984年初,东京大学的日本朋友向我提出,趁你在这里的时候,能不能让你的老师王瑶先生来日本访问?我很高兴地回答:我想王瑶先生一定会很高兴接受你们的盛情邀请的。日本学术界很早就全部翻译了王瑶先生的《中国新文学史稿》,还有日本朋友正在翻译先生的《中古文学史论》一书。许多日本友人在先生北京家里访问过他。如果他能够来日本访问,与老朋友在这里会晤交流,我想他一定会很高兴的。丸山昇先生说,最好是你在东京期间时,王瑶先生能来这里。如果由东京大学出面邀请,因为涉及国立大学,办起手续来时间会很长,最好是由私立大学出面邀请,这样会快一些。就这样,经他们自己商议,日本大学的今西凯夫教授向他们学校申请,由日本大学发出邀请,请王瑶先生来日本大学讲学访问,之后事情也很快办妥了。我这里保存着王瑶先生在办理赴日手续期间,于1984年8月17日赴日之前,写给我的一封信。全文是这样的:

> 玉石同志:
>
> 您好!我于七月卅一日接得今西凯夫先生信,内叙述日程安排及讲课内容甚详;后又接尾崎君电话,嘱将"协议书"签字寄还。八月五日接得日本大学对杜琇另发之邀请信及保证书,我已将"协议"签字寄还今西先生。并写有长函,表示对安排同意云云。前后所寄邀请信及"协议书"、保证书等,皆已及时交到教育部专家局。八月十四日又到教育部催询,据云已发到外交部,并云估计赶到九月十日可以全部办妥,嘱我等候。看来此事已经办毕,今西先生来信云:"机票由我们预定,在北京届时送到您手里,请释念"等情。故现在诸事已毕,只待签证与机票,即可按时启程。恐您挂念,故简述如上。
>
> 但讲课内容并未很好准备,只能应付而已。我的日程最近已排满,八月廿一日起,教育部召开评议新报之教授及博士导师会议,在香山饭店,廿七日始毕。此次是临时会议,中央指定科学院、社科院及清华、北大、复旦、上海交大四校报一批五十岁上下之有成就的中青年知识分子,提升为教授及博士导师,作为特例,规定最高到五十五岁。中文

系报严家炎、金申熊、袁行霈三人为教授，博士导师则尚有乐黛云、郭锡良等人。此会我本拟请假，学校不同意。闻北大共报教授30人，导师60余人，清华报教授26人。此会开毕后，八月三十一日我即去哈尔滨，主持现代文学会议，于九月八日始能返京。此外尚有许多琐事，故已无暇再对讲演内容加工，只能炒冷饭应付而已。有些恐尚须您临时帮忙，亦未可知。在我离校期间，只能让杜琇敦促教育部，并等待日本大学送来之机票。此外似无所用力。

我的《鲁迅作品论集》刚拿到一本样书，尚未装订毕，但估计可以带一些去，另外尚有以前所出之各种拙作，拟各带一点，以便送人。此外我还准备了两套《中国现代文学研究丛刊》及《鲁迅研究》，亦为送人之用，只是书籍体积颇重，担心乘机时超重，故带多少尚未想好。其余衣服及生活用具等皆已理好。请您帮我想想尚有何种应该注意事项或须携带之物，以免疏漏。关于讲演应该注意之处，亦望告知。关于办理护照情况，请转告尾崎君，请他们释念。

相晤在即，不胜企盼，即此顺颂

时绥

王瑶　八月十七日

此信为《王瑶全集》所未收的佚函，从信中我们可以看出，王瑶先生应邀赴日讲学访问之前的愉快心情、校系内外评定职称情况，先生于诸多学术事务繁忙中的各项赴日准备，特别还关注到像"讲演应该注意之处"这样的细节性问题。后来王瑶先生和杜琇师母如期访日，我因要求自己提前半年归国，在10月5日离开日本之前，只应邀出席了日本大学文学部一次教授会议，具体商讨了王瑶先生讲学的日程安排及接待等诸多事项,参加了日本大学校长为王瑶先生举行的隆重欢迎宴会,同今西凯夫教授一起陪王瑶先生夫妇驱车到富士山五合目,观看了白雪披顶的富士山美景,与丸山昇先生一起陪同王瑶先生夫妇参观了日本现代文学馆,在那里还经丸山昇先生热情介绍,与刚好前来那里进行讲演的日本著名作家井上靖先生短暂相晤交谈。王瑶先生讲学之后,还往关西京都、大阪等地访问旅行,受到那里友人和教授们的盛情接待。这次访问日本,王瑶先生见到很多老朋友,结识不少新朋友,他们之间的友情,超越了个人交往的意义,将中日两国关于中国现代文学研究的学术交流、对话,提升到了一个新的境界,这成为王瑶先生一生中最美好的一份记忆。

三

1989年秋天,王瑶先生在苏州最后一次主持中国现代文学研究会第五届理事会第二次会议。之后,特意前往上海,参加祝贺巴金八十诞辰及学术讨论会活动,因病重不支,先住进上海青浦医院,后来病情转重,转入华东医院。最后,因呼吸窘迫综合症,割开喉管,进行输氧,经多日抢救无效,不幸病逝于上海。

王瑶先生在上海病重期间,得到上海市许多文艺界、学术界、高校的领导、教授和同行朋友们的热情关照。至今我们难忘王元化、徐俊西等领导,自始至终对王瑶先生的病情和治疗给予极大的热忱关注。上海的和前来上海开会的朋友们,贾植芳、王西彦、丁景唐、钱谷融、赵长天、王安忆、陈鸣树、章培恒、邵伯周、吴中杰、陈子善、陈允吉、朱立元、陈思和、石汝祥、应国靖、孙锡信、吴宏聪、樊骏、吴小美等许多友人,都前来病院看望王瑶先生。他们都怀着真挚的感情,祝愿王瑶先生能够早日康复。一些先生在留言簿上,写下了我们永远不会忘记的祝愿深情。如贾植芳先生留言说:"祝你早日恢复健康,来我家里喝酒!现在多听医生的。"王西彦前来看望时,特别向亲属口述留言:"让他在医院里多安心治疗休养!全上海的朋友都关心他的病早日痊愈!"上海友人们的这些深情关注和热情期盼,让王瑶先生自己和他的家属以及北大中文系的师生深深感动,永远难忘。

11月26日中午1时40分,我接到王超冰电话:"王先生病危,医院要通知单位。"我和李书磊、谢伟民、张菊玲一起,于晚间飞抵上海,立即前往华东医院病房,看望王瑶先生。先生呼吸困难,已经开始从鼻腔插管,用机器进行高压输氧。后来又切开喉管,实施皮下输氧。先生这时虽然已经完全无法说话,还先后这样亲笔在纸上写道:

　　玉石同志,气管无一点发声能力,至歉。感觉尚好,无大痛苦,谢谢北大领导的关怀。一切问超冰他们,谢谢。

第二天,先生又嘱咐我与吴福辉、王超冰,代表他一起前往巴金先生家里拜望和祝寿。先生十分清醒地亲笔写下了这样一些诚挚而真实的话:"表示我专程来沪祝嘏,最近十年,巴金学术研究收获颇大,其作者多为我的学生一辈,如陈丹晨、张慧珠等,观点虽深浅有别,但都是学术工作,不是大批判,这是迄今我引以为慰的。"

12月2日,先生感觉稍好,便给王超冰又写了这样一些话:"我苦于太清醒,分析了许多问题,自以为很深刻,但不必说,不如痴呆好!"12月13日,先生便病情加重,抢救无效,最终告别亲人和朋友,离开了人世。

　　王瑶先生走了。但他在生与死痛苦挣扎的短短时间里,写下的这些病危中"如是说"一类痛苦而真诚的话语,让我看到了一个智者内心深处一种深刻而痛苦的思考,一种"自以为深刻,但不必说,不如痴呆好"这样清醒者告别世事之前发出的最后的真实的声音。

　　今天,重新咀嚼王瑶先生这样一些痛苦的声音,于有愧于先生的内心惭然和自我省思的同时,我仿佛更深地看到了先生离世之前,内心里所拥有的一个西方智者曾经描述过的那样一种清醒而倔强的姿态:"我比您想象的更加孤独。"

2014年5月7日凌晨
(初刊《现代中文学刊》2014年第3期)

他是一位这样的引路人

——忆王瑶先生

刘增杰

一

比起1958年许多高校掀起的批判教师的"拔白旗运动",1959年高等学校里紧张的政治气氛开始有所缓和。此时,拥有雄厚师资实力的北京大学,向国内高校伸出了援手,同意一些学校选派青年教师来北大进修,期限一年。我是北京大学这一开放政策的幸运受惠者。暑假后,我和来自北京、天津、辽宁、福建、贵州、河南等地的现代文学青年教师,获准在北京大学中文系王瑶先生指导下进修学习。

王瑶先生的名字当时我并不陌生。早在1954年开始学习中国新文学史的时候,我们学校教这门课的老师,在课堂上就拿着王瑶先生的《中国新文学史稿》,向大家作过郑重的推荐:"这是国内出版的第一部新文学史著作,内容丰富,史料也相当完备。"这位老师看着《中国新文学史稿》版权页又说,你们听一听这部著作印刷的数字:1951年9月开明书店出版后,曾经接连印刷了五次。1954年3月,新文艺出版社第一次就又重印了一万五千册,现在已经累计印了三万五千册。同学们发出了一阵赞叹声。在老师的介绍下,我们每人都买了一部《中国新文学史稿》。当时,教材的有些内容读起来还似懂非懂,但大家学习的热情却很高。五年后,当获知有机会到北京大学直接来听王先生讲课,我顿时产生了一种喜从天降的感觉。

在北京大学学习生活开始的时候,我也曾经历了一次不知所措的精神紧张。到中文系办公室报到时,工作人员一声不响地递给了我一张油印小报。小报的名字叫《大跃进》(第29号),出版的时间是1958年4月18日。这一期《大跃进》是批判王瑶先生专号,通栏标题是:"这决不是客观主义!"副标题是"致王瑶先生"。小报共两版,发表了八篇批判文章。1958年全国高校开展的"拔白旗运动",是对在学术上有成就的教师进行批评、批判的政治运动。学校发动学生和青年教师,开大会、小会,写"大字报",对这些教师"上纲上线",进行揭发、批判,要求被批判者在会上作"深刻"检讨,改造思想。所不同的是,我所在的学校对老师的批判,只采用了开会、写"大字报"的形式,没有像北大这样印刷小报,竟然还记录在案。作为去年曾经同样卷入了"拔白旗运动",也批判过老师的青年教师,我后来认识到:这场利用年轻人的幼稚,把矛头直接指向学术上有成就的老年教师,实际上对高等学校的学科建设,制造的是一场难以补救的精神内伤。读了《大跃进》上乱扣帽子、乱打棍子批判王瑶先生的文字,我的心情异常沉重,想到了先生当时所承受的巨大精神压力。因为正是在"拔白旗运动"之后,王瑶先生担任的全国政协委员职务、《文艺报》编委职务都被撤销了。我担心,王先生在指导我们学习的时候,也许会变得小心谨慎,不敢畅所欲言。

但是，我的顾虑很快被现实打消了。开学不久，我们接到了王先生打来的电话。电话里说，我邀请大家来家里坐坐，见见面，谈谈对你们学习的安排。带着几分兴奋和一丝不安，我们很快地来到了王先生的中关村寓所。先生家的客厅不大。沙发前面的桌子上，摆放着糖果、茶水。我们围着先生坐下后，他一面端起糖盘请大家吃糖，一面拿起一张进修教师名单，一一核对名字，询问来自哪个学校，问短问长。先生和我们每个人握手的时候，总是微笑着说"欢迎，欢迎"，气氛和谐轻松。先生还说，系里告诉我，进修教师和研究生的政治学习呀，两周一次的劳动呀，你们都要参加，活动由中文系统一安排。进研班教学以外的具体事情，由青年教师严家炎、孙庆升两位负责。然后，王先生又望了望我说，系里要你协助一下他们两位的工作，有事的时候跑跑腿。琐事安排后，王先生接着说："时间宝贵，现在上课。上课采取两种形式。一是我定期在家里上课、辅导；二是你们可以按照课程表，随着学生一起在教室听课。"他又说："中文系对你们很重视，同时还安排了章川岛先生给你们上课，随后你们可以和川岛先生直接联系（川岛是鲁迅的学生，著名的鲁迅研究家）。"王先生强调："新文学史是基础课，很重要。重要就在于它距离我们很近，有很大的借鉴意义。你们除听课外，主要靠自己阅读，课堂上只是提供一下线索。阅读除了看我开的书目外，还要多看一些相关的书。课堂上要记笔记。记记要点，记记课堂上触动过自己思想的问题。这些问题，有的需要通过进一步的阅读来解决。手不要懒。记笔记有助于培养自己勤于思考的习惯，抓住那些稍纵即逝的思绪。"

长达一年听先生讲课，以及每个月到先生寓所讨论问题，不时地听听先生三言两语的点拨,收获良多。在课堂上,先生从绪论讲起,一直讲到了建国十年的诗歌、散文、戏剧、小说,原原本本,实实在在。在思想受压抑的年代,先生对某些文学现象的阐释,虽然难免从俗,沿用了某些流行的说法,但从总体上看,王瑶先生仍然保持着内心的强大、精神上的坚韧,有着学术开路人的胸怀与魂魄。教学上,先生给我留下深刻印象的,有如下几个方面。

一是鲁迅研究。在讲授鲁迅生平和文学活动时,先生反复申明,学习"五四"文学传统,主要是学习鲁迅。鲁迅的作品可以看作当时文化斗争发展的史料。《人民日报》曾说,鲁迅的文化遗产超越了许多前代人留下的遗产。鲁迅写农民,是很了不起的,历史上从来没有出现像鲁迅小说这样写农民的作品(《水浒传》写的农民是已经脱离了生产的农民)。鲁迅第一次从农民的角度看问题。过去的小说都是从上层去暴露封建制度的罪恶,鲁迅则从统治者和农民的对立关系上来写。鲁迅小说以辛亥革命为背景,对辛亥革命的失败批判得彻底、深刻。

1960年3月17日,王瑶先生还作了《鲁迅作品的民族风格》的专题学术报告。报告详细分析了《狂人日记》中狂人形象的现实依据。王先生说:"辛亥革命前,孙中山、章太炎都曾经被称为疯子。章太炎1906年到东京发表演说时就说,当时别人都叫他疯子。鲁迅受章太炎的影响极大。他在杂文中称章太炎有先哲精神,是后人的楷模。"王先生把作品人物分析和现实巧妙地紧密结合,能够开拓思路,给读者带来强烈的震撼。王先生有着岁月沉淀之后的那一份淡定。他对作品艺术个性的把握,常有诱人的艺术灵气的闪现。王先生的教学,时常真见迭出,妙语连珠,机智幽默,左右逢源。听他讲课,是一种难得的精神享受。在课堂上,先生用炽热的爱温暖着学生,同时也消融了"拔白旗运动"带给自己的冰冷。

二是教育学生要掌握丰富的史料。王先生不止一次地告诉我们,北京大学图书馆藏书丰富,抗日战争以前的报纸、期刊比较齐全。你们来这里进修,不看看这里的图书、期刊,一年以后两手空空地返校,太可惜了,等于白来了一趟北大。可是,由于当时我们都还没有进入研究状态,对先生的指引重视不够。我在北大图书馆虽然坐了几天,但缺乏全局眼光,只是在那里着重看了看河南作家如冯友兰、曹靖华当年在北京创办的一些影响不大的小刊,辜负了先生的良苦用心。多年以后,才醒悟到了掌握基础性史料对于研究的决定性意义。

三是注重培养学生的学术研究能力。在进修期间,我们多数人还缺少从事研究的能力。到王先生家里听课,往往提不出真正的学术问题。有一次,在讨论时我突然冒出了一句傻话:"王先生,现代文学现在还有哪些问题需要进一步研究呢?"话一出口,我就发觉自己说了无知的话,脸红了,嘴也张不开了。但王先生并没有直接批评我,反而笑着说:"这也算一个问题吧,不过,你提的问题太大了。"略微停顿了一下,他接着说:"学术研究就是研究现在还没有解决的问题,或者当前研究涉及较少,又值得研究的问题。我说一个具体问题吧,比方说,戏剧研究中的喜剧问题,或者叫轻喜剧问题,用喜剧形式写出来的剧本,或演出,或供阅读,使观众或读者看过后得到消遣,安慰,会心一笑,调节一下生活。这个问题就值得研究。现代文学史上,从胡适开始,到欧阳予倩、陈大悲、丁西林、李健吾、陈白尘、熊佛西、袁俊、沈浮等人,他们都写过带有趣味性的作品。对这些作品,进行系统梳理,结合国情进行独立研究,一定会很有意义。在座的哪一位如果感兴趣,不妨找来剧本,以及演出时候的相关材料,认真研究,开辟出一片研究的新天地。不过,你们现在的阅读量可能不够。目前试着搞研究,还是就某一个具体问题展开,比较适宜。"王先生这时突然放慢了谈话的语速,强调说:"研究就是发现,发现来自实践,来自阅读与思考。实践多了,总会有所提高。你们不用太急,但也要开始起步。"先生语重心长,大家当时虽然没有直接来回应先生,听得却非常认真,手在笔记本上写个不停。回想起来,自己走过的路虽然至今还歪歪斜斜,但总的来说,还是沿着王先生当时指引的路走过来的。

五十五年后,望着当年记录的这一册纸已发黄的课堂笔记,心中荡起的是对先生久远的思念。

二

钱理群先生在《任访秋先生对现代文学研究的历史贡献——兼谈刘增杰和河南大学文学院学术团队与传统》一文中说:"我隐隐觉得,自己好像和河南近现代学术界之间,有一种'缘分'。……这样的亲和关系,更存在于我所在的北大和河大之间,我的老师严家炎、樊骏,我的同学吴福辉,还有本身就是河南人的赵园,都与河南大学文学院有着不解之缘。这背后,应该还有更深层次的东西,我也说不清楚,或许是学术路向、追求与学风的某些相通吧。"[1]

---

[1] 参见《中国现代文学研究丛刊》2004年第1期。

钱先生所说的"缘分",就我个人的感受来说,始于前述的1959年,即我有缘来北大进修,师从王瑶先生那段日子。此后,经历了二十世纪六十年代前期持续的文学批判运动以及"文化大革命"的破坏,自己的专业学习虽然时断时续,但和王先生的联系却未完全中断。高校恢复招生后,我到北京看望了王先生。久经折磨,先生依然目光深邃,内蕴锋芒。他热情地介绍了北大研究生的培养经验,还把钱理群、吴福辉两位高足撰写的论文打印稿拿出来让我带回学校参考。王先生带着欣赏的口吻说,年轻人思维敏捷,他们的文章有新意,势头很好。你们招研究生,要格外重视对学生思维能力的培养。当时,我还受学校委托,邀请王瑶先生来河南讲学,先生也爽快地应允了。通过书信往来,讲学活动很快成行。当时王先生的心情很好。讲学期间,对我们专业的学科建设、课程设置,都主动提出了一些切实的建议。他和任访秋先生有过深入的交谈。王先生还兴致勃勃地参观了少林寺、开封相国寺等景点,和师生一起照相留念,留下了特定瞬间的面影。

此后,王瑶先生对我个人的学术研究走向,更有过切实的指导。比如,我后来从事解放区文学史料的整理与研究,就来自王瑶先生的直接推动。我在一篇接受郝魁锋访谈的文章里,对此有过介绍。郝魁锋问:你的现代文学史料研究,听说得到过王瑶先生的指导,具体情况怎样?

我在回答这一问题时,作过比较详尽的陈述:"1979年,中国社会科学院文学研究所主持的中国现代文学资料征集活动在全国范围内展开。1980年9月初,主持单位邀请相关出版社编辑、高校、研究机构的代表,在安徽黄山召开了现代文学资料会议,具体讨论了编辑三种丛书的原则与任务。三种丛书即:甲种:《中国现代文学运动·论争·社团资料丛书》;乙种:《中国现代作家作品研究资料丛书》;丙种:《中国现代文学书刊资料丛书》。落实编选任务的时候,讨论到《中国现代文学运动·论争·社团资料丛书》中的《抗日战争时期延安及各抗日民主根据地文学运动资料》一书时,会议冷场了。大家你看看我,我看看他,却没有人站出来认领任务。会场里不时还能够听到有人低声地议论:战争环境下,资料丢失太严重,搞起来困难……片刻沉寂后,会议主持人之一的王瑶先生,突然抬起头来,微笑着望了望我说:'刘增杰,你们单位人多,承担起来怎么样?'我那时已经答应了编《师陀研究资料》等作家研究资料的任务,却对从事解放区文学资料编选没有思想准备。听到了王先生的问话,我支支吾吾,讲了对研究对象不熟悉等理由进行婉拒。没想到,针对我列举的理由,王先生竟逐条作了'反驳'。他说,对研究对象不熟悉,不是理由,你下点功夫不就熟悉了么?还说,编选史料的学术价值,主要是看编选者的认真程度、学术见识的高低。王先生雄辩滔滔。他一边陈述自己的理由,一边诙谐地哈哈笑着,好像等待着我应答时出现新的漏洞,再来和我争辩。会场上的气氛顿时活跃起来。显然,大家都被王先生机智的论辩方式征服了。我自知不是与先生论辩的对手,又已经被编委会聘为乙种丛书编委,应该支持编委会工作,就忙笑着接受任务了。王先生和我论辩时直言快语,随意而亲切,显然是源于二十多年前我们之间的师生之谊。解放区文学史料的征集、编选任务,就这样落实到了我和教研室几位老师肩上。"三卷本《抗日战争时期延安及各抗日民主根据地文学运动资料》编好后,经过责编王瑶先生、徐迺翔先生审定,1983年由山西人民出版社出版面世。王瑶先生对这部资料的学术质量是肯定的。徐迺翔1981年10月11日给我来信说:"王瑶先生不止一次对我说,从他经手审稿的几部稿子来看,你们这一部是内容比较踏实丰富的。这是我们共同的印象,我想也是符合实际的!"应该说,我在史料研究实践中所逐渐获得的一些感悟、收获,受惠于王瑶先生等学术前辈的关爱。他们强大的人格力量,献身学术的精神,对我们的指点、呵护,深深地影响着我们这一代人前进的脚步。①

事实上,此后我在解放区文学研究中,继续得到过王先生的鼓励与支持。王先生很重视解放区当年研究鲁迅的经验;他还建议我写一写编选资料过程中访问作家的具体情况,写一点"作家访谈"。他认为,这些鲜活的史料很容易被时间所淹没;他和徐迺翔先生共同催促我具体谈谈解放区文学资料编选过程中的曲曲折折。这几项要求,我都按时完成了任务。② 1987年10月,中国现代文学研究会年会将在四川成都举行。年会讨论的学术内容之一,是关于解放区文学研究进展的回顾。5月,我收到了樊骏先生恳切的来信。他说,他和王瑶先生商量,关于解放区文学的发言,由我准备,并且要我定下题目后给他回信。由

---

① 《略论现代文学史料研究中的几个问题——刘增杰先生访谈录》,《新文学评论》2014年第2期。

② 分别见我所撰写的:《略论抗日民主根据地的鲁迅研究》,载《中国现代文学研究丛刊》1981年第3期;《现代文学资料建设的新进展——〈抗日战争时期延安及各抗日民主根据地文学运动资料〉简介》,载文学研究所《文学研究动态》1984年第7期;一些《作家访谈》,收入河南大学出版社1996年版《迟到的探询》一书。

于多种因素,我对承担这项任务一直犹豫不决。心想,不承担任务,怕王瑶先生有意见;承担了任务,又担心有些问题比较敏感,一时说不准确,影响不好,所以一直拖着没有给樊骏复信。谁知他等急了。1987年6月11日,他来信说:

> ……
>
> 记得上次给你的信提到请你准备一个有关抗战时期革命根据地文学的发言,作为今年十月召开的学会年会上的一个重点发言。来信只字未提此事,深感焦虑。此事系王瑶先生一再叮嘱的,说一定要有这样一个发言,责成我组织。我提议你承担,他也同意了。
>
> 我想你可以讲整个概况,也可以抽几个问题说说,或者综述以往对于这段文学研究的成就和不足。
>
> 我等着你的回音,并且希望你能利用暑假作些准备。在当前形势下,讲的内容自然得以成绩为主。祝好
>
> 樊骏
6.11

为了免除王瑶先生和樊骏先生的牵挂,我当即给樊骏先生写了回信,并着手做发言的准备工作。这篇题为《期待着深化的研究领域——解放区文学研究断想》的发言,由于准备比较充分,发言后还有一定的反响。到会的两家刊物,没有征得我的同意,都同时将它发表了。① 有的朋友还以为我是一稿两投,我

---

① 该文分别载《抗战文艺研究》1988年第1期、《延安文艺研究》1988年第1期。

当时曾写信作过澄清。1989年,中国现代文学理事会苏州会议召开前夕,会议的召集人同样要我就解放区文学研究准备发言。开会期间,王瑶先生还询问过我准备的情况。我告诉先生,我想谈一点对解放区几部较有思想深度作品的看法,这些作品对现实的警示意义常常被人为地遮蔽了。王先生表示同意,并说,你做得对,质疑孕育着突破,解放区文学研究要有点新意,不能年年千篇一律。没有想到,这次理事会期间和先生的交谈,竟是和他最后的诀别。我在会议上的发言会后整理成文,成了对先生默默的纪念。① 王瑶先生逝世后,1994年在西安召开的学术会议和王瑶先生纪念会,我本来决定参加,并着手撰写纪念短文,但因为临时遇到的突然情况不能脱身,未能成行。此后,钱理群先生筹备王瑶先生纪念集一书的出版遇到了困难。我获知消息后,立即和有关方面进行多次沟通,河南大学出版社爽快地答应了出版这部纪念集。纪念集得以出版的消息,使朋友们感到了由衷的欣慰。钱理群在1985年3月17日来信说:"接志熙来信,得知你一直为出版《王瑶先生学术思想研讨会论文集》费心,我十分感激,也觉得很不安。我深知在目前形势下,出版这类论文集的难处,给你添了不少麻烦。"5月15日,钱理群又来信说:"王师母得知《王瑶先生学术思想研讨会论文集》能在河

---

① 题目为《解放区文学散论》,载《中国现代文学研究丛刊》1990年第3期。该文的第三部分《实现与研究对象的真正接近》,通过对丁玲、赵树理、柳青作品中人物形象的分析,指出:翻身农民不克服小生产者观念和落后意识,思想上没有获得真正的解放,一旦这些人掌握政权之后,就会使新生政权变质,变成了压迫人民的工具。解放区文学的生命力,就在于作家创作独立意识的坚守。

南大学出版社出版,感到十分高兴。让我代她向你及出版社同志表示感谢。"樊骏先生同时也给我来信中说:"听钱理群说,这次关于王瑶学术思想的论文集的出版事宜,又落到老兄头上,为又一次麻烦你而既感激又抱歉!"我给樊骏先生回信说,作为王瑶先生的学生,能够为这本纪念集的出版尽一点微薄之力,在我看来,这不仅仅是为了表彰先生一个人,更是为了延续中国现代文学研究的优良传统,使文学记忆成为久远的历史启示。对于王瑶先生,我只是做了一个学生应该做、能够做的事。这些,也许就是钱理群先生所说的"学术路向、追求与学风"有"某些相通"的内在因素吧。回忆充满着阳光。正是王瑶先生的学术精神,把国内几代研究者联连结到了一起。

王瑶先生是一位这样的引路人:当他发现你性格里有几分怯懦,就会善意地刺激你一下,将你一军,用诙谐的方式逼你上路。上路以后,见面的时候话虽然不会很多,但双方却有着心灵的默契、沟通。他以纯真的性情,在暗中会继续注视着你,鼓励着你,让你自身生长出前进的力量。王先生的引路是切实的、严格的、纯洁的。所有的大师都润物无声,王瑶先生赐予我们这几代人的东西很多。人要学会感恩,感恩不只是对先生单纯地颂扬、纪念,感恩的要义是经营好自己的人生,像前辈那样正直地做事、做人;在学术上,要设身处地体察初创者的艰辛,不随时潮仰伏,要像先生那样拥有自我独立的学术人格。只有这样,在研究中才有可能坦然面对未知的挑战。

(初刊《汉语言文学研究》2014年第4期)

王瑶先生的学术智慧

王得后

流水不腐,人生易逝。倏忽间,王瑶先生诞生已经百年,而逝世也已经四分之一个世纪。王先生曾经发现"人生不满百,常怀千岁忧"之后,中国人对于"死"的观念的觉醒。子曰:"不知生,焉知死。"然而,或许"不知死,焉知生"更加切近"人"的生命的觉醒吧。

人间毕竟有情,今年五月,先是先生诞辰即7日在北大,随后是9日在太原,举行了两场座谈会,缅怀先贤,研讨学术,温馨有加。

王先生出身清华,师从朱自清先生。在毕业论文基础上完成的《中古文学史论》,蔚然成为经典。每年清华校庆前,王先生总是兴致勃勃,说:"清华的校庆我是必去的。"

1987年5月,为清华校友聚会纪念,作《自我介绍》,载于《清华1934—1938—1988纪念刊》。全文仅一百五十余字,写尽一生经历与感慨,绵里藏针,情意深潜,二十多年过去,迄今犹可品味:

在校时诸多平平,鲜为人知。惟斯时曾两入图圄,又一度主编《清华周刊》,或能为睽违已久之学友所忆及。

多年来皆以教书为业,乏善可述。今仍忝为北京大学教席。迩来垂垂老矣！华发满颠，齿转黄黑，颇符"颠倒黑白"之讥；而浓茗时啜，烟斗常衔，亦谙"水深火热"之味。

惟乡音未改，出语多谐，时乘单车横冲直撞，似犹未失故态耳。

好一个"故态"！然而，王先生的又一名山事业，毕竟在北大。在北大，他接踵师辈，开讲《中国新文学史稿》，奠定了这一学科的基石；在北大，他倡议成立中国现代文学学会；在北大，他建议创办《中国现代文学研究学刊》。件件学术业绩，嘉惠一代代学人。而桃李芬芳，也传为佳话。1989年12月13日，先生客死上海，濒危之际，念念不忘"想死在竟日居"。竟日居即镜春园76号，在北大未名湖湖畔，是先生挨斗挨批劫后余生、晚年栖息之地。

王先生聪明，学术研究充满睿智。我亲历并深受教育的有三件事。第一，既追随、顺应政治正确的刚性要求，而又坚持学术观点的独立自主。

先生告诉我：撰著《中国新文学史稿》的时候，在中国翻天覆地之际，写谁，不写谁，是一个大问题。这不是纯粹的学术问题。我就依据第一次全国文代会入选作家的名单来写。至于他们的作品的选择与评论，我有我的主见，我就写自己的看法。我想，衡文论史，我们当可以觉悟：如果只是追随、顺应政治正确的刚性要求，而没有独立自主挥写自己的主见，那就无以言之了。而坚守自己，顺应则不过生存之道而已矣。在黄金世界到来之前，即使鲁迅也不可幸免。当年鲁迅畅谈自己的文章，还有几根"骨头"的奥秘，说："我曾经和几个朋友闲谈。一个朋友说：现在的文章，是不会有骨气的了，譬如向一种日报上的副刊去投稿罢，副刊编辑先抽去几根骨头，总编辑又抽去几根骨头，检查官又抽去几根骨头,剩下来还有什么呢?我说:我是自己先抽去了几根骨头的,否则,连'剩下来'的也不剩。所以,那时发表出来的文字,有被抽四次的可能——现在有些人不在拼命表彰文天祥方孝孺么,幸而他们是宋明人,如果活在现在,他们的言行是谁也无从知道的。"

先生还同我谈到一个问题:作家往往不满意别人对于他的评论,特别是批评。看家本领,是说评论,特别是批评,不符合他的创作本意。这是很无谓的。评论家不是作家的发言人。作家的创作意图也未必就能如愿如意地体现在他的作品之中。如果只能按作家的主观思想来作评论,这样就没有研究、没有批评了。先生教诫我:少和作家来往,这会妨碍专业研究。

这种洞察问题底蕴的睿智,还有一个事例。1975年11月,鲁迅博物馆奉命增设鲁迅研究室,从全国抽调室领导和研究人员,调王先生出任副主任。当时学校没有功课可教,但北大抓住先生不放。先生1976年5月14日给我的信,详细介绍情况后,说"看来他们是不想'放',又不愿说'不放',因此拖拖拉拉,不解决问题","我个人只能'一切行动听指挥'。但'拖'得太久也不好"。这样,致使王先生延迟到1977年下半年才到鲁迅研究室上班。这时候,编纂《鲁迅年谱》的工作正积极展开,王先生开始审稿并积极进行指导了。一次中午排队买饭的时候,我站在先生背后,突然一位同事走上前,请教王先生:瞿秋白到底是不是叛徒?王先生应声答道:这是中组部的事!前后听到的人都惊服不已。事后还热烈地讨论。

第二,抓住机会,积极消除主流的成见,改正《中国新文学史稿》中的相关错误。

1976年抓捕"四人帮"之后,随即有关于"两个凡是"的提出与推倒,思想界开始活跃起来。1978年初《实践是检验真理的唯一标准》正式发表。"思想解放"已成"山雨欲来风满楼"之势。到1979年则是"理论务虚会"的严重斗争了。先生敏锐捕捉到"思想解放"的契机,这年5月间,就约请孙玉石老师、乐黛云老师、黄曼君先生,还有我,协助他修改《中国新文学史稿》。王先生教导我关注对于作家的"改正"与"平反"的动态及状况,注意公开的相关文件,否则,"出言无据,不好下笔"。王先生敏锐的思想、改正自己著作错误的勇气、严谨的学风,都令我铭感得很。

第三,密切关注新的思潮,有所坚守,更积极参与创新。

1981年是鲁迅诞生一百周年,当局决定盛大纪念,除召开大会之外,更有学术讨论会。学术讨论会的筹备,1980年3月底至4月初,即由中国社会科学院文学研究所与鲁迅研究学会联合召开了全国的撰稿会,拉开了组织高质量论文的序幕。王瑶先生应邀参加了这次会议。会议决定:参加全国学术讨论会的代表必须是论文作者,而论文先由全国各个省市直辖区遴选,推荐给全国学术讨论会的学术筹备小组审定,通过后即成为该省市自治区的代表。北京市,包括中央部委,还特别请钟敬文先生、唐弢先生、王瑶先生、陈涌先生撰写大会发言的重点论文,为他们安排了安静的住所,以便排除杂务,专心写作。这两年可以说是鲁迅研究复兴的两年,鲁迅研究思想之活跃,研究者精神之振奋,与全国"思想解放"相互辉映。

"思想解放"的重大命题之一,是重新审视"阶级论"与"阶级斗争说",消除"人"就是"阶级的人"、完全附着在特定阶级的身上的观点。1981年5月,天津市召开纪念鲁迅诞生一百周年学术研讨会,主题是探讨鲁迅国民性改造的问题。问题的关键就在这一思想与"阶级论"的关系,鲁迅思想前期与后期的划分及其阶级性质,这在当时是极其敏感的问题。王先生在会上的发言,明确否定了过去的成说,指出:鲁迅的国民性思想"不能笼统地认为是超阶级的";"那种不加分析地认为鲁迅这一思想属于资产阶级人性论的范畴是并不准确的,倒是他自己首先陷入了抽象地看问题的泥坑"。王先生进一步指出:"我以为用'立人'来概括鲁迅关于国民性的思想,可以更清楚地看到它的一贯性和认识的深化过程。"先生是老一代鲁迅研究专家里公开否定鲁迅研究中运用"阶级论"之不当,及肯定鲁迅"立人"思想的第一人,可见他的思想敏锐及学术智慧之一斑。

王瑶先生的学术智慧,取得这样骄人的成就,我想:除了先生的禀赋之外,和他接受新文化的洗礼,信奉新文学、新文化,积极关心国家大事,关心社会,投身社会运动,经受实际的磨炼有关。先生1934年考入清华大学之后,两次因政治问题被捕。一次是1935年,被捕后审讯他关于"中国社会科学家联盟"问题,四天后由校长保释。一次是1936年3月为抗议国民党刑讯虐杀抗日学生,抬棺游行被捕,两个星期后被释放。先生又曾主编《清华周刊》。这种种社会的与政治的阅历,锻炼了他的政治智慧与应付复杂、微妙政治问题的能力。

自然,先生学术上的成就,是在清华大学师从朱自清先生时接受了优良的学术训练的成果。

2014年5月17日

(初刊2014年5月28日《中华读书报》)

追忆王瑶先生

段宝林

王瑶先生是我的导师,在五六十年代,我们的关系非常密切,他对我的一生有巨大的影响,这是令我难忘的。

王瑶先生给我们讲课,总是用一口浓重的山西平遥话,听起来很吃力,但我们还是非常爱听。这是为什么呢?因为他讲课非常投入,眉飞色舞,拿着烟斗的手做着手势,讲的内容很生动,新的见解层出不穷,又很幽默,所以我们都很喜欢听。

王瑶先生给我们讲过"现代文学史"的开头,后来又讲过"《野草》研究"专题课。此外,作为非常活跃的文艺批评家、《文艺报》的编委,我们在最大的阶梯教室,听过他讲治学方法。他是西南联大中文系朱自清的研究生,在中古文学史方面有许多深入的研究和著述。五十年代初,又成为中国现代文学史的开拓者。他的《中国新文学史稿》是中国现代文学史的开山之作,在国内外有广泛的影响。我曾在他的书橱中见到过精装的日文版两厚册。这是非常繁难的创新工作,开山之力大矣哉,开山之功不亦伟乎!我们对他是非常崇敬的。

他写过一本《中国诗歌发展讲话》,是把他在《文艺学习》上连载的文章集结而成的。可见他对中国文学史有过全面的研究，深得闻一多、朱自清新诗学的真传。

他主张用新观点研究文学史，写过一本专著《李白》，深入浅出，雅俗共赏，很受欢迎，获过大奖。

据严家炎同志说，1954—1955年间，毛主席因为他的一部著作而专门接见过他，我想大概就是谈李白的。毛主席很喜爱李白，因为他的新观点而要和他谈谈。这些事他从未对我们讲过，于此亦可见他的为人。

所以，王瑶先生讲治学方法，是很有权威性的。六十年代北大最大的教室，坐得满满的。我们都很认真地听，我记得，印象最深的一点就是他讲：不管研究什么问题，既然是科学研究，就一定要把有关的资料全部掌握好，因为你的文章中的资料系统而丰富，即使你的观点已经被别人超过，但是你的资料却是有长远价值的，后来研究的人不能不看。他还特别重视材料的真实性，说写文章最怕"硬伤"，版本也很重要，《古今图书集成》的材料一定要核对原文。我想，这正是他自己研究写作的经验之谈，对我的教学和研究，都有典范的意义，使我一辈子受用无穷。因为马克思主义和教条主义的根本不同就在于，它是从实际出发的。"不唯上、不唯书、只唯实"（陈云），才是真正的科学，而唯上的风派、唯书的教条主义则是伪科学，是反马克思主义的。

王瑶先生早年在天津南开中学受到进步思想的影响，在清华大学中文系读书时就是进步的热血青年，曾参加北方"左联"，在一次现代文学座谈会上与蒋南翔同时被捕。他没有暴露"左联"的组织关系，只说自己是群众。出狱后更加积极参加进步活动。

1935年,他在"一二·九"运动中,骑着自行车奔跑于游行队伍的两头,很活跃,还参加起草学生抗日宣言等文件,加入了中国共产党。后来主编清华大学进步学生的刊物《清华周刊》(原来的主编是蒋南翔)。1936年3月31日,他因为参加追悼郭清大会和会后的抬棺游行再次被捕。出狱后他仍然坚持革命,为中国革命做过许多有益的工作。

　　1937年"七七"事变以后,他暑假回乡,在战乱中,失去了组织关系,但是为了继续学业,王瑶先生从家乡平遥出发,辗转流离、跋山涉水,吃尽千辛万苦,终于到达了昆明,在西南联大中文系复学,1943年毕业后又考上了清华研究院朱自清先生的研究生,由朱自清和闻一多两位教授共同指导。在昆明,他除了专心学习之外,还积极支持闻一多先生的民主运动,参加了中国民主同盟。据季镇淮教授回忆,"一二·一"运动后,王瑶先生曾和他在昆明北郊的山地开过一个民盟小组会,四个人在一起学习毛主席的《新民主主义论》。

　　1944年,王瑶先生在一封信中报道了闻一多先生在爱国民主运动中,把西南联大变成民主堡垒的情况,赞颂闻一多先生大无畏的壮举。1946年闻一多先生被特务暗杀后,王瑶先生又写了《忆闻一多师》,从自己的亲身经历全面而具体地记述了闻一多烈士由诗人、学者到民主斗士的光辉历程。在北平,1946年王瑶先生于读书十年之后,开始在清华任教,除教大一国文外,还教"中国文学史分期研究"。他的同学与同事季镇淮先生说:"这是新课,可说已达教授开课的水平。"

　　1948年,困苦中的朱自清教授不幸病逝,王瑶先生痛失良师,先后写过几篇悼念文章,后来连成《念朱自清先生》,分六节全面记述了朱自清先生的创作、研究成就。他还作为《朱自清全集》的编委,收集遗文,整理日记,日记有些是用日文、英文写的,都翻译为中文。

王瑶先生当时重点研究的是中古魏晋文学,和传统的研究不同,他是以新的科学方法进行研究的,他说他受鲁迅先生《魏晋风度及文章与药及酒的关系》的影响很大,就是要联系社会风气、文人生活、个性及政治环境来研究文学,是联系当时的现实、总结历史经验的。这就打破了过去封闭的研究方法,努力运用马克思主义的立体方法去研究文学,发扬了鲁迅的传统。在八十年代,他曾准备编一本书,选二十个用新方法、新观念研究文学史的人,当时他希望西南联大的同学范宁写郑振铎。

从范宁的回忆我们才知道,王瑶先生研究现代文学史,早在解放前就已经开始了。他曾从范宁处借看李何林的《近二十年文艺思潮论》,很感兴趣,于是把清华图书馆收藏的新文学作品全都借来读了,这还不够,又把吴征镒同志去解放区之前寄存在余冠英先生处的新文艺作品也全部借来阅读。范宁见他"废寝忘食、夜以继日,十分勤奋",就开玩笑地说:"你打算改换门庭了!"他回答说:"做点准备。"北京解放后,他更是如饥似渴地阅读新文学作品,一心从事现代文学史的编写。见他如此埋头苦读,蒋南翔同志曾约他"小聚",希望他多参加一些社会活动。其实,他非常关心时事,每天要到图书馆去看许多份报纸,研究各方面的动态。清华大学图书馆有几十份报纸,他白天就去广泛阅览,晚间就写一些文章,在学术研究中当然也联系现实。当然,这并不是直接的联系,而是自然地流露出来。这就使他的文章有了新的意义。

他的著作除了《中国新文学史稿》之外,还有《鲁迅与中国文学》《鲁迅作品论集》,对鲁迅与中国古典文学的关系、与外国文学的关系,都作了深入的研究。他的《论〈野草〉》是在《野草》专题课的基础上写出的长文。在《中古文学史论》之外,他还有《陶渊明集》编注,下了硬功夫。由此可见,王瑶先生是博通古今、学贯中西的学界泰斗,是德高望重的学术大师。

1979年,王瑶先生当选为中国现代文学学会的创会主席,直到1989年他逝世为止。他主编《中国现代文学研究丛刊》,坚持出了多年,有一次亏损一万元,有人要停办,他说不能停,一万块他可以自己掏腰包。

1989年10月去苏州出席中国现代文学学会大会之前,王瑶先生已经有些发烧的症状,医生劝他不要远行,但他为了事业、为了人民,还是坚持参加,除了在大会发言,还参加小组会,发表了许多精彩的意见。他还冒着寒潮,随大家一起去虎丘、寒山寺参观。

那时正是11月初,寒风凛冽,我当时陪着苏联科学院高级研究员司徒洛娃从虎丘出来,看见王瑶先生和师母匆匆忙忙地追赶队伍往虎丘跑,没有来得及和他们打招呼,谁知这竟是我与王瑶先生的最后一面。

当时王瑶先生已经感染风寒,还是坚持去上海青浦参加巴金的作品讨论会,在会上病倒,牺牲在神圣的工作岗位上。

我永远忘不了王瑶先生对我的恩情。我本来是搞文艺理论的,在北大中文系文艺理论教研室给杨晦先生当助教,后来因为民间文学课需要人,我当时对苏联文艺理论的教条主义已有所不满,就主动要求去教民间文学了。

民间文学课是解放后新开的课程,是学习苏联的人民口头创作课,在一年级作为基础课开设。1958年纠正学苏联的教条主义,把民间文学课改为高年级的专题课,于是各大学就把民间文学教员调去教基础课(文艺理论、文学史、写作等等)。当时北大中文系领导决定调我去教现代文学,请王瑶先生指导。我去见王瑶先生时,他说:"民间文学很重要,我的老师朱自清先生就开过'歌谣研究'的课,所以你还是以讲民间文学为主,搞现代文学你就看看《鲁迅全集》,研究鲁迅是如何对待民间文学的。"于是我从《鲁迅全集》中抄录了许许多多关于民间文学的精彩论述,我发现伟大的鲁迅是如此重视民间文学,在《不识字的作家》和其他许许多多杂文、散文中对民间文学有全面而深入的研究,更坚定了我坚持民间文学教学的信心和决心。从1960年到1966年,我给中外学生讲授民间文学专题课,讲了七遍。这在全国是绝无仅有的。民间文学泰斗钟敬文教授说我有张志新精神,其实,这是北大精神,是王瑶先生教导的结果。

王瑶先生不仅指导我讲课,而且还仔细审阅我的民间文学讲稿,当时正在强调阶级斗争,我写了一章"民间文学领域里的两条路线斗争",王瑶先生说就是这一章写得不好,我想主要是不太符合历史事实,于是删去了。1964年,我的讲义已经印过两次,王瑶先生说,可以给出版社看看,言外之意是他认为可以出版了。我当时刚刚三十岁,还很年轻,王瑶先生如此鼓励,使我受到极大的感动。但是在文艺大批判的形势下,这本教材是不能出版的。直到1981年1月,才由北京大学出版社出版,出版后就受到季羡林、乐黛云等老师的肯定,被国内外许多大学用作教材和参考书,现已出到第四版,印刷二十多次。1996年获意大利巴勒莫人类学国际中心的一个大奖——彼得奖,奖金二百五十万里拉。2007年美国俄亥俄州立大学的两位教授还在日本的英文刊物《亚洲研究》上发表书评对此书和我主编的另一本教材《中国民间文艺学》作了很高的评价。我想这一切都是与王瑶先生的指导分不开的。试想如果没有王瑶先生的谆谆教导,我可能已经改行,怎么能有今天的成就呢?我永远忘不了王瑶先生。

(初刊2011年3月16日《中华读书报》)

王瑶先生的九句话

钱理群

王瑶先生的学生与朋友都知道,他的私下谈话,是最具特色的,采取的是"王瑶式"的表达方式,和他的学术著作语言的严谨、简约不同,充满幽默、机智,常出人意料,又入木三分,发人深省,但又点到即止,绝不多说,全看听者有没有悟性。记得当年我和平原曾私下讨论,准备将先生客厅里的高谈阔论录音、记录下来,整理成书,那将是一本更能传达先生的思想、精神的著作。但我们还没有来得及做,就风云突变,先生也被卷走了,留下了永远的遗憾。在先生仙逝后,我在好几篇文章和讲话里,都陆续写出了我印象最深的先生的讲话片断,今天就作一个总结,有九句话。

首先是对我的四次教诲。

第一次,是 1978 年我入学不久的师训:"不要急于发文章。"这和今天不一样,现在的体制下,不发表文章就麻烦了。先生说:"钱理群,我知道,你已经三十九岁了。年纪很大了,你急于想在学术界冒出来,我能理解你的心情。但是,我劝你要沉住气。我们北大有一个传统,叫做'后发制人'。有的学者很年轻,很快就写出文章,一举成名。但缺乏后劲,起点也就是终点,这是不足效法的。北大的传统是强调厚积薄发。你别着急,沉沉稳稳做学问,好好地下功夫,慢慢地出来,一旦出来,就一发不可收拾,有源源不断的后劲。"

第二次,是我研究生毕业,留校当先生助手的1981年,这又是我人生的关键时刻。先生专门找我谈话:"钱理群,你现在留校了,处于一个非常有利的地位。因为你在北大,这样你的机会就会非常多。但另一方面诱惑也非常多。这个时候,你的头脑要清醒,要能抵挡住诱惑。很多人会约你写稿,要你做这样那样的有种种好处的事,你自己得想清楚,哪些文章你可以写,哪些文章你不可以写,哪些事可以做,哪些事不可以做。你要心里有数,你主要追求什么东西,然后牢牢地把握住。利用你的有利条件尽量做好,充分发挥。其他事情要抵挡住,不做或者少做,要学会拒绝。不然的话,在各种诱惑面前,你会晕头转向,看起来什么都做了,什么都得了,名声也很大。但最后算总账,你把最主要的、你真正追求的东西丢了,你会发现你实际上是一事无成,那时候就晚了,那才是真正的悲剧。""要拒绝诱惑,牢牢把握自己所要的东西",这大概是王瑶先生对我最有分量的一个嘱咐,我一直到今天,还时时回味先生的这段话,始终坚持遵循先生的这一师训。这大概是可以告慰先生的在天之灵的。

在担任助手期间,先生对我的教诲反而不多。一次在闲聊天的时候,王先生突然对我说:"钱理群,我跟你算一笔账。你说人的一天有几个小时?"当时我就懵了:老师怎么问我这么一道题?只得随口回答说:"二十四小时。"先生接着说:"记住啊,你一天只有二十四小时。你怎么支配这二十四小时,是个大问题。你这方面花时间多了,一定意味着另一方面花时间就少了,有所得就必有所失,不可能样样求全。"秃头秃脑地讲了这一句,就不再说了。我就反复琢磨王先生的这句话,我觉得这是对前一句话的补充与延伸,他是在提醒我:你要在学术上有所成就,必须要有付出,甚至有所牺牲,"不能样样求全"。后来,我在给北大学生和北师大学生演讲时,转述了王先生这一教诲,并且作了这样的发挥:"要做学问,着重于精神的追求,就必须把物质看淡,即所谓'淡泊名利',要超脱一点。这看起来是常识,但真要在物质诱惑面前毫不动心,也不容易,特别是在我们这个越来越商业化、物质化的时代。说实在话,王瑶先生的这一教诲的意义,我也是在这些年经历了许多事,看了许多人的变化,才逐渐认识的。"

最后的教导,是王瑶先生逝世之前,留下的遗训。那时形势非常紧张,大家都有点惶惶不安。先生就说:"你们不要瞻前顾后,受风吹草动的影响,要沉下来做自己的学问。"有人问:"我们下一步该怎么办?"先生回答说:"不要问别人你该怎么办,一切自己决定,一切自己选择。"说完这些话不久,先生就"走"了,留下我们这些学生,自己选择,走自己的路,一直走到现在。

现在再讲第五句话:这是讲他自己的选择。有一天,王先生突然对我说:"我现在老了,无论做什么事,都是'垂死挣扎',什么事也不做呢,又是'坐以待毙'。——与其'坐以待毙',不如'垂死挣扎'!"说着就哈哈大笑起来。我听了却为之一震,立即联想起鲁迅《野草》里的"死火"的两难:或者"烧完",或者"冻灭",而最后的选择也是:"那我就不如烧完!"后来,我在给学生讲《死火》时,转述了王先生的这段话,并且作了这样的解释与发挥:"这其实是一个古老的人生哲学命题:所谓'冻灭'('坐以待毙')就是'无为之死';所谓'烧完'('垂死挣扎')就是'有为之死'","结果都是死,但过程不一样,就有不同价值,所要追求的是生命过程中的价值";"所谓'与其冻灭(坐以待毙),不如烧完(垂死挣扎)',所要选择的就是积极参与,知其不可为而为之的人生态度"。现在,我也老了,到了王瑶先生当年的年龄,对鲁迅也是王瑶先生的这一人生态度和选择,就有了更深切的体会了:尽管明知是垂死挣扎,也要积极有为,这就是"反抗绝望"。

我记忆中的王瑶先生的第六到第九句话,都是谈知识分子的。

第六句话是:"知识分子,他首先要有知识,其次,他是分子。所谓分子,就是有独立性,否则分子不独立,知识也会变质。"——关于"什么是知识分子",有过无数的讨论与争论,王瑶先生寥寥数语,就讲清楚了。

有一次,王先生突然跟我谈起当代的一些知识分子的表现来。这是很少有的,因此给我留下了特别深刻的印象。我理解,王先生并不在意具体的褒贬,而是要借此概括知识分子的某种类型。让我终生难忘的,是两个概括。

王先生说,某些知识分子看起来很博学,谈古说外,其实是"二道贩子":对外国人贩卖中国货,又向中国人贩卖外国货,贩卖而已。

王先生又说,还有些知识分子,很聪明,开始时也用功,在学术上确实做出了一些成绩,取得了一定的学术地位。然后,就吃老本,不再做学问了,而是到处开会、演说、发言、表态,以最大限度地博取名声,取得政治、经济的好处,这就成了"社会活动家"

了。但也还要打着"学者"的旗号,这时候,学术就不再是学术,而成了资本了。当年的研究,不过是一种投资,现在就要获取最大的利息了。

今天的中国学术界,这样的"二道贩子"、这样的"社会活动家型的学者",恐怕是越来越多了;我因此而不能不感佩王瑶先生的"毒眼"和远见。同时也时时警戒自己:不要做这样的"伪学者"。

我要说的王先生关于知识分子的第九句话,现在已经几乎是社会流行语了:"不说白不说,说了也白说,白说也要说。"我记得王先生先是在私下里和学生、朋友说,后来在政协会上一说,就传开了。一直到今天,人们说起知识分子的处境与选择,也总要提起这句话,王先生也确实把在中国体制下知识分子言说的尴尬、无奈和顽强坚守说透了,而且用的又是"王瑶式"的表达方式。有意思的是,今天人们提起这句名言,已经完全忘记了其发明者是王瑶。我由此想到,我们这些学者、教师,一辈子说了无数的话,没人记得住;但王瑶先生这样一句话就在社会流传,经久不息,大概是很少见的。

(初刊 2014 年 5 月 7 日《北京青年报》)

怀想王瑶先生
——以此纪念他的百年诞辰

吴福辉

　　王瑶先生与家父同年,属虎,今年正好是他们一百周年诞辰。对于我来说,想到父亲即会联想起先生,想及先生也便闪过父亲的身影,是毫不奇怪的。

　　第一次见到先生是在北京大学文史楼,这绝不会错,因那是1978年7月15日我参加研究生复试口试的地方。我对先生的最初印象便从此开始,它像钉子一样楔入我的记忆中,怎么可能忘怀呢?虽然复试的笔试是在前一天举行的,但那日两位招生的导师王瑶先生、严家炎老师并未露面,"主考官"记得是当年系里的中青年古文字专家裘锡圭。越一日口试,那天我排在第一位,事先准备了各种假想的专业题目,甚至凌晨还在未名湖边抓紧最后的时间快读自制的文艺理论卡片,却都未用上。进得二楼小房间,没有辅助人员,无需抽签选题,便见到了满头白发、面色红润、操一口山西方言的先生,所提的三个问题却是再简单没有:一问有些什么作品?二问准备考试时看过些什么书?三问对现代文学研究有什么想法、志愿?这更像是随意发问、闲谈。我现在已不记得当日如何回答的了,只是一下子放松了心情,说话也大胆起来。待我谈起曾经读过的文学史著作、读过的鲁迅作品,先生突然插话,问我对目前的文学史研究有什么见解,对鲁迅研究有什么看法,一直追问下去,我这才明白,这"聊天"也不是白给的,是隐藏深度的。我事后将北大的两次笔试和这次口试联系起来一想,脑中不由浮现出"博大气象"这四个字来。

当年北大现代文学研究生入学考试题,便由先生主持确定,核心题还是他亲自拟就的。其中的大题综合性强,对考生的起点要求很高,恰又切入时代的学术前沿,焦点打在急切需要思考的一些问题上;小题看似琐碎、细巧、宽泛,却直指我们学科的基本知识范畴,及与临近学科的跨界渊源关系(它并不理会"文革"造成的知识创伤,照直坚持自己的出题标准。后听说其风格同"文革"前并无二致。加上仅一个月备考时间,据说有一位青年诗人答这种题仅得了几分)。这些题目大气,颇具深广度,你在初次接触时简直会被惊住。我当年在考场两次从信封抽出试题,都不禁倒抽一口冷气,后脊梁发凉,很长时间(复试时超过二十分钟)竟没有下笔回答,因不知如何回答。这考题让我第一次从学风上闻到了北大之所以为北大的气息,感受到先生的治学特点。我过去在文章里曾透露过这两次笔试的部分题目,现在借这篇回忆文的篇幅,完整公布如下:

1978年北京大学中文系研究生现代文学初试考题

1. 对于中国现代文学史的分期你有何看法,试从历史、文学、社会的角度讲清你分期的理由。

2. 鲁迅关于《呐喊》《彷徨》有不同的特色曾说过一些话,请按此举出作品实例来谈谈这两个集子在思想、艺术上有何不同。

3.鲁迅说"五四"时期的文学"散文小品的成功,几乎在小说戏曲和诗歌之上",你认为如何,并举创作实践加以说明。

4.解释以下概念,并说明其出现于现代文学史上哪一个时期:"第三种人""国防诗歌""新歌剧""社会主义现实主义""辩证唯物主义创作方法""乡土文学""爱美剧""商籁体"。

(根据笔者同年5月17日日记整理,文字上或许有小的出入。另第四题应有10个小题,目前缺二。)

1978年北京大学中文系研究生现代文学复试考题

1.具体联系二十年代和三十年代有关"五四"文学革命性质问题的流行见解,从"五四"新文学实际出发,论述《新民主主义论》对中国现代文学史研究的指导意义。

2.试以三名非"左联"成员的作家作品为例,综合说明三十年代"左联"以外进步文学创作的面貌和思想特色。

3.列举事实说明十九世纪末、二十世纪初中国小说、戏剧观念的变化,并以"五四"以前小说戏剧的实际发展,阐述发生这种变化的原因。

4.说明下列作家的国籍,举出一种作品,它介绍到中国的大致时期,对哪些作家和文学社团发生过影响:(1)尼采(2)罗曼·罗兰(3)高尔基(4)易卜生(5)王尔德(6)奥尼尔(7)歌德(8)显克微支(9)泰戈尔(10)爱伦·坡。

(据凌宇当年抄录稿)

不要说我们还要专门考一张中国古代文学卷纸,不要说这里牵涉到的现代文学性质、分期,晚清文学与"五四"文学的关系,现代中国文学与外国文学的关系,左翼文学与非左翼文学的关系,鲁迅众人对现代文学史的已有看法可遵循也可不遵循等等,有了这样的笔试,就难怪口试只需"聊天"了。而且一旦进校学习,对先生阔大不羁的印象就越发深刻。前不久我因某个会议去北大,到得早些,便信步走向先生旧住地镜春园凭吊一番。石桥仍在,石狮依然,但斑驳的大门、围墙、屋脊已粉刷一新,门口增设的"保卫"竟不许我进去,不禁感慨哲人已萎,这里已掩去了年深日久的味道。恍惚间从镜春园到五院中文系,一个满头白发的老人骑着自行车来往驱驰,灵活上下的影子仿佛闪过,这在老先生级的教授群中是少有能与之匹敌的。先生那篇为清华校庆纪念刊所撰的《自我介绍》称"时乘单车横冲直撞",加上烟茶如命,"华发满颠,齿转黄黑,颇符'颠倒黑白'之讥;而浓茗时啜,烟斗常衔,亦谙'水深火热'之味",那些不免流露得意之色的老天真的文字,最显他的本色。他夜读昼寝的起居习惯,最初我并不知道,第一次到镜春园76号拜见他,上午十时敲门,保姆告先生还在休息,但不幸已将他吵醒。自此才遵守下午去见先生的惯例。他身上保持着许多乡土原色,均有线迹可寻:乡音不改是其一;穿着虽没到"不修边幅"的程度,但确实不讲究,衣襟沾上油星也不予理睬是其二;在上海病危时插管失声,只能写字,写过"我想死在76号"的话,他对自己的归宿会在沿海大都市没有准备,无法认同,而医院里的医生他独独信任某位说沪地郊县话的大夫是其三。他的独立不倚,随处可见。

更加大气的,是他的谈吐。这种谈吐,多在非正式场合、小的见面场合。我们很快发现,这甚至比他的学术讲演,比他在报刊上形诸笔墨的文章更加睿智、机敏、生动(所以不能给先生编出一本书斋语录,实在是后人的损失)。最初的印象往往最深,入校不久一次六研究生听先生作安排学习的散谈,以及后来在他的书斋、在五院的教研室里,多次"亲承音旨"(先生称受教朱自清先生的用语),让我们醍醐灌顶,大开眼界,不禁联想到徐志摩说的学问是从烟斗、从下午茶里熏出的话来。比如先生说:文学史不是文学批评,也不是文学理论。一篇作家作品的批评文章不能剪下来直接放进文学史。文学史精心挑选文学现象,是通过叙述表现规律,体现那个发展过程的,而现象要比规律更丰富(先生的话都依据笔者当年记录。不加引号因很难说一定是原话)。又说,学习文学史要看原来的杂志报纸,闻一闻气味也好,可知道作品发表时的社会环境,能了解作家后来修改过的作品的原先面貌和最初的写作动机。要积累历史资料,要积累研究动态,造成"专业敏感"。就像看一件毛衣,我们不懂的人只觉得好看不好看,懂行的人能看出上七针、下八针的织法来。现在研究界提倡读旧期刊,好尽快进入文学的原生状态,王先生提出得最早。专业敏感性是做学术研究的人必备的素质,先生提出其中的一个标志便是:读书要让脑子里有问题,是在接触许多材料中形成的问题,那就有希望了,如果老是要别人提问题那就糟了。这些问题只嫌其多,不嫌其少,乱七八糟也不怕。你们到舞台的前后台看过没有?前台干净利落、炉火纯青的表演,是由杂乱无章、丰富多彩的后台支持的。这个比喻,后来成了我轻易不给研究生出题目,只鼓励他们提高读书质量的一个依据。对研究生的指导除了要求他们自学,先生还安排了讲座与讨论。

他说，主要是你们讲，一个人讲，大家自由讨论，大胆思考。讲一小时，然后讨论一两个小时。讲的人是用材料说明观点，最好有创见，可训练研究问题的方法，即便是从选题也能看出水平。讲的人如以观点为主，像放唱片，转着圈子唱一个主调；如果以叙述为主，就像织毛衣、织围巾搞成一片，当然也是需要的，但还是以前一种方法为好。这个譬喻先生不止讲过一次，文字有点小差别罢了。先生强调历史主义，也强调当代立场，两者并行不悖。谈论文学史是历史科学的时候，他说对历史的认识也是在不断深化的。有的材料没有古代、现代之分，如作家的生年籍贯。有的早就混入了人们的认识，如《新民主主义论》发表之前，没有人认为"五四"是无产阶级领导的，在三十年代前，包括在孙中山、鲁迅眼中，义和团也不会被看作农民运动。但在讲到我们不能妄自菲薄、要有学术自信的时候，他又说，历史往往是没有参加过这段历史的人写的！不要认为局外人就一定比局内人差，实际上当局者都健在的那段历史反而复杂难梳理。当局者经验丰富，对历史充满感情，但囿于自身的利益和眼界，态度不一定科学，而历史谜团往往需要时间才能看清楚。这种如何对待历史资料的话，他说得特别多，而且一般都是举例子。如说自然主义在"五四"时期不是坏名称；说"五四"时期在大学讲小说，就像侯宝林入作家协会那样稀奇。这都能锻炼我们复杂地看待历史的眼光。他也经常谈鲁迅，把鲁迅看成我们学术的根基之一。他说鲁迅有三个高峰：思想理论、文学艺术、科技意识。鲁迅的文化时代目前还处在开始阶段。还鼓励我们说，鲁迅写《中国小说史略》时，三《言》二《拍》都还没有看到，我们如果没有写出新的小说史是因为我们没有出息，不是没有可能。也不要因为鲁迅写《阿Q正传》,我们便写《阿部正传》,模仿不是研究。至于方法论也是常谈的,比如说,西医对人是一部分一部分研究,中医是从人的整体来研究,我们要各取其长作综合研究,要从历史的上下左右来研究。宏观世界易疏空,微观世界易繁琐,我主张折中。这些谈话声声入耳,它们浓缩了先生几十年学术研究的心得。精彩的话语无从一一历数,我记得的是当时的心情,就如同一个跋涉者见到路途,由此窥得学术研究的一个角落了。这是先生大学问家风范的集中体现,多少年过去了,却令我终生难忘。

在收我们做学生的七十年代末到八十年代初,正值先生又一个学术高潮期。我们无缘看到先生四十年代写作《中古文学史论》时的风采,也没有赶上见着先生五十年代日夜兼程赶写《中国新文学史稿》时的奋发状态。这两本书奠定了他作为中古文学研究的现代开拓者和现代文学研究的重要开创者的学术基石。而在新时期,我们还是幸运的,能目睹先生重整"现代文学"山河的全部过程。这自然不是他一人所能做到的,却是他学术最后十年的全部用力之处。

其时,先生安排我们的学习计划,提出要我们重听系里中年教师新开的现代文学史课程。我觉得他已经意识到,一个崭新的文学研究阶段业已开始了,他要求他自己和他的学生都投入到这个历史漩流中去。从1980年7月在包头召开的中国现代文学研究会首届年会他所作的主旨报告起,加上其他的各类频繁的讲演、授课,十年中经修改相继发表了《关于中国现代文学研究工作的随想》《中国现代文学和民族传统的关系》《中国现代文学与外国文学的关系》《中国现代文学与古典文学的历史联系》《中国现代文学研究的历史与现状》等系列文章。仅仅从这类比较严肃的系列化、学院化的论题里,就可看出先生自觉意识到的他本人的历史使命。他推动我们这个学科重新起步,重新厘定"中国现代文学研究"的学科性质、范畴、分期等概念,建立起"中国现代文学史"写作的基本理论、方法的必要系统。他修订再版了他的代表作之一《中国新文学史稿》,我们同学受邀参与了此书全部引语的校勘工作,因而在出版后获得先生签名赠送的上下两册书籍,这成为我们永远珍藏的纪念物。这十年里他还认真从事文学研究的领导工作,他的心思我们懂得,这也是责任,虽然有时他还用称别人为"伟大的组织家"来幽默一下。但他为此献出了晚年的宝贵时光,创办全国性的"中国现代文学研究会",创建本学科在全国唯一的纯学术刊物《中国现代文学研究丛刊》,建立并壮大、提高研究队伍,规划未来。而先生自己出身清华(因爆发抗日战争,他1935年进入清华中国文学系,直到1943年才在西南联大的清华毕业,同年考入清华研究院,到1946年以论文《魏晋文学思想与文人生活》毕业再留校任教),研究古代文学受朱自清先生、闻一多先生影响,得鲁迅《中国小说史略》《汉文学史纲要》《魏晋风度及文章与药及酒之关系》诸作的启发;研究并教学现代文学得朱自清先生自1929年始在北京各校开设新文学研究课程的引领,到1952年院系调整被安排到北大担任"中国新文学史"课程。他的学术根基有赖于清华北大。终生研究文学史,着重强调社会环境、社会文化思潮对文学和文人的影响力。当然也是因这文学社会性、时代性的强调,造成他对沈从文、路翎、钱锺书等评价的某种保留,这是他的局限也属于他的特色。他的文学史写作注意抓取典型的文学现象(如魏晋的"酒药女佛",如"五四"社团和刊物偏爱"青年"一词),以联系到每一时代的文学、文人和文化过程。这样,王瑶先生遂成为清华——北大文学史研究学派的重要一员,承前启后,泽被未来!

先生最后的"学术十年",我有幸近距离观察到的大约就是这三件事。第一是领导学会,包括指导我参与部分学会工作。他的领导艺术是"抓大放小",张弛有度。所谓"大"即是推进学术,无论是年会、理事会、纪念会,一概都是学术研讨会。他遇事请教同辈学者,发挥全国著名的中年学者的力量,以形成学会的核心。应当说由于他的学术威望和树立的民主商议的传统,现代文学学会在全国一直是统一的、团结的、老中青结合欣欣向荣的。他自己过了七十岁就一再提出交班,但众望所归,大家一直不允,迫使他1989年在苏州理事会闭幕式讲话中公开声明他将最后一次履行会长责任,但不幸一语成谶。第二是主管刊物。《中国现代文学研究丛刊》创办时的筚路蓝缕,因当时我尚在读书故仅有耳闻,但自1985年现代文学馆第一任馆长杨犁和我到镜春园与先生谈妥和学会合编该刊后,编辑部从北京出版社转由我负责,我便与此刊结下了不解之缘。我听到先生几次提出辞去学会会长职务,却从没有见他要辞去主编,可见对《丛刊》的看重。每年四次的编委会,我参加了整整四年,他一次没有缺席过。在编委会上他批评选题、修改题目、纵论现代文学界形势和学术动向,甚至提出重要的选题方向,发言是不惜长短的。他建立将编委会作为第三审的编辑制度,并完成了刊物具体编辑从他们一代向我们这一代(钱理群、王富仁、刘纳和我四人)的过渡。刊物资金每发生危机,按先生说法叫"心肌梗塞",他比任何人都焦急,几次提出要自己垫付每年所缺的一万元钱(那可是1985年有"万元户"称呼的年头),但被大家劝住。刊物创办十周年,他写下《蹒跚十年》的纪念文字,就像给自己的孩子过生。我记得在临去苏州开会前(再也没有回来),他已读过这年第4期(总第40期纪念号)的样书,对唐弢先生纪念文字里称《丛刊》的品质是"持重"两字,表示异常欣慰。他是亲自见到《丛刊》十周岁才走的。第三是培育青年学人。先生学习鲁迅自己肩了沉重的闸门、放青年一代到光明的地方去,自然是身体力行。学会两次在他支持下召开全国创新座谈会是为尽快培养新人。他给诸多青年学者看过稿子,写过序言。他对待后学,首先是严格甚至严苛,但他是冰中之火,我们都知道越是他看重的学生他批评起来越是毫不留情,真要是疏远的人他反倒客客气气。我本人进校写的第一篇论"五四"小说批评的文字,遭他轻轻一句话"你就是《小说月报》翻得熟些",激起我日后的努力。毕业论文终于得到他的首肯(乐黛云老师将先生评语兴高采烈地传给了我,并让我抄录)。《陕西教育》向他约稿写连载文学史,他把它转给了我们(还没有毕业),即《中国现代文学三十年》的前身,现在此书的修订本已印行百万册了。我毕业时的第一次分配方案是在中央机关,被我婉拒,是先生鼓励我坚持专业,并给罗荪写信推荐我到现代文学馆的。我的第一本论文集由他写了序言,但直到他病重住进了上海的医院,还未出版。有一天在大病房由我值班看护,先生突然垂询起此书来,此情此景,如同就在昨日一般。

所谓严厉或严苛,在我就学期间是中文系大家对他的定评。比如系里传说他讨论学位论文字数时,说最多两万字,写多了谁看？我们同学做讲座最好的应数钱理群、赵园,但翻记录批评得最厉害也是他俩。他问钱理群,你把鲁迅前期思想分成五个阶段,分得太细,"世界由愚人组成"的思想是厦门时的特征,北京时期他不就谈过聪明人和傻子和奴才了吗？"世界无止境"的思想,也是很早就有。赵园的讲座题目是鲁迅与俄罗斯文学,听完后他第一句话便说,这样来研究外国文学的影响有问题！你讲外国作家如何如何,鲁迅如何如何,但为什么能影响,这中间缺个"桥",你要在"桥"上做文章。他的严厉即便在家里也是如此,因为那是他更亲近的人。所以三年中我们都战战兢兢。但先生平时并不板着脸,他特殊的笑声是见过他一面的人都会记得的。而且经常是他说着说着,自己倒抽着气便爆发一样大笑起来,快活的眼光里藏着热诚、通达、聪慧,有时确乎也存一丝狡黠(原谅我用词不当,但一时无其他词可以代替)。他的真性情如吴组缃先生所述是"坦荡真率若童婴",连吴先生这样的耿直之士,都能接受他外露的"精通强记""敏捷勤奋"的品性,说明这些特质在先生那里并不危及旁人(见《哭昭琛》)。林庚先生记住了他的通脱,谈起他们一起遭"文革"侮辱人格的待遇,被勒令在楼前扫地,"只有他是最能泰然处之的"(《怀念昭琛兄》)。所以先生研究魏晋隐逸放达的文人,说他们骨子里是颇关怀世情的,表面玩世不恭,出语多谐,实际重感情、讲正义,先生的性格魅力似也正在于此。所以,他是报纸最精细的读者,是最能从新闻字里行间读出弦外之音来的时事评论家。他的书斋放言,除了学术如上所引,还有社会形势,还有人生哲理。传得极广的那个"不说白不说,说了也白说,白说还要说"的三句诀,是笑谈真理的典范。他的长寿秘诀是"不戒烟,不戒酒,不锻炼"。他说一个人和母校的关系有两种:如果学生的名气比学校大,就输送名气给学校使之成名校;如果学校名气大,就反过来输送给学生成名人。这类睿智的话语出自先生哈哧哈哧的笑声中,你会觉得他真是将冷与热、孤傲与通达系于一身了。1988年先生给女儿新居题字,其词便曰:"胆欲大而心欲小,智欲圆而行欲方。"活脱是夫子自道,是先生自己的人格写照。

  而命运竟让先生1989年年底客逝于上海,而当他的病在一个特殊的时间猛然袭来的时刻我竟就在他的身畔。关于先生的上海青浦首届巴金国际研讨会之行,是如何转为他的殉现代文学之途的,我曾写有《最后的和最初的日子》一文,这里就不赘述了(重复一遍简直就如下地狱一次)。我现在留有两件极简朴的只对于我有意义的纪念物:一是只废旧信封,本是旁人给先生的信,却在我们到达上海后临时由先生装进了全国政协委员证、身份证和四百五十元钱,写明了要我买11月30日两张软卧车票,同他一起回京。先生做事仔细,并不像我原来想象的心粗。信封上留下先生的笔迹,大而工整,明确无误。其时,他、师母、大家谁也没想到这票是买不成的了!他年谱中写:那年"11月13日,先生与杜琇同日到达苏州住苏州大学招待所"。这不错,但两位不是同日离京。之前,我受先生之托提前陪师母作扬州之游,然后到南京会合(记得12日大家还一起去看了钱理群家的老屋),才一起至苏州的。病表面上起于苏州虎丘,感了风寒,实际上半年以来先生已经心力交瘁。20日上午我们从上海车站北口出来,复旦的车子已在那里等候,先生只拎一只公文包都走不到头。他有三次救自己的机会,都放弃了:在贾植芳先生家里,医生查出他肺部杂音很重却不留诊;当夜青浦中心医院确诊为肺炎,他仍未住院;21日巴金研讨会开幕,他坚持出席。最后是由我从主席台上将他扶下,送进青浦中医院。他22日早被用救护车送往上海华东医院时,坚决拒绝躺在担架上,而要抱着氧气袋靠坐。他不承认得了大病,记着答应与会者在会议后期还要来作发言的话。另一纪念物,是华东医院的挂号收据,写明时间是11月22日,费用是两角。我记得救护车到了医院,虽然院方已知王先生的名望,王元化先生也数次联系过,但我去办手续的当口,挂号洞里问我先生是什么级别时,我还是一时噤住。后回答是政协委员、教授,于是住进大病房,挂的医生也只要这样的挂号费用。从此,插管挂呼吸机,吸痰,输流食,切开气管,发烧退了再发烧,往复发生。先生始终清醒。他的肺叶太糟了,他的头脑和肺腑却是两回事,清醒异常,思维运作不息,一切表现在他最后的写作上(指插管失声后写在纸上的话),如:研究巴金"是学术工作,不是大批判","人情要记住","我苦于太清醒","原谅我过去一切的不好","你们不必让我痛苦的多活几天,何必"等等,等等。对于我,这张挂号票便是先生在我的出生地走向他最后一日的命符!

大幕落下,可以论定了。先生山西平遥人氏(此县古城近年来已享誉世界),自幼聪慧,早年为进步学生,向往于革命,两次身陷囹圄,后献身学界。经历了战争,经历了"文化大革命",在火焰、冰窟、脏水、碱水中熬过来。从政治到学术,由革命者到文人,流连于魏晋至现代中国之间。一生心仪鲁迅,内心坚韧,行事却能通脱灵活(外圆内方是也)。对于曾经批判过他的人,晚年均予原谅。本是严厉持家的家长,临终对妻儿不论是在身边还是在外的,都深表忏悔。一个人能否彻悟生命,真正融入于天地宇宙间并与之同寿,凭我的修养还不足以说得明白,但先生笑含烟斗在 76 号书斋侃侃而谈的样子是永远定格了。

2014 年 2 月 10 日于北京今冬第一场雪后

3 月 5 日改毕

(初刊《书城》2014 年第 5 期)

走近王瑶先生

赵 园

前不久社科院文学所举办唐弢先生百年诞辰的纪念活动,发言中我比较了李何林、王瑶、唐弢三位学科奠基人,不过及于浅层。我对李、唐二位先生,所知不多,此外也确有不便深说者。

王先生之于我,已经在先生逝世周年祭时写到了,即收入1990年天津人民出版社出版的《王瑶先生纪念集》的《王瑶先生杂忆》。那是一篇写在特殊时刻的文字,情境与当时的心境均不可能重复。我一向承认自己不是好学生。当年考研时竟未找到他的那部《中国新文学史稿》,入校后也不记得曾认真地补读。前一时接受访谈,被问到师承,我说王先生对我的影响,更是"潜移默化"的,"不大能诉诸清晰的描述",像是在弄狡狯。倘王先生在世,不会在意的吧。先生对我的态度,略近于家中长辈,严厉而又不无宽纵;我也就有机会放任自己,不大顾忌他的要求。这种略有古意的师弟子关系,在他那代人之后已然稀有。

还记得八十年代上海的几家刊物来访,看着一群弟子簇拥着王先生走过,有几句笑谈。座谈时说到王先生曾研究过的某著名作家,我的发言不免肆无忌惮,稍涉轻狂。坐在对面的王先生,也不过微露惊讶,当时与事后都没有说过什么。

前一时,协助师母杜琇女士整理王先生的遗文,包括"文革"中的"检查交代",在我,是他去世后再次走近他的过程。那些扫描件上的字迹,文字表述间的斟酌,涂抹修改,在在提示着那个特殊年代。"一个学人与他的时代",部分地就在这些个人档案中。1990年所写纪念文字中,我提到王先生"文革"期间一度被分派到我所在的"文二三"班,使我有近距离观察他的机会。但当年的我,对王先生"文革"中的命运并无关心。近年来,郭小川的"运动档案"收入全集,顾颉刚、吴宓的日记、书信等由子女整理出版,另有冯亦代的《悔余日录》、徐铸成的《徐铸成自述:运动档案汇编》问世(由北京大学出版社出版的《顾颉刚自传》,收入了顾"文革"中的"交代"),使那段历史中的知识分子的身形凸显,对当代史研究的贡献,绝不应低估。

我一向以为,较之学术文字,王先生更生动的,或许是他的性情,却至今未得到足够的描绘。曾想过,王先生倘生在古代,或属于"滑稽多智"的一流人物。他自我刻画,也说到"出语多谐"。但那不止是语言风格,更是生活态度以至生存智慧。当年我所在的"文二三"班,就发现他的那些"反动言论"往往是所谓的"俏皮话",即如流传较广而版本不一的"马克思""牛克思",另有"苟全性命于治世,不求闻达于诸侯";如果我没有记错,还有"走钢丝""挤牙膏"之类。令"小将"们头痛的是,难以据以坐实其罪。我的同学心有不甘却无可奈何,气愤之余,即指为"老奸巨猾"。也因此王先生在我们班,较之另一位老先生,更被轻慢。既处浊世,不可庄语,不妨插科打诨。也偶或不得已而行权,即如抗战中欲南行却无资费,即报名某组织临时换取盘缠；另如"文革"中的应付"外调"，为"蒙混过关"而有意"混淆视听"。凡此种种，倘科以"道德严格主义"的那套标准，自属不情。"文革"中的"外调"，迫令"背对背揭发"，由此导致兄弟反目、朋友失和，即使那段历史早已过去，造成的伤痛也仍难以平复——究竟应当由谁为此负责？

还应当说，王先生的"游戏态度"中寓有严肃与沉痛。读不出这沉痛者，也难以了解王先生的吧。也是由这批遗文及师母的说明文字，我才知晓王先生"文革"中竟企图自杀。这多少出我意料。我曾经将王先生在极其不堪的境遇中顽强生存作为例子，现在看来，即使顽强如王先生者，也自有承受的限度——到了动念自杀，想必这承受力已用到了极限。

至于我所读到的王先生"文革"中的"检查""交代"，内容不免于重复，有些是历次运动中一再倒腾过的老问题，只是被人"揪住不放"罢了。"文革"中内查外调，调查人员四出，不惜行政资源的极大浪费。同一"问题"，一查再查，令被调查者再三再四"交代"——较之弄清问题，更像是意在保持震慑，算的只是"政治账"。但这却不是当时人们的思路：即使被调查者，也绝不敢作如是想。

对"私下"言谈的监控，"文革"中达于极致。近年来关于一对一监视、汇报的材料浮出水面，一度舆论哗然。外调中迫使交代私下言谈，与搜缴日记、截留私人信件，均可归之于对私域的侵犯。"隔墙有耳""群众专政""人民战争的汪洋大海"，其间演出了多少可惨可笑的故事，其荒诞性大可作为写作卡夫卡式小说的材料。

由五十年代的检查交代看下来，感觉到的是被迫自污中的愈趋谦卑,但那更像是不得已的姿态。增订版的韦君宜的《思痛录》,收入了《我的老同学王瑶》一篇,其中写到杨述带工作组去北大,中文系的工作人员在汇报中将王先生归入"难办的教授"之列,杨即与王个别谈话,问:"系里叫你检讨,你心里到底服气吗?"王先生笑了一声,说:"跟你说实话吧,我的嘴在检讨,我的脚在底下画不字!"或许"脚在底下画不字"云云,更是文学性的说法,但那态度却确像是王先生的。或许王先生不是用脚,而是用内心的声音说"不"。他的终于没有被压倒,也应因了这种内在的力量。我注意到,即使在"文革"的高压下,王先生用的也是"检查"而非"请罪";同属自污,仍有程度之别。此老骨子里,有从未销蚀掉的倔强。

"文革"后的修复,何尝不也赖有那种内心的力量。我和我的同学1978年进校时见到的王先生,仍未失警觉,偶有防范的动作,却已近常态。这种自我修复的能力并非谁人都有。也有的人,即使脱出了缧绁,也拘手挛脚,肢体再也不能舒展。由收入《王瑶全集》第8卷的王先生"文革"结束后的书信,一再读到他劝导别人"向前看"的话。他对一位年轻同行说,"这些年来,知识分子几乎都有一些不堪回首的经历,非独您我,因此我觉得还是'向前看'较好。"(《致石汝祥》)对另一位年轻学人说,对方的坎坷固然"令人浩叹","但从'向前看'的精神说,我想从'八一年'起,应该是'新生'"(《致钱鸿英》)。他想必也以1981年为自己的"新生",尽管由事后看来,未免过于乐观。

我曾注意到顾颉刚、夏鼐、谭其骧,各有其"文革"结束的时间。由师母提供的遗文看,王先生的"文革",或许大致结束在1969年。尽管此后他仍然和我们一起去了平谷县的鱼子山。

我曾写到目睹他在田间干活的情景,王先生在家信中却说,他在乡间受到了照顾。看起来,当时的心情已不黯淡。

李何林、王瑶、唐弢三位先生,是中国现代文学学科的"一代宗师";或用了目下流行的说法,即"大佬"。我在上文一再提到的那篇纪念文字中说,王先生好臧否人物,对同辈学人却出言谨慎,也是他的一种"世故"。三位前辈中,李先生的耿介为学界公认,其在南开大学的情况我不知晓,只知他晚年指导博士生,似乎很放手;王先生率性,借用了鲁迅的话,时而随便,时而峻急,对门下有时不免于苛;唐先生对人态度温和,对其弟子想必委婉客气,至少不会如王先生似的疾言厉色吧。三位中,李往往被指为思想较"正统"而王则"异端",实则这种观察不免皮相。王先生固然关心时政,观念较李"开放","异端"却谈不上;在"文艺思想"上,毋宁说过分执着于其年轻时接受的理论与评价尺度。李、王、唐这样的大佬,想来难免会有人拨弄其间,但我所知道的是,三位先生均未"卷入"学界是非,使学科保持了不但正常而且较为干净的内部关系。正常就不易,干净尤难。

曾经有"王门弟子"的说法,寓有褒贬,但被人所指的,不过是个朋友圈子;且"圈子"中人不限"出身",无论是否出自王门、出自北大。王先生门下弟子众多,却无意于经营"学派",更无论"门派"。樊骏并非其门弟子,说"私淑"也勉强。对樊骏,对得后,王先生均以之为同行。王先生关心过的同行,另有一些人,由《王瑶全集》第 7 卷的书信部分可知。那种关心,决不下于对弟子。至于王先生对樊骏的信任,除人格外,无非寄望于其在学会、专业界的作用。王先生不经营"学派",对专业界却很在意,直至病逝。王先生对樊骏的这种责任感,我自然是尊重的,自己却不大有这种情怀。

李何林、王瑶、唐弢先生身后的中国现代文学学科,或更大而言之,他们身后的学界,这样的大题目,我是写不了的,只有些零碎的感想。2011年樊骏病逝,文学所编的纪念文集,题作"告别一个学术时代",略有一点悲怆。这是一种令人百感交集的告别。由王瑶先生去世到樊骏去世,告别仪式如是之漫长。我知道,某种境界,某种气象,已不可能重现。对于学科,对于学界,这种告别有怎样的意义?

前辈学人的背影渐次隐没在了混沌之中,不知年轻的后起者还能否感知他们的气息?

2014年4月

(初刊2014年5月7日《北京青年报》)

王瑶：最有精神魅力的人文学者

温儒敏

对我影响最大的是王瑶先生。我们上研究生时王先生才六十五岁，但感觉他是"老先生"了，特别敬畏。对不太熟悉的人，先生是不爱主动搭话的。我第一次见王先生，是由孙玉石老师引见，那天晚上，他用自行车载着我从北大西门进来，经过未名湖，绕来绕去到了镜春园76号。书房里弥漫着淡淡的烟丝香味，挺好闻的，满头银发的王先生就坐在沙发上，我有点紧张，不知道该怎么开场。王先生也只顾抽烟喝水，过了好久才三言两语问了问情况，说我三篇文章有两篇还可以，就那篇论《伤逝》的不好，专业知识不足，可能和多年不接触专业有关。先生给我的第一印象就是不客套，但很真实。有学生后来回顾说见到王先生害怕，屁股只坐半个椅子。这可能是真的。我虽不至于如此，但也有被先生批评得下不来台的时候。记得有一回向先生请教关于三十年代左翼文学的问题，我正在侃侃陈述自己的观点，他突然离开话题，"节外生枝"地问我《子夜》是写于哪一年？我一时语塞，支支吾吾说是三十年代初。先生非常严厉地说，像这样的基本史实是不可模糊的，因为直接关系到对作品内容的理解。这让我很难堪,但如同得了禅悟,懂得了文学史是史学的分支之一,材料的掌握和历史感的获得,是至关重要的。有些细节为何记忆那么深?可能因为从中获益了。

王先生其实不那么严厉,和他接触多了,就很放松,话题也活跃起来。那时几乎每十天半个月总到镜春园聆教,先生常常都是一个话题开始,接连转向其他多个话题,引经据典,天马行空,越说越投入,也越兴奋。他拿着烟斗不停地抽,连喘带咳,说话就是停不下来。先生不迂阔,有历经磨难的练达,谈学论道潇洒通脱,诙谐幽默,透露人生的智慧,有时却也能感到一丝寂寞。我总看到先生在读报,大概也是保持生活的敏感吧,辅导学生时也喜欢联系现实,议论时政,品藻人物。先生是有些魏晋风度的,把学问做活了,可以知人论世,连类许多社会现象,可贵的是那种犀利的批判眼光。先生的名言是"不说白不说,说了也白说,白说也要说",其意是知识分子总要有独特的功能。这种入世的和批判的精神,对我们做人做学问都有潜移默化的影响。

先生的指导表面上很随性自由,其实是讲究因材施教的。他很赞赏赵园的感悟力,却又有意提醒她训练思维与文章的组织;钱理群比较成型了,先生很放手,鼓励他做周作人、胡风等在当时还有些敏感的题目。我上研究生第一年想找到一个切入点,就注意到郁达夫。那时这些领域的研究刚刚起步,一切都要从头摸起,我查阅大量资料,把郁达夫所有作品都找来看,居然编写了一本二十多万字的《郁达夫年谱》,这在当时是第一部郁达夫年谱。我的第一篇比较正式的学术论文《论郁达夫的小说创作》,也发表于王瑶先生主编的《中国现代文学研究丛刊》(1980年第2辑)。研究郁达夫这个作家,连带也就熟悉了许多现代文学的史实。王先生对我这种注重第一手材料、注重文学史现象,以及以点带面的治学方式,是肯定的。当《郁达夫年谱》打算在香港出版时,王先生还亲自写了序言。

硕士论文写作那时很看重选题,因为这是一种综合训练,可能预示着学生今后的发展。我对郁达夫比较熟悉了,打算就写郁达夫,可是王先生不同意。他看了我的一些读书笔记,认为我应当选鲁迅为题目。我说鲁迅研究多了,很难进入。王先生就说,鲁迅研究比较重要,而且难的课题只要有一点推进,也就是成绩,总比老是做熟悉又容易的题目要锻炼人。后来我就选择了《鲁迅的前期美学思想与厨川白村》做毕业论文。这个选题的确拓展了我的学术视野,对我后来的发展有开启的作用。研究生几年,我还先后发表过《试评〈怀旧〉》《外国文学对鲁迅〈狂人日记〉的影响》等多篇论文,在当时也算是前沿性的探讨,都和王先生的指导有关。

1981年我留校任教,1984—1987年又继续从王瑶师读博士生。那是北大中文系第一届博士,全系只有我与陈平原两人。我先后当了王瑶先生两届入室弟子,被先生的烟丝香味熏了七年,真是人生的福气。1989年5月先生七十五岁寿辰,师友镜春园聚会祝寿,我曾写诗一首致贺:"吾师七五秩,著书百千章。俊迈有卓识,文史周万象。陶诗味多酌,鲁风更称扬。玉树发清华,惠秀溢四方。耆年尚怀国,拳拳赤子肠。镜园不寂寞,及门长相望。寸草春晖愿,吾师寿且康。"当时先生身体不错,兴致盎然的,万万想不到半年之后就突然过世了。

(初刊2014年5月7日《中华读书报》)

"学者百年"与"百年学者"

陈平原

北京大学中文系教授、著名文学史家王瑶先生1914年5月7日出生于山西省平遥县道备村,若健在,今年刚好满百岁。很可惜,王先生1989年冬外出参加学术会议,12月13日病逝于上海华东医院,至今已四分之一个世纪。

在学术史上,毫无疑问,书比人长寿。随着时间的流逝,作者的身影越来越模糊,而好书的魅力,则很可能穿越时空,被后人永远记忆。日后的读者,与作者本人没有任何直接联系,可以更真切、也更超越地看待这些著作。因此,人走得越远,书的大致轮廓以及学术价值,将呈现得越清晰。

王瑶先生去世,众弟子与友人同心合力,先后刊行了7卷本的《王瑶文集》(北岳文艺出版社1995年版)和8卷本的《王瑶全集》(河北教育出版社2000年版),将王先生存世的学术著作、散文随笔、来往书信,乃至历次政治运动中的检讨等,基本上全部收入。此外,还先后刊行若干王先生生前编定或主持的著作,如《润华集》《中国文学纵横论》《中国现代文学史论集》《中国文学研究现代化进程》等。

随着时间的推移,我们之谈论王瑶先生,怀念的色彩越来越淡,思考及反省的意味越来越浓。无论看人还是看事,站得远有站得远的好处,就像唐人王维《山水论》说的,"远人无目,远树无枝",不再拘泥于细节,要的是"大势",借此判断是否"特立独行"或"气韵生动"。因此,相对忽略某书某文的得与失,更加关注其跌宕起伏、五彩斑斓的一生,理解他的得意与张扬,也明白他的尴尬与失落。

只是这么一来,标尺必定越定越高,评价也将日渐严苛。而我以为,这样谈论王瑶先生,符合他作为清醒的学者的立场。记得在编写《中国文学研究现代化进程》时,王先生再三强调,我们是在做历史研究,不是写表扬信,也不是撰墓志铭。那书的作者大都是研究对象的弟子或徒孙,很难避免为尊者讳的积习,因此王先生特别警惕这一点。可惜的是,王先生过早去世,没能耳提面命,故最终成书时,评价尺度还是偏宽。其实,几乎所有近现代中国学术史方面的著述,都有这个问题——犹以弟子或友人所撰者为甚。

王先生去世已经二十五年了,作为友人、弟子或后学,我们依旧怀念他,但落笔为文,基本上已经将其作为历史人物来看待、辨析与阐释。对于文人或学者来说,去世二十年是个关键,或从此销声匿迹,不再被人提及;或闯过了这一关,日后不断被记忆。

因为,当初那些直接接触你的人逐渐老去,不太可能再为你呼风唤雨;而年轻一辈只能通过书本或档案来了解,很难再有刻骨铭心的感受。这学期我在北大讲"中国现代文学学科史",学生们听了很激动,说没想到师长们的学问是这么做的。可我很清醒,感动是一时的,有些细微的感觉无法传递,更不要说承继了。在这个意义上,我们今天在这里谈王瑶先生,大概是最后一次混合着情感、学识与志向的公开的追怀了。

最近这些年,我参加了好多学者百年诞辰纪念活动,感动之余,常常想,为什么是"学者百年",而不是"百年学者"呢？真希望我们能将此类纪念活动与百年中国学术史、思想史、教育史的思考结合起来,而不仅仅是表彰与怀念,更包括直面危机与教训,或者发潜德之幽光,由此而获得前进的方向感与原动力。

（本文为作者在"精神的魅力——王瑶与二十世纪中国学术"研讨会上的开场白,初刊 2014 年 5 月 7 日《新京报》。）

书比人长寿
——典藏版《中古文学史论》小引

陈平原

纪念一位学者的最佳方式,莫过于读他的书。在这个意义上,真的是"书比人长寿"。筹划王瑶先生百年诞辰纪念活动时,我提议从王先生众多著作中选一本书,精校精刊,让其更为长久地流传下去。师友们聚会商议,一致推选《中古文学史论》。

除了这书很"经典",值得苦心经营;还因此书引用大量古籍,每次重排重印,在减少若干错漏的同时,也增加了不少新的讹误。当初只是预感与推测,经过一番认真校勘,发现确实如此——今天北大版的不少错讹,棠棣版并不存在。

此书的版本情况如下:1951年8月,上海棠棣出版社刊行的《中古文学思想——中古文学史论之一》收文五篇,《中古文人生活——中古文学史论之二》收文四篇,《中古文学风貌——中古文学史论之三》收文五篇,这原本就是一书,只是因"时值建国之初,私营出版社顾虑较多,不愿出字数较多之学术著作,故循其所请,一分为三"(参见王瑶《〈中古文学史论〉重版题记》)。1956年9月,上海古典文学出版社印行《中古文学史论集》,从上述三书中选文八篇,加上《关于曹植》和《关于陶渊明》

两篇新作。1982年10月,上海古籍出版社重刊此书时,又添上了《读书笔记十则》。大陆之外,则有香港中流出版社于1973年分别重印棠棣三书;1975年,台湾长安出版社又将三书合成《中古文学史论》行世。至于石川忠久、松冈荣志所译之《中国の文人:"竹林の七贤"とその时代》,收文四篇,由东京大修馆书店1991年出版。

1986年1月,北京大学出版社推出简体横排本《中古文学史论》,棠棣三书终于在作者的授权下合璧,且作了认真校订。王瑶先生在该书《重版题记》中称:"此次重版,虽经作者就全书重行校读一遍,并有所补正,但总的来说,它仍然是一部旧作";"在付印过程中,又蒙钱理群、陆彬良二同志协助核校,多所匡正,并此志谢"。作者本人对此版本非常重视,也比较满意。日后北大1998年版、2008年版虽改变了版式,也修订了若干错误,但大致仍属于1986年版系列。

王瑶先生去世后,众弟子与友人同心合力,先后刊行了7卷本的《王瑶文集》(北岳文艺出版社1995年版)和8卷本的《王瑶全集》(河北教育出版社2000年版),其中第1卷均收入了《中古文学史论》。《编辑说明》称:"1986年1月北京大学出版社出版《中古文学史论》,将棠棣版三册合为一书,并作了认真校订。此次刊行,采用最能体现作者原初意图、讹误较少的北大版《中古文学史论》,同时收入上海古籍出版社版《中古文学史论集》的《自序》和《重版后记》。"由于此书征引古籍繁多,即便这两个出版社的编辑尽心尽力,重排本的错漏也在所难免。

不客气地说,随着此书版本的增加,遗憾只能是越来越多。因为,作为著名的现代文学史家,王瑶先生著作的校对难度往往被低估了。这个时候,确实需要一个比较权威的"定本"或"典藏版"。

这么说,并不意味着抹杀1986年北大版的贡献。从繁体竖排改为简体横排,还增加了棠棣版欠缺的书名号(原未加书名线),工作量其实很大。更何况,钱、陆二君在力所能及的范围内,还做了不少校订工作。正因此,王先生才刻意在《重版题记》中致谢。

选择最能代表王瑶先生的眼光、学养、才情与学术个性的《中古文学史论》来制作典藏版,最初曾设想直接采用棠棣版重印,后来发现不行。原因是,1986年北大版在整体结构上合并棠棣三书,可在具体文本的选择上,又采纳了不少1956年上海古典文学出版社的修订版。在《〈中古文学史论集〉自序》中,王先生称:"经过了这几年来的学习,现在重读一遍,觉得内容不妥之处很多;因此又抽暇重新整理了一下,删去了约三分之一的文章,把其余的也都作了一些修改,合为一册,就是现在这本《中古文学史论集》。"这里所做的修订,主要不是基于意识形态的高压,而是学术及文章方面的考量——校正了不少错漏及若干破句,还就文章结构作了一些调整,比如《玄言·山水·田园》一文便删去了论述陶渊明的三页多(与此版收入《关于陶渊明》有关)。而王先生"重行校读一遍并有所补正"的1986年版,这一章用的是删节本,而没有恢复棠棣版。

其实,之所以提出为这本不无遗憾的"经典之作"校订引文,很大程度是托现有各种古籍数据库的福。否则,工程极为浩大,很难下这个决心。这回的具体操作过程是:先请北大出版社提供电子文本,由天津师范大学文学院高恒文教授将每段引文与数据库相比对,列出所有差异之处;再由我一条条分辨,看是否需要改动,以及如何改动。我的工作原则是:能不改的地方尽量不改,需要校改的地方,尽可能出校注。只有一种情况,我径直改过来,那就是棠棣版并没有错,是日后各版的纰漏。这样的情况还真不少,大约有七八十处(含标点及字句)。至于为何不嫌麻烦,出了二百三十多处校记,不是炫耀博学,而是基于对前辈学者的尊重。作者引古籍时使用的版本,与今人普遍阅读的"整理本"不同,不该以今律古,随意更改。不好擅自改动,可又希望体现学术的发展,于是采用了多出校记的办法。

整个校订工作的原则及方法,如哪些改、哪些不改,怎么改,如何标示等,参见书前的《校订说明》及书后的《校勘所据书目》。需要特别说明的是,标点符号的使用,顿号、逗号、分号还是句号,长句还是短句,感叹还是疑问,所有这些标示,因时且因人而异。对照今天各种权威的整理本,本书出现差异而不作改动的,有两三百处。基本想法是,只要不破句,就尊重作者的习惯。至于若干短句,作者虽加了引号,但没注明出处,尽管与经典文本略有出入,以其无伤大雅,也就不作校改了。

高恒文教授和我都不是古典文献专家,虽然尽力而为,修订的地方不下五百处(这里也有责任编辑徐丹丽的功劳),但因学识及精力所限,实在不敢夸口"完善"。

最后,我谨代表王先生诸多入室弟子,特别感谢为制作此典藏版《中古文学史论》而施以援手的高恒文教授,以及不计工本多次刊行王先生著作的北京大学出版社。

(初刊 2014 年 5 月 7 日《中华读书报》)

作为山西学人的王瑶先生

陈平原

1989年12月13日王瑶先生去世,八个月后,天津人民出版社推出三十五万字的《王瑶先生纪念集》,如此"兵贵神速",在当年特殊的舆论环境中,实属罕见。紧接着,便是北岳文艺出版社的朋友找上门来,游说师母编辑刊行《王瑶文集》,理由很简单:先生是山西学人。这话真好,简要、明晰。师母一点头,众弟子很快完成了任务。可说实话,这书到底能不能出版,谁也拿不准。王瑶先生有句流传甚广的名言:政协会上,不说白不说,说了等于白说,白说也得说。照此思路,这文集是白编也得编,反正迟早会派上用场。这套7卷本文集的《出版说明》写于1991年10月,而真正刊行却是1995年12月。中间碰到很多困难,政治的、经济的、学术的,但出版社最终还是闯过来了。说实话,这套书的校对、装帧及印刷均不太理想,但师母及我们弟子都很感激山西朋友关键时刻的"拔刀相助"。

无独有偶,这回纪念王瑶先生百年诞辰,先有山西的大型影像文化期刊《映像》提前起跑,去年7月就发表了《王瑶:学人风范 一代大家》(董树昌文,2013年第4期)的图文;后有山西省委宣传部副部长、省作协主席杜学文先生专程来到北京,和我商谈在太原举办学术座谈会事宜。二十多年过去了,敦厚且念旧的山西人,还记得他们远游未归的学人,这实在让人感动。

三十三年前的今天,不,第二天,也就是1981年5月10日,王瑶先生为山西省委宣传部文艺处编的《现代咏晋诗词选》(贺新辉、宋达恩选注,山西人民出版社1981年版)撰写了序言,题为《三晋河山的颂歌》(载王瑶《润华集》,中国社会科学出版社1992年版,第87—92页)。序言中除了表彰此"诗化的'地方志'",更提及山西是他的出生地,多年游寓在外,很少回乡,不过就像鲁迅《朝花夕拾·小引》所说的,"思乡的蛊惑"还是会令人"时时反顾"的。王先生如何思乡,我不知道,只记得每年春节拜年,他都留老学生们吃饭,喝上几杯汾酒或竹叶青酒。王得后、钱理群、夏晓虹等能喝上几杯的,备受表扬;我则很悲惨,屡遭嘲讽,说不喝酒怎么学文学呀!我的辩解是:苏东坡酒量很小,诗不也写得不错?再说,为什么一定是汾酒呢?

偶尔听王先生聊聊山西的人与事,挺有意思的,可也仅此而已。说实话,先生去世前,我虽曾游历大同、五台山、太原,但对山西的历史地理、文化风俗等印象不深。那崇山峻岭、雄关大河,咏成诗篇十分壮美,可在现实生活中,却严重阻碍了经济及社会的发展。时至今日,对于很多人来说,讲文化创造是"北上广",想旅游观光则"陕川藏"。如何让"养在深闺人未识"的"晋善晋美"广为人知,借力于从山西走出去的著名学者,未尝不是一个好办法。起码,我就是因王瑶先生而日渐关注这块"古代文化摇篮"以及现代史上的"风水宝地"。

1992年,严家炎先生为湖南教育出版社主编"地域文化与二十世纪中国文学"丛书,我忝列编委,出于私心,极力怂恿曾随王瑶先生攻读硕士学位的朱晓进接受"三晋文化"这个题目。为了增强说服力,我临时恶补了一阵子山西历史与文化。晓进兄不辱使命,其《"山药蛋派"与三晋文化》(湖南教育出版社1995年版)出版后,甚获学界好评。可惜王瑶先生早已去世,否则请他作序,他肯定会非常高兴——终于有一个学生关注他家乡的文学、文化与学术!当时,我甚至闪过一个念头,王瑶先生本人的治学路径,是否也与三晋文化有关?很可惜,这念头一闪而过,没再进一步深究。

我第二次来到三晋大地,是十年前。那年秋天,我与王德威、奚密、梅家玲等境外学者,应作家李锐、蒋韵夫妇的邀请,来太原及平遥旅游。平遥古城乃世界文化遗产,而且是王先生的家乡,当然值得赞叹。但还有一个地方我也很喜欢,那就是太原附近崛围山上的多福寺,那里有"傅青主先生读书处"。这么说,是因我别有幽怀。来太原前,我正根据2001年2月至7月在北大开设"明清散文研究"专题课的录音,整理书稿《从文人之文到学者之文——明清散文研究》(三联书店2004年版)。傅山这一讲其实已经整理出来了,可不太满意;而太原之行更加深了这一印象,事情越想越复杂,论文越做越不顺心,最后决定暂时搁置——没想到这一搁就是十年。好在此前赵园已经出版了《明清之际士大夫研究》(北京大学出版社1999年版),书中多处论及清初北方遗民中"博雅与通脱足与江南人士比拟"的傅山,且有一篇题为《我读傅山》的附录。既然写不过师姐,那就干脆藏拙;一想到王先生弟子中,已经有人关注三晋文化了,我也就心安理得地当了"逃兵"。

两年前的五月,大概也是这个时候,我应邀为山西大学建校一百一十周年庆典做主题演讲。那篇题为《如何建立中国大学的独立与自信》的演讲辞,初刊 2012 年 5 月 16 日《中国青年报》,日后传播甚广。对于山西大学、河南大学、河北大学等没能进入 211 的大学所遭受的歧视,我到处打抱不平,呼吁教育部要不取消等级制,要不日渐扩大队伍,让人家有发愤图强的机会。离开山西大学时,我说了一句,若山西大学在学术上有需要帮忙的地方,我一定尽力;因为,我的导师王瑶先生是从三晋大地走出去的。可也只能做到这一步,正所谓"秀才人情纸一张"。

这次山西行,在山西大学刘毓庆、郭万金教授的陪同下,我们参观了太原双塔寺、洪洞广胜寺、黄河壶口瀑布,以及阎锡山的克难坡等,都很精彩;但给我留下最深印象的,反而是离王家大院不太远的千年古刹资寿寺。我们到达时已近黄昏,庙里面格外宁静,面对那漂泊多年、好不容易回家的十八罗汉头像,真是百感交集。

后两回的山西行,朋友们都劝我带点山西特产回去,让文化记忆与味蕾同在。李锐让我们每人带回一小箱子山西醋,我路近没有问题,奚密路远,回到美国后发现,皮箱里的衣服全都"醋意浓浓"。因碰上了山西大学一百一十周年校庆,校方郑重其事送给我两瓶三十年的陈酿汾酒。夏晓虹舍不得独自品尝,带了一瓶到台北与同样喜欢饮酒的林文月先生共赏。可到了那里一看,酒只剩下大半瓶了。我开玩笑说,这就是我理解的山西——确实有好东西,可就是不会包装。

"酒香不怕巷子深"的时代早已过去了,如今,听从"晋善晋美"的召唤,越来越多的中外客人前来山西旅游。这当然是大好事,可我还想添上一句——山西除了有好山好水好风光,还有很多值得关注的人物,就比如我的导师王瑶先生。

(此乃作者 2014 年 5 月 9 日在山西太原"纪念王瑶先生诞辰百年暨学术研讨会"上的发言,初刊 2014 年 6 月 8 日《文汇报》及《山西文学》2014 年第 7 期。)

第四辑

精神的魅力
——在 2014 年 5 月 7 日北京大学"王瑶与 20 世纪中国学术"研讨会上的发言

陈平原、陈跃红、温儒敏、严家炎、王得后、黄侯兴、
赵园、谢冕、解志熙、高恒文、钱理群、吴福辉、卓如、
李怡、张恩和、谢伟民、郭小聪、何锡章、姚锡佩、
张海波、王风等

一

开幕式:
  主持人:陈平原(北京大学教授)
  致 辞:陈跃红(北京大学中文系主任)
      温儒敏(中国现代文学研究会会长)

陈平原: 各位朋友,我们今天的会议开始了。我是中文系的陈平原,王瑶先生的博士研究生。今天我们的会议题目是"精神的魅力——王瑶与 20 世纪中国学术"。

北京大学中文系教授、著名文学史家王瑶先生,1914 年 5 月 7 日出生于山西省平遥县道备村,若健在,今天刚好满百岁,

很可惜王先生1989年冬外出参加学术会议,12月13日病逝于上海华东医院,至今已四分之一个世纪。

在学术史上,毫无疑问,书比人长寿。随着时间的流逝,作者的身影越来越模糊,而好书的魅力,则很可能穿越时空,被无数的后人永远记忆。日后的读者,与作者本人已经没有直接的联系了,可以更真切、也更超越地看待这些著作。因此,人走得越远,书的大致轮廓以及学术价值,将呈现得越清晰。

王先生去世后,众弟子与友人同心合力,先后刊行了7卷本的《王瑶文集》(北岳文艺出版社1995年版)和8卷本的《王瑶全集》(河北教育出版社2000年版),将王先生存世的学术著作、散文随笔、来往书信,乃至历次政治运动中的检讨等,基本上全部收入。此外,还先后刊行了若干王先生生前编订或主持的著作,如《润华集》《鲁迅研究论集》《中国现代文学史论集》《中国文学研究现代化进程》等。

这一回纪念王瑶先生百年诞辰,除了筹备学术会议、发表专业论文,再就是出版以下三书:第一,选择最能代表王瑶先生眼光、学养、才情和学术个性的《中古文学史论》,请天津师范大学的高恒文教授与我合作,重新修订,交北京大学出版社制作精美的典藏本,希望能够激起公众阅读、对话、收藏的热情;第二,孙玉石、钱理群编《阅读王瑶》,同样由北京大学出版社出版,此书精选了二十五年来有关王瑶先生的回忆文章和专题论文;第三,温儒敏、陈平原编《王瑶先生百年诞辰纪念论文集》,这是三本书中规模最大、制作难度最高的,请北京三联书店承担,收录了弟子、助手、北大中文系现代文学教研室教师的论文,以呈现王先生指导学生、影响后学的学术薪传。三书的编辑十分尽职,紧赶慢赶,终于在昨天下午三点钟,赶到我们的北大来了。

此外,《中国现代文学研究丛刊》2014年第3期发表了钱理群、解志熙、高恒文等学者的专业论文,《北京青年报》发表了钱理群、赵园、陈平原的随笔和专访,上海《书城》杂志发表了吴福辉的怀念文章,还有山西的《映象》、北京的《中华读书报》《新京报》,也都为先生的百年诞辰刊发了文章。而《北京大学学报》《现代中文学刊》等学术刊物,以及《南方人物周刊》、搜狐网等平面及网络媒体,也正积极组织论文专题。对于上述报刊、出版社,王瑶先生的家属以及弟子们十分感谢。

2010年河北教育出版社的《王瑶和他的世界》编后记这么说:"时间的流逝并没有将先生的足迹淹没,'王瑶的意义'已经成为现代思想、文化、学术史上的一个课题,引发了后来者的不断追念、思考与论说。"当初编书的思想,是帮助年轻人了解王瑶的人和学术问题,走进他的世界,这一回的《阅读王瑶》也不例外。但我们还收录了夏中义等人的文章,目的是想从百年中国读书人的角度,来思考作为个案的王瑶的意义。随着时间的推移,我们谈论王瑶先生,怀念的色彩越来越淡,思考及反省的意味越来越浓。无论看人还是看事,站得远有站得远的好处,就像唐人王维《山水论》说的,"远人无目,远树无枝",不再拘泥于细节,要的是"大势",借此判断是否"特立独行"或"气韵生动"。因此,相对忽略某书某文的得与失,更加关注其跌宕起伏、五彩斑斓的一生,理解他的得意与张扬,也明白他的尴尬与失落。

只是这么一来,标尺必定越定越高,评价也将日渐严苛。而我以为,这样谈论王瑶先生,符合他作为清醒的学者的立场。记得在编写《中国文学研究现代化进程》时,王先生再三强调,我们是在做历史研究,不是写表扬信,也不是撰墓志铭。那书的作者大都是研究对象的弟子或徒孙,很难避免为尊者讳的积习,因此王瑶先生特别警惕这一点。可惜的是,先生过早去世,没能耳提面命,故最终成书时,评价尺度还是偏宽。其实,几乎所有近现代中国学术史方面的著述,都有这个问题——尤以弟子或友人所撰者为甚。

王先生去世已经二十五年了,作为友人、弟子或后学,我们依旧怀念他,但落笔为文,基本上已经将其作为历史人物来看待、辨析与阐释。对于文人或学者来说,去世二十年是个关键,或从此销声匿迹,不再被人提及;或闯过了这一关,日后不断被记忆。

因为,当初那些直接接触你的人逐渐老去,不太可能再为你呼风唤雨;而年轻一辈只能通过书本或档案来了解,很难再有刻骨铭心的感受。这学期我在北大讲"中国现代文学学科史",学生们听了很激动,说没想到师长们的学问是这么做的。可我很清醒,感动是一时的,有些细微的感觉无法传递,更不要说承继了。在这个意义上,我们今天在这里谈王瑶先生,大概是最后一次混合着情感、学识与志向的公开的追怀了。

毫无疑问,今天的大会是此次纪念活动的重头戏,这么多的师友和后学赶来,缅怀那已经远去的老师,或者是老师的老师,这让人感慨万般。最近这些年,我参加了好多学者百年诞辰纪念活动,感动之余,常常想,为什么是"学者百年",而不是"百年学者"呢?真希望我们能将这类纪念活动与百年中国学术史、思想史、教育史的思考结合起来,而不仅仅是表彰与怀念,更包括直面危机与教训,或者发潜德之幽光,由此而获得前进的方向感与原动力。

好,以上是开场白,属于楔子,现在言归正传。这次会议是由北京大学中文系、中国现代文学研究会、山西省作家协会联合举办的,因为山西省作家协会(本月)9日还有一个会议,所以山西省委宣传部的副部长就没有来参加这次会议的致辞。

陈跃红:各位嘉宾,各位代表,各位王先生的几代弟子,这是一个简朴的学术会议,但是,它也是一个隆重的学术会议。坐在主席台上的,有北大中文系前五任的系主任,大家可以看:严家炎教授、孙玉石教授、温儒敏教授、陈平原教授,当然还有王先生非常重要的弟子,我们的钱理群教授。坐在台下的,有来自全国十五所重点大学文学院和中文系的主任、副主任。他们本是来参加一个重点院校中文系系主任的学术研讨会,但是由于有这个会议,所以我请他们都来出席这个隆重的典礼。他们是复旦大学、南京大学、上海交大、华东师大、中山大学、四川大学、西北大学、南开大学、山东大学、吉林大学,还有清华大学、中国人民大学、北京师范大学的文学院和中文系主任。我要非常感谢他们,他们来参加一个会议,同时又出席另外一个会议。

值此"精神的魅力——王瑶与20世纪中国学术"研讨会开幕之际,我要代表北京大学中文系,对诸位的到来表示热烈的欢迎!今年是我国著名学者、文学史家、北京大学中文系教授、中国现代文学学科的重要创建人王瑶先生诞辰一百周年,同时也是五四运动九十五周年。以先生和北大及五四运动的历史关联,王先生的弟子们在这个时候,为他举办这样一场学术活动来纪念他,无形中,也就具有了特别的意义。研讨王先生与二十世纪中国学术的深厚渊源与历史价值,是在座代表们的事情,容不得我在此多嘴、露怯,但是我还是想借这个机会,说一些我个人曾经经历的、与此有关的往事。

我的专业是比较文学,由于我的博士生导师是乐黛云先生——乐先生早年是现代文学出身,也是王先生的重要弟子和同事之一——我也就多多少少与王先生和他的家人有了一些关联。那是离我毕业还有大半年的一个冬天,有一天乐先生找到我,让我离开研究生宿舍,搬到镜春园76号王瑶先生家里去住,一方面是为了让我这个大龄的学生有个地方安心地做论文,同时更重要的是,要我去陪陪王先生的夫人杜琇老师,说是杜先生一个人住在那里有许多的不方便,让我可以顺带照应一下。

记得我去的那天,是一个天气阴沉的下午,穿过枯草丛生的老旧的四合院,走进略显阴暗的客厅,在拥挤的旧式家具当中,就杜先生一个人,在那儿枯坐着看电视。很快,老人细心从容地为我安排好一切。给我安排的房间住在隔壁,安排好以后,当天晚上我就住在那里,深夜隔着窗户,可以听到庭院的古柏簌簌作响,一种风雨欲来的感觉,屋梁上鼠辈奔走,没完没了地没个安稳。暗夜中似有园林旧园工人的影子飘过,向来不失眠的我,那一个晚上竟然似睡非睡地熬到了天明。就这样在王宅,我一住就是四年,除了忙于自己的学习和后来留校的教学工作以外,每天就到正厅来看看电视,陪杜先生说说话。周末有需要了,就去帮助换换煤气、修修暖气、换个水龙头、掏个地漏子。慢慢的,我也就和杜先生熟了起来,她不再把我当外人,有事无事的时候坐在沙发上,杜先生就会有一搭无一搭地给我讲王先生的许多事情,讲这个家族的琐事,讲云南,讲西南联大,讲闻一多,讲朱自清、沈从文,讲唐弢、朱德熙,以及在座的一些学人的故事。

　　四年间,尽管王先生已驾鹤西去,但是,与这个家庭有远近关联的各色人等,偶尔也会到家里来走访、问候、处理事情,甚至也有家庭的纷扰,当然也免不掉组织的定期关注。天长日久,我也就对王先生和他的家庭、圈子,对他的学问、性格和思想,有了与别人略微不同的了解,这也是我学术生涯的一种特殊的经历和精神的记忆,真的是弥足珍贵。四年后,我分到了房子,就离开了王宅,但是住在王宅的一些场景,始终历历在目。我忘不了杜先生戴着花镜,在灯下整理、校对王瑶先生文稿的场景,也忘不了杜先生与山西老家出版社来人商谈资助文集出版的细节,更忘不了杜先生的外孙在约定的周末,一次又一次来到王宅的外婆家里,等候那一个约定的越洋电话的场景。我还忘不了新年之夜,杜先生静坐在电视机前等候维也纳音乐会的场景,据说当年王先生也喜欢。此刻追忆,竟然感受到一种"白头宫女说天宝"的况味,而今杜先生早已远居英伦孩子处颐养天年,算起来已是过了九十多岁的寿星。希望老天照应,能够让老太太百岁无恙。而先生的外孙,如今也是现代文学博士,多少算得上家传有人。我本人在这个孩子的成功关键处也做过一点事情,这让我在回想起镜春园 76 号的时候,多少有点欣慰。

　　在今天这个会议的开幕之际,我不太恰当地利用了自己的工作身份,在这里讲了自己的一段经历,就会议来说有点离题,但对我而言却是一个最合适的机会。谢谢大家听我讲述这段故事。中午休息的时候,我建议来开会的老师们,到新迁入的新人文学苑看看,算得上今非昔比。那里隔着一条小路,就是镜春园

76号,算得上王瑶的故家,中文系现在离王先生又近了许多。那里是北大教育基金会的办公地点,经过修整和重建,比原来真是漂亮多了,也阔气多了。

温儒敏:今天我们在这里聚会,纪念王瑶先生诞生一百周年。请容许我代表中国现代文学研究会,向王瑶先生表示深切的怀念和虔诚的致敬!同时也感谢诸位老师和学界同仁的到会,让我们一起来缅怀王先生的业绩,体味王先生独有的精神的魅力。

王瑶先生学术上的建树,已经有很多学者作过归纳,相信今日会上还会有详尽的阐说。高山仰止,在这个场合,作为学生,我乐意对先生的业绩再作一番温习与回顾。

王瑶先生七十五岁时突然离我们而去,在当代而言,不算高寿,而且他一生历经坎坷,有无休止的各种打压与束缚,真正留给做学问的时间不是很多。但王先生达人大观,才华焕发,在学术和教学方面作出了巨大贡献,成为二十世纪学术史上的标志性学者。王瑶先生业绩丰厚,概括起来,主要有三大贡献。

第一大贡献,是"中古文学三论"。先生在上个世纪四五十年代出版的《中古文人生活》《中古文学思想》《中古文学风貌》三部书,在魏晋汉魏六朝文学研究领域,具有里程碑意义。古代文学界对此是有公论的。最近我又读了一遍"三论",连带读了刘师培的《中国中古文学史讲义》和鲁迅的《魏晋风度及文章与药及酒之关系》。比较之下,更发现各自的精彩。如果说刘师培的讲义是中古文学断代史研究的奠基性著述,鲁迅的经典论述为这方面研究树立了方法论的高度,王瑶的"中古三论"则又推进一步,论述范围更广、更具体,材料更翔实,对魏晋文人及文学风貌的把握更确切。王先生的"中古三论"足以和刘师培、鲁迅的相关论著构成三足鼎立,对后世的学术影响是巨大的。

记得我上中学时,第一次见到王瑶这个名字,是读《陶渊明集》,那是王先生的选注本。那时就知道先生是古典文学名家。因为在新文学研究方面的巨大影响,可能把先生在古典文学方面的成就掩盖了。1949年还在清华时,先生开始写《中国新文学史稿》,但是他说自己本想"好好埋头做一个中国古典文学方面的第一流的专家",他对自己转向研究新文学,是有些遗憾的。我又觉得先生不用遗憾。从学术史看,先生就凭"中古三论",足以奠定最杰出的古典文学研究家的地位了,何况他又在现代文学领域领了"头功"呢。

第二大贡献,就是《中国新文学史稿》。这本书命运多舛,"体制内"和"体制外"都有很多批评。直到现今,仍然有学者以为王瑶先生在新文学史方面多费功夫是种"浪费",他们对这部《史稿》不以为然。有些海外学者对王瑶的评价也是偏低的,也是因为他们看不到这部《史稿》独有的价值。批评《史稿》有"主义障",其实批评者未见得就没有自己的"主义"。当然,王先生自己也谦虚地说过《史稿》是类似"唐人选唐诗"的"急就章"。其实,如果对这部著作的出现及其时代特征有一种了解的同情,就会承认这是一部非常大气的著作。史稿虽然受到特定时代学术生产体制的制约,毕竟又有属于自己的学术追求与文学史构想,既满足了时代的要求,又不是简单地执行意识形态的指令,在试图对自己充满矛盾的历史感受与文学体验进行整合表述的过程中,尽可能体现出历史的多元复杂性。在历史急转弯的阶段,在充满了各种可能性和不确定因素的学科创建时期,《史稿》的种种纰漏或可议之处,它的明显的时代性的缺陷,与它那些极富才华的可贵的探求一起,昭显着现代文学学科往后发展的多样途径。《史稿》在学科史上突出的地位,是其他同类著作所不可代替的。

当然,王瑶先生在现代文学方面的贡献不限于《史稿》,他在鲁迅研究、现代文学思潮研究等方面的精彩的论著,以及他强调史料、史识与史论结合的治学方法,对"文革"后现代文学学科的复苏与建设,都起到了先导的决定性的作用。今天还会有学者就此专论,这里我就不多说了。

第三大贡献,是人才培养。通常评价王瑶先生都只是关注学术,而作为教师,王瑶先生也是十分杰出的。王先生不只是在学术上传道授业,还在人格和精神上给学生极大的影响与熏陶。王先生先在清华,后到北大,从教四十多年,按说当年北大中文系藏龙卧虎,王先生资历不算深,级别也不算高(五十年代定为三级教授),但是在学生中和社会上的影响都远远超过一般教授,真正是"著名教授",甚至官方也要格外注意的。王瑶先生培养了很多研究生、博士生,还有本科生、进修教师等,无论及门或是私淑,在各类弟子中如果做个调查,学生们大概都会异口同声感叹先生的人格魅力。学界有所谓"王门弟子"一说,也许不一定确切,但那种由王瑶先生人格精神所感染而形成的人际氛围和学术风尚,的确是存在而且是突出的。我们在充分赞赏王瑶先生作为大学者成就的同时,不会忘了他又是非常杰出的教育家。

前几天我在博客上写到了王瑶先生,随后新浪微博头条推荐广为转发,有数十万点击。其中有一句话就是对王先生作为教育家的"点赞":"先生是有些魏晋风度的,把学问做活了,可以知人论世,可贵的是那种犀利的批判眼光。先生的名言是不说白不说,说了也白说,白说也要说,其意是知识分子总要有独特的功能。这种入世的和批判的精神,对我们做人做学问都有潜移默化的影响。"

中古文学和新文学研究都有奠基之作,加上独特而光辉的人格操守、精神气度,王瑶先生留给我们的遗产实在是太丰富太宝贵了。在这个浮躁的世界,我们一定会倍加珍惜。

最后,特别要说说王瑶先生与现代文学学会以及《中国现代文学研究丛刊》。

1979年初,在教育部一次教材审稿会上,与会代表倡议成立"全国高校现代文学研究会",选举王瑶先生任会长,后来他当了三届会长。1980年学会更名为中国现代文学研究会。与此同时,决定创办学术刊物《中国现代文学研究丛刊》,主编是王瑶先生。王先生以身作则,和唐弢、严家炎、樊骏等众多前辈学者一起,倡导实事求是的优良学风,坚守认真、严正而稳健的"持重"风格,开展多元开放的学术交流,使现代文学这个学科始终具有比较团结、纯正的风气。

如今学会和《丛刊》都进入而立之年。因时代的变化,整个学术生态因功利化、技术化而失衡,学风浮泛,学会与《丛刊》也受到很大冲击。我们一定会发扬王瑶先生那一辈学者创建的优良传统,尽力维护学术尊严,促进学术健康发展。

二

主持人：高远东(北京大学教授)
发言人：严家炎(北京大学资深教授)
　　　　孙玉石(北京大学教授)
　　　　黄侯兴(中国社会科学院研究员)
　　　　王得后(鲁迅博物馆研究员)
　　　　赵园(中国社会科学院研究员)
　　　　谢冕(北京大学教授)
　　　　陈平原(北京大学/香港中文大学教授)

严家炎：王瑶先生是当代杰出的文学史家，在中古文学史和现代文学史的研究教学方面都作出过重大贡献。他的《中国新文学史稿》是我国第一部史料丰富、体系完备的现代文学史著作，为中国现代文学学科奠下了基石。他的鲁迅研究、巴金研究以及现代文学许多专题的研究都达到了很高的水平。1954到1955年间，他撰写的一篇文章，认为俞平伯的《红楼梦研究》的根子是在胡适那里，在谈到胡适的这篇文章里面，他提出的那个观点，曾经受到毛泽东的赞赏，并且因此受到接见。他自己从来不提及此事。然后当我1958年秋天留校任教开始和王瑶先生共事时，他却因为反右派运动的余波被当作学术上的"白旗"受到人们的批判，并被撤去了全国政协委员和《文艺报》编委的职务。这次错误的批判使他精神上陷入很大的痛苦。

王先生是"一二·九"时代的地下共产党员，编过《清华周刊》,抗战期间虽然和组织失去联系,但仍然坚持进步的立场。向来自以为思想上是马克思主义,不料一夜之间忽然变成白旗飘飘,因而非常想不通。有一次我们俩人聊天,他对我说他有时觉得个人无法掌握自己的命运,只得拿起扑克牌来玩打通关这样的游戏,看究竟这样走还是那样走,才能走得通,用来占卜自己的命运和道路。一个并无封建迷信思想的人竟然用扑克占卜自己的命运,这件事不仅在当时震撼了我的心,也使得我此生永远难以忘却。可贵的是,即使在这种情况下王瑶先生也仍然采取实事求是的态度,面对批判过他的青年学生,他还是在课堂上讲出了他的看法,并且说我并不认为自己写的就是真理而要坚持,只是恐怕还来不及修正自己的错误。他也并没有从此消沉下去。就在受批判不久的六十年代初,王瑶先生准备出了研究鲁迅《野草》的课程,发表了《论野草》这篇长达三万字的论文。就我个人的感觉而言,王瑶先生选择《野草》来研究似乎不是没有原因的。在鲁迅二十年代中期的思想苦闷和探索中,未尝不可以寄寓研究者自己的苦闷和探索,在鲁迅自己的严于自我解剖的精神中,未尝不可体现研究者自己的自我解剖的要求。王先生的《野草》研究是和鲁迅精神的深刻感应,也许寄托着王瑶先生乐观、豁达的情怀。

在"文化大革命"中,王瑶先生因为把一张印有毛泽东的画像的报纸压在尿盆底下而遭到保姆的揭发,被认定是"三反分子",受到了令人难以置信的冲击和迫害。除了几次遭到毒打以外,有一个阶段竟被从原来的住宅赶了出来。然而经过磨炼,王瑶先生却变得更坚强了,对许多事情看得更透彻了,胸襟也变得更为恢弘、宽广了,他对揭发批斗的人一般都采取宽容、原谅的态度。他说任何事情的发生都有自己的条件,在那样的环境中难免会做些错事,不要过多地责备他们,还说回头看看我们自己过去写的东西,还不是多多少少也打着时代的烙印。

王瑶先生博闻强识,机敏过人,活泼健谈,出语风趣,和他谈天常常会忘记时间的过去,不但获得精神上的愉快享受,而且知识、学问上也每每都有助益。前几年他常这样自嘲,他年岁不大、三四十岁的时候,头发该黑的却早白了,牙齿该白的反倒变得焦黑。他说自己身上就是"黑白颠倒"。又说每天必须喝满五杯水才合格,因为他患有糖尿病,平时又喜欢用烟斗来抽烟,他说自己这是真正尝到了"水深火热"的味道,一边说着一边带着得意的笑。说到学术文章,王先生把他们分为四类:一类是有口皆碑,成为定论;二是自圆其说,言之成理;三是虽有偏颇,但却不乏创见;最不好的是人云亦云,空话连篇,这就是第四种。这些都显示了他的睿智和诙谐、明快的性格。当然在不太正常的情况下,他有一些本来开玩笑的话却被人作了别样的理解,因此未免吃尽苦头。如1957年夏天"反右"的时候,他和几位教授带着助手去青岛编教材,说了一句"这下子可以躲开火热的太阳",也躲开火热的斗争,此话传出后,在后期"反右"和"双反"运动中,就成了经常受批判的题目。当然王瑶先生似乎并不在意。八十年代恢复全国政协委员职位后,王瑶先生常常津津乐道政协会议上围绕委员们发言而流行的几句口头禅,叫作"不说白不说,说了也白说"。第三句是"白说也要说",这个据说是王瑶先生自己加上去的,可见他晚年丝毫没有意志消沉的意味。

王瑶先生是一个有真性情的人,又是一个忧国忧民、以人民利益为重的人，他以自己的言传身教造就并影响了中国现代文学学科的几代中青年学者，他的为人如同他的治学一样，也是既有魏晋文人的风格，又有"五四"时代的精神，体现了传统与现代的交融。他永远被我们所敬重，并将永久地留在人们心中。

王得后：北京鲁迅博物馆1976年增设鲁迅研究室，王瑶先生是全国第一批要调到鲁迅研究室的领导之一。由于当时北大开始没有放人，过了一段时间王瑶先生才到鲁迅研究室。因此我有幸在王先生的指导下和他相处了十三年。我自己的感受是王先生是一个非常聪明又有个性的人。学术研究哪些是需要自己研究，哪些是自己无能为力的，他是非常聪明的，能够加以选择又加以坚持。

他跟我说过，他写《中国新文学史稿》的时候，选择的作家对象就是按第一次"文代会"的名单来确定的。但是我们读《史稿》也知道，对作家和作品的分析是王先生自己的研究，是王先生发表了自己的意见的。有一次王先生中午排队买饭，有一个研究室的朋友问王先生，瞿秋白到底是不是叛徒？那是因为当时正在研究瞿秋白，学术界纷纷议论瞿秋白的问题，王先生听了以后，立刻回答说这不是我们的问题，这是中组部的问题。这当时给我的震撼是非常大的。再联系他给我说过的前面那一段话，我觉得王先生其实非常聪明，学术研究哪些是我们可以研究的，哪些是不能研究的，分得很清楚，这是我感觉王先生非常聪明有个性的第一件事。

第二，我觉得王先生善于抓住时机，排除成见，修正自己的错误。1980年开始纪念鲁迅诞辰一百周年的筹备，这个时期思想界也非常活跃，所以王先生抓住这个时机修改自己的《中国新文学史稿》，把过去由于一些成见不得不写的对作家的评论尽量清除。这种精神我觉得作为一个学者是非常可贵的。我们现在写作的环境和王先生其实没有根本的区别，我们也碰到这个问题，有些话能说；有些话，像刚才孙老师回忆的，不可以说。所以如果想到这一点，我想我们对王先生的研究，以及我们自己现在写下的每一个字都会有一种别样的感触。

第三个问题，我觉得王先生善于思考，思维敏捷，非常开明，能够接受新的思想。也正是1980、1981年纪念鲁迅的时候，鲁迅研究很活跃，提出了很多新的问题。这是过去所不可想象的，也有许多新的见解。这些意见主要的基本内容都在纪念鲁迅诞辰一百周年的论文选里面。这个时候王先生很敏锐地感觉到一个重要的问题，就是对阶级论的重新思考。王先生又重新从鲁迅出发来思考鲁迅研究的种种问题。当时天津举办了一个关于批判国民性问题的全国研讨会，王先生参加了这个会，对鲁迅终生致力于研究的国民性问题有了新的见解。

我觉得王先生在学术研究中的这三点精神都是非常重要的。我自己感觉到，他对我的指导到现在也没有过时。

黄侯兴：我因为眼睛不好，所以没有写发言稿。在今天这样一个纪念导师的日子，听到刚才严先生讲的1958年"拔白旗，插红旗"，这就是我愧对王先生的一件事。当时中文系总支指定我们班负责批判王先生的《中国新文学史稿》，可是那个时候王先生还没有给我们开现代文学的课，我们竟然也大胆地对王先生的《史稿》进行批判。幕后指挥是作家张天翼，他当时住在临湖轩。我们的批判当然是毫无道理的，都是打棍子的。开了一上午的会,王先生是很仔细、很认真地听,而且一口烟都没抽。批判完了以后,问王先生,叫王先生发表意见,他说我是认真地参加会了,听取各位同学的发言了,但是我要说实话,你们的革命性还可以,科学性差劲。这就是对我们一上午批判的一个评价,我觉得是非常实事求是的。所谓"革命性"无非就是打棍子。就是在这种情况下,后来我当了王先生的研究生。那个时候也不叫硕士生也不叫博士生,开始好像学苏联要搞副博士学位,后来毛泽东说不要搞修正主义那一套,所以就没有头衔了,就是研究生。

这里头我想讲几点,就是王先生学术思想的前瞻性、深刻性,还有他的包容性。

先说前瞻性、深刻性。1962年,就是我当王先生研究生的头一年,正好是毛泽东的《在延安文艺座谈会上的讲话》发表二十周年。当时面对面个别辅导,地点就在中关村王先生的平房里。王先生说《讲话》的重要意义是不可抹杀的,特别是在延安阶段,被胡宗南包围,这个时候作为政治家的毛泽东发表这个讲话是非常及时的。王先生首先肯定了《讲话》的重要背景和历史意义,给予了高度的评价。但是同时王先生说《讲话》只能作为一个历史文献,而不能够作为人民共和国成立以后党的文艺方针。因为服务对象变了,当年是为工农兵服务,那么现在除了工农兵还有广大的知识分子,所以在这种情况下,仍然延续《讲话》作为一个党的文艺方针和文艺政策是不合适的。我当时听了以后感到非常震撼,但后来到了八十年代,王先生把这个看法稍加整理发表了,基本上也是这个思路。可见在那个时候,那种条件下,而且王先生已经经过1957、1958年的大批判,仍然敢于说真话,这反映了他的学术思想的前瞻性和深刻性。

另外一个就是1963年,当时我根据王先生的指导写了一篇读书报告,讨论茅盾的短篇小说。王先生看了以后觉得这个文章写得还可以,但是有些地方还要再修改,所以退还给我修改。我改完以后又向王先生请教。后来王先生把我这篇文章推荐到《北京大学学报》发表,就是《论茅盾的短篇小说创作》。因此,我给茅盾寄了一本杂志,同时寄了一封信向他求教,那时候我住在北大的29楼,就是研究生楼。没想到很快茅盾先生给我回信了。就因为这一封信,"文革"期间我被斗得够呛。不只是"文革"期间,就在北大搞社会主义教育运动的时候,以华秀珠为代表的工作组强迫我交出茅盾给我的"黑信",我拒绝了。我说茅盾现在也还是全国政协的副主席,还是文化部部长,那么茅盾的信怎么成了黑信呢?我跟他说,我们通信受宪法保护,我拒绝交出。就这么一件事,写这么一篇读书报告以及茅盾给我的信,给我带来了精神上的折磨,一直到"文革"期间还有北大的几位古典文献的同学在工作组的指导下把大字报贴到广播学院,说我是陆平爪牙,是陆平徒子徒孙,说我是华侨大地主大资本家的狗崽子。因为我本人是印度尼西亚归国华侨,他们就抓我这个问题,我被挂牌子、戴高帽子。后来我把这些情况也跟王先生说了,他说没想到你这个左派也这么挨整了,这个时代就是这样,不是今天你整我就是明天我整你,整来整去,"阶级斗争"就是"其乐无穷"嘛。

最后补充说一下,王瑶先生学术思想的包容性。我们知道在学术界包括现代文学界有一部分人存在着褒鲁贬郭的倾向,特别是在郭沫若过世以后,对郭沫若的批评和讥讽更加尖锐。

就是在这样的一种舆论情况下,我有一次到镜春园看王先生。他跟我说:你在研究生阶段写了一些关于郭沫若的读书笔记,我建议你现在继续写。这时候郭沫若已经去世了(1978年),你赶紧写成文章。他说:不管怎么说,郭沫若毕竟是中国现代文学史上有贡献的重要作家、诗人,郭沫若研究又是一块还没有很好开发的处女地,我相信你只要在这个地方努力耕耘,一定会有收获。

就是在这种情况下,我开始从事郭沫若研究。一直到后来,我从广播学院调到中国社会科学院、郭沫若纪念馆,等于我的学术之路是在王先生的指引之下开始的,走上了郭沫若研究的道路。所以这也反映了王瑶先生作为一个前辈学者,他的学术思想的包容性,他的开放的文化心态。

赵园:因为今天这个日子很重要,陈平原说百年只有这么一次,我们也只有这么一个机会来表达对王瑶先生的敬意,所以做了很多的准备,主要是陈平原和高远东。我在这之前应约写了一篇纪念王先生的文章,大约几千字,就是发在大家手里的《北京青年报》上。重复的内容就不再说了,现在说一点文章之外的东西。

不久前文学所曾经做过唐弢先生百年诞辰的纪念,在那个会议上,我根据我极其有限的了解谈了王瑶、唐弢和李何林三个先生之间的异同,尤其是他们之间的不同。事实上我的了解比较有限,了解比较多的也只是王先生而已。在那里我没有谈到的一点是这三个先生里,跟学科、跟学会关系最大的当然是王先生了。他担任中国现代文学学会的会长,主持《中国现代文学研究丛刊》的工作,他跟这个学科之间的关系显然比李何林先生和唐弢先生更为密切。我发现王先生对学会很在意,因为我是一个比较马虎的人,很长时间没有考虑进入学会,王先生对这些很在意。他提醒,让赵园填表,好像是跟我老伴说的。这样我才算是学会的会员。但是在选理事的时候王先生的态度很明确,我的学生不能太多,赵园不能进理事会,所以自始至终我跟学会、跟《丛刊》的关系都是比较远的。

王先生在有些事情上你说世故也好,或者是说明白也好,他的头脑是很清醒,该怎么处理就怎么处理。孙老师也说过,他最后因为风寒导致肺炎,也是参加学会理事会的会议,所以可以说在改革开放以后,他自始至终跟学会有一种特殊的关系,这个关系维持到了他生命的最后一刻。当然学会和《丛刊》的具体工作都是由严老师、樊骏先生具体承担的,但是王先生的支持是肯定的,王先生的信任也是肯定的,放手让他们做,对他们做的给予支持,这点我都能感觉地到。

大家可能不太清楚,八十年代现代文学学会只有一个,而当代文学学会曾经有过两个,好像是一南一北,当时是分庭抗礼的,但是现代文学学会始终没有分裂的迹象,这与他们三位先生的风格都是密切相关的。到现在现代文学学会也仍然没有分裂。那么学会和《丛刊》都是以扶持和培养年轻人为己任,和当时的《文学评论》是呼应的,有一些做过大量工作的编辑,比如像《文学评论》的王信先生,很多人可能已经不熟悉了,他已经退休多年。《文学评论》和《丛刊》对于现代文学年轻一代学者的成长发挥了至关重要的作用。这与几位老先生他们的指导思想其实都是有关的。兴起人才,是八十年代老一辈学者主动承担起来的对于学术发展的一个使命,这个责任他们一直承担到最后,这也是一种八十年代的气象,或者是特有的气象。那个时候的学人、学术编辑和出版人之间是一种同志的关系,同志之感很强烈,确实是大家有一种共同的使命,而且这个关系是很干净的。我最近好像比较喜欢用"干净"这个词,干净这个东西好像是越来越稀有了。

我和《丛刊》、和现代文学学科的关系基于王先生和他的门下弟子,这也是我的一种世缘,我今世所有的一种重要的缘吧,对于我关系重大。但是我在那篇短文里也写到了,王先生从来是不经营学派的,他也不经营门派。你看看王先生的书信集,王先生鼓励、培养或者指导过的有多少跟他并没有这种师弟子关系的人。在我看来,他好像对于非他门下弟子的有些年轻学人的尽心程度超出了我们。尤其他晚年,有时候过分严厉,有时候对学生确实是比较苛刻的。我是被他训哭过的,也不只一次,话说得都是很重的,有时候不太考虑到你的承受能力。但是我看他给一些非他弟子的年轻学人写的信,确实是循循善诱,态度非常温和。受过他指导和鼓励的年轻人很多,大家翻一翻他的日记和书信就可以知道。

我一直谈到我自己受惠于这个学科,虽然到九十年代以后我转向了明清之际,近期转向了当代的政治文化,但是我始终认为我的根子还是在中国现代文学。5月底香港有一个学术讨论会,是陈平原先生参与筹备的,叫"今古齐观",齐是整齐的齐,我一再强调我后来的明清士大夫研究,以及再后来的当代政治文化研究,事实上都与我当年的中国现代文学研究密切相关,有一些是直接从那儿贯穿下来的,有的题目甚至还是那个时期的。

头一个时段对我至关重要。我应该说,我感激中国现代文学专业这三年的训练,我还应该说,这三年的学习对我三十多年的学术工作都是一个至关重要的基础。

我自己写过关于师门、师道的文章,也写过刘宗周和他门下弟子。王先生有时候过分严厉,但是有的地方自律很严。我在那篇文章里谈到,用鲁迅的说法是时而随便,时而峻急,王先生就是时而随便,时而峻急。有的地方他随便,有点不拘小节,但是有的地方又极其有洁癖,很谨慎。我记得我老伴儿曾经说过,他给王先生带一盒巧克力,因为我老伴儿喜欢小孩子,王先生开口就说不要来这一套,这个话是很重的,但是王先生就能脱口而出。读研期间有一次我离开北京,要回河南去,我随便问一句王先生,要不要带一点土特产,王先生马上正色道,等你工作以后再说。王先生把这个区分得很清楚,你是我的弟子,我们是利益相关方,将来你工作了,我们就是同事,我们同事之间来往是可以的,但事实上在那之后也并没有再说。

因此我和老伴儿去看他的时候常常是空着手的,但是我们倒是一再接到王先生的馈赠,像桂林腐乳,甚至是带过衣料,因为八十年代那个时候毛料衣料比较奢侈。我们接受起来好像也很自然,觉得并没有什么不安,就是自自然然的一种接受。我觉得这种关系自始至终不失干净,而且以后也很难再有了。这个干净本来属于正常的范围,到了现在变得这么稀缺,不免要令人感慨。

谢冕:我没有准备论文,也没有准备发言,但是我非常想讲话。我讲得非常简短,不占用太多的时间,讲三个小问题。

第一个问题是大家在"文革"当中大批判的时候,批判王瑶先生"剪刀加糨糊"。我今天的讲话就是要对"剪刀加糨糊"重新作解释。王先生研究现代文学,这个是活生生的文学,是在不断发展中的文学,王先生剪的是一些素材,比如会议、谈话,以及各种各样的研究的新成果。他追踪文学在现实当中的发展,那么他的追踪就用剪刀来剪,把报纸剪下来。他有一种想法,就是要把这些材料补充到他的论据当中去充实自己的论点,使它更加有说服力。这种研究方法被我学到了,我觉得我们研究当代文学不追踪一些活的素材是不行的,我们把活的素材变成死的素材是不对的,所以"剪刀加糨糊"是非常有效的。

第二个问题是中国当代文学的发展没有很长的时间,经常被瞧不起。我很害怕王瑶先生,我不是他的学生,我怕什么?但是我怕。我见到王瑶先生就紧张。我知道他很诙谐,妙语如珠,但是我害怕,我有一种紧张感。我怕面对他的时候我自己有什么不周到的地方被他严厉指责。北大的老师都有这个特点。我刚入学时,写了一篇论文交给吴组缃先生,吴先生一句表扬的话都没有,王瑶先生同样也从来没有表扬过我,我听到的就是他对学生的严厉指责。那年到中央党校编写《中国大百科全书》,我跟王先生住在同一个楼里面,这个时候来了郭小聪,他写硕士论文、写诗歌,王瑶先生就把郭小聪的论文初稿给我看,让我指导他。王瑶先生说他抽烟喝茶是"水深火热",我才是水深火热呢,我比郭小聪还紧张。王瑶先生点头了以后我才舒了一口气。北大的老师你看着很平易,但是在学术上说一不二。

第三个问题,我今天借这个机会,终于有一句话要说出来。我一直把这句话藏心头,从1989年到现在二十五年了,二十五年后我说出来了。王瑶先生去世以后,我写了一篇纪念他的文章,其中有一个细节提到王瑶先生因为感冒住了医院,我去看望王瑶先生。在很简陋的病室里面,简单的谈话以后就感觉天气非常热了。我问王瑶先生这里的伙食怎么样?休息怎么样?王瑶先生脱口而出一句话:"比在监狱里头好多了。"我写文章的时候没有这句话,我说王瑶先生向我说出了我现在还没有说出的一句话。后来有一些好事之徒就追查这句话是什么,但是我没说。那个时候正是炎热的夏天过去,大家都在一种非常焦躁不安的情况下,王瑶先生的内心痛苦可想而知。那天去八宝山我和他同车,回来的时候王先生很感慨地说我最近读了胡适的日记,胡适先生针对大陆知识分子的情况说,他不担心大陆的知识分子说什么,担心的是他们不能说不,这就是王瑶先生跟我在闲谈的时候说的话。

陈平原:各位朋友,我是写了论文的,但我现在撮述一下,我的题目是《八十年代的王瑶》。

因为在我看来,作为学者的王瑶大概分成三个阶段:从1943年进入清华研究院念书开始,1943年到1952年,是"清华十年";1952年院系调整到北京大学以后,到"文革"结束后的1977年,是二十五年;然后,1978年开始招研究生,到1989年去世是十二年。如果这个说法成立的话,第一阶段对应的是学术史,第二阶段对应的是政治史,第三阶段也许对应的是教育史。这是王瑶先生一生的三个主要阶段。我今天讨论的是八十年代的王瑶,谈几个问题。

第一个问题谈"三代人的舞台"。

我们谈八十年代,不管是官方还是民间都是从1978年说起，1978年大的有十一届三中全会等，小的是两个事情，一个是77级大学生1978年2月份进校，第二个是78级研究生，也是1978年，在9月份进校。而这两件事都会影响到以后八十年代的政治和学术生态。

好，整个八十年代我们谈了很多，我想说一个小问题，就是诸位有没有想到，在人类文化史上很少有三代人同时挤在一个舞台上表演的。因为四五十岁的人，中年，六七十岁的人，老年，还有加上刚刚进入大学的二三十岁的年轻人，三代人同时在一个舞台上表演——人家已经被压制了二十年没表演了，登台了，刚刚洗净泥腿子进来，也想表演，因此三代人在一个舞台上表演的时候，随着时间的推移，马上发生了变化，这个变化是，因为学养、经历、位置不同，很多人开始分化。这里面，老教授的位置，比如说，王先生的位置开始发生微妙的变化。这个故事，我不想多说，我想说的一句话是，"好花易谢"，八十年代结束了，结束在1989年，而王先生也在1989年去世了。我想说的是王先生去世以后的那个瞬间，有那么多人写文章悼念，其实是悼念王先生，同时也是悼念一个时代的结束。三代人共同的舞台在这里落幕了。

第二个题目想讲的是"作为学者的遗憾"。

八十年代的王瑶不用再写检讨了，生机勃勃，可以做很多很多的事情了，可是，那年王先生六十五岁。六十五岁，对于一个人文学者来说不算什么过不去的坎，六十五岁还能做很多很多的事情，可是我必须说，如果放长视线来看，八十年代的王瑶先生真正全力以赴做的事情，就是一篇文章：《〈故事新编〉散论》——那是他晚年写得最好的，也是最用心的。我想说的是，为什么在王瑶先生的笔下,这样的大文章以后很难再出现?世人都说晚年的王瑶先生著述丰硕,成绩斐然,那是表面现象,作为学者的王先生其实八十年代没有尽心尽力。以他的身体和精神状态本该有更多更好的表现。

诸位必须理解到王先生的自我期待。四十年代在清华写硕士论文的时候,王先生跟季镇淮先生说了一句话:我相信我的文章是不朽的。当时王先生还有另外一个同学即朱德熙先生,在王先生去世以后说了一句话:王先生没有把全部精力都放在学问上头,本来有一个大学者的素质,要是环境更好一点,他也许会作出更大的贡献,这是一个很大的遗憾。这个说法,作为学生,一般来说我们会给王先生辩解,说不对的,他出了好多好多书,八十年代,我数了一下,出了十本书。但这十本书,七本是重刊五十年代的著作,真正出的就是三本,一本是《鲁迅作品论集》,一本是《中国现代文学史论集》,还有一本随笔集《润华集》。这三本书里面,其实即使第二、第三本算是学术著作的话,书中也有三分之一是"文革"前写的,换句话说,八十年代王先生写的真正的论文并不多。

1989年底,王先生刚刚去世的时候,我马上写了一篇文章,我说"为人但有真性情"。文章里说了,先生在学术上是有遗恨的,以先生的才华本可作出更大的贡献。"文革"结束的时候,王先生有个很大的研究计划,因为年迈、精力不济而没有实现。他说1957年以前他每年出一本书,1957—1977年,二十年一本书也没出。都说耽搁,但耽搁在哪个年代,是不一样的。当时我写这篇文章的时候全凭自己的印象,王先生文集出版以后我读了他的书信集,这个印象得到进一步的确认。王先生给王得后的信中说了,1958年被当作"白旗"拔出来以后,二十年间偶有所为,都是在完成任务,已经不再打算如何如何了;到1978年时说,"我已经垂垂老矣,虽亦振作,力不从心了"。1982年给石汝祥的信里也再三说(这句话也经常被很多人提到),"我现在还想做,提笔的时候好像'垂死挣扎',不做事呢,又'坐以待毙',与其'坐以待毙',那我就'垂死挣扎'一下吧"。王先生为什么会有这种心态?这段话他跟很多朋友和弟子们说过。王先生不是真的写不出来,而是写出来了又怎么样呢?对于眼界很高的王先生来说,既然没有办法达成自己的学术理想,放弃了又有何妨呢?苦于太清醒了,王先生知道自己努力的边界和极限,再也没有年轻时候"我相信我的文章是不朽的"那样的狂傲了。只是深夜沉思、心事浩茫连广宇的王先生,我相信有一种别人没办法领略的悲凉。

第三个问题,"作为导师的骄傲"。

八十年代的王瑶,倘使单就著述的热情及努力的程度来说,他不如哲学家冯友兰,不如社会学家费孝通,他更接近于古典文学家程千帆或是王季思,换句话说,主要工作转移到指导研究生,进行有效的学术组织工作。考虑到现代文学学科的特殊性,八十年代王先生在这方面确实发挥了很好的作用。所以我想引两个亲近的朋友的话,一个是王得后讲王先生晚年培养研究生的贡献,一个是樊骏讲王先生晚年对学会的工作的贡献。八十年代王瑶的主要工作已经由学者转为导师了。

可是,八十年代的中国学界,如何承上启下,薪火相传,其实不仅是王瑶先生,而是老一辈学者们义不容辞的责任。那个时候,两个制度的确立起了很好的作用。第一,学位制度,也就是开始招硕士生、博士生;第二,学会,允许成立学会,这也使王先生的工作有了很好的贡献。只有这样,我才能理解在一般人可能看不太起的那本《润华集》的意义。那是一部散文随笔集,里面有三分之二是序,给年轻一辈的学者们写序,写了那么多的序,其实是为年轻一辈保驾护航,这就回到我说的八十年代令人感怀的地方。三代学者同一个舞台,但没有发生大的碰撞,很多老先生很快地调整姿态了,不再坚持自己的著述,转向扮演伯乐或者导师的角色。这就回到我说的那句话,王瑶先生去世的时候,钱理群突然间冒出一句话:"大树倒了。"活跃在大转型时代,替无数后辈学者遮风挡雨,这样令人尊敬也令人怀念的大树,属于那个时代诸多目光如炬且敢于直言的老教授。

我注意到,晚年或许是年龄的问题,王先生写了两篇很重要的文章,不是写,是重新组织两篇文章,讲他的老师朱自清和闻一多,一篇叫《念朱自清先生》,一篇叫《念闻一多先生》,都是前后写了几十年。你会发现,最早的是1947年写的,第二节是1950年写的,第三节是1980年写的,就这么串起来,成了这两篇文章。我想说这么大费周折,文章不是一气呵成,而是用年龄体力,更重要的是晚年的王先生努力跟他的导师对话,跟他四十年代的导师对话。《念闻一多先生》里面说了,以前清华文科是有一种精神、有一种传统的,然后就说关于疑古啊、信古啊、释古啊。然后在怀念朱自清的文章里又再三说一个问题,我们是从清华过来的,我们是从那个传统过来的。好,那篇文章最后夹了一句话,说清华大学要重建中文系了,希望大家发挥闻一多的风范,等等。关于清华学派、关于清华大学的问题,我以后再说,我已经写过专门的论文了。

我讲的第四个问题是"作为路标的意义"。

晚年的王瑶,除了现代文学的著述和指导,还做了两件前途无量、但是当初我们并未理解其意义的事情。第一件事情就是提倡学术史的研究,第二件事情是为"清华文科"招魂。二者之间其实是有某种内在的联系的。

我曾经说过,八十年代王先生有点消极怠工,因为他知道自己的工作到了哪个地步,再往下做也就是这个样子了,所以转过来做学术研究的组织工作。这里面唯一一点事情是他全力以赴的,晚年主持做《中国文学研究现代化进程》那个课题的时候,他确实很认真,而且很热情,全力以赴投入。他去世以后,我才说,讲王先生的贡献,第一是中古文学,第二是现代文学,第三,请大家记住,还有一个没有开展的学术史研究。关于学术史研究,最早其实是一个很简单的提要。那个提要是在社科院的一个发言,大意是说,晚清以后,我们的学者作出贡献是因为他们有很好的国学修养,加上外国文学的、理论的刺激,导致他们作出这个贡献。大家都说很有道理,请他写,然后主持做这个课题。这个课题进行的过程中,王先生私下说了好几次,说我为什么做这个课题,我深感晚清以降这一百年中国文学的研究格局越来越小,水平越来越低,而且还说了一句话,我特别感慨,真是一代不如一代。他想追问的就是为什么我们的研究会一代不如一代?从梁启超、王国维开始,这一百年走过来,一代不如一代。当然,因为王先生去世了,虽然我们把这个课题也完成了,但因为没有他的指点,还是留下很多遗憾。

尽管遗憾,这本书留下两个意料不到的结果:第一,开启了九十年代的学术史研究热潮;第二,凸显了清华文科的特殊价值。王先生说,这个课题第一批选了二十个个案来做,最后真正完成是十七个个案,十七个个案里面,在清华求学或教书的有八个:梁启超、王国维、陈寅恪、朱自清、闻一多、俞平伯、吴世昌、王元化。如果考虑到求学和任教的差异,因为有的教授是在两边流动的,同一个个案可以重复计算,即便如此,我仍可以这么说,体现在王先生心目中的学术版图,清华的业绩在北大之上,这是出乎人的意料的。

这就说到王先生《念闻一多先生》里面的那句话:"近闻清华大学又在筹办中文系了",王先生再三说,复办中文系是他念兹在兹的事情。好,不仅如此,王先生晚年在私下的场合、公开的场合,都说了一句话,"我是清华的,不是北大的"。这句话王先生从来没写在纸上,但是身边的弟子以及访客都可以证明,他确实再三说了这句话。可是他明明大半辈子生活在燕园,王先生为什么坚持他不属于北大而属于清华?这让学界很多人大惑不解,我想告诉大家我自己的理解。

说这句话的时候,他正好在写《念朱自清先生》和《念闻一多先生》这两篇文章,因为撰文怀念师长,重新回到美好的青年时代,爱屋及乌,因而特别表彰清华的学风和文化,这是一种可能性。第二种可能性是,从二十一岁到三十九岁,十八年间,王先生和清华结下了不解之缘,至于后面在北京大学的三十多年,不愉快的岁月居多,即使不说这些不愉快,也都不如青春记忆那样刻骨铭心,那是没办法的事情,对母校的感情,学生远在教授之上。

第三种可能性,说到王先生对于清华的认同感,不仅因其青春岁月,更因其名山事业。出版于1951年的《中古文学史论》就不用说了,另一部代表作《中国新文学史稿》,上册刊于1951

年,下册出版于 1953 年,但是,这本书的完稿时间是 1952 年 5 月 28 日,写完书三个月后,王先生才转任北京大学的教员,好,你了解这两本书的地位和价值,你就明白,作为学者,清华是王先生的"黄金时代"。相反到了北大以后,虽然也写了不少文章,但是再没有一本体大思精的著作了。

这是事实,但不等于结论。需要辨析的是,王先生所遭遇的困境到底是学校的问题还是时代的问题?假如没有院系调整,依旧生活在清华园的王瑶恐怕也未必有好的处境。让王瑶先生很不喜欢的、几乎让人窒息的学术氛围,与其说是校风,不如说是整个国家的意识形态。当然我不否认上世纪三四十年代北大中文系的学风和清华中文系的学风是不一样的,教学宗旨也是不一样的,而这一点我在其他文章里已经谈到了。好,青春记忆、师长追忆、个人遭遇加上治学门径的差异,导致王瑶更为认同清华而不是北大。

必须承认,"我是清华的"这种说法本身是带有某种策略性的考虑的。因为清华要复办文科,他想给他们站台,但更重要的是,王瑶讨论的其实不是北大、清华哪个好,哪个差,而是老清华和新北大的差异。作为长期生活在燕园中的现代文学的专家,王瑶先生对于北大当然同样充满感情,这一点孙玉石老师的《风雨燕园四十载》里面已经有了很好的说明。只是因为痛感当下中国大学的精神状态和学术水平不尽如人意,王瑶先生于是进入历史,努力寻找一种作为理想的大学形态,自然而然地,他选择了自己熟悉的清华大学。明白了这一点,对于王瑶用饱含深情而且不无夸张的语调来讨论老清华、清华学派,你就释然了。民国年间的清华大学,其文史哲各系实力雄厚,与北大文科的追求古雅渊深相比更有朝气,也更有进取精神。但王瑶先生想说的不是学科排名,考虑到同一个时期他在做学术史的研究,且感叹中国学者一代不如一代,因此我们不妨这么设想,他极力为民国年间的清华叫好,其实某种意义上是在为老大学招魂。

二十多年前,无论王瑶本人还是整个中国学界,对老大学的魅力并不敏感,也没有多少专门的论述,只是隐隐约约感觉到,那个时候的大学生活更值得追怀。如今,混合着政治批判、史学论述和怀旧思潮的大学史研究逐渐引起了国人的兴趣,这个时候回想王瑶之提倡学术史研究,以及表彰清华学派,方才悟出一种特殊的味道。回到那个课题,以及那本《中国文学研究现代化进程》,需要认真清理的,不是文学观念和治学方法,而是深受意识形态影响与制约的大学制度。

三

主持人:吴晓东(北京大学教授)
发言人:解志熙(清华大学教授)
　　　　高恒文(天津师范大学教授)
　　　　钱理群(北京大学教授)
　　　　吴福辉(中国现代文学馆研究员)
　　　　卓如(中国社科院研究员)
　　　　李怡(北京师范大学/四川大学教授)
　　　　姜涛(北京大学副教授)

解志熙:我接着陈平原兄的话来讲,王先生最重要的著作是

《中古文学史论》,作为学术经典当然是毫无疑问的。记得1986年我刚入学的时候,这本书刚好在北大出版社重版,我以前虽然读过一次,但版本不完整,这次系统读完以后非常惊讶、佩服极了。我自己专业虽然是中国现代文学,但我是古典文学的业余爱好者,关于古典文学的书,包括研究著作还是看一些的。看了王先生的这本书,真是出乎我的意料,当时我就对这个书评价很高,后来觉得在二十世纪中国文学学术史上,这是一本非常了不起的、顶尖的著作。在我看来,唯一可以跟这本书媲美的,就是鲁迅的《中国小说史略》,我想是这样的。关于中国文学的任何一个时代、任何一个朝代,从过去到现在出了很多著作,我觉得其他的没有一本赶得上,为什么能够出现这样一个学术经典?在那样一个艰苦的时代王先生怎么写出来的?我的文章已经在《中国现代文学丛刊》今年第3期发表了,这里长话短说。我进行了对比,一本是林庚先生的《中国文学简史》,一本就是王瑶先生这本书,这两本书很有意思,代表了文学研究的两种思路和写作方式。林庚先生的书就像朱自清先生的序里讲的,是诗化的路子,朱自清在序里表扬他的诗化的一些方法,包括他的诗人的直观和洞见,似乎很赞扬,但是另一方面朱先生又说文学研究还是要采用史学的方法,他说中国的史学还不发达,所以不能存有奢望。朱先生的序写得很客气,仔细玩味,也不过说这本书写得好看,有功于普及,学术评价并不高。同时朱先生又推荐王瑶先生给林庚写评论,王瑶先生跟林庚先生是同出朱门的师兄弟,他们先后进入清华大学读书,王瑶写了一个评论,朱自清看了以后非常满意,推荐它在《清华学报》发表了。王先生作为林先生的师兄弟,他的评价就比较不客气,指出了林庚的诗化的特点,一以贯之的诗的逻辑,可是从文学史的立场上基本没有什么好评,而是有很多的批评和质疑,最后王瑶也揭示了自己研究文学史的立场,那就是和朱先生一致的、坚持史的研究方法和立场。所以我这个题目一开始就定为"诗化还是史化?",这是两种研究路径。而朱自清先生对王瑶先生的评论非常满意。王瑶当时即将完成的《中古文学史论》这本书很了不起,在我看来,它的出现是中国文学史研究从幼稚热情的青少年进入成年的成熟之标志,所以是非常了不起的著作。那么,这本经典是如何——用我们现在流行的词语——炼成的?当然一方面是因为王先生他有特殊的天分和古典的修养,但是恐怕也有别的原因。

首先是王瑶和清华学派的关系。平原提到王先生晚年说自己是清华人,这是怀念老清华,同时对现在新的北大有所不满。这当然是有道理的,但也并不完全对。解放前的老北大和老清华相比,在文学史学上成就并不大,成就主要是在语言学方面,文学史研究实际上成就不大,包括对研究生的教育也并不像清华学派那么成体统。在此我也要和平原交流一下,前两天我正好看了陈子善兄编的《现代中文学刊》里边,平原写的一篇文章是关于华东师大的一位老先生徐中玉,平原的文章写得非常漂亮,其中专门讨论到抗战爆发的时候,有三个大学可以成立研究院,一个是清华,一个是北大,一个是中山大学。徐先生就是在中山大学培养的,可是他的老师对他放任自流,他做的研究是关于宋代诗话的,那本书一直没出来。后来徐先生就一直做一些有关当代的题目,一直到老。徐先生是非常好的人,博雅的人,但学术上真正专精的东西不多,而王瑶先生有那样的东西。平原作了一个比较,这两个大学对学生的培养就不一样。清华有严格的学术培养，包括王瑶先生从1934年入学，中间有些停顿，后来又读研究生，他的本科毕业论文就是他的《中古文学史论》里关于魏晋文论的一章，讨论极为深入。大概1941年王瑶复学到西南联大，后来又考入清华中文系做研究生，我算了一下到《中古文学史论》出版的时候差不多十二三年。现代的三代学者，从鲁迅、胡适那一代，到朱自清、闻一多那一代，再到王瑶那一代，没有哪一代人像王先生有那么严格、长期、扎实的学术训练，这使王瑶获得了开阔的学术视野，同时他在历史立场上比较稳健，不是那么极端，近代以来的学术思潮，信古、疑古、释古，王瑶注重的是对历史的审慎阐释，他的修养、功夫和史学态度，在他那一代甚至比他还早的学者中，几乎是无可比拟的，这是他取得成就的原因之一。王瑶属于清华学派，这就是为什么他晚年那么念念不忘清华的原因。

第二，王先生研究中古文学的时候，正好在1941年的大后方有一场关于晋人的美和颓废的论争，宗白华先生发表了一篇文章，论晋人的美——以《世说新语》为基础来大讲晋人的美，对于晋人的文学美学作了一个非常诗化和美化的理解。另外有一个叫"介子"的人（据我考证是经济史家傅筑夫），立即写了一篇批评文章。傅筑夫和鲁迅有过交往，他提出反证，认为晋代是一个非常黑暗的时代、民不聊生的时代，所以他对晋人的美给予了一个道德化的酷评。这个围绕着晋代的美和颓废的论争，王瑶先生自然会关注，我想王瑶从这里也受到了某种教益，吸取了教训——无论是诗化的美言还是道德化的酷评，这两者都是带着当代性的追求在里面。我想王瑶吸取了足够的教训，所以我们看到王瑶先生那么一个有修养而且关怀社会改革的左翼学者,在《中古文学史论》里面,却是那么克制地对历史作一个审慎的阐释,在历史叙事和价值判断上,他甚至要作二分法的处理,这样一来,他那个书就并不是写得很当代性了。胡适的《白话文学史》完全是按照"五四"时期的意识形态、新文化的意识形态来写的,所以那本书是学术史的名著,不是学术名著,至今我们研究古代文学,胡适那本书是可以不作参考的,可是王瑶这本书你逃得过去吗?八十年代以来,学界对魏晋六朝文学研究成果迭出,但是真正的推进实际上并不多,好多专家的书我也都翻过,坦率地说,我觉得比王瑶先生的书差得远了。为什么?那些学者并不缺当代性,并不缺理论立场,可能缺的是一个实事求是地探讨和理解历史的态度。王瑶既有现代价值的立场,同时对历史有同情之理解,王先生的这一点非常了不起,所以四十年代的那场学术论争给他的教训,让他更重视清华这样的释古的学术态度,这样才有了他的顶尖的论著《中古文学史论》的出现。

顺便说说王先生后来写的为我们学科奠基的著作《中国新文学史稿》,我觉得王先生写这本书的时候像换了一个人似的,跟他过去写《中古文学史论》完全是不一样的态度。当然这本书对我们这个学科奠基的贡献和价值,我们都是承认的。至于我们对这个书在学术上的弱点的讨论,一般会把它归罪于五十年代的政治教条,包括毛泽东文艺思想和新民主主义的限制等等。但是我觉得实事求是地说,王瑶在四十年代末五十年代初的时候立场发生了变化,他的激进的政治的一面占了上风,变成了一个纯然的左翼文学史家,他显然是按照当时流行的意识形态来写作的,毛泽东的新民主主义论与其说限制了他,不如说适合了他。他很注意学术上的抢先,要抢占学术高地。尽管这本书后来也受到很多更左的批评,这是后话,我们暂时可以不说。在我看来这本书是一个应时之作,用我们现在的话说是一个特别当代性的著作,没有跟历史拉开应有的距离,没有对历史保持审慎阐释的态度。所以就像平原说的那样,王先生在七十年代末八十年代初的时候才六十四五岁,按现在的说法在学术上是更成熟的年代了,至少还有十年时间,却没有把他的《中国新文学史稿》修订好。这是因为这本书的问题不是枝节的、局部的,用经济学的术语讲,那是结构性的问题,要调整就太难了,几乎需要全部重写,从整个观点方法到历史叙述都要重写,那对老先生太难了。好在王先生对学科的建设包括研究生培养上做了更多贡献,我觉得这本书他是留下遗憾的,但是改也无从改起,因为那不是枝枝节节的问题。比较这两本书的得失,也给我们一个深长的教训。

平原上午的发言我很赞赏,王瑶先生是我们很尊敬的学者,对他的遭遇我们也感到同情,但是有些东西恐怕也是与王先生自己有关。比如他后来过分强烈的政治兴趣,这个我一点都不反对,有政治兴趣是可以的,你可以写成杂文、写成散文,都可以的,但学术著作就是学术著作,当然有的写了以后不一定能发表,只能留待以后,所以说还是有另外的可能性。但是王瑶先生没这么做。朱自清病逝,王瑶失去了老师的节制,在建国初期那个很容易让大家热晕了头的年代,他自己也有点飘飘然了,他获得了新的成功,也为成功付出了代价,后来意识到这个问题时,已经无从改起了,因为要全盘重写那是不可能的事情,以他的精力是不行的。

但是让我非常尊敬的是王瑶先生在八十年代,我们这个学科重新要起步,拨乱反正之后开启新局面,我们有些新的观念、价值观念、学术方法传入进来,很多当代性的东西,但这个时候王瑶先生变得甘于"保守"和敢于"落后"了。他在许多问题上,比如新文学的起点问题,他审慎地保留了某种"保守"的立场,他重新来讲考证学在文学研究中的应用,他对这个问题有新的思考。而最重要的是他在1980年写的《关于中国现代文学研究工作的随想》,大概是现代文学学会成立会的一个主题发言。在这个讲话里面,他强调现代文学学科是文艺学科,更强调它属于历史学科的重要性,特别有一句话就是引列宁的话,"现象比规律更丰富"。当然从王瑶去世以来,我们对此有很多讨论,包括钱理群老师也写了不少文章,强调从《中古文学史论》以来,现象作为文学史研究方法论的意义、典型现象的意义,这是很重要的。但是我觉得王先生的反思恐怕不是到此为止,其中也有对《中国新文学史稿》的某种失误的检讨,含蓄的检讨、自我检讨。他强调现象比规律丰富,是对几十年来文学史研究好定性和好寻找规律那样一种研究模式的反思,而以为历史现象比历史规律更丰富。历史是什么?历史是一次性的存在,从某种意义上,历史是现象先于本质的这样一个东西。所以这反映了王瑶先生对历史现象的本体论的认知,不是一个单纯的文学史方法论问题。我们注重他的方法论,但没注意到他对我们流行的历史哲学的那种质疑,他谨慎地保留,他重新回到现象,强调现象的本体论意义,我觉得这非常非常重要。可惜大概后来学会的各种事务让他无法实现现代文学史的重写,但是他留下这些反思,我觉得还是很值得我们思索的,我就说这么一点感想。另外说明一个情况,由于我的那篇文章冗长,《中国现代文学研究丛刊》发表时压缩了一部分,被压缩的部分将在另外一本刊物《汉语言文学研究》上发表,有兴趣的同行可以翻翻。

高恒文:我跟解志熙一样,在《中国现代文学丛刊》第3期已经发过了文章。简单说一下,文章发的时候大概删了有五千字,发完了以后还有两万字,后来又写了最后一章,结果写得太长了,有一万多字。我本来想给大家印的,但那篇文章实在是很长,三万多字。文章主要从两个方面展开,一个讲文章的内容或形式,讲《中古文学史论》本身的问题,另一个线索就是沿着王瑶先生这部史论,他作为一个文学史家的个性与这本书的关系。两条线展开,先是推敲史论,他写的不是史,是史论,史论跟史的区别在他这本书里认识非常明确。他说《中古文学史论》是要讨论重大的文学现象,这个现象后来在书里面,在正文里面反复出现,他关注的是重大文学现象,那么这个重大文学现象里面牵涉的问题很简单,要有明确的问题意识和文学史意识,没有文学史意识,看不出来哪个现象重大和不重大。而文学史意识最后一定要落实到问题意识上来,所以他写了"拟古与作伪""小说与方术"这样非常了不得的章节,可能前两章在我们看来是从社会经济政治方面来描述,但中间这几章没有这种问题意识,是肯定写不出来的。

这里面他处理三个问题。第一个是哪些现象可以写到史论上来。第二个是现象如何,就是这个现象是怎么发生的,它的状况如何。第三个是这个现象带来什么样的文学史的意义,在当时的影响和后来的影响,从整个层面上展开论述。王瑶先生的个性,三十年代作为一个左翼的青年学者,他自述文字里面说了对哲学的关心和投入。这显然影响了他的思路,一个影响就是他说自己在评论林庚的文学史的时候,说文学史现象的探讨一定要与一般的社会状况、思想文化联系起来,意思就是说这些东西作为文学现象不是孤立的,一个是社会情况,一个是思想文化。这一点显然是符合我们三十年代左翼文学批评和文学史基本理论的。只是王先生做得非常好,我们轻易不大容易看出来。《中古文学史论》中所受左翼文学理论、文学思想的影响,我们读他的书好像一点看不出来。我在推敲这部书的时候,就是沿着史论这两个字到现象一步步推演下去,我后来写到中间才认识到这个问题比较重要。这是我说的一个问题。

还有一个问题,我刚才说不一定能看出左翼的影子,我做了一个小的工作,把《中古文学史论》里面所有引述过的材料文字全部列表排列出来,分三个方面,一个是基本史料,基本史料不包括作品,包括当时的史论、文论,来自经史子集的。第二方面的材料是后人一直到晚清对这一段中古文学史各种现象、作家的评论,他引用了哪些人。第三个是研究成果,像刘师培的《中国中古文学史讲义》、鲁迅的书,以至只引用过一条的书,我做了一个梳理,发现这是一个很好玩的事情。一个问题是他这里的材料的使用,比如"文体辨析与总集的成立"这一章,一开头他就说,"如果生硬地给一个批评者以什么主义的头衔,像近代的西洋文学批评家一样,一定会感到不适合的","近代整理中国文学批评史的人,用了西洋文艺理论的观念,在我国历史上努力寻求相当于这种观念的材料"。在他的语境里面,这种批评所指我们应该很清楚。对于林庚的《中国文学史》,王瑶也非常严肃地批评了。那么,王瑶先生自己是怎么做的?我查了一下,有几章如"文体辨析与总集的成立""玄言　山水　田园——论东晋诗"等,有一个共同的特点。比如说山水田园这一章,他开头引用钟嵘的《诗品》,然后结束时引了《文心雕龙·时序》里面的话,这样引完了以后他说,"我们很同意刘勰的'文变染乎世情,兴废系于时序'两句话,所以我们企图用世情和时序来解释永嘉以后以至晋末宋初的一百年间玄言诗的流行情形"。他论点的提出和展开的方式是这样,和他所批评的做法相反,他引用古代的像钟嵘《诗品》和刘勰《文心雕龙》这种既属于理论著作又属于文学史的著作,他认为这个观点是可靠的,引了以后提出自己的论点,这是一种做法。另一种做法,就是像"隶事　声律　宫体——论齐梁诗"的开题,他引用《沧浪诗话》论诗体的文字,引了以后他说这是不对的。怎么不对呢?他也没说。他又引了《南陈书》《梁书》等文字进行辨析,说《南陈书》《梁书》的说法是对的,然后才展开论述。这个做法给我们的感觉是,当然有文章写作的技巧在里面,但也达到了王瑶先生的目的,不是理论先行,而是从材料里面感觉到这个现象的重大,意识到问题,这个比较好玩。我就举这一个例子。

再有一个问题,我们看到的隋唐以前的文学研究,大家都说材料很少,隋唐以后就很多,就那么些书,今天做一个博士论文可能觉得以前的材料也不少。王先生引用的时候几乎没有特别新的材料,都是常见史料,这一点和陈寅恪非常相像,陈寅恪的文章几乎没有用到偏僻的材料。关键的问题是,像王瑶先生这种做法,他的问题意识再加上他的思想,使得那些常见材料的意义一下子就发生了变化。我举两个例子,一个例子就是"拟古与作伪"里面,他从《汉书》说到孔子,说到《诗经》《世说新语》等。《世说新语》中有这样一段话,他全文引用了:"夏侯湛作周诗成,示潘安仁,安仁曰,此非徒温雅,乃别见孝悌之性。潘因此遂作家风诗。"这一段话是比较常见的话,但是从来没有人引这一段话在"拟古与作伪"上作为一个论据来解释。我查了一下《世说新语》的各种版本的笺注,没有人这么做。还有一个更著名的例子就是潘岳,"潘陆与西晋文士"。大家都说潘岳这个人很糟糕,就像钱锺书在《管锥编》里说的,文如其人这个东西不可靠。王瑶先生解释说,他说潘岳人品很差也是事实,但是其实他生在那个时代,偶尔想一想也未尝不可,也不能说他是假,虽然他不一定能做到。这种阐释和解释是前所未有的,我们之前没有见过这个说法。再说一个,就是《世说新语》里面有一句著名的话:"痛饮酒,熟读《离骚》,便可称名士。"这个话历来解释不清楚,饮酒就好了,为什么要熟读《离骚》呢?但是王先生说这句话跟神仙有关系。那么我的意思就是说,他因为有这样的问题意识,有这样的对现象的关注的方式,导致了他即使也用常见材料,也使得这些材料的意义变了,不是他有意要改变材料,给一个新的解释,而是他因为用这样的眼光去看材料,这个意义就变了,这一点我个人也是觉得很神奇。我们不一定要发现那么多新的史料,新的史料当然有价值,但是很重要的是自己的眼光。像鲁迅论《红楼梦》一样,眼光不同,所以这一点给我感受非常深。

最后我还要说的就是王瑶先生对于成果的引用。他没有像我们今天的论文要列参考资料和引用书目,他没有,所以这里有一个比较麻烦的事情,哪些是他自己研究的成果,哪些是参考别人的？尤其是前面"玄学与清谈"一章。所以这里面可能有一些问题，我推敲了一下，他引用后人的成果，如刘师培，引用最多的是陈寅恪，有几个人他应该引，但是没引，不知道什么原因。比如钱穆写的一篇重要的文章，和王瑶先生的文章几乎同时发表发在 1945 年的《中央日报·副刊》，关系很大，应该引，但王先生没有引。有材料证明，王先生引用的材料可能有个别情况下不是用的原书，而是从引用的材料转引过来的，这样可能会导致一些问题。王先生那会儿书很少，有的时候引用资料也没有更好的办法。我的意思不是说王瑶先生引用材料本身的问题，而是看出对于现有的中古文学史的成果他接受哪些、不接受哪些，这是很好玩的，因为今天时间有限，不能多讲，尤其是他对于刘师培的论述，好像是意味深长的。总的感觉是，他对陈寅恪先生一共引了五六次之多，别人都未超过，连鲁迅都没有，鲁迅被引用了两三次，刘师培被引用了一次。比较罕见的是浦江清，被引用了一次。

钱理群：刚才解志熙老师和高恒文老师所讲到的王瑶，我觉得可以概括说是学术著作中的王瑶。我也写过一篇文本中的王瑶——《读王瑶的"检讨书"》，已经在《中国现代文学研究丛刊》发表了，这个话题过分沉重，好像在今天这个场合讲也不太合适。所以，我今天主要讲的是一个私下谈话中的王瑶。

其实王瑶先生的学生和朋友都知道，王瑶先生的私下谈话是非常有特色的，与著作语言的严谨不同，充满了幽默和机智，常出人意料，又入木三分，而且点到即止，绝不多说，全靠听者有没有悟性。我记得我当时和平原曾经私下讨论过，准备把先生在客厅里的高谈阔论录音并整理成书,那将更是表达先生思想和精神的著作。但是我们还来不及做就风云突变,先生也被"卷走"了,留下了永远的遗憾。

在先生仙逝之后,我写出了我印象最深的先生讲话的片断,今天做一个总结,有十四句话。能够公开说的,大概只有九句话。

首先是对我的四次师训。第一次,是1978年我入学不久的师训:"不要急于发文章。"这和今天完全不一样,现在的体制下,不发表文章就麻烦了。先生说:"钱理群我知道你已经三十九岁了,年纪很大了,你急于想在学术界冒出来,我能理解你的心情。但是,我劝你要沉住气,我们北大有一个传统叫'后发制人'。有些学者很年轻,很快就写出文章,一举成名,但是缺乏后劲,起点也就是终点,这是不足效法的。北大的传统是强调厚积薄发,有源源不断的后劲,这是真本事。"

第二次,是我研究生毕业,留校当先生助手的1981年,这又是我的人生关键时刻。王先生专门找我谈话:"钱理群,你现在留校了,处于一个非常有利的地位。因为你在北大,机会非常多,但是诱惑也非常多,这个时候你头脑要清醒,要能抵挡住诱惑。很多人会约你写稿,要你做这样那样的有种种好处的事,你自己要想清楚,哪些文章你可以写,哪些文章你不可以写,哪些事可以做,哪些事不可以做。你要心里有数,你主要追求什么东西,然后牢牢地把握住,利用你的有利条件尽量做好,充分发挥。其他的事情你要抵挡住,不做或者少做,要学会拒绝。不然的话,在各种诱惑面前,你会晕头转向,看起来什么都做了,什么都得了,名声也很大,但最后算总账,你把最主要的、你真正追求的东西丢了,你会发现你实际上是一事无成,那时候就晚了,那才是真正的悲剧。""要拒绝诱惑,牢牢地把握住自己要的东西。"这应该是王瑶先生对我最有分量的一个嘱咐,我一直到今天,还时时回味先生的这段话,始终坚持遵循先生的这一师训。这大概是可以告慰先生的在天之灵的。

在担任助手期间,先生对我的教诲反而不多。一次在闲聊的时候,王先生突然对我说:"钱理群,我跟你算一笔账。你说人一天有几个小时?"当时我就蒙了:老师怎么问我这么一道题?只得随口回答说:"二十四小时。"先生接着说:"记住啊,你一天只有二十四小时。你怎么支配这二十四小时,是个大问题。你这方面花时间多了,一定意味着另一方面花的时间就少了,有所得就必有所失,不可能样样求全。"秃头秃脑地讲了这一句,就不再说了。我就反复琢磨王瑶先生这句话,觉得这是对前一句话的补充与延伸,他是在提醒我:你要在学术上有所成就,必须要有所付出,甚至有所牺牲,"不能样样求全"。后来我在给北大学生和北师大学生演讲的时候,转述了王先生的这一教诲,并且作了这样的发挥:"要做学问,着重于精神的追求,就必须把物质看淡,即所谓'淡泊名利',要超脱一点。这看起来是常识,但真要在物质诱惑面前毫不动心,是不容易的,特别是在我们这个越来越物质化和商业化的时代。说实话,王瑶先生的这一教诲的意义,我也是这些年经历了好多事、看了许多人的变化,才逐渐意识到的。"

最后的教导,是王瑶先生逝世之前留下的遗训。那时形势非常紧张,大家都有点惶惶不安。王先生说:"你们不要瞻前顾后,受风吹草动的影响,要沉下来做自己的学问。"有人问:"我们下一步该怎么办?"先生回答:"不要问别人你该怎么办,一切自己决定,一切自己选择。"说完这些话不久,王瑶先生就"走"了,留下我们这些学生,自己选择,自己决定,一直走到现在。

现在再讲第五句话:这是讲他自己的选择。有一天,王瑶先生突然对我说:"我现在老了,无论做什么事,都是'垂死挣扎',什么事也不做呢,又是'坐以待毙'——与其'坐以待毙',不如'垂死挣扎'!"说着就哈哈大笑起来。我听了却为之一震,立即联想起鲁迅《野草》里的"死火"的两难:或者"烧完",或者"冻灭",而最后的选择也是:"那我就不如烧完!"后来,我在给学生讲《死火》的时候,转述了先生的这段话,并且作了这样的解释与发挥:"这其实是一个古老的人生的哲学问题:所谓'冻灭'('坐以待毙')就是'无为之死';所谓'烧完'('垂死挣扎')就是'有为之死'","结果都是死,但过程不一样,就有不同价值,所要追求的就是生命过程中的价值";"所谓'与其冻灭(坐以待毙),不如烧完(垂死挣扎)',所要选择的就是积极参与,知其不可为而为之的人生态度"。现在,我也老了,也到了王瑶先生当年的年龄,对鲁迅也是王瑶先生的这一人生态度与选择,就有了更深切的体会:尽管明知是垂死挣扎,也要积极有为,这就是"反抗绝望"。

因为上午听平原讲话,引起了我的另一段回忆,我补充说一下。王瑶先生到八十年代,确实选择了不做太多的事情,我印象非常深刻的是他选择我做他的助手,他对我说的第一句话是:"钱理群,我让你做我的助手,你的任务是什么呢? 现在的国家,你要不动,什么事不做,谁也不注意你,就把你忘了。你的任务,就是帮我晃来晃去,表示我王瑶的存在。"这个话我当时非常震惊,而且确实,我心里很悲凉,王先生看得太透了,太聪明了。我立即想起来,其实八十年代以后,很少做事的有两个重要的人,一个是王瑶,另一个就是钱锺书。像钱锺书,他基本是整理著作,写得很少。王瑶先生也看得太清楚了。像得后先生说的,王瑶先生说,"你一定搞清楚能做什么,不能做什么",他对这个"不能做什么"看得太透了。我在他身边强烈地感觉到,他对现代文学学科的绝望。所以,有人说王瑶,"王瑶与其说是北大的,不如说是清华的"。我还想补一句,还有人说,"王瑶是古典(文学)的,不是现代(文学)的"。因为他觉得,对现代文学的研究不能做的事情太多太多了,所以他觉得现代文学不可能真的有大的发展,真正有作为的可能是古典。但是,他又回不到古典。他看得太透,因此就确实非常绝望,但是他又反叛绝望,所以我们不能太夸大他内心的绝望,他总体来看还是积极有为的,积极去做他许多能做的事情。那么就真正体现了鲁迅的精神,"反抗绝望",既看清楚了一切,但还是努力地知其不可为而为之。这是我想补充的一点关于王瑶先生的记忆。

我记忆中的王瑶先生的第六到第九句话是谈知识分子的。第六句话说:"知识分子,他首先要有知识,其次,他是分子。所谓分子,就是有独立性,否则分子不独立,知识也会变质。"——关于"什么是知识分子",有过无数的讨论和争论,王瑶先生寥寥数语,就讲清楚了。

有一次,王瑶先生突然跟我谈起当代的一些知识分子的表现来。这是很少有的,王先生一般不在学生面前去褒贬什么人,因此给我留下了深刻的印象。我理解,王先生并不在意于具体的褒贬,而是借此概括知识分子的某种典型。让我终生难忘的,是两个概括。

王先生说,某些知识分子看起来很博学,谈古说外,其实都是"二道贩子":对外国人贩卖中国货,又向中国人贩卖外国货,贩卖而已。这是一种知识分子。

王瑶先生又说,还有一些知识分子,很聪明,开始也用功,在学术上确实做出一些成绩,取得了一定的学术地位。然后,就吃老本,不再做学问了,而是到处开会、演说、发言、表态,以最大限度地博取名声,取得政治、经济的好处,这就成了"社会活动家"了。但也还是打着"学者"的旗号,这个时候,学术就不再是学术,而成了资本了。当年的研究,不过是一种投资,现在就要获取最大的利息了。

今天的中国学术界,这样的"二道贩子",这样的"社会活动家型的学者",恐怕是越来越多了,我因此不能不感佩于王先生的"毒眼"和远见。同时也时时警诫自己:不要做这样的"伪学者"。

我要说的王先生的关于知识分子的第九句话,现在已经几乎是社会流行语了:"不说白不说,说了也白说,白说也要说。"我记得王先生先是在私下里和学生、朋友说,后来,在政协会上一说,就传开了。一直到今天,人们说起知识分子的处境与选择,也总要提起这句话,王先生确实把中国体制下知识分子言说的尴尬、无奈和顽强坚守,说透了,而且用的又是"王瑶式"的表达方式。有意思的是,今天人们提起这句名言,已经完全忘记了发明者是王瑶。我由此想到,我们这些学者、教师,一辈子说了无数的话,没人记得住,但是王瑶先生这样一句话就在社会流传,经久不息,大概是很少见的。

王瑶先生在生命最后的时刻给我讲的五句话,我这里就不再讲了,但是我仍然想讲一下当我回想起他这最后五句话的时候,所写下的一段话:一个人的生命是有爆发点的。王瑶先生在他生命最后的时刻,将他自己的以及中国知识分子的精神、正气全部爆发出来,那是惊天动地的,至今我还感受到那样一种震撼力。王瑶的意义也就超过了文学史学科的范围,而具有中国知识分子精神史的价值,成为北大传统的象征和代表之一,这是我们今天在这里纪念王瑶先生诞辰一百周年的一个重要原因。

吴福辉:刚才听了钱理群的发言,我感觉到,虽然我们是同学,都在王先生门下受教育、受训,但是体会、感受还是不一样的,所以,我听到他把王先生这么多话集中起来讲,还是很受到震动,虽然有些话我也听到过。我相信在座的,特别是王得后先生、孙玉石先生、陈平原先生、赵园先生等几位也会听到过很多王先生这样的"书斋放言",这种最能代表王瑶先生个性的话。

我最近写了一篇文章叫《怀想王瑶先生》,发表在刚刚出版的《书城》第5期上,写到我对王瑶先生的一些个别的印象与体会,他一般的性格、学术的性格,写他晚年做的一些事情。其中,可能不算是王先生生命当中最重要的三件事情,但是也不是次要的,是下面三个学术组织方面的工作:第一,担任现代文学研究会会长;第二,担任《中国现代文学研究丛刊》主编;第三,在这些工作中培育、组织了青年学术力量。这是从组织工作来说,王先生晚年最主要的三件事情。现在,大会希望我讲一讲王先生和《丛刊》的关系,所以我把这一部分抽出来,稍微集中来讲一讲。

王先生对《丛刊》的重视程度是显而易见的。第一,他到了七十岁以后,多次提到自己要辞掉现代文学研究会会长,但是从来没提到辞掉《丛刊》主编。第二,从 1985 年到 1989 年,我因为做《丛刊》的编辑部主任,所以在《丛刊》编辑方面,靠王先生稍微近一点,他在四年多的时间里面,我们每年开四次编委会,他一次都没有缺席过。所以,这可以证明王先生对《丛刊》是多么重视。

王瑶先生与《丛刊》的关系,实际上可分前五年、后五年,我参加的主要是后五年,前五年我只是听闻。严先生应该是最权威的能够说出来王先生是在前五年怎样参与《丛刊》活动的,我就说不太清楚了。王瑶先生担任《丛刊》主编的十年就是他生命最后的十年——从 1979 年到 1989 年。《丛刊》是 1979 年年末的时候创刊的,1979 年出了一期,转过来第 2 期就是 1980 年了,到 1985 年才由现代文学馆和作家出版社来出。

从《丛刊》的角度,这十年也可以分成两个时期,从 1979 年到 1985 年是创立期,在这几年,王先生已经完全意识到现代文学研究这个学科面临着一个新的机会,这个机会就是他和大家一起要重整现代文学研究的山河了,所以他感受到学科重建的个人使命、社会使命、学术使命,投入了大量的时间来做这项工作。

这一阶段是由二十五人参与的大编委会时期。我们还是研究生,没有参与,只是后来看到王先生陆续发表的文章。这些文章如果不排在一起可能不会引人注意,但排在一起,就能注意到他对于学科建设的比较系统的思考。第一篇是《关于中国现代文学研究工作的随想》(1980),这是他当年在包头召开的中国现代文学研究会首届年会上所做的主旨报告,题目叫"随想",

但是内容并不随便,而且字数也相当长。第二篇《关于开展话剧文学的研究工作》,1985年发表在《丛刊》上。第三篇《在现代文学研究创新座谈会上的讲话》,1985年也发表在《丛刊》上。除此以外,有五篇文章也是这一期间写成的,但是不一定发表在《丛刊》上,文章题目有:《中国现代文学与民族传统的关系》《中国现代文学与古典文学的历史联系》《中国现代文学与外国文学的关系》《中国现代文学史的起讫时间问题》,等等,基本上都发表在1985年、1986年以前。这些题目很枯燥,大部分都用中国现代文学研究开头,这些文章就代表了一种总结性的东西,就是他对我们这个学科进行了重新思考,提出了自己的一系列看法。而且,这些看法里面就包括了现代文学这个学科的性质、对象、范畴、线索、方法,给现代文学研究重新来定位、找坐标。这些文章就集中代表了他关于《丛刊》早期的基本思想,而且,他领导之下的《丛刊》也是往这些方面做的。

到了发展期,就是1985年到1989年,这期间,主要是进行文学史的调整、重写。在这方面,我亲眼看到的事情有以下几件。比如,第一件,王先生在他的书房见了现代文学馆第一任馆长杨犁,杨犁先生也是西南联大的学生,两个西南联大学生在王先生家里见面,谈怎么样把《丛刊》从北京出版社转到现代文学馆里来,两个人的表现都很令人感动。当时,确定编务放在文学馆,每年所需两万块钱的款项由文学馆负责,作家出版社出版事宜由文学馆去联系。由谁担任主编,他俩推让大概一两次,然后王先生就不推了,主编一定是王先生,而杨犁不做主编。

在这之后,现代文学研究面临着学术方面的突破和学术著作出版的低谷这么一个矛盾的时期,在这个矛盾时期,用王先生的话来说,《丛刊》不断地"心肌梗塞",这是他的原话,在他的文章《蹒跚十年》里也说到过,这个"心肌梗塞"就是学术的突破和学术出版物低谷之间的冲突。在这个时期,王先生竭力地想办法来维护《丛刊》的运行,甚至每年缺一万的时候他说,"我每年来付一万",后来,《丛刊》的花费在王先生去世以前,达到了每年需要五万块钱,上级给我们两万,王先生日夜筹措这三万,怎么办?为了不让王先生出这个钱,最后我们想出来一个自筹的办法,这里就不再详细报告了。

那么在这种情况下,要坚持把这个《丛刊》继续出下去并且出好是很难的,但是,王先生认识到这是中国现代文学研究大发展的一个时期,在这个发展时期他要领导好《丛刊》。关于《丛刊》,他在自己文章里面反复讲这么三句话,第一句是"《丛刊》是唯一的全国性的专门研究现代文学的杂志",再三强调这是唯一的。第二,他说"《丛刊》做什么?《丛刊》就是反映学科发展,反映学科的最新成果"。第三,他说"如果《丛刊》有问题,《丛刊》的问题就是学科的问题"。第三句话,我反复想,稍微想通一点,大家也可以想一下,为什么如果《丛刊》出现问题,《丛刊》的问题就是学科的问题。那么,在整个的《丛刊》的编辑过程当中,他所具体做的事情,主要是开编委会,而开编委会一般是批评选题、修改题目、研究形势,以及找出选题方向,等等。当然这些都是大家一起做的,但是王先生的观点起了一个核心的作用。

他在后五年当中,不断提到了我们现在文学研究的方向性的问题,大致讨论了以下几个方面:对二十世纪中国文学和文学史,我们应该怎么样来反映;对革命作家的重评和对非左翼作家的评价日益提高应该怎么看;对现代文学的现代性日益提上研究日程之后,应该怎么看待;在几种新的文学史发生以后,讨论笔谈文学史写作的问题;讨论作家传记风气形成以后的写作问题;讨论外国汉学界越来越重视中国的现代文学,把"汉学"由原来的古典研究方向转向中国现当代文学研究的倾向的问题;等等。谈论这些问题之后,王先生还组织青年力量,组织创新座谈会,帮助他们在《丛刊》发表成果,大体上是这样的。我觉得王先生特别重视队伍建设,这不光是表现在提携一些青年力量,对我们《丛刊》本身的"老中青三结合"也是极其重视。当小编委会产生以后,王先生又提出由王富仁、钱理群、刘纳和我具体编辑《丛刊》的每一期,后来由我们又导向下一轮的四人的责任编辑,他对老中青的结合如何完成梯队过渡非常重视。

他的领导艺术我概括有两条。第一条,抓大放小。不重要的小事情他一般睁一只眼闭一只眼,重要的事情说几句。比如,《丛刊》错误比较多的时候,他说,如果有文字错误,王超冰负责,如果刊物有其他问题,吴福辉负责,说得很清楚。当时因为他这样的说法很有趣,所以我就记住了。第二条,运用学术上的权威与威望,树立民主协商的风气。在《丛刊》,王先生是相当民主的,如果民主有表现的话,那就是王先生对家人很严苛,对自己最喜欢的学生比较严苛,对自己的学生要比对外人严苛。但是到了《丛刊》编委会上,会比较客气,王先生并不是事事可以协商的人,但是在编委会上大家可以协商,所以他最后能够把编委会团结成像一个人一样。后来我们离开万寿寺老馆的时候,大家依依惜别,有人就主张说,不要在房间里,而是到院子里去开会,当时拍的照片现在还留着。

刚才钱理群讲到,王先生最重要的言论是在书斋里面说的,这一点我们所有人都能证明。我现在能提到的王先生的一些话是在编委会上讲的,可惜记不太清了,只能混在一起谈,从思想性上看要比刚才老钱讲得差。例如,第一,他强调历史感和当代立场这两方面。关于历史感方面,刚才解志熙也说了。王先生讲,事实比规律更丰富,要有历史感。那么,每研究一个问题,和当时的时代精神不能脱离。但是,还要注意当代立场,他说,历史往往是由没有参加这段历史的人写的。第二,关于学术潮流的响应问题,要在响应当中不跟进,这个他说得很多,他有一篇文章题目叫《文学史著作应当后来居上》。第三,学术与世界学术界的联系,他认为我们要开放,但是我们还要坚持自己,他说现在《丛刊》的稿子里面有一种倾向——只要这个作品离开政治越远,评价就越高,如果距离政治越近,评价就会越低——要注意来稿当中的这种现象。第四,是关于资料运用和方法论的层面,这个就不细说了。

总而言之,王先生是亲眼看到《丛刊》十周岁,才离我们而去的。他当时从北京到苏州去开会,已经收到了《丛刊》第40期的样刊。在这一期,唐弢先生的纪念文字里称"三岁看到老",认为《丛刊》的品质可以用"持重"二字评价,他读到后非常欣慰,在火车上说着笑起来。通过王先生对于《丛刊》的领导和组织,可以看出他的学术精神和风范,可以看出他的学术智慧。所以,我们今天编《丛刊》的人,要珍惜王瑶先生留下的这份遗产,并且争取发扬光大。当然,能不能发扬光大还要看事实。

卓如:我接下来讲的是王瑶先生作为现代文学研究学会会

长所做的工作。1984年我有幸在王瑶先生领导下,协助乐黛云老师做学会的秘书联络工作,所以有机会经常见到王瑶先生,聆听先生的直接教诲,留下了深刻的记忆。

王瑶先生为中国现代文学研究学会,为中国现代文学学科的建设和发展作出了巨大的贡献。中国现代文学研究会是1979年1月在教育部于北京召开的现代文学资料审稿会上,由严家炎、陆耀东、黄曼君等同志倡议成立的,严家炎先生是首倡者。当时有二十多位高等院校的代表参加了筹备工作,最初取名"全国高等院校中国现代文学研究会",推选王瑶先生为会长。随后,在西安举办的现代文学教材会议上,代表们经过协商,推选出十三名理事,组成第一届理事会,严家炎先生担任了理事会秘书长。不久,研究会决定扩大范围,从全国各地高等院校、科研机构、出版机构、文学团体中吸收现代文学研究者参加,增补了理事和领导成员,并改名为"中国现代文学研究学会",挂靠在中国社会科学院文学研究所。王瑶先生连任五届会长,在他领导下,理事会的理事紧密合作、同心协力,促进中国现代文学科研、教学的发展,为繁荣祖国文化开展了各项工作。

在王瑶先生主持下,学会先后举办了全国性的大型学术讨论会四次,中型的学术讨论会六次。我只能讲后面,也即1984年以后的情况。历次学会会议都是根据学科发展不同阶段的特点,选择重要的、具有理论意义和现实意义的问题作为中心议题,经过理事会集体决定后再组织讨论。1980年,在严家炎先生主持下,讨论了在中国现代文学领域里如何真正贯彻"百花齐放、百家争鸣"、实事求是的科学精神,恢复中国现代文学史的本来面目,提高现代文学教学和研究水平等问题。1982年,讨论了中国文学思潮流派问题,还有如何开创中国文学研究和教育的新局面。

1985年左右,学会会议总结了以下问题:中国现代文学接受外来影响的正反两个方面的经验;如何科学评价一些历来有争议、情况比较复杂的作家和社团;还有中国现代文学研究的范围和对象,本学科的内涵和外延,已有的和可能的发展;现代文学研究和当代文学思潮的关系;等等。到了1986年,就讨论到了这些问题:文学观念和研究方法的更新;现代文学整个学科的格局和体例的变革;中国近代、当代文学历史的分期问题;抗战时期文学评价问题;中国现代文学研究的创新和发展前景;等等。还有,就是到了1989年4月,以"现代文化与现代文学"为议题进行了讨论,也即纪念"五四"文学革命七十周年。

我经历的后面这些学术讨论会的筹备工作,都是在王瑶先生的直接领导下进行的,每次会前,我都要陪同樊骏先生到镜春园76号,向王瑶先生详细汇报会议工作的筹备情况和存在的问题。他特别关注的是讨论的中心议题,对于会务工作中遇到的难题,他也都提出了简单明确的解决方法。每次会议他都亲自主持、致开幕词、会议结束前讲话,给与会者极大的启发。

在王瑶先生任会长期间,学会举办了多次学术讨论会,参加人数约计一千五百八十人次,为会议提交的学术论文累计四百八十多篇。学会会议都是让与会者产生自己的论点,同时还展开了比较充分的讨论,有些问题还展开了争论,所以参加会议的同志都反映会议主题明确,贯彻了"双百方针"。与会者围绕中心议题展开较为充分、深入的讨论,不同论点之间还展开了争论,这些讨论都对现代文学学科的建设和发展起到了推动作用。

针对学科的事业如何更好地发展,怎样培养新人,王瑶先生也倾注了许多心力。在学会举办的学术讨论会中,有两次——分别在1985年和1988年——是以当时的现代文学研究新人为主要参加者的中国现代文学研究创新座谈会。座谈会从筹划到召开,每个环节王瑶先生都关注到了,特别是每次要求参加的人太多太多,许多理事也都要求增加他们推荐的名额,最后没有办法,只好请王瑶先生定夺。参加座谈会的青年教师和研究生认为,创新座谈会给他们提供了最好的学习机会,呼吸到清新的学术空气,开阔了视野,活跃了思想,因此受到了他们的欢迎。当年参加创新座谈会的青年,现在都是著名的学者、教授,学术界最有影响力、最受欢迎的学科带头人。随便翻开出席创新座谈会的人员名单,那一个个闪光的名字,按照顺序我随便说几个,钱理群、吴福辉、赵园、刘纳、李辉、王富仁、凌宇、朱栋霖、许子东、王晓明、陈思和、陈平原、温儒敏、汪晖,等等,太多的名人,真是群星璀璨,令人惊叹。

为了适应学科发展的需要,提高大专院校现代文学教师的业务水平,促进教学质量提高,学会还先后与辽宁、西北的一些学院(辽宁师院、西北民院?),以及中国现代文学馆联合举办了五期中国现代文学暑期讲学班。在大连、兰州各一期,北京三期,一共有五百多人参加了讲习班的学习。这些学员来自全国二十九个省市自治区,多数是教师和研究生,还有少数民族的教师和科研人员参加。讲习班邀请各地的学者讲课,学会的理事都热心支持这项工作,讲课内容丰富、形式多样,及时地反映了近年来整个学科不断开拓创新的科研成果。学员们认为,讲习班时间虽短,却增长了知识、开拓了眼界,使他们全面了解了现代文学的新动向,为他们的教学、科研工作开辟了新的思路。

王瑶先生对学会的组织工作也很关心,学会不断地吸收符合条件的现代文学教师、编辑者为会员。在王瑶先生任会长期间,陆续发展了十多批会员,共计一千四百一十五名,会员的队伍逐步发展壮大起来。

为纪念"五四"运动七十周年,在王瑶先生倡导下,学会组织编辑出版了论文集,这本书出版后受到了好评。同时,为庆祝学会成立十周年,还把这本书作为一份小小的纪念品,赠送给全体会员,不少会员收到书后,来信表示今后要多为学会做工作,承担会员的各项任务,这本书增强了学会与会员之间的联系。

王瑶先生不仅是一位认真负责的会长,而且为学会鞠躬尽瘁,奉献了最后的心力。1989年10月,先生听我们汇报了苏州理事会的筹备情况之后说,学会成立十年了,你们写一下总结性的东西,在理事会上讲。这十年的总结要以平稳为妥,而学术则要创新,不创新还研究什么?我们的研究学会就是要通过开展学术讨论,推动和繁荣学术研究。1989年11月13日,先生于北京赶到苏州,主持召开了现代文学研究会的理事会,安排了研究会的各项工作,在全体理事会上致了开幕词;小组讨论先生也坚持参加,并作了许多精彩生动富有独创性的即兴发言。11月19日的清晨,会议结束了,有一批理事要开始启程返回各地,先生特意从楼上的房间里赶到屋外,走近车子旁边,给大家送行。那时秋风紧,凉气袭人,大家都说,天太冷了,请王先生回屋去。先生却说,没关系的,依然站在那里望着大家。我怕先生在外面受寒,便对他说,您来送行,心意到了,不要再等车开了。他还坚持着。樊骏先生就让我护送先生上楼。先生就同临行的理事们一一握手以后,返身对我说,你不要送我,你留在这里送他们吧,我自己回去。临走的时候,先生又站住了脚步,注视着那些理事们,依依不舍。第二天王瑶先生从苏州到上海参加巴金研讨会,万万也没有想到,仅仅过了二十多天,先生就病逝于上海了,这次苏州的理事会,竟成了先生与现代文学学会同志们的永诀。

我在学会工作中,还直接感受到王瑶先生坦荡的襟怀和高洁的品格。先生对后学青年,都是百般爱护,鼓励创新,多出成果。有一次,他的学生写了一篇同先生学术见解不同的文章,送给先生审阅,先生看了以后,不仅没有丝毫反感,而且很高兴,说要尽快拿出去发表。先生常常说,对青年人要善于引导,要掌握青年人的思想方法和特点。他对来看望他的学生说,我希望你们多出成果,超过老师,长江后浪推前浪,这是规律。

学会的经费非常紧张,每一次会议都是感到经费不够,先生总是叮嘱我,学术会议要尽量节俭。有几位老先生因为年高,要带家属陪伴照料。会前先生就明言规定,一切费用自理。先生自己就首先执行,杜琇师母随行的时候,不享受任何补贴,要交全份伙食费,而且外出参观师母也要交车费。住宿费先生可以报销单间,但他只报销他一个人的,师母那部分他让我单开单据交费。从这些生活琐事上,也看出了先生严于律己的高尚品格。

王瑶先生匆匆地走了,他留下的是丰富的精神财富,值得我们后人好好继承、珍惜、发扬。今天纪念先生百年诞辰,作为学生,我向先生英灵献上崇高的敬意!

李怡:我是北京师范大学毕业的,逐渐走上中国现代文学研究的工作基本上是在九十年代,所以说在八十年代没有机会聆听到王瑶先生的教诲。唯一的一次是在1989年,咱们中国现代文学研究学会开了一个纪念"五四"七十周年的座谈会,后来有一天王富仁老师说你帮我做一个录音整理,你到万寿寺把会议座谈的磁带借出来,后来我整理,那个论坛的记录是我做的。过去的那种磁带最难听懂的就是王瑶先生的山西话,反复听,后来把磁带都弄坏了,就是反复来倒,机器是旧的录音机,后来我整理完了拿回去还给现代文学馆的时候心里惴惴不安,因为搅了好几次,磁带遭到了一定程度的破坏,就是为了把王瑶先生的话记录下来。

我现在记得还很清楚,印象很深的是王先生纪念"五四"时说的年龄问题,说当年"五四"的时候,冰心多少岁、胡适多少岁、谁谁多少岁,展示了"五四"是一个青春的年代、创造的岁月,印象非常深。后来自己做现代文学研究,大家知道在八十年代的时候我们上大学,有几种书给我们印象很深,除了用作教材的唐弢先生的《中国现代文学史》,还有夏志清的《中国现代小说史》、司马长风的《中国新文学史》,再有就是王瑶先生的《中国新文学史稿》。他们都各自很有特色,除了港台的从另外一个角度打开了我们的视野之外,王瑶先生的《中国新文学史稿》以如此丰富的现代文学的作家作品的现象一下子把我们带到了一个真正的文学世界里,所以说直到现在我们要做什么的时候还经常翻。我前两天还在看这部书,因为稿子没写完还得准备,一下就觉得中间有一段很触动我,第二章第二节,叫作《女神》及其他",其中谈到《女神》的特点,就是说郭沫若的《匪徒颂》,对一切反抗现实的匪徒加以歌颂,其中有一句话说"其中也包括了列宁",这是王瑶先生书中的一句话。在当时八十年代看不觉得有什么，但是今天再来翻看，短短的一句话里内涵很丰富，包括《中国新文学史稿》在我们学科史上的特殊地位和形象。因为在那个时候他会引这个例子是可以理解的，但是这种引证和我们通行的、后来我们看到的《匪徒颂》的版本是不一样的，因为到1928年的时候郭沫若编《沫若诗集》就变了，把他歌颂的匪徒换成了马克思、恩格斯、列宁，但实际上初版本只有列宁。这是一个很小的事情。今天考证版本的流变已经是我们重要的工作了。王瑶先生在五十年代初构思和写作的时候，已流行郭沫若修改过的版本，但王先生的写法传达了一个信息，《女神》最初是没有马克思、恩格斯的，所以他不会说前面还有马克思、恩格斯，而是就说"也包括了列宁"。表面上看这是非常严谨的，他依据的是初版本，但是这个严谨的背后包含了王瑶先生在特殊年代里对历史真相的一种用心的传达。这是我今天想到的《中国新文学史稿》留给我们的印象。我本来想的文章题目叫《一体化进程中的〈中国新文学史稿〉》。这个一体化，是对我们中国文化体制化的描述。当然王瑶先生的这部史稿也是属于宏大的社会进程中的有机组成部分。所以今天我们看这个《史稿》的时候可以看到他很多这方面明显的痕迹，从他最初的个人写作到后来的集体讨论，要接受批评和自我批判，还要顺应作一些修改，包括他观念的调整，从统一战线的观念到后来阶级斗争观念的加强，把鲁迅的方向也统一归并到毛主席的方向，也包括对一些所谓非现实主义流派的定性和修改，对其中的革命作家和左翼作家的完善和补充，这都可以看出来当时思想统一的力量如何在我们学科的建设中起到举足轻重的作用。

我觉得尽管我们都可以很明显地看到这些，但是你会发现无论从学术史的角度,还是从王瑶先生自己学术思想总结的角度,仅仅有这些显然是不够的,也不能代表我们今天重读《中国新文学史稿》的时候很丰富的感受,除了自我批判和顺从、修改这些东西之外,显然我们还能从中读出来足以支持一个全新的学科知识的内力充沛的一种思想力量,这种力量源于王瑶先生并没有用这种意识形态的定性完全代替他对中国新文学发展事实的一种非常真切的感受,这就构成了研究《中国新文学史稿》的关键。它好像两套话语,从整个概述里面作定性的时候,王瑶先生运用当时政治意识形态的这一套框架和叙述,但是涉及具体的文学现象时,他是以大量的文学作品的感悟为基础,就是说在阅读这些章节的过程当中,我们可以看到王瑶先生对大量的作为创作内容以及艺术趣味的分析,这种分析显然是超出了他对于文学史料进行定性这样的一种概括,包括那些概念,那么常常会给我们留下艺术史方面追踪、描述的非常生动的一些印象。我觉得这些东西就包含了王瑶先生非常真切的体验,就是这样一种努力使得中国现代文学学科的建构,在表面看来不可抗拒的一体化的进程当中保留了新文学自身的最宝贵的血脉,也保存了中国知识分子曾经创造的这些最尊贵的精神的遗产。尽管这些遗产也许还没有得到更为理性和深入的挖掘与展示,但是在那个时候能够尽可能地以传达自己阅读文学感受的方式来加以保存,我觉得这是一个非常重要的努力。而且我觉得正是通过这样一种方式,他有力地捍卫了尽可能多的历史的真相,在即将到来的混淆真假的时代,这是一种非常可贵的努力。如果接着王瑶先生的《中国新文学史稿》再往后看新文学史的著作,一直到"文化大革命"当中——前段时间我们还到图书馆收集了以各个地方工农兵战斗小组为名义出版的《现代文学思想斗争史》的一大批资料——你会觉得王瑶先生做了非常宝贵的努力,通过他的方式把历史保存下来了。我觉得这种努力是一种求真的方式,并不一定很显赫,但是相当地扎实,而且保留了我们这个学科内在的一种精神的健康,所以说才会有了后面我们上学的时候的感觉,在新时期随着学科的恢复和发展,人们越发看到了《中国新文学史稿》的价值,并且从中汲取一种精神的力量,使我们的学科在八十年代成为整个中国诸多学科的一个思想开拓的先锋,扮演了思想解放的一个角色。这就让我想到了一个知识分子在国家政治意识形态的一体化过程当中,能做什么,不能做什么,我觉得在二十世纪中国权力对文学一次一次地干扰当中,也许我们会发现妥协、退让、牺牲,有时候是无可避免的,但是问题在于后人或许可以在原谅这些妥协、退让和牺牲的同时,反思我们如何才能保存知识分子事业最后的这种独立,钱老师刚才说的作为分子的这样一个意义。我觉得对我们文学学科而言,在今天也面临了很多类似的情况,我们以各种方式和理由离开了文学,走出了文学,但是我们离开文学好长一段时间以后发现,王瑶先生坚守息对中国现代文学作品的理解和把握,他用这个看似非常朴素的方式,保存的是我们精神的原乡,也是我们信念的家园,可能正是这种保存它会慢慢凝聚起一个学者的自信,还有道德的底气。最后当我们的文化和精神系统全面崩溃的时候,这个时候你再看王瑶先生的著作,就钦佩他对现代文学这种丰富现象的保存和艺术感知的描绘,我觉得他扮演了一个工人的角色。好像今天的电脑一样,一个电脑出问题了,没办法了,据说有一个键能够让它重新启动。什么键能够让我们的文化受到危险的时候得到重启的功能呢？还是我们现代文学创作的现象，这些看起来好像很简单、很朴素，它并不引人注目，也没有很多炫目的理论的光彩，但是它事实上构成了我们最后的基石。如果将来有一天我们也如王瑶先生一代人，在经历了岁月的荒诞之后需要对时代进行一种严峻的批判和自我反省，通过它们来重建我们的精神文化的话，是什么东西让我们有资格成为中国文化与文学再出发的一个根据呢？我想显然不是政治家的指挥刀和最高指示，也不是应运而生的种种政治和体制带给我们的变异与机遇，也不会是流行一时的各种宏伟的理论，可能回过头来还是我们中国现代文学创作的精神产品，这些精神产品带给我们的非常朴素的感受和从中获得的体验。

　　在这个意义上如何把握文学带给我们自己的那种丰富的感受，可能是王瑶先生文学史著作非常重要的历史启示，也是对我们今天的人的一种警示。之所以我要在这个一体化或者体制化的角度来看王瑶先生的著作，显然是我觉得，我们今天好像又遭遇了一些相似的现实，国家制度的设计越来越精密化，已经进入了高校与学术机构的各个环节，在去行政化的声音之中行政化不断加强，并且还加上了另外一个力量——市场经济，实际经济利益的驱使也可能让我们的需求进入另一个一体化当中。譬如说近年各大出版社纷纷策划各种文学史。我还知道有一家非常有名的出版社找了好多人，它的计划是把中国现代文学史一个省出一本，其实都是他一家出，后来我说你这个太厉害了，最后想把我们文学史的市场一网打尽，全部变成你的现代文学史。当各种诱惑出现的时候实际也是我们面临新的自我挑战的时候，当然为了体制化生存的需要我们也往往言不由衷，论证别人等待我们论证的结论,至少我们也不很愿意拒绝挂靠这些强势力量的需求,我想从这种言不由衷到泰然淡定再到理直气壮,如果我们沿着这条路走下去,那我们离王瑶先生那样的知识分子就会越来越远。越是这样,我越觉得只有回过头来看好像复杂的矛盾的文学史,发现那一代人他们如何尽力地保留作为知识分子的底线,在无可抗拒的时候为我们留存真正的知识,即使我们今天不能做到这一点,那么未来能不能为我们学科的健康发展留下精神的种子呢?我想这是我们今天重新看王瑶先生这一代人,看他的现代文学史著作时所得到的一些启示。

四

主持人:孔庆东(北京大学教授)
发言人:张恩和(中国社会科学院研究员)
　　　　谢伟民(香港中联办公务员)
　　　　郭小聪(国际关系学院教授)
　　　　何锡章(华中科技大学教授)
　　　　姚锡佩(鲁迅博物馆研究员)
　　　　张海波(自由职业者)
　　　　王风(北京大学副教授)

张恩和:上面的发言对王瑶先生的为人、为学、为文、为师都说了很多了,材料很丰富,读得也很生动,我觉得我没有什么话可说了。我就说一些我自己的感性的认识,跟王瑶先生接触过程当中一些感性的认识。

我跟王瑶先生接触还是比较早的,那是1961年一起去参加唐弢主持的《中国现代文学史》的教材编写工作。那时候住中央党校,我们接触得比较多,基本上是朝夕相处。后来陆陆续续也不间断,可以说一直到他去世,他骨灰盒从上海回来的时候我还在他家里接了他的灵,应该说也是几十年的交往。但是我这个人比较疏懒,跟王先生来往不是那么密切,所以虽然也从他那儿得到很多的教诲,收获不少,但是不像一些弟子受益更多,我有这个机会,但是也没能很好地抓住。

　　我就说说我对王瑶先生的一些感性认识。这些认识更多地是基于1961年参加的高校现代文学史的编写工作。那时候——现在说起来,剩的人也不太多了,老先生基本上都去世了——是唐先生主持,老先生有那么几个,年轻一点的最大的就是樊骏,其次就是严家炎,再底下就是我们这样年纪的人。那个时候我才二十六岁,严家炎也才二十八岁,现在看起来都是比较幼稚一点的了。

　　当时分工是这样,唐先生主要负责"五四"段,另外重点抓鲁迅的专章。鲁迅有两章,一个是"五四"时候的,叫"鲁迅(上)",还有一个是"左联"时期也即鲁迅后期的,叫"鲁迅(下)"。唐弢先生负责这个鲁迅专章。王瑶先生是负责抓抗战时期跟解放战争时期,这就好像一个组长似的。我们这些年轻人就分一些章节,起草初稿,然后主要由各个老先生把关。当时也不是分整段的,我分到了鲁迅后期,还分了一个《暴风骤雨》,就是解放战争时期,所以我跟王瑶先生在业务上没有什么很直接的关系。但是那个时候人也不多,都接触比较频繁,也不是那么严格,好像你(负责)"左联"的你就跟(负责)"左联"的老先生接触，大家其实也可以随便请教。

当时是一个什么形势呢？可能现在年轻一点的同志不是太清楚，当时中国现代文学史编写主要是为了纠正1958年高校教育"大跃进"，纠正一些左的东西。当时王先生实际上也刚刚被"拔白旗"不久，我记得我们那些年轻人去的时候，还有党组织，当时负责政治工作的是我们师大的一个书记，这个书记据说还是当时陈宝琛的孙女，陈宝琛是皇帝的太傅，她是党组织书记。这个人是非常左的、非常革命的，当时就把我们这些年轻人叫到一起，说这是一个很好的学习的机会，但是思想上还要警惕些，不要受那些老先生的资产阶级思想的影响，特别提到了王瑶先生。那个时候唐先生是党员，主要就是注意不要受王瑶先生的影响。但是我们这些年轻人也不是很听话，再说让你不受影响，怎么叫不受影响？不听他的也不好说，我们还是照样接近。在我的印象里边，王瑶先生那个时候对于"拔白旗"也不是很服气的，他的生活方式照样是非常自由自在。我们虽然那个时候集中在中央党校，在那儿住，强调的是要守纪律，但是他不怎么守纪律，他经常回家，骑着一辆旧自行车，经常回家。还有一个，当时我印象最深的就是夏天天气热的时候，王瑶先生穿了一身白西服，这个在当时那些老先生里边是很少的。白西服、白皮鞋，可是骑了一辆破车。他从家里带去一个小电扇。我们那个时候一个人一间房，他自己带一个小电扇，在当时我们感觉到这位王先生的生活方式的确有点资产阶级的味道。那个时候买个小电扇差不多像我们现在买个空调，但是他无所谓。我感觉到他对批判可能还有一点不太服，我当时没跟别人说，但是很多人也心照不宣。当时王瑶先生在北大还有一门课，是"文选"课，王瑶先生就提出来,我到哪儿去参加编写教材可以,但是这门课要派人替我讲。当时唐弢先生也同意他这个意见,同意他这个要求,当时就派了我们这些年轻人,从樊骏到我,帮他代这个课。我当时心里想王瑶先生并不是讲不了,以他的水平和资格完全可以做下来,不要花他很大的力量,可是他当时就提出来要我们讲这个课,当时我还替王先生在北大讲过一课,我记得选的是师陀的一篇散文。当时我还年轻,也很穷,衣服也没有,记得还是借了樊骏的一条毛料裤子穿。这说明王瑶先生对"拔白旗"的态度,有他自己的一些看法,并不是那么老老实实地接受改造的。

在我的印象里面,很突出的一件事,王先生是很关心时事的,他每天晚上都要看报。我们那个时候,报纸就是用报夹子摆在开会的地方,他每天晚上要把这个报夹子搬回他的屋里去,他看得非常细,当时给我印象最深刻的就是这一点。别的老先生都有活动,王瑶先生基本上没什么活动,他就喜欢看报纸。我的印象里面王先生不是那种死钻、死读书的老夫子气的学者,他是对时事、对时政很有兴趣的,刚才的发言也有的同志谈到,王瑶先生对于学术和政治的关系,要怎么摆,当然也有他自己的分析了。我觉得王先生很像我们师大的黄药眠,去年开了黄先生一百二十周年的座谈会,当时我也谈到这个问题。黄先生是原来师大的中文系主任,他年轻的时候是参加革命的,是最初的创造社的成员,后来到苏联东方大学,是民盟的宣传部部长。那个时候的宣传部部长不像现在,社会地位很高的了。他有政治头脑,后来我整理了一篇文章写政治家的诗人和学者,黄药眠是这样一个人,但是后来被打成右派了。王瑶先生没有被打成右派,不过后来被"拔白旗"了,但是自己的威风不倒。黄药眠先生划了右派,没让他上讲台,让他去资料室抄卡片,但他也是威风不倒。所以在我的印象里面,有些学者专心做学问,但是王瑶先生、我心中的黄药眠先生他们不属于这类学者。刚才上面发言也谈到,我觉得一个人文学者如果不关心时事,不关心时政,没有一点人文的担当,就不是一个大的学者。而王瑶先生不是这样,王瑶先生是关心时政的。

最后王瑶先生在1989年去世,当时的政治事件给他的震动、打击也是比较大的,所以他的命运跟关心时政是有关系的。这是我的印象,我还是很佩服这样的学者。

再一个我的印象里面,王瑶先生是一个很时尚的人,不是那种老古板。我觉得他从搞中古文学到后来转业搞中国现代文学跟这一点也有关系。五十年代初对现代文学的普遍看法,就跟现在大家觉得当代文学没什么学问一样,也觉得这个不算是一个学问的。但是王瑶先生能转去搞现代文学,我觉得跟他的思想不是很古板、不执着于过去的东西、他的时尚也有关系。他在生活上也是这样,当大家穿着很朴素的时候,他一身的白西服。我记得"文革"以后到上海讨论中国现代文学,谢冕也是比较时尚的,当时上海有一个很老的西装店,谢冕要买西装,他还不太敢,王瑶先生鼓励他,说穿西服就是好看。所以我觉得王瑶先生是一个很时尚的人,不是那种很守旧、很死板的老先生。我觉得我们搞现代文学也提倡"甘坐板凳十年冷",要一心地搞学问,但是也要像王瑶先生那样懂得生活,会生活,把生活过得丰富一点。像现在有些人还穿中山服,我今天开玩笑说现在的学者越装老越值钱了,其实还是要时尚一点。我也不是很时尚,但是我很敬佩时尚的人。我就是讲这些,我的一些零零碎碎的感性的东西。还有我记得我们 1961 年在党校住的时候,跑到中关村,王先生住在中关村,王先生家里有电视,那么远,我们几个人,包括樊骏——严家炎没去,他这个人很严格,他是搞学问的——都去了。那个时候党校里面都没电视机,王瑶先生家有。后来最早有彩色电视的也是他家。2009 年我去美国参加他的小女儿超华的毕业典礼的时候,她也说她爸爸是很时尚的。所以王瑶先生是懂生活,会生活。我们这些人,当然远远不及他了,我想这些东西还是值得我们学习的。

谢伟民:按照孙玉石老师和赵园老师的说法,我是王瑶先生的"遗腹子",也是关门弟子,但是远东又跟我讲你是关了门没入门,进来以后又出去了。为什么是"遗腹子"呢?1988 年 9 月份我入学到 1989 年 12 月份王先生去世,也就是一年多时间,所以实际上,除了王先生以外,我主要还是王先生的学生带出来的。因为孙玉石老师是王先生的学生,他是副导师,钱老师是导师助手,他给我的指教最多。我记得那时候每个星期二、星期三有一个读书会,是钱老师主持的,庆东、晓东、海波和我一起,还有一些非常友好的不是访问学者的专门跑过来和我们一起交流。那时候每个星期我不光在学术上学到很多东西,在做人和对事情的看法方面也获益匪浅,而我后来的选择我想也跟这个有关系。因为钱老师跟我说过王先生还有另一面,既有革命性的一面,又有学者的一面。革命性的一面就是经世致用,所以当年我去香港的时候征求了钱老师的意见,也征求了孙老师的意见,他们同意了。我后来没有做学问。

这里我建议大家做一个课题,这次讲的都是王先生,我觉得王先生的弟子们本身就可以作为一个课题来研究,王先生的精神就是从弟子的身上得到传承的。让我讲的话,我可以讲很多,我可以举几个例子。一个是严家炎老师,那时候暑期我参加一个二十世纪小说的研讨会,当时我有一个发言,对抗战文学有一个判断,后来也讲到现代文学研究的小圈子问题,讲到这两个问题的时候,严老师有点生气,非常严厉地批评了我。当时我比较反感,但我回过头来想,严老师在学术上很严谨,你如果是作出一个学术判断的话,那么一定要有事实上的依据,而且不能是孤证,不能只是一两个例子,这里就体现了严老师的严谨。另外我刚才提到的小圈子,我现在不知道对不对,我当时是这么认为的。我之所以后来没有从事学术工作也是因为这个原因,我觉得搞学问的话,你不去北大,去省里或是其他地方,你做不了学问,做不出来。如果是这样的话,你就别做学问了。严老师就这一点对我进行了严厉的批评,我想这个批评里面体现了,正如今天上午几位老师都讲到的,现代文学现在看的话没有小圈子,就是个大圈子,现代文学这个学会没有两家也没有三家,仅此一家,为什么呢?就是在王先生的身体力行的情况下,我们这些老师严格按照王先生的思路去做,如果他们的弟子的弟子在讲话中有不利于团结的倾向的时候,他们会马上严厉地指出来并将其打消,他们包容并且竭力维护这个学术圈子的团结。

我讲的第二个例子是孙玉石老师,也就是我的副导师。1990年的时候,我写了一篇关于鲁迅的小说《药》的文章,远东当时是《鲁迅研究月刊》的编辑,我在上面发表文章后很得意。写的是关于人血馒头,后来孙老师很严厉地批评了我——你搞学问的话,不能搞影射,这点我当时没大想明白,但是后来我回过头来再想，确实，学问是学问，它不是政治，政治是另外一样东西，学术研究不能携带个人情感和情绪。所以从这里我们也可以看出孙老师在恪守政治与学术两个不同圈子间的界限，也就是得后老师今天也说过的什么是该讲的、什么是不该讲的，什么是我们该研究的、什么是我们不该研究的。我希望借这个例子说明这一点。

再讲钱理群老师，我记得那年，那天应该是早上十点多钟吧，我那天晚上没回来。我记得后来我回来以后没多久，很多人跟我讲，你到哪儿去了，钱老师到处找你。我当时住25楼，进去后是个巷道，我住最里面，差不多挨着洗手间的地方，我住那个房间里。还没转弯就听到钱老师大喊，"谢伟民啊，谢伟民啊"，他走过来看到我以后热泪盈眶，所以当时我自己也非常感动。在那样一个特殊的情况下，钱老师给我的温暖和慰藉是终生难忘的。所以钱老师实际上有他很温情的一面，很动感情的一面，你们听过他的课的话都会知道，实际上他对学生是非常爱护的。在学问上面就更不用我多说了，因为培养了那么多高足。我们那个沙龙里也走出了很多优秀的人才。

所以我讲了这些，就是说王先生学术上是多面的。他有峻刻的一面，也有包容的一面；有圆融的一面，也有孤傲的一面。实际上王先生的这些特点在他的学生也是我的老师们身上，都有体现出来。有的可能是集大成者，比如说像陈平原，两面都做得很好，不失风骨，但是又包容，而且是学术带头人，开创了不同学科；有的则是在某一个方面更突出，就峻刻而言，像我们的凌宇老师，就是爱憎分明。所以我们这些老师都各有各的特点，他们有的把王先生的这些方面集中起来了，有的各自作了一些发挥,也包括他们的弟子。这些年大家也会看到,老师和学生们的思想都是多元化的,所以现在实际上这种学术和观点上的分歧也是非常明晰的,但是我们老师谈到这些的时候都是非常包容的,彼此之间从来没有任何的嫌隙,像钱老师也好,赵老师也好,都是这样的。我相信赵园老师跟汪晖老师的观点未必是一致的,但是当年她是最欣赏汪晖的,并且极力举荐他,在这方面做了很多的工作。所以王先生这些弟子本身就是一个可以进行研究的大课题,现在诸位老师的学生的学生都在这里,我建议咱们如果有时间的话,可以去做个研究。

实际上我跟王先生之间的联系,学术上的并不是太多,但是生活上更多一点。学术方面来讲,我既是王先生的学生,同时又是王先生学生的学生,所以我和庆东同样听钱老师的课和平原老师的课。凌宇老师把我领进师门,介绍我认识钱老师和赵老师,然后他们再把我推荐给王瑶先生,所以我的关系比较特殊。刚才大家讲到王先生晚年的职务的问题,我举一个例子。大家都知道王先生是非常严格的,也从来不会请我们吃饭,我们当然更不能给他送礼,一般是半年到一年才见一次面。后来到了1989年七八月份的时候我们见得比较多,因为王先生一个人比较寂寞,我跟我爱人去的时候,每次他都不想我们走,希望多谈一会儿。我记得有一次傍晚经过学三食堂,看见两只鸽子,将其取下来后,就把它们炖成了汤,然后晚上十点钟送到王先生家里。这是一件我自己引以为荣的事儿,他们也没批评我,师母和超冰都说汤很香,我自己闻都觉得非常香。所以我想在生活上如果能给先生一点慰藉的话,就是在先生生活中最寂寞的时候陪他聊过几次天,送过一碗鸽子汤。

郭小聪：我这一届等于是王先生最后一届的硕士生，我们三个人，1982年入学。实际上真正带我们的是钱老师，钱老师做王先生的助手，非常尽心尽力地来带我们。每半年左右他带我们去见王先生一次。记得去过几次，他们家粉刷时我还当过一次搬运工，就是这么一点印象。但就是这么一点印象，我也感受到了王先生那种严厉。我印象最深的一句话，就是论文开题报告的时候，我的表现不太好。因为没准备好，所以结结巴巴。结果王先生非常严厉地对我说："你别以为系里有的老师喜欢你，像你这样论文就通不过。"当时就有点像《风波》中七斤的感觉一样，脑袋里轰地一声。接下来的七个月里紧箍咒一直不敢松，这种感觉也让我奋发，确实那时的水平也很差。我记得第一稿完了，钱老师看了以后很惊讶，说你这个注释怎么才二十来个，于是第二稿马上变成了两百多个。因为我本科论文是孙老师带的，写得像散文，文笔很像散文，那时不会写论文。因为毕竟是"文革"中过来的一代，写作方面确实不尽如人意，所以那时压力特别大，谢老师问我紧张不紧张，我想说我是比较绝望的，不是紧张的问题。答辩那天我新婚，出门的时候跟我爱人说，我给你打个预防针，我可能拿不到学位，因为王先生有言在先，只要他不同意就拿不到学位。那个时候五个人，我记得还有吴子敏老师，没想到那天拿到学位了，以后就特别轻松，仿佛背上的泰山被移走的感觉，瞬间觉得很轻松。这是当时的感觉，有时候看看现在的学生答辩，论文那么差，老师也全给通过，没有不通过的，我就挺为他们惋惜。我觉得他们没有过真的研究生生活，因为他们在互相糊弄，所以我们还是很怀念那个时候。

另外，从我个人来讲，印象很深的是王先生有一种独特的或者说独立的、冷峻的那种学者的眼光，不人云亦云，也不和稀泥，他的眼睛跟雷达似的，只要扫过你你就哆嗦，就那种感觉。但是这种哆嗦其实就像上午赵园老师讲过的，是一种非常干净、很纯净的眼光，他只要对你严厉，你就知道是你的学问不好，不会想到他眼睛有什么浑浊的或是其他的一种让你哆嗦的地方，你自己只能去努力。而事实上，他的慈爱都隐藏着，他严厉的一面，从某种意义上说是孩子般的那种，因为我们那个时候很年轻，一下子很容易被吓住。所以我跟王先生接触很少，有时候我想我算王门子弟吗，按说应该算，因为上面都写着，我对王先生不像平原他们有那么多的回忆，但是我会回想起他这种目光，这种学者应有的气质其实就是一种纯净的、独立的、不为任何东西所左右的东西，我觉得是民末那一代学者留到今天的气质。如果说林先生是把士大夫那一面留到了今天，那么王先生应该是把学者那种独立的、冷峻的、纯净的也是干净的目光留到了今天。其实这也是督促我个人或者督促我们这一代学者继续下去的一个非常重要的精神遗产。

何锡章：其实我是带着一种非常敬仰的心情来到北大的，不光是对王瑶先生，也是对北大。我考大学的时候，因为我父亲被打成右派，所以我1977年就没敢考，到了1978年为了保证考上，我当过煤矿工人。当时我填的第一志愿是西北大学，第二四川大学，第三武汉大学，第四复旦大学，第五北京大学。其实我就是按照我心目中的倒排列，排在最后是最好的，排在前面的，说得过去，差不多能保证考上。后来一步一步，我从西北大学到四川大学,然后到陆老师那儿去混博士,后来没毕业,我说搞不动了,不搞了。但是多年以来,在座的诸位先生,包括孙玉石老师、钱老师、吴老师、赵老师对我个人是关爱有加,包括年轻的,"三东"、平原先生,对我都是非常帮助、支持、关爱、友好,我是带着这么一份心情走进北大会场的。

确实没能有幸成为王先生的入室弟子,但是刚才庆东讲了,我们这一代人广义上讲都是王瑶先生的弟子,包括唐弢先生、李何林先生等。我想,我不像谢伟民老师他们有那么多的跟王瑶先生接触的例子,我只谈谈王瑶先生这一代学人以及后一代人在精神上对我们的影响。我有一个很强烈的感受,就是我们中国现代文学这个学科,是在王瑶先生他们几代人的建构下形成的,虽然今天它已经不构成一门显学,但是从我在大学里面教书的角度来看,现代文学和古代文学至少是中文学科的学生最喜欢的两门课。比理论的、比较文学的可能都会好一点,为什么呢?因为它们毕竟跟我们中国人自己的生活、生命、文化,我们未来的前途都是紧密相关的。多年以来,虽然我们八十年代从研究生出来就走进这个现代文学的学科,但其实有一个强烈的感受,那就是它的内部确实秉承了上一代人坚守的价值积淀,也是我们这个学科的思想内涵,也就是我们讲的科学与民主。科学,大家讲的都是一种治学的精神,民主,是我们内部的一代一代人的关爱下一代、培育学人的传统和精神。这个学科,我有一个强烈的感受,九十年代以前这个学科,刚才赵老师也说了,我认为还是相对比较干净的一个学科,沽名钓誉的事情不是没有,但是相对其他学科少一些。他们还是保留了这样一种"五四"以来的精神。我也经常讲,就是我们学现代文学出身的这些人总觉得跟其他学科还是有差别,后来我想可能差别就在于这个学科的内容,研究对象的影响和老一辈的研究学者的风范的影响。

今天这个情况发生了变化,其实就是钱老师讲的"精致的利己主义者"。在今天这么一个环境下,我们也不能希望现代文学像八十年代一样成为显学,但是我们能不能坚守一点学术的良知和品格,坚守现代文学的好的传统,这可能是我们今天纪念王瑶先生时面临的最重要的问题。说实在话,我很同情我们今天包括更年轻的、包括我们同辈的学者,他们的生存处境和学术环境。你说利己主义不对吗?我看不能这样讲,为什么?他要过日子,要生活。但是他要刻意去追求这些东西,比如在学会里面不惜用种种方式谋得一个理事、常务理事的头衔,实际上他要到学校去就可以获得某种资源,体制内的资源。

所以我今天想王瑶先生给我们的精神上的遗产就是,教我们和现在体制内的种种诱惑、功利性的东西、物质性的东西,要适当保持点距离。不能要求每个人都做到完全的清高,但是我希望现代文学的学者或者其他人文学者应当保持那样一种心态和心境。

想说的话很多,我作为一个后生,只是表一个态度。有一年钱老师跟我讲,你们以后在这个学会里面要怎么样,我说我没那个能力和影响,但是我能保证我自己不去做沽名钓誉的事情。今天谢谢北大!谢谢各位老师!

姚锡佩:我不是王瑶先生的入门弟子,我跟王瑶先生的私交几乎是没有,但是我很有幸能亲自领教了王先生的一些教诲,而且我心底里，一直把王先生看作我走向学术之路的引路人。这次能参加纪念先生的百年诞辰的会，倒让我又享受了一次美好的回忆。所以我这几天把跟王先生接触的始末都梳理了一下，觉得挺有意思的，自己的体会也很深。

我第一次见到王先生是在1958年1月19日。那个时候我跟后边坐的一些小师妹一样，刚刚进入天津南开大学中文系，1956年入学的。在第二年我们的系主任李何林先生就邀请了各地的名家来开专题讲座，我就是坐后边听的。王先生也就是1958年1月19日应邀到我们系里面讲课。当时他的《中国新文学史稿》上下册已经是我们中文系学生的重要参考书，所以他讲座的内容也主要是关于大众文学、民族化问题、现实主义问题，并简略地谈了一下1942年以来文学上的成就和评价。也许那个时候反右斗争的硝烟还未灭，所以他讲的内容局限于批驳右派的一些言论，而且着重是批判冯雪峰先生。但是后来很快他们也被打倒了，李先生和王先生都成为"拔白旗"的重点对象，他们也处在水深火热之中。我们的名家专题讲座也告终了，再也没有办了。但是这两位先生他们没有被打倒，还是坚持搞他们的学术，我觉得支撑他们的力量就是鲁迅的思想，他们先后开了鲁迅研究的课，而且重点都是研究《野草》，还有《故事新编》，他们各自在这些研究上做出了成绩。尽管这些课题在研究上面有所碰撞，而且如果仔细地去看他们，好像觉得有很大不同，这里我觉得有一个课题可以做。但是两位先生都没有同行避嫌的陋习，而是互相尊重，他们共同讨论，而且很喜欢对方出成绩，还介绍对方的一些观点，让自己的学生们去看对方的著作。所以我觉得在我年轻的时代，这两位先生就为我树立了光明磊落的学人的胸怀。

而我真正亲近先生、直面听取他的教导是二十年后的1976年，我踏进了李何林先生所领导的鲁迅博物馆鲁迅研究室，当时受命编《鲁迅年谱》的早期部分，而指导年谱并审查早期部分的恰恰是何林老师敦请来的担任研究室副主任的王瑶先生。当时我已好多年没搞过学问，而且荒废了学问，所以面对收集来的中外古今的繁多的年谱，就不知道怎么下笔。我清楚地记得在一次年谱总代会上面，大家讨论怎么编这个年谱，王瑶先生就用极为精简的语言非常明确地指出、强调年谱的编写关键在于占有第一手资料，同时要对纷涌的众家之说仔细地推敲、辨识、考证，绝不能有闻必录，切忌写主观的评论、空洞的议论。这些话让我们一下子茅塞顿开，明确了方向。就我自己来说，我不仅尽可能地收集各种史料，而且更重点去寻找鲁迅生活世界的原发处，除了研读鲁迅的作品，从中提取本人的叙述，我知道鲁迅博物馆收藏有周作人日记，就要求看周作人日记，可是当时的博物馆是一个真正的藏书的地方，不给研究，所以遭到了拒绝。我把这个情况跟李先生、王先生汇报以后，他们就让文物部提供周作人日记。当时我只能在文物库房里面匆匆地阅读，因为周作人的字有的时候也不好认，也是经先生们同意私底下复制了日记。这不仅方便了我，后来好多的研究者都可以把它借出来阅读了，而且有了这些重要线索以后，我们终于可以在绍兴、杭州、上海藏书楼，北京各个图书馆乃至故宫博物院档案馆找到最原始的、更详细的文字记载了，这使我们年谱的记载较以前的年谱就有了多重的突破，形成了新编年谱的特色。谱文很简练，又有图片，附有翔实的出处和考证。不过由于受了时代的局限和我们执笔者本人的思想与素养的局限,年谱还有很多不足之处。我写的条目也有颇受争议的,比如开谱第一条我就罗列了周氏家族从四世到十四世由兴到衰的变化概况,有的同志觉得太繁琐了,特别是记述了祖先的官衔,他们觉得没有摆脱旧时代家族的封建意识。幸亏王先生看了以后认为可以保留,因为这个条目就是说鲁迅生在一个聚族而居的逐渐破落的封建士大夫家庭,说一下他祖先的情况、他祖先的官衔是很有必要的。

王先生的一句话就破除了对我写的这一条的否定,也破除了解放以后,特别是"文革"十年来所造成的否定族谱的极"左"思维模式。在我眼里王先生除了必要的时候在会上发言,其他时候讲话是十分轻松的,他有好多语气上的东西,什么嗯啊、哈哈笑啊,但是在这个语气当中他能说出不少拨动人心思的新的说法。他的幽默常常有引人发笑的时候,但是他大多数时候是含着烟斗默默地坐着,听别人的发言或者沉思。所以在我的眼里面他比较严肃,加上我对先生的山西口音也是懵里懵懂的,并且自己也比较不善于跟人交谈,所以先生的办公室虽然近在咫尺,我却不敢贸然地去打扰他,也就失去了很多请教的机会,到现在想起来的确是非常遗憾的。在我的心里边也觉得先生对我是比较陌生的,但是有一天我在院子里面偶然遇上为两位先生开车的司机马师傅,他特意走到我面前认真地说,他说在车上王先生向李先生夸奖你呢,我当时一愣,我从未听到两位老先生对我有什么称赞,我至今也不知道表扬了我什么,但是那个时候的确给了我一种信任,也在我心里面留下了一丝温暖和鼓励。王先生看起来是很严肃的,但是有两件小事,通过我的接触,我就看到了他并不是我所认为的严肃——完全是一个严肃死板的人,他不是这样的一个人。一次是在北大的校园里面,我和几个同事去看望他,到他家里面去看望他,半路上就在校园里面见到王先生含着烟斗,单手骑着自行车很快地过来了,他一见到我们飞快地就下了车了,来招呼我们,这个太令我感到惊讶了。他那个时候已经是六十有五了,在我所认识的老先生当中几乎没有这样的矫健者,而且是单手骑着自行车飞奔而来,我觉得老先生真是太棒了。还有一次是博物馆发票看越剧电影《红楼梦》,让我把票子送到老先生的办公室去,我敲门进去的时候他正在埋头写作,见了我这个不速之客倒有几分惊诧。因为我本人不喜欢看越剧电影《红楼梦》,讨厌演贾宝玉的演员的形象、演技和唱腔,所以就不免主观地跟王先生说了。他说你不爱看越剧吧?没想到老先生迅速站起来,自己主动在我手里拿走了票,他说我看我看,我看他那么着急的样子,心想他怎么那么喜欢啊。后来我想可能是"文化大革命"期间只有政治性很强的八个"样板戏",那么现在能看到一个电影,而且还是《红楼梦》,他大概也是喜欢《红楼梦》的,所以就那么喜欢了。今天听到他也喜欢音乐,喜欢看电视,这就说明王先生对文艺上的东西是很喜欢的。

　　所以我就是在这些很小的事情上稍稍感受到了先生的丰富的内心世界,那么它又是怎么形成的呢?我从来没有专心地去了解先生的过去,但是有一次我查找某一个问题,跑到北大图书馆翻阅三十年代的《清华周刊》,意外地发现了当年的学生成绩表,王瑶先生名列其中,而且他的各科成绩在同学当中都是名列前茅,比我认识的同届的前辈要高许多。所以我就明白为什么先生能在进入清华大学中国文学研究部后很快就成为朱自清先生的助教,毕业以后就开了中古文学史专门研究的课程,而且出版了三本书,还研究了近代史,新中国成立以后又根据需要马上转入到现代文学的讲授。无论是在中古文学还是近代、现代文学诸方面,他都成为第一流的专家,这些成就都来源于他有着丰富而坚实的学养。所以上午陈平原先生说他是清华人,我想大概根子也就在这儿,清华给了他许多知识,不仅丰富了他的学问,也丰富了他的人生。可惜我受教于王瑶先生的时间不到一年,他因为忙于招考硕士研究生而不能来鲁迅研究室工作了,但是他留下的学术之道令我终生受益,我在这儿还要谢谢先生!

张海波:非常荣幸能在今天这么一个庄严的时刻来和大家做一点交流。我承认在我的生命中有浓厚的王瑶情结,至于这个情结是怎么形成的,我自己到现在也未能理清头绪。今天主要不谈我的王瑶情结,我想把话题转到近年来自己所做的王瑶研究。

大约在2011年的时候,我就想到了今天。当时我曾和钱老师聊过,我说如果这个时候我开始阅读王瑶先生的生平资料,经过一段时间的准备,可能到2014年的时候就会写出《王瑶传论》,当时还和钱老师讨论了大致的章节。其实我当时的考虑是:既然我有这么强烈的王瑶情结,自1990年从中文系毕业之后也没在学术界工作,那么,当有条件的时候我为什么不把我这种情结转化成文字?所以这个工作我做了很久,做得很仔细。下面我简单地给大家谈一下。

当时我列了好多探讨的方向,像专题一样,比如谈王瑶和山西、王瑶和他的父亲、王瑶和鲁迅、王瑶和朱自清,甚至有王瑶四十年代选择去西南联大继续求学的一个专题叫王瑶的选择,大致排下来有十四五个专题。我当时的想法是:把这些专题像做一个拼盘似地做出来,然后大致勾勒出我心目中王瑶先生的形象。以上这些我已经有详细的提纲,也曾经和山西一家高校合作,为这个题目还报过两次国家社科基金,但最终都石沉大海,没有消息,这个事也就暂时搁置了。

这个事搁置了,但我的王瑶情结却还在作祟,于是我就想把这个战线或者我的考虑缩小一下。大概是去年,我在阅读王瑶先生的大量文字时,突然发现了一个不大不小的题目,也就是接下来我要向各位师长汇报和求教的题目。它的正题叫"一个人,一份报刊和一个时代",副标题是"1949年到1958年期间的王瑶和《文艺报》"。这个题目我考虑了很久,也做了最基本的资料准备工作。我曾经抽出很多时间在国家图书馆阅读材料,仔细地翻阅了从1949年7月创刊到1958年底的《文艺报》,然后做了大量的记录和笔记,想在此基础上展开这个题目的写作。但是写作时我感到难度还是很大,我先说它难在哪里。其实看《文艺报》的这种做法受教于读书的时候孙老师、陈老师、钱老师,他们要求读第一手资料,要求查原始的报刊。但读了《文艺报》,有了大量的资料开始做之后,还是不大顺利,原因主要有几点:归结起来就是做学术研究时所谓的材料、证据有这种显性,即公开发表过,如果有线索谁都可以找到;但是如果要做这个题目需要很多很重要的隐性材料,发掘、搜索起来非常难。我先举几个非常简单的例子。《文艺报》在1952年9月举行了王瑶先生《中国新文学史稿(上册)》的座谈会,这是王瑶先生和《文艺报》关系的过程中一个比较重大的事件,当时请了很多先生去座谈,座谈的发言都在《文艺报》上有一个非常详细的刊登。王瑶先生读了《文艺报》座谈的这个报道之后,详细地写了一个类似读后感的文章,寄给《文艺报》,但《文艺报》当时就给退了回来,据杜琇师母的《王瑶年谱》回忆,退的时候还有一封回信。如果注重第一手的证据,这个问题就要深究,比如说王瑶先生的读后感现在大家都能看到,但当时的《文艺报》既然作为一种公共平台,如果我们认为它是一个正常的学术讨论,那么被座谈的一方发表自己的看法而不被采用,这个东西的背后是不是还有什么千丝万缕的、需要查清楚的事实?至于说再具体到那一点,就是杜琇师母提到的《文艺报》的回信,不知道孙老师或者其他各位老师,和王先生接触的时候有没有听王先生说过,或者你们有没有见过这封回信?当然我们现在可以想象,这封信是不是像一般刊物的退稿信,大致就是不作采用,退给你,此致敬礼就完了,还是说有点历史价值、文献价值的信?类似的这种资料,这种关键性的资料,正如我所说的隐性的资料,我在做研究的过程中发现它们很重要,但是现在要搞清楚它们可谓困难重重。甚至有一段时间我都有一点冲动,想经过哪位老师的引荐进现在的《文艺报》,如果他们有档案室的话,我想查一查他们的原始档案,从保留的档案中看看能不能找到一些蛛丝马迹,或者当年的原始材料。再退一步说,如果当年在《文艺报》工作的这些工作人员还在世的话,有没有人记得这件事?这就是所谓的隐性资料。当我做这个题目的时候,这种隐性资料太多了,需要你发掘的东西太多了,它对你所做的工作极其有诱惑力,但发掘起来确实非常难。这个难题我先摆出来,我希望各位老师,特别是有五十年代这一段经历的经历者、见证者给我指点。这是我刚才说到的难度。

话题再回到我刚才提的题目上来。其实这个题目说得大一点,基本上属于王瑶生平研究的一个环节。在这个环节中具体到这个题目,如果我们以王瑶先生作为考察的主体,以《文艺报》作为参照,我们大致可以得出这么一个并不太深刻的结论,但这是目前我能认识到的一点,我来向各位老师请教。关于王瑶先生和《文艺报》的关系,我想可以作这种概括:王瑶先生首先是《文艺报》的读者,其次他也是《文艺报》的作者,再次他还是《文艺报》的编委,这就是1949年到1958年这一段王瑶先生和《文艺报》关系的三个方面。当然,所谓的读者、作者和编委,这三重身份是逐年叠加的,而不是割裂开的,一直到1958年10月份,就是王瑶先生不再担任《文艺报》编委的时候。说他是读者,大家可以看王瑶先生《中国新文学史稿》的附录,就是1949年到1952年的部分,他大量引用《文艺报》的社论和报道,就是这么做下来。至于说作者,就是在这一段时间里,王瑶先生的大多数文章,特别是一些重头文章都在《文艺报》发表,比如1956年纪念鲁迅的那一篇,他的鲁迅研究的经典文章,叫《论鲁迅作品与中国古典文学的历史联系》,比如1957年发表的《一切的一切》,还有1954年发表的《从俞平伯先生对〈红楼梦〉的研究谈到考据》,这些重头文章都在《文艺报》上发表,这是他作为作者。其实王瑶先生作为《文艺报》的编委,是我在以上研究里需要重点开掘的一个方面,王瑶先生担任《文艺报》的编委是在1954年底,《文艺报》被改组之后,王瑶先生担任编委,他的编委在1958年被取消,在取消之前王瑶先生在《文艺报》上发表了一篇座谈发言,是关于周扬的《文艺大辩论》的。其实关于王瑶与《文艺报》的关系要说的太多,时间关系我就不再具体说了,耽误大家时间了,多谢!

王风：前两天高远东跟我写过信，也打过电话，说你来发言吧，然后给我定了一个发言的主题。后来发现高远东可能给每个发言者都布置了主题，是一个非常系统的工作。给我布置的主题是从学术史方面去谈王瑶先生，但是我不太明白这个含义，大概要谈谈学统方面的问题，我觉得我并没有资格谈，而且这个问题成立不成立我也不太清楚。

我们这一代人，像高远东是肯定见过王先生的，庆东也见过几次，晓东可能也见过，我没有见过。我有学现代文学的这个苗头是1991年左右，那个时候王先生已经去世了，所以我算是没有跟王先生有过直接接触的第一个人。所以，如果让我来谈王先生的话，我跟前面很多很多的前辈学者、老师包括朋友们谈的可能都不太一样，就是隔着一层了，在没有接触这样一个角度是隔了一层。王先生对我来说只是书本上的王先生，阅读他的著作、文章或者看关于他的回忆、研究文章，像孙老师、钱老师、赵园老师他们跟王先生有直接接触的那种亲情的感觉，或者说对家里长辈的那种感觉，我是完全没有的，所以在我这儿，与王先生在学术血缘上的关系，感觉并不强烈，他对于我来说就是一个前辈学者，和一些其他的前辈学者类似，我阅读他们的文章、了解他们的学术思路，其间的差异可能不是特别大，但是我知道我的导师的老师是王先生，如果说有特殊的感觉就只是在这一层。我现在只能谈一些我阅读他的文章的感受，还有听一些老师像钱老师跟我聊天聊到他时的感受，包括我读研究他的文章的一些感受，跟学术可能有一些关系。

今天很多先生谈到，包括过去听很多先生聊天时谈到，在王先生的书里不容易看到或写到他对政治的感觉、判断跟敏感、敏锐。我觉得他对政治的感觉不是书生式的感觉,而像一个在政治界、官场里面的人的判断,那种锐利的感觉。这种感觉对王先生的学术我相信是起到作用了,但是这个作用在王先生的现代文学的著述中不大容易看到,因为条件所限不能表达,即使在八十年代以他的身份也不适合去表达,这跟后来像钱老师那样的情况不太一样,所以他有他的身份的问题,没有办法直接表达。所以我想象,如果说环境不太一样的话,或者如果王先生现在来做现代文学的话,可能跟当时的情况是不太一样的。我是从哪儿得到这样的感觉呢?其实反而是从他的古代文学研究中得到的。他的《中古文学史论》是研究生时的学位论文,我们都知道,王先生在清华的导师是朱自清先生,还有闻一多先生,但就我的判断,朱先生、闻先生跟王先生从学术的传统来说其实没有太大关系的,做的不一样,方法也不一样。那么,王先生直接的学术来源是什么呢?我感觉有两个,一个是鲁迅,一个是陈寅恪。我们看鲁迅、陈寅恪他们谈到古代尤其魏晋这一段的时候,背后一个很鲜明的学术特点就是对当时政治的重视,也就是说,古代文学并不如现在所想象的好像可以脱离政治的研究,相反,在鲁迅、陈寅恪那里对政治的判断和理解反而成为一种非常重要的方法。所以你看王先生的《中古文学史论》,因为学术的发展现在可能有很多问题,但是用这样的眼光专门从事这一段研究的古代文学学者现在是没有的,这是王先生很独特的特点,这个特点在后来的现代文学研究中反而被淹没了。王先生在现代文学研究当中,因为他的环境的问题、身份的问题、地位的问题,包括他的计划的问题,没有得到充分的发挥,所以我总觉得他有一部隐藏的、没有写的有关现代文学的书。当然,他对于政治的兴趣也对他的学生辈有影响,包括王先生的很多弟子都关心政治,而且介入政治,但总感觉跟王先生的不一样,与他对体制的非常职业性的感觉和判断,是不太一样的。这是我所感受的王先生的一个特点,我们反而要从他对古代的研究当中去理解。

另外一个,我们谈到现在王先生一系已经有几代人了,我算是第三、第四代,对我们有启发的其实还在于学术上的一个问题。我们刚才说过他重清华,王先生后来是现代文学这个学科的带头人,但是他是重古代的,他说过现代做不了大学问,古代才能做出不朽的学问来,这个也影响到他的学生辈,我觉得孙老师对古代也有一定的倾向性,包括像赵园老师、陈平原老师有很多研究都做到古代去了。由于政治的原因,王先生在学术上也没赶上很好的机会,他属于民国时代学者,我的感觉是对于王先生来说,我不讲他对于现代学术的作用,讲他作为一个学者的运气,其实王先生那一代人是不赶趟的,为什么呢?第一,他不够老,第二,他不够年轻。如果年轻十岁就是新中国的新人了,如果再老十岁赶在抗战以前的话,那么不管是在学术界、文学界还是艺术界都是老人了。二三十年代跟四十年代出来的人是两回事,因为二三十年代有成绩了,党多少要客气些,要给点地位,但王先生正好是四十年代出来的,所以我觉得他在这方面运气不好。但是民国时代,不管二三四十年代,其实跟共和国培养的学者有一个很大的区别,我之前参与编一本有关中文系历史的书时就看得很清楚。比如过去说文学史的四大带头人,我发现第一段的游国恩先生,其实在民国时他做明清做了很多,后来做先秦两汉;第二段的林庚先生,新诗人,我们非常熟悉了;第三段的浦江清先生，什么都做；最后一段的王瑶先生，原来是中古出身的。这些是民国时代的学者，没什么跨界不跨界的问题。民国时代北大中文系出来的最后一位学者是吴小如，后来留系任教，我们看他的学术，也是到处都做。解放后培养出来最年长的，孙老师他们叫大师兄的陈贻焮先生，做的学问非常了不起，但是从陈贻焮先生开始，基本上都是在一个学科的框架里面来做，固然都可以做得很好，但我们可以从中看到这两个的分界。王瑶先生对他这一系学生的影响所及，就是一直有一个潜在的愿望，用各种各样的方式来努力，希望能打破这个学科的界限，所以他的学生中也有向古代越界的，我觉得这是他成功的一面。这在他未必是有意识的，但他那种日常的言行、潜移默化的评价，会对王先生这一系所带的学生产生一个很大的影响，这种影响会传承下去。

上午陈平原老师讲了一点我很同意，王瑶先生作为老师是非常成功的，而且是非常有成就的。民国时代的大学者很多，如果去排队的话，王瑶先生是很不错的学者，但要排进前十、前二十是说不上的，但是以能够培养出那么一批有成就的弟子来说，王瑶先生能够排进很前面的行列。因为作为学界中的学者，他是有两重身份的，一重身份是学者，另一重身份是老师。一个好学者不一定是一个好老师，这里面有内部条件也有外部条件，外部条件上，王瑶先生占了一个很好的地位和位置，他可以得到很多很好的学生资源；内部条件上，我觉得他有能力——尽管王瑶的学生辈说到先生怎么地严厉，但是王先生心里是有数的，每个人办法不一样，要不然不可能这么成功。我觉得虽然王瑶先生作为学者一生的经历有很多坎坷，但是从今天的纪念会来看有这么多人,而且他的学生们都做出非常大的成绩来,我觉得作为王先生来说这可能是他一辈子非常得意的事情。

我们知道现在各种条件都不太一样了,在我们现有的学科评价体制当中,做学术是凭能力,当老师是凭良心。其实我觉得作为学者跟作为老师,我们现在的高校里面是两者身份的合一,这两者的身份其实是一个互相矛盾的身份。作为学者,我就要做得比别人强,作为一个成功的老师,就要学生比我做得更好,一方面要比别人强,一方面又要别人比我强,所以始终是在这样一种矛盾当中进行的。王瑶先生非常幸运,就像早上陈平原老师所介绍的那样,在八十年代的时候,他该有的工作都做到了,没法做的还是没法做。很明显地,他不去求全了,然后每一块他要做的东西他都明白以他的学术能力能做到什么地步,他都有代表性的著作,其他的精力就在对学生的培养、对学科的培植和对以后学术发展的指引,在这样一个工作当中我觉得他做得非常非常成功,这种成功我相信还超过作为一个学者的王先生。所以我想我们今天纪念他,一方面要学习作为一个学者的王先生,另一方面我们还要从作为一个老师的王先生身上吸收更多的营养。

五

闭幕式:

　　发言人:陈平原

陈平原:诸位,今天我们在这里追怀王先生的"精神的魅力",目的是想通过他来反省二十世纪中国的学术、思想、教育等等。会议要求我做一个总结,我谈几个问题,每一个问题稍微点一下。

第一个问题。其实王先生的同代人、王先生的学生、王先生的私淑弟子能说的基本上都说了,像我们这样到今天已经出版了第四本纪念文集,老钱还告诉我这两天会开得很好,赶快再编一本,我们如果编到第五本纪念文集的话,其实该说的都已经说完了。下面的问题是,下面一代学者,比我更年轻的王风,还有王风的学生们,他们能说什么?换句话来说,他们如何看王先生,才是关键。我在学校教书,我深知学生们是追"星"的,他们追的是现在国内还有国外还比较有活力的那些先生,而王先生其实他们是不怎么阅读的。所以我想说的第一个问题是,这一次因为时间限制,我们没有安排更年轻的来发言,其实老钱原来是这样建议的,但我觉得不好办,如果我点了学生的学生的学生,谁来发言就很难处理,所以这次我没做。但是我心里很清楚,事后我会组织一个另外性质的座谈会,请我们的学生的学生,今天二十多岁的、三十多岁的,谈谈他们怎么看王瑶先生以及他那一代人的学术,这是我想谈的第一个问题。

第二个问题,现在来谈王瑶先生,思考的对象应该逐渐从一个王瑶,扩展到王瑶先生为代表的那一代学人,这样更开阔的视野会比较合适。我刚写过五六十年代的北京大学、台湾大学和香港中文大学的中文系,现在正在写的是北大的林庚、吴组缃、王瑶、季镇淮,放在一起来谈,你会发现王瑶先生一方面有他的个性,但是同时也是一代人,同时也是一个时代的学术,这样来论述可能会更有意思一点。

第三个问题,一代人的贡献。在我看来,今天来谈王瑶先生,基本上等于当年梁启超或者钱穆写《中国近三百年学术史》,因为钱穆说到康梁的时候是离他们很近的,而今天我们谈王瑶,差不多也到了这个时候。假如在我说的一百年、三百年的学术史上来谈王瑶的话,他的评价尺度、论述方法等会有一个比较大的变化,已经不再是一个追怀的氛围。这里面涉及一个问题,就是一代人的学问如何评价?我说一代人,刚才我说的不只是王瑶,包括林庚先生、吴组缃先生,也包括我们系里我们熟悉的一大批这一类的先生,他们走过来的道路。我说的一代人的学术贡献,最理想的是开疆辟土,再其次是守旧出新,再退而次之是承前启后,再下来是家道中落,最后就是坐吃山空,大概这么几个阶段。我们这一代人在哪个阶段,是值得我们反省的。假如这样的话,反省这个问题,反省我们自己的、也同时反省老师们的成绩和缺陷,还有因为时代而导致的一系列遗憾。我说的这个问题其实还是用的王先生那个时候的说法,他主持《中国文学研究现代化进程》的时候,说请你记得要正视这百年学术史发展中的缺陷,要正视学者性格中的缺陷,比如谈郭沫若,不能不谈晚年的《李白与杜甫》。这个思路,就是学者本身是有贡献的,但是学者本身因为各种各样的影响留下了遗憾,那个遗憾我们必须直接面对。假如从学术史上应该这么谈,但说起来很容易,具体做起来很难。我后来主持第二编的时候,最后只看到两个先生这么做。一个是樊骏,樊骏谈唐弢的时候,最后有一章谈唐弢先生后来的学术,他碰到的障碍和走不下去的原因。还有一个是董乃斌谈刘大杰的七十年代的《中国文学发展史》留下来的巨大的遗憾。换句话来说,我希望以后我们谈先生们的贡献,也谈这一代人留下来的遗憾。

接下来我说第四个问题。可以这么说,谈现代文学学科的"始祖"王瑶先生,必须明白一个学科的定位,刚才孔庆东已经说过我们不再是显学了,而这个问题怎么看?学术的演进,对于具体的学科之跌宕起伏如何判断,以及具体的学者面对这个学科的趋势如何作选择。当年王瑶先生从中古跳到新文学史,他自己说是领导分配的,自己想做的是古代文学,我说不能这样说,不然王瑶先生不可能在两年半时间内写出《中国新文学史稿》。王先生从1949年开始教课,到1952年5月23日,两年半时间完成了整个学科著作的撰写,如果只是教学根本用不上这么赶。其实王先生意识到新中国的建立给学术提供了某一种可能性,所以我才会说他有很敏感的学术史的意识。六十多年后这个学科走到今天,优秀的人才中,有的人三心二意,有的人开始开溜。现在我们招生,明显地感觉到八九十年代中文系最强的学生报现代文学,现在不是这样子了,很多人报古代文学、古文献、语言学,他们觉得比现代文学有发展前景。面对这个场景,我们如何考虑这个学科的未来?我记得樊骏先生有一篇文章说我们这个学科正在走向成熟,我说走向成熟是好话但也是不好的话,走向成熟本身也意味着这个学科可能会停滞。换句话说,最近二十年中国现代文学专业最大的特点是,现在我们的论文越来越规范,我们的论文越来越学院,或者说我们越来越走向经典化的道路,然后老一辈学者留下的跟政治纠缠不清的那部分逐渐被我们排除了。这有两面性,我们在排除政学纠缠不清的同时,可能忽略了他们介入社会改革的立场、姿态、热情和可能性。所以最后我想说,对于下一代学者来说,我最近在思考的是,在政治与学术、文学与史学、古典与现代之间挣扎的这一代学人,可能是我们下一辈学者必须面对的问题。

(编者按:据研讨会记录稿整理,其中孙玉石、姜涛两位先生的发言本书已专文收入,不再重出。)

(初刊《现代中文学刊》2014年第3期)

"从百年读书人困窘看王瑶"

彭 苏

二十世纪八十年代初,导演黄健中带着演员刘晓庆来到北大镜春园76号,拜访自己二哥黄侯兴(中国社科院郭沫若纪念馆研究员)的导师王瑶。几天后,王瑶自我调侃地对黄侯兴说:"你看,刘晓庆凭一部电影《小花》家喻户晓,可谁又知道我呢?"

今年,"王瑶百年诞辰纪念"在京举行。5月7日下午,北大博雅酒店,主持人颇有深意地说,自己已将当天会议发至微博,不少网民却问,谁是王瑶?

这位"中国现代文学研究学科奠基人"写过一篇《自我介绍》,其性情可见一斑:

> 迩来垂垂老矣,华发满颠,齿转黄黑,颇符"黑白颠倒"之讥;而浓茗时啜,烟斗常衔,亦谙"水深火热"之味。惟乡音未改,出语多谐,时乘单车横冲直撞,似犹未失故态耳。

他在清华的同学、北大的老同事季镇淮生前更记得,1946年,西南联大解散,自昆明回到北平,搬入清华新西院,已写完研究生论文《魏晋文化思想与文人生活》的王瑶意气风发地向他宣称——"我相信我的文章是不朽的"。

大半个世纪呼啸而过。"晚年的他知道自己努力的极限与边界,再也没有年轻时那样的狂傲。"王瑶的第一任博士生、北大中文系教授陈平原说。他把王瑶的一生划分成三个阶段:从1943年进入清华大学文学部中国文学院到1952年,是"清华十年",对应的是学术史;从调入北大任教到1977年"文革"结束的二十五年,对应了政治史;从1978年中文系始招研究生,到1989年溘然长逝,对应的则是教育史。纪念会这一天,他提出了一个视角——从百年读书人困窘看王瑶。

脱　党

"对于昭琛,我也有我的认识,他有他的优点和长处,但也有缺点和不足的地方。我不能把他看成一个圣人,如果那样看他就不真实。"王瑶的妻子杜琇目前定居英国曼彻斯特,在发给我的资料里,她平静地收尾:对于我们走过的路,经历的时代,现在似乎越来越明白了。

但真正难以说清的,恰是他者对逝者的述评。历史学家赵俪生是王瑶自大学开始的好友。王的弟子告诉我,两位老人在世时心存芥蒂,互不认同彼此的某些观点。赵曾在文中写道:"王瑶兄出生在山西平遥。这个地方,无论在政治上或者在金融事业上,都是不寻常的。在政治上,它一度是'代'郡的郡城,故城郭保留,宛然至今。在金融业上,它是票号的发祥地,有明代华尔街之称。这种在操业上和历史上积淀下来的娴于计算的明敏,不能说一点也没有沾染到王兄的身上。"

无论如何,这个父亲曾是票号店员的农家子弟天赋过人。自称王瑶"莫逆之交"的古文字学家朱德熙指出,他做学问兼占两种优势:一是记忆力强,过目不忘;二是聪明绝顶,有敏锐的洞察力和细密的分析力,知人、论世、治学,多有深刻独创见解。

1934年,王瑶同时考取了北大和清华,最终选入清华中国文学系。由于擅长文学评论与文学理论,整日研读普列汉诺夫和卢那塞尔斯基,他在校内被传为"小周扬"与"小胡风"。"我留意到,当他露出快要发脾气的时候,同时却又流露出一股孩童的真纯。这个境界很美丽,很高乘。他后来博得若干学生的崇敬,我想这是原因之一。"赵俪生回忆说。那时他与王瑶、冯契(哲学家)一起进入"左联"。在他眼中,相比温和深沉的冯契,王瑶更像是一个革命者,或是一个激进主义者:走起路来,得得作响;讲起话来,山西乡音很重,内容像连珠炮般喷出,语音越说越高亢。到老,听说王瑶在教外国留学生,他还不无讥讽:你那留学生的中国话一定也是山西味吧?

1935年3月,王瑶等十名学生在学校宿舍被军警押至公安局拘留所,两次审讯与"中国社会科学家联盟"的互动详情。第四天才由梅贻琦校长领回。同年,"一二·九"运动爆发。见闻一多劝阻学生不要闹事,他与同学在下面急得直跺脚——他是这场反对"华北自治"的抗日救亡运动的骨干分子。

第二年3月,北平河北高中学生郭清因抗日被捕,受刑死于狱中。王瑶参加抬棺游行示威,第二次入狱,两周后被释放。这年5月,经赵德尊(曾任中共北平市委学委秘书)等人介绍,他加入中国共产党,同学韦君宜的先生杨述监誓。11月1日,他受命主编《清华周刊》第45卷。

《清华周刊》上的时评，彰显了他对政治的热忱与判断力。比如《西安事变》一文，在只能读到中央社片面简讯、"对张学良的动机和主张尚不清楚"的情况下，他"根据过去事实的推测"，"这并不是单纯的争权夺利的叛变与内战"，很可能是"为了要对敌抗战，为了反妥协外交"，"对蒋作最后谏诤"。

1937年1月底，王瑶在第10期与第11期合刊附录上，刊发《为〈清华周刊〉的光荣历史敬告师长同学》——"本月12日校长出布告说本卷周刊'抑且愈多乖谬'，'着自即日起停止出版'"。

赵俪生透露，勒令停刊使王瑶情绪低落，只占其一。"当时的革命，虽然瓦窑堡精神已经下达，但正如少奇同志文章里讲的，左倾关门主义残余仍很严重，组织对成员的看法有时很片面，有时也引起成员对基层组织有看法，此其二。"大考完后，王瑶请假回到家乡。

不久，卢沟桥事变，抗战爆发。北平与平遥相继沦陷。其间，他接到清华在长沙成立临时大学的通知，终因战局险峻，交通阻隔，被困家中四年。若干年后，揭批他的大字报上写道："1934年，清华大学被捕后登悔过启事，混入党内，37年脱党。"

北大中文系教授钱理群曾任王瑶助手。他感到有意思的是：1936年，王瑶撰写长文《一二·九与中国文化》，高度评价其为第二个"五四"，是彻底反对帝国主义的运动。然而在八十年代，一次纪念该运动的会上，他基本未作发言。"王先生没有细说。事实上，运动内部非常复杂，包括党内斗争。他可能早已觉察革命本身存在的一些问题，与组织失联后，主观上没有很积极寻找。"

1944年,在闻一多的引荐下,王瑶加入中国民主同盟。"不过,'脱党'绝不意味他的信仰有变。他一生都坚持马克思主义,内心以左翼文人自居。"钱理群强调。

"教授就是我这样的人"

1941年秋,王瑶离开家乡,"沿途爬山过岭,困苦不堪言状",到达西安。相顾两茫茫之际,他来到乾州。赵俪生正在当地中学教英语,维持一家生计。

当天,四壁萧然两床被。妻女睡一床,赵俪生与王瑶合睡另一床。几个昼夜的畅谈,两人一致认定:"进《宰辅传》压根没有门;进《忠烈传》也未必有资格;进《货殖传》根本没有那本领;到头来还是进《儒林传》吧。这就是我们的路线。"

1942年5月,王瑶抵达昆明,9月复学西南联大。第二年,完成大学毕业论文《魏晋文论的发展》。继而考入清华文学院中国文学部,师从朱自清,攻读中古文学。

"朱先生手拿方纸卡片写黑板,一块一块地写;他跟着抄,一块一块地抄。我坐在后面听没动手。"季镇淮忆道,朱自清在暑假开设"文辞研究",只有他俩听讲。王瑶的踏实认真出他的想象——"他在历经了一段生活波动后,似已认清了自己的责任和前途"。

1951年,王瑶发表了《中古文学史论》,来自他在清华讲授"中国文学史分期研究(汉魏六朝)"的讲义,至今被公认为研究汉魏六朝文学的里程碑式著作。在书里他提到,成稿于1942年至1948年,每一篇写成,都先请朱佩弦师(朱自清)过目。"已故的闻一多师,也曾给过作者不少的教正ើ朱自清病逝前,对他将史料竭泽而渔、探明史识的能力,倍加赞许——"前天读了你的《小说与方术》,觉得非常精彩。你能见其大,将繁乱的琐碎的材料整理出线索来,这是难得的,有用的;同天读到你的《古文辞的研读》,也觉得有特见"。

钱理群等人以为,魏晋风度的清峻通脱,也与王瑶的气质性格吻合。分析他身处的时代背景,陈平原认为:"对于抗战中撤退到大后方的读书人来说,中古的魅力某种程度在于南渡的心境。"

《中古文学史论》的问世,奠定了王瑶在学界的地位。1949年春,他与韦君宜、杨述夫妇在北京重逢。他的春风得意令韦君宜恍若昨日:"临走时,他一边飞身上车,一边笑着说,你们别以为教授都是老头子。现在,教授就是我这样的人。说着用手一指自己鼻子,如飞而去。"

第三次转折

自昆明北归后,王瑶在西南联大昆中北院研究生宿舍结识的好友范宁(中国社会科学院文学研究所研究员)偶然买下李何林的《近二十年中国文艺思潮论》,王瑶借读后,产生兴趣。"于是把清华大学图书馆所收藏的新文学作品,借阅不足,还将吴征镒去解放区时所寄存在余冠英先生处的小说诗歌等新文艺作品,悉数阅读,废寝忘食,夜以继日。"好友开玩笑问他,你打算改换门庭?他不置可否:做点准备。"从此,他和中国古文学史研究分手,专心致力于《中国新文学史稿》的编撰。"

关于王瑶这次学术上的转型,弟子们说法不一。他在五六十年代的学生乐黛云、孙玉石表示,那是受外部牵制。

1949年,全国实行高校教学改革。"新文学"成为中文系一门主课。由于师资不足,王瑶在清华改教这门课程。在一无助手、二缺相关书籍的条件下,他自编课本,这即是《中国新文学史稿》的由来。1952年,中央大规模调整全国高校院系设置,清华将文科各系并入北大,吴组缃、王力、王瑶等也从清华调入北大中文系,他仍讲授"新文学"。

"我觉得,他做现代文学史是很勉强的。"乐黛云回忆。1952年夏,北大党组派她到王瑶身边任助教,以便将来接班。"我也不喜欢这门学科。"她硬着头皮向王瑶求教。他问她"你学它干嘛?现代史是非常困难的,有些事还没有定论,有些事貌似定论,却还未经历史的检验"。接着,他点燃烟斗,冷然一笑,"况且有时还会有人打上门来,说你对他的评价如何如何不公,他是如何如何伟大等等,你必须随时警惕不要迁就强者,不要只顾息事宁人!""他掷过来锐利考察的一瞥,你何不去学古典文学呢?至少作者不会从坟墓里爬出来和你论争!"她反问他,"那么,先生何以从驾轻就熟的中古文学研究转而治现代文学史呢?""我们相视一笑,一切尽在不言中。"

钱理群、陈平原则认为,解放后,如果王瑶继续研究中古文学,"也就那样了"。新文学史对他而言,却是创造一个全新的结构,开创一个历史。因此,他的转型有外在压力,也有内在兴趣。陈平原认为,这个兴趣基于几点:"第一,他曾经是个左翼文人。第二,他对鲁迅非常崇拜。现代文学这门学科,尤其是五十年代以后,鲁迅文化支撑起整个学科的半边天。第三,他受朱自清先生的影响。在 1929 年至 1933 年间,朱自清在清华讲过《中国新文学研究》这门课,留下了系统讲义,王先生手头有这份讲义。1978 年钱理群这一届研究生进来,他把讲义交给赵园(中国社科院文学研究所研究员)整理,发表在上海《文艺论丛》上,他还专门为之写了一篇文章。"他们还估计,面临社会转型、政权更迭,王瑶定会冷静思考,下一步往何处去?怎样安身立命?假如心怀抵触,不会顺利写出《中国新文学史稿》。

两代学人达成的共识是,这部研究现代文学史的开山之作,为王瑶屡受政治责难、冲击,埋下了重重一笔。

"苟全性命于治世"

"同志们:我是一个思想上存在着很多毛病的知识分子,我的主导思想一直是资产阶级小资产阶级思想"——1951 年 11 月,结合"三反""五反",全国文联开展知识分子思想改造,又称"洗澡"运动。王瑶是重点批判对象。

1952 年 2 月 26 日,他在中文系教师大会上宣读《我的检讨》,将自己的"资产阶级腐朽思想"归结为"自私自利"与"自高自大"。"这就意味着他的检讨,是限制在思想范围,尽量回避立场问题,绝不涉及政治问题。"钱理群读过这份检讨——"我想象的新社会是什么样子呢?用冯友兰先生的话来说,就是一个下棋式的社会,而不是一个打牌式的社会;我觉得一个人应该得到最充分的发展机会,如果他被淘汰了,那是应该的,因为他的能力不如别人。我错误地以为新社会就是一个容许自由竞争的社会,一点也不了解集体主义精神,不了解新社会的高度组织性和计划性的精神。"他进一步剖析：王瑶终于认识到自己的"自由竞争"中个人充分发展的理想与新社会的集体主义精神和高度组织性、计划性的矛盾；他知道不可能放弃自己的理想与追求，知道自己无力也不想改变新社会，只能选择逐步适应。一贯清醒，也自以为清醒的王瑶，实际上已经看清了自己以后的命运。

这年年底一次中央政治局会上，中央高层决定成立北京市高校党委会。1953年1月23日，党委会成立。时任党委书记的李乐光传达政治局会议精神，指出教改以后人心惶惶，"王瑶要求转业，做不了灵魂师"。2002年，《文件中的王瑶》的作者陈徒手看到北京市委大学部档案的北大部分时，注意到从那时起，王瑶的动态消息在党内文件中频繁出现。

他誊抄资料时感觉，当年中央党委高层需要掌控学界人士的思想动向。例如针对每一政策或每一措词发布，亟需了解标杆性人物的反应。北大中文系则被视为"重点系"，里面一批学者的言论与王瑶一样一并收集——"在至今留存数百万字的北京高校党内文件中构建了独特的'北大中文系意见群'"。王瑶自然是"重点系重点人物"，反映者可能是他的同僚或学生，他们的汇报在彼时彼境纯属合理正常行为。

乐黛云证实了陈徒手的说法。作为党员，她多次被叫到领导办公室，询问某些活动中王瑶持何政治观点。"如果他有过重的话，我也不敢说。一般性发言，也是报告党组织。上面让他带人在宾馆里编书，可用他却不信任他。"

1954年10月31日，中国文联与作协共同召开八次扩大会议，批判俞平伯《红楼梦》研究，批评《文艺报》编辑工作错误。

11月3日,王瑶写《从俞平伯先生对〈红楼梦〉的研究谈到考据》。又在对胡适文艺思想及其影响清理过程中,发表批判文章。因行文颇具说理水准,不同于一味空洞谩骂,受到领袖的点名表扬与接见。

"不要以为他批胡适都是形势所迫。鲁迅与胡适之间素有重大原则分歧,对他们的评论涉及每个人的现实选择方面。他历来倾向鲁迅,肯定左翼文化。批判胡适,他是确有想法。"钱理群想起,王瑶曾要他梳理自己的文集,特意嘱咐对自己批判胡适的那篇文章,删掉过分的时代用语,核心要旨要保存。

当然,王瑶未必知道校系党组对他的真实看法——"认为他多从个人名利、兴趣出发,完全不顾教学需要,走粉红色的个人主义道路"。北大党委不知从何处断章取义,向上报告:"王瑶说,上课马克思,下课牛克思,回家法西斯。"尽管他在"文革"时申辩了,这句话"是讲小说《高干大》中共产党正面形象高干大迷信巫神时,讲到人的思想表现复杂情况和世界观的决定作用时讲的。例如有这样的人如何云云,并非讲自己",但在五十年代中期,还是被用来曝光他的隐蔽性与两面性,显示高级知识分子对党三心二意的政治态度、思想落后教授的典型名言,被周扬、杨秀峰等文教主管者在报告中不断引用,"1958年中共一次高层会议上,市委书记处书记郑天翔又把这句话引进《关于知识分子的思想改造》中,更使这句名言在党内高层干部中广泛知晓"。

1955年,全面批判胡风文艺思想,王瑶陷入困境。《中国新文学史稿》里,他对胡风及胡风派作家鲁藜、绿原、路翎评论正面,多处引用胡风观点。2月,他参与批判。陈徒手通过材料看出,"他常常到会,有时还出主意"。这年10月,王瑶在《文艺报》上发表《从错误中汲取教训》,公开检讨《中国新文学史稿》里"客观主义的写作态度和它的危险性"。从此,该书停止发行。

王瑶用他的方式来排遣心中郁懑,无疑加重了上层对他的负面印象:1954年左右,中文系教授评薪,季镇淮比他高一级,他不服而嘲谑,人家是有德干部,他是"无德干部"——有才无德;1957年反右,他和其他教授去青岛办公,他张口即来,"躲开火热的太阳,也躲开火热的斗争";鸣放时,因无确切"反动把柄",他被划为"中右",暂渡一劫;他来兰州大学讲学,与赵俪生一家欢聚,又抛出——"我现在是苟全性命于治世"。

1958年2月"双反",党委说,"这是我们与资产阶级知识分子接近最后的决定性一战"。接着,文化教育界对这批知识分子大搞"插红旗,拔白旗"。

那会儿黄侯兴是中文系56级3班学生。校党组织安排这一班级成立鲁迅文学社,他任社长,旨在批判王瑶《中国新文学史稿》,中国作协党组书记张天翼来到北大做幕后策划。黄侯兴后来忏悔道,他们还不曾上过这门课,竟"破除迷信""敢想敢干"地行动起来——"我们把王瑶先生请到班上,给他一张椅子坐下,让他听我们开批。我们在《光明日报》《文艺报》等大刊上,大肆刊登批斗他的文章。临了他说道,今天认真听取同学们的批判,我认为革命性还可以,科学性差点。这还得了,我们更反了"。这年9月,王瑶向自己的学生交出《〈中国新文学史稿〉的自我批判》,被撤掉全国政协委员身份与《文艺报》编委资格,《中国新文学史稿》沦为"剪刀加糨糊"的伪科学代表,被在刊物上以专号大加挞伐。

"他仍然老老实实去教书了,但他的言论仍然未尽合拍。"韦君宜写道,杨述率大学工作组去北大,中文系向他反映王瑶在内的教授顽固不化。他单独找过王瑶,"系里叫你检讨,你心里到底服气吗?"王瑶笑了一声,"跟你说实话吧,我的嘴在检讨,我的脚在底下画不字!"

六十年代初,王瑶曾与赵俪生交心,"不要热衷于出版书和发表文章,我于此有惨重教训,真是'一文既出,驷马难追',今后我将尽量少写文章,教书也要习惯于人云亦云",老同学听了,感慨而略含讽刺,"自然规律真可怕,想不到王瑶也老成持重,非常有修养了"。他仍郑重劝告:"牵涉到政策方面的话就是非慎重不可的,不只我们的身份是从旧社会来的知识分子,就是党员,甚至有过功劳、地位很高的人物也一样,说错了话就是'不得了':彭德怀不就是为了怀疑大炼钢铁、人民公社等政策而弄得身败名裂吗?要把六亿人民向着一个方向集中领导,就必须排除各种各样的怀疑和干扰。我不只是谨小慎微和暮气塞窍,我承认自己对许多事情是根本无力判断的,因为要下判断就必须掌握全面情况,光靠自己的见闻和一份报纸是无法下结论的。你自以为是坚持真理,在别人看来恰好是歪理;客观影响如果不好,你当然得承担政治责任。我劝你还是吸取1957年的教训,有点暮气的好。"赵俪生不再言语了。

江山易改,本性难移。1963年给本系研究生做辅导时,王瑶大胆放言。尤指曹禺解放后之所以没写出超过《雷雨》的作品,一是受了题材的限制;二是很受拘束,"写到一定程度就不敢放手写了"。市委相关部门很快掌握信息,定罪"借为曹禺鸣不平来发泄不满情绪"。

陈徒手抄到这里时,不禁为他在那一晦涩时刻敢于发出真知灼见而暗暗吃惊,又为一代有着深厚积淀的学者即将卷入的命运深深惋惜。

我是清华的,不是北大的

1966年8月24日。王瑶家被西颐中学红卫兵与北大中文系红卫兵先后抄家。自此,中文系贴出揭露其"罪行"的大字报;同年9月,他被打为"反动学术权威""漏网右派";1968年,他将一张反面折叠的宣传预防传染病的连环画垫在痰盂下,因没看到画框上方印有一幅微小的毛主席像而被保姆揭发,受到严厉批判与毒打,扣上"现行反革命"帽子;同年8月,被关进"牛棚",受到严格审查与监督劳动。

王瑶向乐黛云谈起,在"牛棚"里,严肃的朱光潜先生偷偷写了一首打油诗,念给他们几个听。艰难苦闷中,他们忍不住笑出声来。看守极为恼怒,强令他交待背诵。他矢口否认,招致一顿痛打。黄侯兴也说起,1973年,他结束在"五七"干校的审查批判,回到北京。得知王瑶关心着他,他登门道歉。客厅里,师生相对无言,泪水代替了沉默。"大概是为了改变那沉闷的空气吧,先生给我讲了一个故事:一天下午,他和几个被管制的教授在校园里拔草。几个红卫兵走过来嫌他拔得不干净,声色俱厉地问,你在干什么?他不假思索地回答,拔草。'拔什么草?''毒草。''怎么拔?''连根拔。'一个红卫兵朝他的腰部猛踢一脚,气呼呼地说,牛鬼蛇神还有闲心开玩笑。说完他哈哈大笑。"

"对我们这一代知识分子来说,幽默感非常重要,因为它能产生某种防护作用,使我们在逆境中可能自我解嘲,让感情有一个小小的出口,不至于崩溃。我想昭琛的幽默感一定起过这种作用。"朱德熙说,"不过幽默感在这方面的作用只相当于苦笑,并不能从根本上排除痛苦。"

王瑶的一些弟子现在才从师母杜琇那儿得知,老师在那些年里曾数度企图自杀。为活下去,为应付外调,他也不得已"蒙混过关""混淆视听"过。

1976年10月,"四人帮"倒台。其时,王瑶正赴厦门大学,参加鲁迅逝世四十周年及在厦大任教五十周年纪念大会。他开怀地演讲《鲁迅研究的指导性文献——学习毛泽东同志关于鲁迅的论述》,迎接新气象的到来。

八十年代,他在不同场合声明——"我是清华的,不是北大的"。1985年,清华重建中文系,徐葆耕来北大听取他的建议。他指出,这次中文系是"复办",而不是"新建"。纪念闻一多先生逝世四十周年会议上,他说,以前的清华文科似乎有一种大家默契的学风,就是要求对古代文化现象作出合理的科学的解释。"应该看到,清华中文系不仅是大学的一个系,而且是一个有鲜明特色的学派。"

"每个人都会珍惜自己的青春年华。他的欣欣向荣、他的两部成名著作都紧系清华,那是他人生的黄金十年。尔后的坎坷似乎都发生在北大。他说过,1957年以前,我每年出一本书。那以后二十年,一本书也没出过。"陈平原理解,并提出,老师是否反思过,如果他从未离开清华,就能"人尽其才"?

"我不反省！"

"我不反省！人人反省,错误人人有份?！当人说话都不起作用,都不准说话的时候,他反省什么？我只有挨斗的份,我还要反省？我不反省。"人至暮年,看到有文章高谈对"文革"要"人人反省",乃至提到民族的忏悔意识云云,王瑶很反感。学生辈痛恨过去大好光阴浪费,他也无限伤感:我也是十年！不光你们年轻人耽误十年,老年人的十年更可怕,他更接近死亡了,更无法补救了。

"那年王先生六十五岁。这个岁数对一位人文学者不是过不去的坎。以他的身体与精神状态,还能做更多的事情,可他不算尽心尽力。"陈平原说,导师后期出过的十本书,有七本是重刊。余下三本书里,《中国现代文学史论集》与《鲁迅作品论集》是学术著作,约有三分之一是"文革"前写的。用心杰作就是为纪念鲁迅诞生百周年而作的《〈故事新编〉散论》。

"我一直认为昭琛具备一个大学者应有的素质。要是环境更好一点,兴趣更专一点,他一定会作出更大的贡献。"朱德熙点评道。数十年如一日,王瑶每天读报,一字不落,从字里行间猜测言外之意。钱理群、陈平原还常见到他坐在客厅里,扮演"政治分析家",口若悬河、兴致勃勃地揣度天下大事,关注国家民族命运。

"这类终不免是一种清议、空谈的政治分析,不仅牵扯了先生过多的精力,实质上成为一种才华的浪费；而且时时、处处作为政治分析的习惯,也弄敏了先生的神经……"钱理群写道。

但在王瑶,热衷政治绝不纯然是个人癖好。他告诫过钱理群等人:淡化政治,淡到了零的程度是不行的。政治这个东西是客观存在,你不找它,它还要找你。现代文学离不开政治,生活里的人谁也离不开政治。这政治过去看得太狭窄了,要把它看作一个广泛的范畴,但是怎么广也不能广到没有。

"由于才高、兴趣广,除了读书,还关心现实,所以他做学问总有点逢场作戏的味道。"朱德熙指出过王瑶的弱点。同样,钱理群也记忆深刻,王瑶选择他做助手时说:"我写文章,出席各种会议,老在人们面前晃来晃去,不过是表示我还有用。你的任务就是帮我晃来晃去,代表我的存在。"这番话让他在震惊之余,顿感悲凉:"研究现代文学不会再有大的作为了,可王瑶又回不到古典上去。他绝望,又想反抗绝望。"

晚年,王瑶负责参与编撰《中国大百科全书》;担任过现代文学研究会会长与《中国现代文学研究丛刊》主编,大力扶植青年学术力量;1987年,他申请国家社会科学基金研究项目,挑选陈平原等一批学者专家,组织课题组。第二年元旦过后,《中国文学研究现代化进程》开启写作。当天,大家聚在镜春园76号,他笑称,这是他平生最后一项学术事业,"只准成功不能失败"。陈平原说:"先生去世前半年,虽有各种干扰而难得平心静气读书做学问,只要提及此课题,他那明显苍老了许多的脸上马上容光焕发。"告慰王瑶在天之灵的是,这份他尚未来得及展开的学术史研究终有收获。

另一方面,王瑶又对钱理群吐露:我现在无论做什么事,都是"垂死挣扎",什么事也不做呢,又是"坐以待毙"——与其"坐以待毙",不如"垂死挣扎"。选任全国政协第六届委员会委员,

"王瑶式"的表达在政协小组会上再度广为流传——"不说白不说,说了也白说,白说也要说"。

王瑶曾与钱理群讨论过"中国需要大学者,竟又没有产生大学者"这一问题。我问,这是不是他的终极遗憾,抑或困窘。钱理群没有直接回答我,反而谈论起作家张曼菱在《北大回忆》中的一幕:她曾于未名湖畔捧读朱光潜的一本美学著作。一位老人走到她身边说,这本书没有价值,只是照搬国外,倒不如去读外文原版。这老人就是朱光潜。"他认为自己没有原创性,根本不是第一流的学者。这不只是朱光潜这代人的困窘,也是王瑶在内,乃至以下我们几代人的困窘。它不能全然归咎历史条件,也包含个人自身的因素。"

1989年4月28日,中国现代文学馆召开"五四"七十周年纪念。中午吃饭时,有人发现,王瑶手中的包子半天无法下咽。

11月21日,在肺病未愈的情形下,他强要参加巴金学术研讨会在上海举行的开幕式。会上发言未几,便无力支撑,迅即被人扶出,送入医院。五天后,不能再言语,思维意志仍旧清晰。他断断续续写下:"最近十年,巴金学术研究收获颇大,其作者多为我的学生一辈……观点虽深浅有别,但都是学术工作,不是大批判,这是迄今我引以自慰的。"

12月13日上午,他在一个弟子的手心上划起一字——"死"。钱理群闻讯后,告知陈平原:大树倒了。

(初刊《南方人物周刊》2014年6月23日第21期)

第五辑

我的检查

（1967年3月25日）

王 瑶

我是一个资产阶级知识分子，解放后十七年来，虽然经过多次政治运动和党的耐心教育，但事实证明我在思想改造上收效极微，依然顽固地保持着自己的资产阶级世界观，而且随时都在表现出来。在目前进行的这场史无前例的以破私立公为根本精神的"文化大革命"中，把像我这样的人作为革命的对立面，是完全合理的。我绝不做旧世界的殉葬者，我愿和革命群众一道狠批我的一切错误言行，彻底洗心革面，重新做人。现在我把解放以来我所犯的严重错误，分四个方面概述如下，希望大家继续揭发和批判，帮助我破旧立新。

一 关于我对历次政治运动的态度

解放时我还是一个讲师，还没有爬到社会的上层，长期当中学教员和大学助教，生活也过得相当苦，因此我是热烈地迎接了解放的。但我并没有把改造思想当作首要任务，反而以为可以充分发挥自己的才能了，实际上就是以为可以发展自己的个人主义了;这说明在解放以来两条道路的斗争中,我是牢固地站在资本主义道路一边的。解放初期我就拥护当时的教学改革,改行教了现代文学史,并写了大毒草《中国新文学史稿》。可以想见,从这种资产阶级思想出发,在新社会是不可能不遭到批判的。1951年的以划清敌我界限为主要内容的"三反运动",就对我的思想进行了严厉的批判。虽然当时是人人过关,我也只检查了一次,但群众对我提的意见是很尖锐的,主要是个人主义和名利思想。当时我自以为在解放前对美帝国主义和国民党反动政权还是有所认识的,既然运动的目标在于划清敌我界限,为什么搞得那么厉害呢?实际上群众提的意见都是关于我的丑恶的个人主义言行,不但完全应该批判,而且现在看来批判得还很不够,没有深刻地触动我的思想。

  1955年的"肃反运动"并没有批判我,但我的确心情紧张。原因是我在《中国新文学史稿》中曾多次引用了胡风的话,而"肃反"就是由胡风反革命集团引起的。当时我任《文艺报》编委,知道《文艺报》就收到了许多读者的揭发信件。后来在运动结束后《文艺报》发表了一篇批判文章,我写了一篇检讨,也发表了。我对"肃反运动"和打击胡风集团的意义还是有所认识的,当时就是害怕牵连到自己,因此心情一直很紧张。现在看来,我与胡风集团毫无接触,没有批判到我只是说明我与他们没有政治联系,但我既然引用了他的关于批评作品的好些话,就充分说明我在文艺思想上是和他的唯心主义观点有共同之处的。虽然在批判胡风的过程中我也写了文章,但对自己文艺思想方面的问题,并没有真正得到解决。

  1957年的反右斗争是一次严重的考验。在鸣放期间,大批毒草和反党言论出笼，我虽然没有写反党文章，但不只对形势认识不清，而且在谈话中也说了不少错话。最严重的是在北大党委召开的一次座谈会上，对学校工作作了一次带有错误观点的发言。这个发言和那些错误的谈话都是1958年"双反运动"中对我批判的重要内容，发言的内容主要是说党的工作不接近群众，不了解人；说什么党对干部不是看他的劳动质量和对劳动的态度，而只注意说了一两句错话之类的鸡毛蒜皮的事情，因此很多人心情不舒畅等。实际上所谓心情不舒畅只是像我这样的处在改造中的资产阶级知识分子的精神状态；我盲目地以为自己工作负责任，教学效果还好，而领导上老觉得自己落后，就有不满情绪；这不仅是对自己的工作效果估计错误，而且正是回避了重要的政治立场问题。事实证明那些在谈话中偶然冒出来的错误正反映了自己的活思想，反映了自己如何看待客观现实的资产阶级观点；那并不是什么鸡毛蒜皮的事情，而正是要害问题。在这次"文化大革命"中群众在大字报中揭发的我所犯的错误，主要也都是在谈话中反映出来的，那怎么能算是鸡毛蒜皮呢？这个发言以及我所说的一些错话是1958年"双反运动"中对我批判的重要内容，我还专为这个发言作了检讨。

1957年5月以后，我对反右有了初步认识，曾在《文艺报》《人民文学》等报刊上写了四篇反右文章，但并未触及自己的灵魂，在言谈中仍然暴露了许多错误观点。其中主要的是不能首先从政治上划清界限而对某些人堕落为右派表示了惋惜情绪，例如对向达和金申熊。一方面我觉得他们咎由自取，一方面又说这些人有"学问"或"才华"，对堕落到这种地步感到可惜；这实际上就说明我和右派在政治上没有划清界限,在思想上还有共同的东西。(这些以及我说的其他错话,都是1958年"双反运动"时对我批判的重要内容。)1957年的反右斗争虽然没有直接批判到我头上,但我是深刻地受到了震动和教育的。

  1958年的"双反运动"是明确规定为人民内部矛盾性质的,但来势仍然十分猛烈。"双反"前期的重点是搞臭资产阶级个人主义,主要批判的是反右斗争前后的言行表现,如我上面所谈的那些内容;"双反"后期则主要是批判资产阶级学术思想,当时叫作"拔白旗"。这两方面都是我身上的致命病根,因此把我当作系里的重点批判对象是完全正确的。我在运动中就有些抵触情绪,特别是对《中国新文学史稿》的批判,总觉得提得过高,有些委屈;实质上就是怕见诸报刊,怕把自己彻底搞臭。但在当时轰轰烈烈的群众运动的声势下,自己也努力检查问题,决心丢掉一切脏东西,改造自己的资产阶级思想。但事实证明我不但没有能认真改造自己,而且就连当时的那种抵触情绪也没有克服掉;它只是暂时地被压下去了,终于在1961年前后又泛了上来,使我犯了更大的错误,这一点我将在下面检查。

  建国以来的政治运动很多,也有一些运动我是热情拥护并积极参加了的,如抗美援朝时我写了几篇文章并捐献了稿费,批判《红楼梦研究》和"胡适思想"时我积极地写了文章等;另外一些运动则与知识【分】子本身的关系较远,只是一般地学习和参加了的,如镇压反革命、农村社会主义教育运动等,我都参加了。这些运动都没有触及自己的灵魂深处,因此问题就暴露得不鲜明。而凡是政治运动牵涉到知识分子的思想改造、碰到自己主观世界的痛处时,我的资产阶级本能就有所抵触,就不能愉快地参加到运动的前列中去。这说明实质上我是在顽强地保持资产阶级世界观，抗拒思想改造的。虽然我以前并不明确这一点，而且还努力学习马克思主义理论和主席著作，在认识上还自以为是拥护党的知识分子政策和懂得思想改造的必要性的。但现在检查起来，我的学习态度就是完全违背毛主席思想的；那就是不联系自己的思想实际，不在用字上狠下工夫，而是害怕碰到自己，想法保全自己，这实际上就是妄图保持自己的资产阶级思想，就是不愿思想改造。这样，即使在某些运动中我的表现还比较积极，学习理论还比较努力，那指导思想也是错误的，出发点仍然是资产阶级个人主义。这种思想在社会主义革命的伟大洪流中当然只能起消极和危害的作用，它走的仍然是一条个人奋斗的老路，也就是资本主义道路；这在两条道路的斗争中自然只能扮演一个革命对象的可耻角色，在这次"文化大革命"中群众给我以冲击和批判，是完全应该的。

二 关于对1958年学术批判的"反扑"问题

1961年前后，在我国经济困难时期，资产阶级思想在社会上相当泛滥；在这种气氛下，我不只放松了思想改造，而且对1958年的教育改革和学术批判，在估计上也片面地夸大了它的一些缺点，而对成就、方向则严重估计不足。我虽然没有写文章发表意见，而且在任何场合也不愿谈及对我个人的批判问题，但既有这种错误思想存在，它就会随时表现出来。毛主席《在中国共产党全国宣传工作会议上的讲话》中就那些仍然保有资产阶级世界观的知识分子曾说过，他们的"阶级感情还是旧的","自以为了不起,尾巴翘到天上去了,可是一遇风浪,他们的立场,比起工人和大多数劳动农民来,就显得大不相同。前者动摇,后者坚定,前者暧昧,后者明朗"。1961年前后的形势就是一个大风浪,事实说明我就是经不起这种风浪的考验的。

当时周扬主持的教材会议,杨述、彭珮云率领的市委北大调查工作组,实际上都是为了要否定1958年教育革命的成绩的;他们以领导者的身份,先定了调子,又召集座谈会竭力鼓励资产阶级知识分子放毒、发牢骚,那基调就是要谈1958年以来的缺点的。我本来就有这种思想,这时自然就表现出来了,于是在这两种会议的座谈中,就都发了一通极端错误的言论,成了他们反动阴谋的帮凶,错误是非常严重的。在教材会议的一次中文组的会上,让参加者座谈1958年以后各校青年教师和老年教师的关系,但参加者都是老年教师,许多人是1958年的批判对象,实际上就是让资产阶级教授放毒的。我在发言中虽然也肯定了青年教师的作用和强调了加强团结的重要意义,但在谈到学术批判时,就说什么"我们不应该怕批判,问题是在批判的时候要让被批判者也参加讨论,不能没有发言权,只有检讨权,一下便成了定论。过去有的批判把问题提得过高,一下就成了政治问题,这对学术发展不利"。这些话不但内容是错误的,不是从阶级斗争的观点看问题的,而且明显地带有对1958年受批判的个人情绪;这在周扬所召开的这个黑会上,就起了帮凶的作用,从性质上说是对1958年学术批判的一种反扑。杨述、彭珮云率领的市委北大调查工作组,在北大住了很久,召开了许多会议,他们说是要总结教育革命的经验,实际上也是专来寻找缺点成绩的。

在座谈同学集体搞科研时,我曾说:"许多同学的收获是不平衡的,为了提高成品的质量,能力强的同学所负任务往往重一些,他们提高也较快;能力差点的同学就不大能使得上力气,自己的提高也比较慢。"又说:"总的看来,同学们写的教材,革命性很强,科学性就比较差一些,要注意把二者很好地结合起来。"在谈到集体备课时我曾说:"我的体会是备课必须自己动手,集体讨论只能给讲课教师以帮助和启发,不能代替个人备课。"我在此曾举我的一次讲课为例,由于我对"五四"以后早期共产党人的文学活动不熟悉,那些材料也是不久前才发掘出来的,而严家炎同志已经有了一份写好的讲稿,我就未好好备课;拿着他的讲稿去讲了。结果由于我体会不深,同学对这一讲的意见很大。其实这次教学效果不好,应该完全由我没有很好备课负责。在谈到领导、同学、教师三结合搞科研的经验时,我曾讲过 1959 年和同学一起编写现代文学史时的情况,我说:"当时分给我一些任务,写成后即由编委会统一修改(同学为主),有时修改得也不一定妥善,而有的会上还让谈心得体会,这就不恰当了。"所有以上这些谈话的内容和情绪都是完全错误的。首先是因为我在思想上对 1958 年的一些革命措施和学术批判有抵触,它虽然在革命高潮时被压下去了,但并没有从根本上解决问题。到周扬、杨述、彭珮云等人进行反动阴谋的时候,自己从资产阶级立场出发,以为 1958 年有些地方恐怕是搞得过头了;于是就说出了一些充满错误观点的话。当时我几乎毫不怀疑地接受了这帮人的观点,例如王学珍就曾说重点讲授、学生停课搞科研都是瞎指挥;周扬说即使方向正确,只要一超过界限,就会转化为对立面,正确就会变成谬误。由于我的资产阶级思想严重,竟荒谬地认为这是党中央的意见;就对1958年所取得的成绩采取了某种保留和怀疑的态度。我虽然避免谈到我个人的情况,但那出发点是与我对1958年的被批判的抵触情绪密切联系的。现在才认识到,如果说是"中央"的意见,那就是执行资产阶级反动路线的刘邓司令部的中央,周扬这帮人正是由这条线下来的;而像我这样的资产阶级知识分子就很自然地成了他们的信奉者和拥护者,这是多么深刻和值得引起警惕的教训!现在我才真正体会到为什么说资产阶级思想影响的存在是修正主义产生的国内根源,为什么在"文化大革命"中要求干部首先必须同资产阶级反动路线划清界限;而像我这样资产阶级世界观完全没有得到改造的知识分子,这尤其是首要的任务。

到冯钟芸找我谈总支要给我甄别时,我曾再三表示不必举行;我的想法是事情已过,领导上知道有缺点就行了。她说上级规定必须举行,于是我就建议不必叫甄别,也不必单为我个人开会,可以把几个人合起来开一个作为总结经验的会,后来总支采纳了。程贤策召集的会就是把我和游国恩、林庚三人的问题作为总结学术批判的经验一起来报告的。他讲了方向和收获,同时讲了一些所谓缺点。当时我认为他的讲话内容是正确的,因此我在会上表示了我对党的关怀的感激;而且说成绩是经常起作用的因素,缺点只是暂时起作用的因素,我决不会有情绪等等。以上这些事实说明无论周扬、杨述或程贤策,他们的观点都是代表像我这样的资产阶级知识分子的,我毫不怀疑地接受了他们的号召,充当了歪曲和贬低1958年学术批判和教学改革的角色;这完全是由我的资产阶级反动思想所决定的。

三　关于教学、研究生培养和科研方面的问题

在旧社会，我是教古典文学的，解放以后我改行教了现代文学史，并写了大毒草《中国新文学史稿》。1952年已经有了批判这部书的文章，但我并未真正认识错误，反而觉得搞现代文学容易犯错误，后悔自己不该改行，于是就连续写了好几本关于古典文学方面的书籍。我的《中古文学史论》本来在解放前早已写竣，但那时到处托人介绍，也没有得到出版机会，解放后我也原封不动地把它出版了。这样，从解放初到1956年，我粗制滥造，七八年间就出了十本书，散布了大量的毒素，得到了许多稿费，一直到反右斗争以后才停止了出书。从1957年起，我认识到写作必须和教学任务相一致，就没有再写古典文学方面的文章；1958年以后，对被批判感到害怕，写作态度比较严肃一些，因此写的东西就比较少了，也没有再出书。但不论是书籍或单篇文章，所有我写的东西，不可避免地都在不同程度上宣传了资产阶级思想，都是应该受到批判的。这些东西在社会上产生了比较广泛的影响；因此它的危害性也特别大，给社会主义事业造成了损害，我感到十分惭愧和痛心。

解放以来，我一直承担现代文学史方面的教学任务，最近几年我改教"鲁迅"一课，但仍然担任着现代文学史方面的研究生培养工作。我在这方面的错误，除在《中国新文学史稿》一书中所暴露的以外，特别严重的是长期以来我都在努力贯彻和宣扬周扬的有关报告和观点。1953年高教部第一次召开全国性现代文学史教学大纲的讨论会，就是根据周扬的指示进行起草和

讨论的。以后1956—1958年的第一次编写教材,1961—1963年的第二次编写教材,现代文学史都是在周扬的直接领导下进行的。在这次"文化大革命"中揭露出周扬的反动的真面目之前,我不但对他毫不怀疑,而且的确是把他当作马克思主义文艺理论家和党的政策的权威阐释者来看待的,并且在工作中努力体现他的讲话和观点。一直到1964年春天,我对新疆大学和兰州大学的教师传达过他在现代文学史教材讨论会上的讲话。这样,我在教学和培养研究生工作中就散布了许多周扬的观点,起了很大的危害作用。这当然首先应该由我自己负责,是由我的资产阶级文艺思想所决定的。毛主席的《讲话》是"五四"以来革命文艺运动的最科学的总结,为什么我不能把它当作最高指示在工作中很好地加以遵循和贯彻,而偏偏对周扬的讲话感兴趣呢?归根到底仍然在于自己的世界观问题。这里我想就"两个口号的论争"这一重要问题作为一个例子来检查一下就可以看出我对待周扬观点的情况。1962年编写教材时,这一节最初是分给我写的,但在写出初稿以后,主编唐弢和其他人都不满意,并提出了具体的建议,要求重写。我在初稿中和我以前在《中国新文学史稿》中的看法差不多,是对两个口号都加以肯定,而以鲁迅的《答徐懋庸……》长文和《文艺界抗日御侮宣言》的论争结束的。我对唐弢等提出的全面肯定"国防文学"口号的正确性感到有两点难于接受:一,把鲁迅说成完全受了蒙蔽,既受冯雪峰的,又受胡风的,好像此人并无独立思考能力,有损于鲁迅的伟大。二,我觉得陈伯达同志当时并未参加这次论争,他写过的那篇文章的全旨在于呼吁停止论争,而且是在一个哲学刊物上发表的,对论争没有产生实际影响;不能因为他现在是中央领导同志,就引用他的几句话来肯定"国防文学"口号的唯一正确性。当时唐弢不同意我的看法,我就建议另请别的同志来写这一节,他立即同意了,于是在"定稿"中就成为一面倒地吹捧"国防文学"了。这里好像我并不同意周扬等人的观点,其实我采取的是一种折衷主义的态度,希望把两个口号都加以肯定,而且说各有优点,可以互相补充。"民族革命战争的大众文学"准确鲜明,"国防文学"通俗普及。我并未认识到"国防文学"这一口号的错误,更不能把党和王明的投降主义路线联系起来。我只是在思想上不愿鲁迅的地位受到损害,因此就想为"民族革命战争的大众文学"这个口号争地位,结果(16页)就采取了折衷主义的态度。其实这样不但不能批判"国防文学"的错误,同样也不能真正有力地肯定鲁迅和他的主张的正确性。这里也说明了折衷主义最后必然导致错误的真理。这个例子说明我以前对于现代文学史的许多看法,绝大多数都是错误的;经过这次"文化大革命",许多问题都必须以毛泽东思想为指导,重新认识。

在研究生培养工作中,由于高教部的那个"培养条例"就是修正主义的,而我则在工作中努力贯彻了这一"条例",结果当然是以所谓业务来拖住了同学政治上的进步,引导他们走上只专不红的道路。在培养中采取的又是"自觉学为主、个别辅导"的形式,辅导时彼此对面交谈,同学从各方面提出问题,教师给予解答。由于形式比较自由,范围又较广泛,因此无论在解答内容、书刊介绍或提出启发性意见方面,都存在着不全面、不恰当或易于引起误解的地方。由于我的资产阶级文艺思想和随意漫谈的严重的自由主义作风,在辅导谈话中对各种问题曾散布了许多错误观点和资产阶级思想,对青年产生了严重的消极影响,给工作造成了损失,这个教训是非常沉痛的。

在讲授"鲁迅"一课时,我着重了"难点",用较多的时间去讲他的早期文言作品和《野草》《故事新编》等,而放松了"重点",后期杂文所占的时间过少。这从教学效果上看就是未能突出鲁迅成为共产主义伟人的主要业绩,反而过多地讲了一些带有消极因素的早期作品,因而削弱了教学的思想性。这表面上是一个时间安排不妥和教学经验不足的问题,但从根本上说,是在我的思想上就没有突出政治,没有重视教学的政治思想效果。我虽然一向喜爱并崇敬鲁迅的作品,主观上也竭力想提高鲁迅的地位,但由于自己在思想感情上不是一个革命者,因此就不能真正突出鲁迅的彻底革命精神,达到真正肯定鲁迅的效果。正如陈伯达同志所说,鲁迅读古书是为了批判旧世界的,而我则把他当作一位学者似地去接受他研究文学史的经验和方法;鲁迅的作品是为了适应现实战斗的需要的,而我则繁琐地研究他的艺术特点和他所受古典文学和外国文学的影响。这样,虽然无论在讲课中或文章中,我到处都在讲鲁迅的伟大,而且确实也是衷心敬佩他的,但实际上正如前面所说的关于"两个口号"的那种情况,我并没有真正认识到他的伟大,也不能真正宣传和阐述出他的伟大精神。根本原因正如鲁迅所说,就在于我不是一个"革命人","从喷泉里出来的都是水,从血管里出来的都是血";由于我在世界观上,在对待思想改造的态度上,和鲁迅根本不同,因此虽然我也论诵了若干鲁迅作品,但对他的根本精神是不能领会的;这是我在教学、科研和其他一切问题上犯有错误的总的根源。

四 关于我的资产阶级文艺思想和学术思想

我的资产阶级文艺思想和学术思想是很严重的。解放前在我写的《中古文学史论自序》中曾说："本书的目的,就在对这一期中文学史的诸现象,予以审慎的探索和解释。作者并不以客观的论述自诩,因为绝对的超然客观,在现实世界是不存在的;只要能够贡献一些合乎实际历史情况的论断,就是作者所企求的了。"解放以后我所写的《中国新文学史稿》以及其他有关文学史的文章,都是在这一指导思想下写作的。它的特点就是不考察写作的目的性和它所可能产生的社会影响,回避了为什么人服务的根本性问题,而只追求一些所谓符合客观实际的说明和解释。这是地道的资产阶级客观主义,它以貌似客观的面目来掩饰它为资产阶级服务的实质。因此虽然其中也有一些地方尝试着运用马克思主义观点来解释历史现象和文学现象;但从根本上说是违背马克思主义的。毛主席说:"马克思主义的哲学认为十分重要的问题,不在于懂得了客观世界的规律性,因而能够解释世界,而在于拿了这种对于客观规律性的认识去能动地改造世界。"(《实践论》)由于我不是一个无产阶级革命者,没有改造世界的觉悟和要求,因此就不可能真正掌握马克思主义的学术观点。关于文艺思想也是一样,它既然是整个世界观的组成部分,则像我这样仍然保持资产阶级世界观的人,怎么会正确地理解毛主席的文艺思想呢!我是教现代文学的,在工作中当然应该把毛主席《在延安文艺座谈会上的讲话》当作最高指示,努力宣传和贯彻。我对这一点并不是毫无认识,而且也写了一些宣传《讲话》和新作品的文章，但现在检查起来，我在文艺思想方面的错误仍然是很严重的。毛主席在讲到对立统一规律时曾说："这个规律，在我国，懂得的人逐渐多起来了。但是，对于许多人说来，承认这个规律是一回事，应用这个规律去观察问题和处理问题又是一回事。"（《关于正确处理人民内部矛盾的问题》）我对于毛主席文艺思想的学习就处于类似的情况，我的确是承认并努力学习和运用的；但在具体观察问题和处理问题时，例如对某些作家作品的评价，则又往往是违背了毛主席的文艺思想的。最突出的事例就是我把周扬对编写现代文学史的一些"指示"完全接受了下来，而且还荒谬地以为是符合毛主席思想的。例如：说群众文艺和苏区作品在现代文学史中只要提一下就行了，不必勉强多加论述；又如说李大钊、邓中夏等人在"五四"新文学中的作用不要过分强调等，就都是在现代文学史讨论会上由毛星首先发表这种看法，又经周扬肯定了的。当然，这并不能推掉我的责任；还有许多错误是由我自己直接提出来的。例如我是看过严家炎同志《关于梁生宝形象》的文章并同意他的观点的，尽管我在讨论会上并未发言。我不同意他关于梁三老汉的文章和对这一人物的过高评价，因为我觉得这类老式农民是许多作品都写到了的，它不能对《创业史》的成就起决定作用，关键仍然在于梁生宝形象成功的程度。这说明我虽然对创造新英雄人物的重要意义有所认识，但又对形象的完整性多方面加以苛求：这不但是颠倒了政治标准和艺术标准的位置，而且实际上是以资产阶级艺术性的框框来要求新英雄形象的塑造。又如我在对研究生谈到毛主席《讲话》发表以后解放区文艺创作的新面貌和巨大成就时，在讲了小说、戏剧等方面以后，又谈了长篇叙事诗和通讯报告;后面就谈到只是抒情诗和抒情散文很少,这是因为 1942 年整风以后作家对自己主观上的小资产阶级感情很警惕,因此就多写以工农兵为题材的叙事诗和通讯报告了。其实如果是抒人民之情,感情是健康的,则抒情诗仍然是需要的等。我是从何其芳的诗集《夜歌》的长篇后记中得到感触的,他说为了避免像《夜歌》这样有小资产阶级感情的作品产生,他最近将不写抒情诗了。这本来是一个有关作家思想感情改造的问题,但我这种讲法就在一定程度上起了贬低解放区作品成就的效果,这是应该引起严肃注意的。此外如对于《山野》《关汉卿》等作品的肯定和吹捧,都是违背毛主席文艺思想的。现代文学本身是在党的领导下开始和发展起来的,而毛主席的《讲话》就是"五四"以来革命文艺运动的最科学、最权威的总结,我本来应该努力学习和运用这一最高指示,把它当作指针和武器,但由于我的资产阶级世界观没有得到改造,为什么人的问题没有得到根本解决,因此就不能真正把主席的文艺思想学到手,在观察问题和处理问题时就常常发生"一用便错"的现象。这就不能不给工作和党的事业带来危害和损失,这是使我感到十分痛心的。

※　　　※　　　※

以上我分四个方面检查了我所犯的严重错误。当然,错误并不只这些,由于自己存在着严重的资产阶级思想,作风上又有浓厚的自由主义,与人谈话时往往信口开河、追求风趣,而不考虑它所产生的效果和危害作用。有些话自己说过也忘记了,但给别人却留下了深刻印象,这正是一种资产阶级生活作风的表现。现在要把十几年来在不同场合和不同的人谈话聊天时所讲的错话理出个头绪来,确实感到很乱,不容易清理。但语言是代表思想的,凡是我讲过的错话都反映了我思想上的严重错误;即使当时没有说出来,但既然有这种思想存在,它总是会在一定场合下表现出来的。因此问题的总根仍然在我的资产阶级世界观上面。因为世界观没有得到根本改造,所以在各方面它都要顽强地表现出来,就像一个害了传染病的人,到处散布病菌,流毒无穷。我决心在这次史无前例的无产阶级"文化大革命"中彻底改造自己,希望大家狠加批判。

五 关于我对"文化大革命"和群众运动的认识和体会

聂元梓等同志的第一张革命的大字报出现和在报纸上发表的时候,我正在农村参加社会主义教育运动。当时报上揭发和批判三家村黑店正在高潮,我对这一斗争是非常关心的。我们本来还要搞一段时间,但6月3日就奉命全部撤回,参加"文化大革命"。当时我把北大的运动仅只理解为对走资本主义道路当权派的斗争,至于文化革命的重要任务则以为只是在报刊上对毒草逐一展开批判的问题,而且并没有把二者联系起来。实际上就是以农村社教的经验来理解北大的运动;又以对《武训传》《红楼梦研究》等的批判经验来理解在报刊上所展开的文化革命的。这样,既不能从整体上看到各方面的联系,也不能真正认识到"文化大革命"是社会主义革命深入到一个新阶段的重要意义。但当时确实没有意识到自己也可能成为运动的对立面,因此是以一种比较昂扬的精神状态投入运动的,也写了一些针对当权派的大字报。对革命群众给自己贴的一些大字报开始时并未引起很大震动，觉得主要任务当然是斗争黑帮，而自己和他们是没有什么联系的。对我震动最大的是八九两个月。在开始取消我的选举权的时候，我还没有十分理解到问题的严重性；但接着一连串的冲击事件都来了，这当然不可能不深刻地触及自己的灵魂。我的家经过外校和本校同学的四次抄检，我被中关园青少年组织纠察队及外校学生围斗过多次，一直到10月6号的一次以后，才停止了下来；这中间也挨了一些不重的殴打。接着系里安排强制劳动，大字报也经过了几次集中轰击的高潮，问题提得十分严重。家里的孩子们都不理睬我了，并在吃饭和其他生活事件上给我歧视和惩罚。这时，我才痛切感到自己是被彻底孤立起来了，心情十分紧张，充满了恐惧、悔恨和痛苦。我一方面努力赶写材料，认真地对自己的错误作出比较详细的检查，企图得到革命群众的宽大待遇；一方面对许多事情都不能真正理解，只感到紧张和恐惧，无法想象自己的命运和下场。但有一点是清楚的，就是痛切地感到必须彻底改造自己，与过去完全决裂，否则是无法再活下去的。当时的情绪主要是恐惧，而不是委屈；虽然对大字报中的个别与事实有所出入的地方也觉得并非如此，但我是参加过农村社教的，知道"真的假不了、假的真不了"的道理，问题是自己的错误确实很严重，在这样暴风雨式的大的运动里究竟会得到什么样的下场，简直不敢想象。对于劳动我倒是并无抵触的，这不但是因为认识到改造自己的必要性，更主要的是认为好好劳动至少是给自己提供了一个争取从宽处理的机会。当然，这种想法也是错误的，但当时确实是这样想的，而且在紧张情绪的支配下也无法详细考虑一些事情的意义。一直到10月以后,彻底改造自己,与过去完全决裂,否则是无法再活下去的。10月以后,大部分革命师生出外串连,我的爱人和孩子们也都走了,家里只剩我一人,每天上午学习、下午劳动的安排已经相对制度化,这才有机会认真地去思考一些问题。这时在全国范围内展开了对资产阶级反动路线的批判,运动规模越来越大,进入了新的高潮。开始时我有一些焦急情绪,不知道自己的问题何时才被提上日程;但在全国革命形势的推动下,由于学习了主席著作和许多首长讲话,这时才开始摆脱了单纯从自己的遭遇出发,而真正从大处着眼来理解"文化大革命"的深远意义。通过对资产阶级反动路线的批判,"一月革命"以来夺权斗争的革命形势的发展,自己对主席思想和无产阶级革命路线也有了一些新的认识和体会。这主要有两点:第一是进行彻底的"文化大革命"确实是挖掉修正主义社会基础、巩固无产阶级专政和推动世界革命的必要的措施和有力的保证,是毛泽东思想的英明伟大的具体体现;第二是群众是真正的英雄和历史创造者,革命的红卫兵就在"文化大革命"中冲锋陷阵,立下了不朽的功勋。他们在斗争中虽然也可能有某些缺点,但这绝不是本质和主流的方面。首先他们是敢于革命的,至于如何善于革命,则在革命实践中是会不断提高自己的斗争水平、在政治上更加成熟起来的;许多战斗团体在整风中所写出的革命文章,就充分地说明了这一点。至于运动初期群众对我的一些激烈行动,完全出于他们对资产阶级的憎恨,是无可非议的革命行动;它也的确深刻地触动了我的灵魂,给了我很大教育和鞭策。"文化大革命"之所以如此成绩辉煌和震动世界,就是因为它体现了毛泽东思想与广大群众的真正结合。由于有了一些新的认识和体会,觉得对自己问题的看法也比较清醒了一些。问题的关键在于自己对革命的决心和态度;只要真正相信群众、相信党,自己的问题无论何时提上日程和进行处理都是一样的。在暂时被挂起来的情况下,自己就该努力学习毛主席著作,好好参加劳动,彻底清理自己的思想,而不应该焦急忧虑,感到茫然失措。想通了这一点,情绪就比较安定了。既然"文化大革命"的根本任务在于灭资兴无,在于促进人民的思想革命化,那么自己的思想首先必须跟这个总任务和大目标相适应,才是比较正确的态度。我感到自己一方面既然犯了严重错误,就不能不严肃地对待自己的问题;但另一方面,也不能老在个人的下场、前途、命运等上面兜圈子,陷在消沉悲观的情绪里。这里也有一个出发点的问题:自己对犯了错误感到痛心是应该的,但究竟是痛心于自己给党和社会主义事业造成损害呢？还是痛心于对个人遭遇的"不幸"？所谓端正态度,我觉得首先就须从这里端正。因此,对"文化大革命"的意义和形势发展的正确认识,是会提供人从大处着眼,给人以向前的鼓舞力和推动自己的思想改造的。

六 我的态度和决心

前一时期红卫兵领导我们这些没有选举权的人学习的时候,常常念下面一段毛主席语录:"对于我们的国家抱着敌对情绪的知识分子,是极少数的。这种人不喜欢我们这个无产阶级专政的国家,他们留恋旧社会。一遇机会,他们就会兴风作浪,想要推翻共产党,恢复旧中国。"开始时我怎么也不能和自己的思想实际联系起来。我在旧社会生活困苦、颠沛流离;我对国民党政权是憎恨的,是渴望并热烈地迎接了解放的;从来也没有过留恋旧社会、想恢复旧中国的感情。但后来认真思考,自己是否真地如此清楚地和旧社会划清了界限时,就发生了问题。像封建礼教、超经济剥削、议会民主、雇佣劳动和剩余价值,这些属于封建社会和资本主义的政治经济范畴的东西,是比较易于识别的;但关于文化就不同了。自己一向爱好的什么古典诗歌、宋元画册、京戏昆曲,以及十九世纪世界文学名著之类,难道不是属于封建社会和资本主义社会的上层建筑并为那个经济基础服务的吗?不加批判地让它流行于新社会不是只能发生替资本主义复辟服务的社会作用的吗?这确实是触及灵魂的问题,而"文化大革命"的深刻意义就在于它要彻底解决在意识形态领域里的谁战胜谁的问题。由这里我认识到,我所犯的错误不只是十分严重的,而且也不是偶然的,它是自己资产阶级世界观在各方面的表现。经过了半年多的严峻考验,我终于从毛主席著作中汲取了力量,从消沉悲观的情绪中解脱了出来。现在我想,不管我的错误多么严重,不管革命群众最后给我何种处理,我还是坚决要革命的,而且相信自己是可以革命的。只要痛下决心,与过去一切旧的东西彻底决裂,努力改造自己的世界观,接受群众斗争的考验,努力学习毛主席著作,在用字上狠下工夫,我相信我还是可以得到改造的。我决心终身牢记在"文化大革命"中所给予我的教育和考验,我相信我还是能够努力做一些对人民有益的事情,将功补过的。解放以来已将近二十年,我们的每项工作都是在不断总结经验的基础上有所前进的,难道自己不应该把自己这些年来进行学习和思想改造的经历和教训总结一下吗?"文化大革命"实际上就给了我这样一个机会。这个教训是十分沉痛的,但必须记取。毛主席在《丢掉幻想,准备斗争》一文中讲到落后分子的动摇性时曾说:"这些人们还要长期地动摇着,坚定了又动摇,一遇困难就要动摇的。"这确实值得自己警惕;既然帝国主义、修正主义还存在,而且在到达共产主义以前的整个阶段中阶级斗争始终是贯串着的一条"纲",这个斗争有时还可能很激烈,那么,怎样才能使自己今后不再蹈覆辙,变得坚定和明朗,而不再发生动摇和反复的情况呢?不只要克服掉动摇性,而且还能经得起困难和风浪的考验,那才算真正的坚定。我过去从动摇反复中所得的教训也够沉痛的了!这个教训是不能随便忘记的,今后决不应该再有曲折和反复了。但怎样才能做到这一点呢?毛主席的教导非常清楚:丢掉幻想,准备斗争。首先要下决心彻底改造自己,不希图蒙混过关,不替自己打掩护,而勇敢地在自己灵魂深处展开斗争;以毛主席著作为武器,狠斗个人主义、私心杂念和一切资产阶级思想;而且就从现在做起,争取在伟大的资产阶级"文化大革命"中涤荡自己的灵魂,树立一个新的起点。

每当我想到无产阶级"文化大革命"的大好形势,想到它关系到世界前途和人类命运的巨大意义时,就会产生向前迈进的鼓舞力量。从大处着眼,就会克服忧虑消极、无所作为的错误思想,感到生活在毛泽东时代的新中国是一种幸福;而自己能够在伟大的无产阶级"文化大革命"中经受检验,从而获得教育和前进的力量是一种难得的机会。只要勇于和过去的一切错误彻底决裂,破旧立新,用毛泽东思想衡量自己的言行,我相信前途总是光明的。这当然不是一件容易事,但只要下定决心,坚持下去,我相信我是能够得到改造的。最可怕的还不是犯了严重的错误,而是不认识错误和坚持错误。毛主席说:"犯了错误则要求改正,改正得越迅速,越彻底,越好。"我决心遵照毛主席的教导,争取尽可能迅速、彻底地改正自己的错误,努力为社会主义事业作出一点微薄的贡献。希望在前进的道路上能够继续得到大家的帮助和监督。

关于我的"材料"的一些说明

(1967年5月)

王 瑶

我看到了今年4月28日中文系"文革"印发的关于我的反动言行的材料;经过对自己问题的严肃认真的思考和回忆,除了要作彻底的检查以外,为了能够更好地对我进行批判和帮助,就我回忆反省所及,我把那份材料中的一些与事实有所出入、或当时讲话时的情况、以及与我目前的认识还有相当差距的地方,在这里作一些说明和澄清;希望能就此作进一步的调查,以便弄清事实,得出应有的结论。

一 关于我的简历与一般情况部分

1933年我在太原进山中学读书时,因为对班上的一个教员和部分同学有不同意见,曾引起争论;当时的校长萧澄现在据说仍在山西当医生,我和他既毫无私人关系,他也不能说是阎锡山的得力部下。当时全校并未展开学运,我也没有被轰出学校。到暑假大考完毕以后,我是因为想要参加抗日同盟军才转学到张家口的。

关于我被捕和脱党的经过,已经写过交代材料。

二　关于1958年以前的部分

1. 李家骏在毕业后只来看过我两次,他对生活待遇有些牢骚,我对他的自高自大作了一些适度的批评;绝没有说过类似"材料"中所说的话。此外我和他毫无来往或联系。(第一页上)

2. 1957年在教研室会上谈匈牙利事件时,我刚刚有机会亲自听到了我们伟大领袖毛主席在最高国务会议上的结束谈话,毛主席说:"拉科西那个时候搞得岂有此理。大概是这么几条,无非是官僚主义、教条主义、脱离群众、工业方针错误……知识分子没有改造,根本不谈知识分子改造……还有反革命分子没有镇压,没有群众跟反革命作斗争,而是少数人在那里斗。"(1957年3月2日。见北大印《学习资料》第二册第31页。)我当时在会上就根据这个讲了一下,因为怕记录不准,没有谈到是主席讲的。最后我强调了我们党的方针路线的一贯正确,因此不可能发生那种事件;并说中国人民是富有革命精神的,人民永远是创造历史的动力,我们党的宝贵传统就是永远和人民群众紧密联系。

3. 关于费青的所谓三 H(第二是 helpness,即有助的,非 helpless),我的确曾向乐黛云谈过,并说它反映了旧知识分子的思想状态,但并没有说我自己"最信奉"的意思。(第二页上)

4. 关于我对臧克家在《人民日报》上发表的关于"六亲不认"的文章曾错误地表示过同情的事,是1958年3月在教研室批评吴组缃的会上我自我批评时讲的,并说吴当时也觉得很好

等。(第二页上)

5. 我和费孝通在清华认识,但在鸣放期间费并未找我开过会,可向民盟中央查阅材料,因此王超鲁所反映的情况是不真实的。又自反右后直至乐黛云摘帽恢复工作以前,我从未与乐进行过任何一次谈话。1965年系里组织写批判夏衍的文章,由我和严家炎、乐黛云、潘兆明等负责,我给她分派任务,她说她只能抄写资料,因为她是摘帽右派;我说我也是资产阶级知识分子,在批判中学习改造嘛!可能她所揭发的指此。(第二页上)

6. 我不记得我曾与苏联专家马里雅诺夫有过接触,我想不起我认识这个人。(第二页下)

7. 我与胡风不认识,从无来往。因此绝不可能有请他给我看稿子的事,请调查。也不可能由我向清华中文系推荐教授。胡风在清华讲演过一次,不知是谁请的,我只是在礼堂中当过一次听众。我的《中国新文学史稿》中的确引用了不少胡风的话,但自他的反革命面目被揭露以后,我即主动请出版社停止印刷发行,以后也未再版;并在《文艺报》上对此公开进行了检讨。(第二页下)

8. 金申熊、乐黛云预支了外文出版社的稿费,后来出版社找我,我即把他介绍给当时的总支书记兰芸夫接洽处理;并说我也有介绍不当的责任,无论如何不能让国家受损失。并没有表示愿代他们偿还,此事可问兰芸夫。此外我也记不起我说过"左派成了右派,右派成了左派"的话,民主革命时期所谓"左派"沦为右派者甚多,但我还举不出以前的右派在社会主义革命时期反而当了左派。又我介绍乐黛云给《人民中国》写文章时,她尚未划为右派,还是支部书记;她是1957年12月才划为右派的。

(第二页下)

9. 关于"在课堂上是马克思,下了课是牛克思,对老婆是法西斯"这条材料,是1958年程毅中提供的,当时已经过程贤策加以调查澄清。事实是我在讲小说《高干大》中共产党员正面形象高干大迷信巫神时,讲到人的思想表现的复杂情况和世界观的决定作用时讲的。我说例如有这样的人如何云云,并非讲我自己。(第三页上)

10. 1956年高教部组织编写中国文学史教材时,曾约我为第四部分的主编,那是在周扬领导下工作的,他曾指示过有关编写现代文学史的事项,但从来没有谈过什么要在北大中文系搞一个研究据点和发展成为以我为中心的学派等等。(第三页上)

11. 第十页上半有关于1955年5月教研室讨论一篇批判三十年代文章的一条,可能是1965年之误。1955年无此事。1965年讨论的关于批判夏衍的文章的前一部分是我写的,我感到对"局限性"批判得不具体,自己认识也不明确,希望得到大家的帮助。我自己就参加了写作,很难说这是表示我反对批判三十年代的文艺。

12. 第十页(上)有关于知识好比金元券一条,这是我1950年在清华讲的,在1951年的"三反运动"中就受到批判。原话的意思是说知识可分三类,一类如自然科学,可以为旧社会、也可以为新社会服务,像银元一样;一类如资产阶级社会科学,就像金元券,只有极小一部分价值可兑换人民币;另一类则为马克思主义理论,好像解放区冀南银行的钞票,在旧社会犯禁,但解放后是通用货币,和人民币一样。这种说法是刚解放时聊天谈的,内容当然是错误的;1951年和1958年都对此加以批判;但

原意与此材料有很大出入,并不是宣传知识是"永恒的金钱"。(第十页上)

三 关于 1958 年以后的部分

Ⅰ. 属于"第一大类"部分

1. 关于毛主席《讲话》以后文艺创作缺少抒情诗和散文的问题;我在对研究生谈到《讲话》发表以后解放区文艺创作的新面貌和巨大成就时,在讲了小说、戏剧等方面以后,又谈了长篇叙事诗和通讯报告,后面就谈到只是抒情诗和抒情散文很少,这是因为 1942 年整风以后作家对自己主观上的小资产阶级感情很警惕,因此就多写以反映客观生活为题材的叙事诗和通讯报告了;其实如果是<u>抒人民之情</u>,感情是健康的,则抒情诗仍然是需要的等等。我是从何其芳在整风前写的抒情诗集《夜歌》的长篇后记中得到感触的,他说为了避免像《夜歌》这样有小资产阶级感情的作品产生,他以后将不再写抒情诗了。这本来是一个有关作家思想感情改造的问题,但我这种讲法就在客观上起了贬低解放区作品成就的效果;这是应该由我负责的,但这里绝没有一点污蔑《讲话》的意思。(第三页下)

2. 我从来没有限制过研究生阅读和研究解放区的作家作品,更没有说不能作这方面的论文,以至"选了这方面的题目,他也拒绝辅导";事实上前两年本系毕业的研究生宋彬玉论文题目就是有关解放区小说的,也是归我指导的。说抗战初期的通俗文艺创作是"轰轰烈烈,空空洞洞",是茅盾对编写教材的人的讲话,由我向研究生转达的;时间只指 1938 年 10 月武汉失

陷前一年多的时间,与毛主席《讲话》无关。此事可向严家炎调查。(第三页下)

3. 我为纪念毛主席《讲话》发表二十周年所写的《根深叶茂》一文中,是反对把人民内部矛盾当作"领导与被领导的矛盾"的,并没有提倡或主张这样。文章发表在《新建设》1962年第5期,其中确有很多错误,希望大家批判,但"材料"所举的并不完全符合该文内容。(第三页下)

4. 我对朱务善关于五四运动的文章并未加以推崇和肯定。朱的论点在上海《文汇报》上引起了讨论,有三种不同意见;因为它与现代文学史有关,我只是把这一学术动态告诉了研究生。(第四页上)

5. 我并没有说"五四运动是辛亥革命的继续",我是说辛亥革命没有在思想文化战线上引起相应的震动,五四新文化运动在其开始时可以看作是辛亥革命的继续。这里指的1917年的白话文运动和文学革命。(第四页上)

6. 我从未讲过五四运动是资产阶级领导的;不过我比较强调十月革命的国际意义,即《新民主主义论》中所论述的五四前后之不同,半殖民地民族民主革命此后即属于无产阶级世界革命范畴;而不太同意过分强调初步共产主义知识分子的领导作用。(第四页上)

7. 1963年我在民盟学习《关于国际共产主义运动的建议》时,曾说这个文件中关于领袖与群众的关系还可以发挥得更详尽一些,说明人民群众对革命领袖的热爱和崇拜与所谓个人迷信完全是两回事,这样在对欧美宣传时可能有更大效果。当时有人误会了我的意见,我还再一次作了说明。我的意见可能是错误的,但我不只绝不是说我们热爱毛主席是"个人迷信",而且正是为了反对这种荒谬意见的。又1963年1月在民盟讨论苏修问题时,当时还未明确我们和苏修是敌我性质的矛盾,我的确曾对苏修是否还算东风表示过怀疑。(第四页下及第五页上)

Ⅱ.属于"第二大类"部分

1. 关于参观徐水的事,是1958年10月,不是1959年。当时我的印象非常好,绝不会说出"在那种情况下自己能否活下去"的话。关于在神仙会上谈人民公社的一段话是符合事实的;当时中文、西语两系老教师合并开会,西语系好几位教师刚从郊区回来,谈了农民积极性不高的情况,我就说明自己缺乏感性知识,对农村不了解实际情况,并不含有对人民公社的任何不满。(第四页下)

2. 1963年在民盟学习会上布置谈国际形势,本校法律系教授芮沐说形势反正是大好的,从来也没有说过形势不好。我说对形势仍然要分析、估计,可能每人认为"大好"的内容不同,应从具体分析学习。我并没有反对大好形势的总的估计,只是主张学习应该深入分析。这次会朱德熙也在场,可以调查。(第四页下)

3. 我在党校谈"同路人"的一段话是符合事实的,但与右倾机会主义者毫无关系。我是说一个作家如果没有入党和为革命献身的要求,而以同路人自居,则在革命发展过程中必将因跟不上而淘汰。当时我根本不知道党内反右倾的情况。(第四页下及第五页上)

4. 由于我有浓厚的资产阶级文艺思想和学术思想,在我写的《论鲁迅的"野草"》和《五四时期散文的发展及其特点》两文中,都有不少错误。但鲁迅在追求革命主力的过程中的某些感触是和当时的历史条件相联系的,更不等于那是我的思想感触。在关于《五四散文》一文中,我对周作人完全是作为反动流派来批判的,并无所谓"肉麻吹捧"。这两篇文章都在"学报"发表,欢迎大家展开批判。(第五页上及第九页下)

Ⅲ.属于"第三大类"部分

1. 1961年在旧市委调查组召开的座谈会上,谈到充分备课是提高教学质量的关键,我举例说曾拿了一位党员教师的讲稿去讲,自己没有很好准备,结果效果很差。没有很好备课是我自己的责任,但我并未说"上课只得拿着党员的稿子去念"。(第六页上)

2. 在旧总支举行的所谓甄别会上,我只谈了过去的成绩是经常起作用的因素,而缺点是临时起作用的因素,我感谢党的关怀等等;绝没有谈"材料"中所举的"以前是封口,不让人讲话"那段话。当时参加会的人很多,可以调查。只是在1961年文科教材会议上我确曾谈到学术批判应该允许被批判者有发言机会的话。(第六页上)

3. 甄别会后,乐黛云问我情况,我说事情已经过去几年了,我建议不开,或者不必让我出席,冯钟芸说不行;后来开了会,由程贤策讲了一通,我和林庚谈了体会,我表示了对党的关怀的感激,就结束了。乐黛云接着谈了汉语教研室举行甄别会的情况。她所反映的我说的话与事实有出入。(第七页上)

4. 我的确说过"不是哪个问题批判对了,哪个问题批判错了的问题",我是谈我的《中国新文学史稿》一书的;那本书在1955年以后已经停止出版,我已在《文艺报》公开检讨,因此当时我思想上确实有这本书不应再批判了的想法,完全忽略了它在社会上仍然存在的不良影响,但并未笼统地说"学术批判本身就是错误的"。

5. 关于研究生黄侯兴毕业考试的事,按照规定,教研室指定吴组缃、章廷谦和我三人主持;出题和评定成绩,皆由三人签名共同负责。题目是由我拟定经他们同意的,评分是吴组缃提出后其他二人同意的。我出题的方式与其他研究生完全相同,已写过详细材料汇报。考试中并没有说把鲁迅杂文算作文学是"连文学的基本概念都没有弄清楚",上过我的课的人都知道,我向来认为鲁迅杂文是成就很高的文学作品。考毕后吴组缃提议给三分,章廷谦和我表示同意。在黄侯兴由我指导学习的三年中,我和他的关系一直很好;我觉得不能由他考了三分一事就说成是阶级报复性质。(第七页上、下)

Ⅳ. 属于"第四大类"部分

1. 关于我在 1964 年 4 月 22 日在民盟学习会上的发言,是当场反驳别人说的"人都是好逸恶劳"的观点的。我认为劳动人民并不好逸恶劳,如果照他所说,就成了人性论,在逻辑上就要得出社会主义违反人性的荒谬结论。这段"材料"的意思与我原意完全相反,请调查。(朱德熙参加此会)(第七页下)

2. 我从未表示过在和平过渡问题上赞同修正主义观点。在学习中,我只是提出在莫斯科宣言中提有两种可能性,我们现在根本不承认有和平过渡的任何可能,如对莫斯科宣言的提法有所阐述,在中苏两党论战中我们的论点就更为有力。(第八页)

3. 第八页中关于和平过渡的几段学习讨论记录,当时都是由"为什么和平演变很容易出现而和平过渡则绝无可能"这一问题的讨论引起的。这个问题是朱德熙提出的,他要求大家从理论上说明,并说"总不能用人性恶来解释罢!"好几次会都讨论这一问题,我当时没有能力解答这问题,在讨论中并未表示有何看法;那几段记录都是复述朱德熙的问题的,我并没有赞成人性论。这几次会吴组缃、朱德熙都参加了,可以调查。

V. 关于"第五大类"部分

1. 1964年秋,系里组织到湖北参加"四清",我主动报了名,而且参加了半个月的学习,直到动身前,向景洁才通知我说因为有法国留学生要来,让我留下。尽管我有糖尿病,但我并未找医生开过什么证明来逃避下乡。这件事前总支、向景洁和文学史教研室参加学习的同志都是知道的,请调查。(第九页上)

2. 1965年在京郊参加"四清",领导上并没有讲过要队员到内蒙,是乐黛云告诉我的,并问我报名不报名;我说等领导上号召以后再说,如动员去就去,但不准备去争取,这就是谈话的全部内容。(第九页上)

3. 曹禺在《剧本》上发表的文章中说他自己感到"应该写的"和"想写的"之间有矛盾。我以为这是旧知识分子不熟悉新题材和思想没有得到根本改造的一种表现,而这是符合曹禺的情况的。这里丝毫没有对党的文艺方针发表甚么意见。(第九页上)

4. 我在对研究生的辅导工作中的确提出过一些启发性问题,目的在于引导他们关心社会主义文学的现状和发展,能够思索问题和分析问题;我并没有谈自己的意见,所提的问题仅系举例性质,当然也可能并不恰当或根本不成问题。(第九页上及下)

5. 我在新疆大学给教现代文学的教师的确传达过周扬在现

代文学史教材讨论会上的讲话,那些话都是周扬的原意,当时我毫无辨别能力,就当作正确的东西替他作了宣传。(第九页下)

6. 黄侯兴毕业考试的题目中有解释名词一项,共有十个,其中有一个是"票房价值"。当时黄不知道,在考完后我给他做了解释,并说明绝不能据此来评定作品成就。(第九页下)

7. 1964年文艺界展开对中间人物的批判时,我也在全系大会上发了言。我是说邵荃麟所谓中间人物,其实是落后人物,所以在社会上绝不占多数。这与毛主席经常把群众划分为先进、中间、落后三部分中那个中间派的概念完全不同,毛主席所指的中间群众是占多数的。在农民中,中间派并不动摇于两条道路之间,动摇者只是少数落后分子,即邵荃麟所谓"中间人物"。这条材料与我的原意有很大出入。(第十页上)

* * *

以上只是就"材料"中的某些事实作了一些说明,希望能进行调查,得到澄清。至于"材料"中所加的按语、论断或批判性解释,虽然其中有些和我目前的认识还有较大的距离,但一般都未加辩解。毛主席教导我们:"对以前的错误一定要揭发,不讲情面,要以科学的态度来分析我们过去的坏东西,以便使后来的工作慎重些,做得好些。"对于有关我的错误言行的揭发和批判,我应该抱着衷心欢迎的态度,把它看作对我的一种挽救和帮助。因此对"材料"中某些事实的澄清或说明,只是为了更好地进行分析和批判,丝毫也不减轻我所犯的错误的严重程度;我将努力作出触及灵魂的检查,以便彻底和过去的错误划清界限。

父亲王瑶
——"文革"期间的一个案例

王超冰

第一部分 绪 言

我们的父亲王瑶(1914—1989),生前任教于北京大学中文系三十余年,在五十年代初期的思想改造运动、五十年代末期"双反运动",以及"文化大革命"当中,先后多次受到政治冲击,被迫写下大量旨在澄清事实的"坦白交代"和自我批判的检查材料。其中一部分他本人保留了草稿。感谢我们已届九十高龄的母亲杜琇,在父亲过世后的几十年里,仔细保存整理,并主动提出将其作为原始史料公之于世,供后世了解和研究。由于历史原因,最后保存在父母手中的这类材料不可能完备。主要的缺失无疑是北京大学各级责任单位的相关档案。同时由于搬家、移民等波动,目前父亲本人留存底稿中,有一部分我们只看到母亲整理出来的目录,还没有看到全文。即使有这些局限,通过现有文本阅读,当时经历的基本面貌已经依稀可见。最重要的是,以此支持民间记忆的积累保存,也是我们作为子女的心愿,我们很愿意和母亲共同努力,将这批文件正式出版。

在整理过程中,母亲和协力师友们注意到,"文化大革命"期间对父亲的审查持续三年,其中胶着的问题数量有限。其结果是,目前并不完备的材料里仍然存在很多重复内容,很可能会降低一般读者的阅读兴趣。考虑到出版意图和可行性,节选成为必然选择。而且,为帮助读者起见,编辑者正在将文件分离成不同主题以作呈现。我们写作本文的进路与此不同。我们细检这些材料时发现,不同检查交代里看似相同的段落,常常会有细微差别。对照当年政治运动发展变化的大环境,这些细节有时反倒可能提供出理解历史和人心的重要线索。当然,要求所有读者都从事这种细读,既无必要,也不现实。但对有兴趣深究的人来说,没有选入出版内容的材料,和准备正式出版的材料一样,具有同等的档案史料价值。因此,本文解读时尽量包括了所有我们已经看到的材料。也因此,虽然本文最终只是聚焦在父亲受到审查的问题之一,但我们的讨论并不以单一事件为局限,而是倾向于沿历史轴线展开不同事件的多方勾联。不但父亲受到冲击和审查那三年的全过程都在我们检视范围内,而且我们还特别注意于各份材料写就的日期,力求将每一份材料和当时的政治环境以及他本人可能的心态变化联系在一起。

与此同时,我们相信,这些文件不应被视为封闭的文本。本文试图检视的案例,实际上牵涉到三种不同的证据。首先,"文革"期间的检查材料是非常重要、非常宝贵的第一手材料。其次,此案牵涉到一些对父亲来说至关重要的史实,当时并未诉诸这类被迫写就的文字材料,而他确曾在"文革"结束到离世的那十几年里(1976—1989),反复对我们提及。由于父亲生前从未计划将上述私人收存的"检讨"文本公开付梓,我们有理由相信,其相关言谈并不具有为自己洗刷公共名誉的动机。据此,他在生命最后十余年中的口头陈述,与文字文本应具有同等重要的史料参考意义。秉承对史实负责的态度,我们有必要将这些耳闻材料与父亲的"检讨"文本并列呈现。由于当年父亲言谈并未留下录音资料,我们只能依赖个人记忆。幸而记忆材料并非出于一人一时,我们得以交互核对,提高作为证据的可信度。最后,父亲曾依据他本人对事件的理解,在八十年代中后期采取相应举措,带来一定后果,导致父亲过世后,另一当事人于九十年代初期在与母亲的来往书信中有所回应,从而在"文革"期间文字材料和"文革"后由记忆补充的言谈之外,提供了间接文字佐证,成为解读此案的第三种证据。

具体而言,我们这里所关注的是一个特定案例。这件事的发生,令父亲对人性在政治压力下应如何自处有所反省,他的自省曾深刻影响到我们,使得我们在父亲过世前后,面对汹汹而来的类似压力时,多少有所惕悟,有所选择。影响所及,直至今日。可以说,在为民间记忆提供一份微薄支持的同时,分享父亲相关省思,也是写作这篇文字的动机之一。

对应于三种证据,不妨说,这个案例持续了四个时间段:1. 父亲在"文化大革命"期间因历史问题审查提出其早年旧识作为证明人的过程;2. 父亲在"文化大革命"隔离审查期间,被迫交代六十年代与旧识重遇时的私下谈话内容;3. 父亲在"文化大革命"之后对此经历的反思;4. 父亲八十年代采取的措施及其在他离世后仍存在的后续影响。下面,我们将此案例称作"波折",将本文分为七个部分,依历史时序和分析脉络,首先细分小阶段解读现有"文革"期间文字材料,之后提供依据记忆的"文革"后史实,最后提出父亲去世后的书信材料佐证。以下讨论中所有出于父亲的引文,皆来自母亲多年保存并扫描整理的文字材料。由于此案牵涉到另一位业已过世的当事人,又由于我们的目的只是要澄清史实,并无道德指控之类无助于后人的其他意图,因此,以下讨论(包括引文)中,另一当事人的姓名一概隐去,以×××代指。同时,为读者阅读方便,以下讨论凡提及父亲之处,皆直呼其名,不加避讳,敬请家人谅解。文中涉及所有其他人物,亦仅直录名讳,不另加敬称。只有在讨论资料来源涉及母亲时,我们仍使用"母亲"作指称。敬请各位读者鉴谅。

第二部分　原始材料辨析

　　1966年夏天,"无产阶级文化大革命"在毛泽东8月18日首次天安门广场接见红卫兵之后进入全面发动群众的高潮。王瑶作为"资产阶级反动学术权威",迅即被摒除于有选举权的"革命群众"之外,遭受连续抄家和批斗,并在校园内监督劳动。翌年年初,本校红卫兵"揭发"他有早期加入中国共产党后自行脱党等历史问题。① 稍后于此,刘少奇及其1949年以前领导的"白区"工作成为受到冲击的重大历史问题。京津地区红卫兵组织从旧报刊和历史档案中发现,王瑶曾于1935年被捕并于签署《反共宣言》后获释。这增加了对他的指控罪名。此后,北京

---

　　① 　王瑶在此后检查交代中反复声称,入党脱党事实在1949年后的历次政治运动中都做过交代说明。

大学红卫兵内斗从1967年春天持续到1968年夏"解放军毛泽东思想宣传队"和"工人阶级毛泽东思想宣传队"进校为止。之后一年,自1968年夏到1969年夏,"清理阶级队伍"进入日程,被批斗者由专案组负责,逐项查核个人问题。作为结论,这些人或者被"从严"交公安机关处理,入狱监禁;或者被"从宽","落实政策"。据《王瑶年谱》①,驻北大工宣队于1969年9月4日结束对王瑶的审查,允其"解放",在本校参加"斗、批、改"。本文关注的案例,即发生在王瑶遭受批斗审查期间。

如前所述,研判此案的首要证据是审查期间的检查交代材料。以下依王瑶当年的写作时序,列出目前我们所知这一时期相关文件的现存文本,其中我们已看到的主要是扫描档和打字输入档,另有复印档一份和只看到标题者一份。

1. 1967年3月25日:《我的检查》(以下简称《67.3检查》输入档)。②

2. 1967年4—5月:《关于我的材料的一些说明》(《67.4说明》扫描档)。

3. 1967年5月22日:《关于我在1935年被捕和出狱情况》(《67交代1935》输入档)。

---

① 《王瑶文集》第7卷,北岳文艺出版社版1995年版,第724页。
② 此件输入档日期注明为"1969年3月25日",内文却只字未提1967年5月后的焦点之一、1969年1月至8月期间一直受到追查的"历史"问题(详见下文);文中又提到"前一时期红卫兵领导我们这些没有选举权的人学习",与1969年3月军宣队、工宣队主持审查的史实不符;且内文涉及很多中文系历年来教学工作细节,似尚未感受到需要"说明"历史问题的急迫(详后)。我们判断,此件不可能写于1969年,只可能写于1967年春的第二份材料之前。

4. 日期不详:《劳改罪犯履历表》(《履历表》半份扫描档)。

5. 1968年8月21日:《交代材料》(《68.8交代》扫描档)。①

6. 1968年11月26日:《交代材料》(《68.11交代》输入档)。

7. 1968年12月20日:《补充交代材料》(《68.12补充》扫描档)。

8. 日期不详:《关于研究生黄侯兴毕业学科考试时的情况》(《研究生专项》输入档)。

9. 日期不详:《关于我在1937—1942年间的经历》(《37—42专项》输入档)。②

10. 1969年1月20日:《关于抄家和借取书物等项的报告》(《抄家报告》扫描档)。

11. 日期不详:《关于请求调整住房问题的报告(草稿)》(《住房报告》复印档)。

12. 1969年1月28日:《补充交代材料(二)》(《69.1补充》半份扫描档)。③

13. 1969年2月18日:《交代材料:关于我说过的错话和反动言论的补充材料》(《69.2补充》扫描档)。

14. 日期不详:《交代材料:关于我和×××谈话的情况》(《69×××专项》输入档)。

---

① 我们见到的材料,有些标题使用"交待",多数使用"交代"。为求阅读便利,以下一律使用"交代"。

② 这份材料打字输入档最后标明"1967年6月10日",我们怀疑此日期的准确可靠,但尚未见到原件或扫描件。我们的理由除这里所举之外,还将在下文陆续涉及。请参见第560页注①。

③ 我们目前只见到这份材料的后半部(第9—15页)扫描档,尚未看到原文标题。此处标题系为本文写作临时确定。

15. 1969年3月10日:《交代材料:关于我和×××谈话的补充材料》(《69.3.10×××补充》扫描档)。

16. 1969年3月12日:《补充交代材料:关于我1935年被捕一事及1963年与×××谈话一事》(《69.3.12×××补充》扫描档)。

17. 1969年8月18日:《补充交代材料》(《69.8.18》扫描档)。

18. 1969年8月22日:《关于我在1935年被捕事件的材料》(《68.8.22》扫描档)。

19. 1969年8月24日:《(尚未见到文字档)》,"交代入党和脱党问题"。①

20. 日期不详:《交代材料:关于抗战初期我与牺盟会的关系》(《牺盟会》输入档)

21. 1969年8月28日:《补充交代材料》(以下简称为《69.8.28》扫描档)。②

这个列表中包括六份"日期不详"文件,除《履历表》③以

----

① 我们尚未看到此件任何版本。内容简注系根据母亲私人信件提示。

② 1995年北岳版《王瑶文集》收录一份写于1969年的《在"文化大革命"中的检查》(有删节),我们尚未见到该件全文,但根据文中"建国二十周年"等独特表述(从未出现在1969年的另外八份交代,即上表第10、12、13、15—18、21),我们判断该文写于王瑶被"落实政策"之后参加"斗、批、改"之初,故已超出本文考察范围。参见该文集第7卷第585—598页。

③ 《履历表》题目中的"劳改罪犯"四字,据季羡林回忆,是在北大"劳改大院"建成后一两天,用来取代"劳改人员"作为被关押者的标记,时间约在1968年5月底前后。《履历表》即应作于此时。参见季羡林《牛棚杂忆·牛棚生活》之"一、正名"。"劳改大院"或称"牛棚",据学者考证,建立于1968年5月16日,正式名称为"监改大院"。

外,其余五件根据文本比照,我们相信都出自工宣队对王瑶进入专项审查的阶段,也就是从1968年12月底到1969年8月底之间,与王瑶和×××之间的"波折"属于同一时期,对理解这一"波折"有重大关联。现简要说明确认各"日期不详"件大致时间的理由。首先,上列第8件《研究生专项》,与第6件《68.11交代》有文字表述和内容上的紧密衔接,而且在工宣队进入专项审查之前,我们目前看到的类似专项而非全面类型的交代,只限于因外校红卫兵1967年春天到北大外调而来的第3件,与此有性质上的不同,所以将此列在《68.11交代》和未提及此事的《68.12补充》之后。① 其次,上列第9件所涉两个问题都是

---

① 我们母亲假设这份《研究生专项检查》(上列第8件)写于1967年下半年,我们持异议的理由如下。这份材料第一句提到,相关问题"以前已经写了交代材料",但其内容,不见于上表第一件《67.3检查》,只简单见于第2件《67.4说明》。同时,第6件《68.11交代》中,却对相关内容的来龙去脉有比较详细的"说明",并提到《67.4说明》没提及的、1966年8月曾将原始材料抄送当时系总支负责人但因之后多次抄家原始材料已不知去向等事。对应于此,《研究生专项》第二句说:"现在再把我记得起来的在考试当时的情况,补充交代如下",即呼应《68.11交代》,认定材料遗失是已知事实。此外,《68.11交代》中,使用了"研究生黄侯兴毕业学科考试"的表述引进相关说明,这个表述与《研究生专项》的题目相同,却不见于《67.4说明》,再次显示这份材料与《68.11交代》行文上有衔接。而且,王瑶始终否认这件事上存在"群众揭发"的"阶级报复",在《67.4说明》和《68.11交代》提到时都使用"说明"而非"检查"或"交代",但《研究生专项》虽然将内容严格限制在考试当时的具体细节,并没有自我批判的内容,起首处却反复使用了"交代"一词,从措辞和内容控制来看,都显示出审查者和被审者双方需要确认最后证据(而不是罪名)的迹象。因此我们将其认定为写于1968年底到1969年初。

1967年以后分别进入王瑶审查内容(详后),1968年三件综合性交代(《68.8交代》《68.11交代》《68.12补充》)都力图将两个问题截然分开,但在此件里却同时概括叙述,不符王瑶交代态度上连续的逻辑,我们认定这是出于审查者默许,所以将此件列在《68.12补充》之后。再次,上列第11件《住房报告》,其中提到"已有一个孩子到山西农村插队",查王瑶有一子一女分别于1968年12月6日和1969年8月24日上山下乡离京,这份报告当写于两个日期之间;而上述列表第10件《抄家报告》第一句提到该报告是根据一位"姚师傅"指示所写,可以推测工宣队在1969年1月份曾有对王瑶落实政策的考虑;且《住房报告》底稿有写后划去的词句"我本来打算在政策落实之后再提这个问题",可知写在"落实政策"之前且正在期待中,所以列在1969年1月。① 复再次,上列第14件《69×××专项》的日期确认,主要牵涉到对另外四份相关文件(上表中第12、13、15、16件)的解读,后面还将详细讨论,此处不赘。最后,上列第20件《牺盟会》,其文字表述主要不是交代王瑶个人历史问题,而是着重于一位在平遥地区牺盟会负责的"老霍";且上列第21件《69.8.28》回答三个问题,其中第二问是关于脱党之前最后联系人的身份,应该是继续回答上列第19件谈到的问题;第三问是关于

---

① 《住房报告》是我们母亲发现的草稿,不是正式上交材料的存稿。我们母亲怀疑其为1969年夏天所作,我们对此有异议。草稿中对"落实政策"怀有期待,与1969年8月8日和15日北大两次召开威慑性"宽严大会"并严惩王瑶好友兼同事章廷谦的时空背景不符,也与之后王瑶本人1969年8月18—28日连续写作交代、小女儿在此期间(8月24日)离京赴东北兵团时的心态不符。衡量全面情况,只可能是在1969年1月份起草。

这位"老霍",如没有这份《牺盟会》在前,则相当突兀不可解,可以推想这三份文件在写作时间上有明显连续性,因此确定为1969年8月底。① 这几份"日期不详"的材料,以下讨论中还会不同程度涉及。

包括我们尚未见到的第19件,这21份现存文件长短不一。篇幅比较长的全面性检查交代,字数动辄超出万言;而专项交代则大多在千字上下,只有个别材料达到数千字。合在一起,据我们母亲统计,总计约有六七万字。从写作时间和形式来看,1967年三份材料(上列第1—3件)时间接近但形式不同,有全面铺陈检查(上列第1件《67.3检查》),有逐项全面回应(上列第2

---

① 我们母亲怀疑此件《牺盟会》写于1967年。我们持异议的理由如下。王瑶关于历史问题交代材料通常会有前后指涉甚至直接抄录相同内容,但1968年三份全面性交代都包括了抗战初期经历,却都没有提到这份材料里的一些特定信息,与王瑶力求保持口径一致的交代习惯不符。同时,《68.8交代》和《68.12补充》涉及牺盟会时,王瑶都强调自己参与平遥牺盟会宣传工作导致自己南下后哥哥还被日本人"逮捕到宪兵队,关了一个时期",而在这份《牺盟会》材料里,他却极力说明,"并没有参加过任何的会议","并没有"被要求"在平遥担任具体工作","我和牺盟会所发生过的关系,就是这样",哥哥曾被宪兵关押的事,也不再提起。可知他"文革"中得知牺盟会遭审查,是在1968年12月20日写作《68.12补充》之后。且据薄小莹查证,康生1967年8月4日提出彻查薄一波与阎锡山的关系问题,1968年4月和7月两次对此再做指示,可知追查牺盟会在1967年夏季尚属初起。薄小莹又提到薄一波1969年9月曾在狱中为牺盟会提供书面证词,可知此案延续时间长于王瑶受审查阶段。根据文字内容衔接比对,我们相信这份文件写于他审查后期。参见"百度文库"转载《环球人物》2011年5月27日文章,《薄小莹:再读父亲薄一波——百封书信背后的历史真相》。

件《67.4说明》),也有简短的专项回答(以上第3件),前后间隔只有两个多月。这之后经过一年多空白,1968年除《履历表》外的三份材料(以上第5、6、7件)全部是较长的全面性交代;而1969年审查期间的十三份文件(以上第9—21件)则均为专项内容①,显示出临近做结论时,审查交代聚焦于特定问题的情形。从内容来看,除了《履历表》《抄家报告》和《住房报告》以外,一共十八份检查交代材料,虽然时有并列交叉,但内容基本分属于两大门类。其一,以查证事实为主的"历史问题",局限在1949年以前的个人经历。其二,1949年以后必须检讨批判的"反动言行"。这第二类进一步分为1949—1958年间和1958年以后两个阶段的"反动言行",其中挖掘政治根源时又因写作时间不同出现不同侧重面。总之,在呈现方式和具体内容两方面,其中变化都与"文革"政治形势大环境密切相关。本文最终关注的"波折",缘起于1968年夏查证事实的"历史问题",实际发生时间则是几个月之后的1969年上半年,而且"波折"的具体内容从"历史问题"转变为1958—1966年间的"反动言行"。这种情况使得本身看似相对单纯的情节,前后牵涉诸多因素,直接关系到王瑶受审查期间的心态变动和应对方式。因此,我们有必要从头说起,尽可能简洁地一一拆解其中勾联。

需要明确的是,即使是全文扫描的"原始材料",也有必要

---

① 根据语气和内容推测,虽然王瑶本人试图将《68.12补充》呈现为全面性交代,但下文将看到,审查者的要求其实比较具体。其他十二份写于1969年的材料,都是针对确切的专项内容。

做文本解读。从了解当事人以往历史来说,"文革"时期检查交代材料为我们了解其个人经历的细节提供了宝贵信息。但严格来讲,这些文件并不是"文革"以前各种行迹的"原始材料",它们只有在讨论"文革"经验时才能被看作"原始材料"。就之前的行迹而言,这些其实都只是二手材料,必须和其他史料比照考察。这也关系到这类文本作为"文革"经验的"原始材料"时,分辨其中蕴涵的史料价值和潜在的制约。检视王瑶"文革"期间的检查交代,我们可以发现,他关注的主要是如何能够尽早结束审查,而不是向审查者毫无保留地"坦白"自己的一切过往。虽然字面上他也遵循了那个时代通行的革命话语,但涉及具体事例时,他的文字显示,他始终没有意愿要向审查者全盘敞开"灵魂","斗私批修"。从另一个角度也可以说,他从来没有充分信任过审查者,没有将具体审查者看作绝对真理绝对权威的化身。这或许出自对人性弱点的认识,或许是对自我人格的顽强坚持。事实上,他一直试图在"公开"和"私下"之间维持界限,保存一些"私自"的精神空间。这是他和×××因"波折"而出现的重要分歧。

第三部分 "波折"缘起之一:"历史问题"

在"文革"期间的北京大学,对于被冲击者来说,最为关键的是确认自己的问题性质属于"人民内部矛盾"而不是"敌我矛盾";确认自己仍然有可能"回到人民队伍"中来。王瑶在1966年"红八月"中已经被中文系"革命群众"剥夺选举权,因此对自己的问题将如何定性尤为敏感。① 上文谈到,王瑶与×××的"波折"起因于1949年以前的"历史问题",但实际聚焦于有关1958年后的政治言论。这两方面都受到"文革"时党内斗争的直接影响,随时可能被定为"敌我矛盾",因而对当事者双方都曾发生重大影响。不过,在"文革"的不同阶段,对这两方面的侧重和强调存在显著变动。具体而言,毛泽东发起"文化大革命"不久,就在高层政治斗争中将矛头直接指向刘少奇。起初的主要提法是"刘(少奇)邓(小平)司令部"的"反革命修正主义路线",其中1958年毛泽东推动的"三面红旗"(总路线、"大跃进"、人民公社)与刘少奇六十年代初主持经济复苏时的"三自一包"(自留地、自由市场、自负盈亏、包产到户)成为区分两条路线、是否"保卫毛主席、捍卫毛泽东思想"的重要焦点之一。这个焦点并延伸到同一时期(1958—1964)学术、教育、文艺等其他领域"跃进"与"反冒进"的对立,教育领域"十七年(即,1949—1966)修正主义白专道路"也成为否定刘少奇的重磅炮弹。之后不久,毛泽东将他与刘少奇斗法的重点转向"历史罪

---

① 据母亲私下交流提供信息,1966年8月初,北大中文系全体师生民主选举"文化革命委员会",选前甄别时剥夺了王瑶的选举权。此条信息与《王瑶年谱》所说,"8月24日,□□自此,北大中文系贴出揭发"王瑶大字报,在时间上略有出入。《王瑶年谱》,《王瑶文集》第7卷,北岳文艺出版社1995年版,第722页。考虑到校外中学红卫兵抄家不可能发生在本校揭发之前,我们决定采信"8月初"一说。关于是否属于"人民"的焦虑,可参考季羡林《牛棚杂忆》一书。季羡林受冲击在一年多之后,因此1966年并未被抄家,并得以作为"人民"一员参加1966年底北京市海淀区的选举。王瑶显然未能参加这次选举。

行"。学界研究已有确认,1967年3月是集中打击刘少奇的转折点。其中,1936年以薄一波、安子文为首的"六十一人叛徒集团"大案,从"历史问题"入手,为栽赃刘少奇"叛徒、内奸、工贼"罪名开了先例。王瑶既有1958年被"拔白旗"的"前科",又曾在1935年和1936年两次被捕,使得他成为北大中文系批斗的重点人物之一。不过,"历史问题"和基层群众运动不易发生直接联系。即使在北京大学这个"文革"重点单位,"文革"的前两年仍持续以批判"反革命修正主义路线"为主,这条线索也主导了当时校园内两派红卫兵的内斗。结果,1958年始终是能够轻易上纲到反毛反共的关键日期。

1968年夏,刘少奇问题基本定案。《人民日报》《解放军报》于9月7日联名发表社论,《无产阶级"文化大革命"的全面胜利万岁》,为两个月后召开的中共八届十二中全会通过刘少奇案调查报告做舆论准备。与此同时,大中专学校群众运动如何收场提上日程。这年8月25日,《人民日报》同时刊发姚文元《工人阶级必须领导一切》的文章和以中央"文革"小组等名义发出的派工人毛泽东思想宣传队进驻学校的通知,工宣队、军宣队旋即进驻清华大学。① "文革"中一向得风气之先的北大校文化革命委员会(校"文革")此时已经转向,以前对待关押中的"黑帮分子"主要是批斗、劳改和惩罚,这时忽然转而要求交代问题,而且从现存王瑶材料来看,要求交代的内容集中在1949年以前的"历史问题"上。可知,对应于中央政策的变化,"历史

---

① 参见中国人民解放军国防大学党史党建政工教研室编印《"文化大革命"研究资料》第2卷,第161—165页。

问题"的硬条件开始取代"路线斗争"的模糊定义,在排查"黑帮分子"案情时成为重点。工人、解放军宣传队于9月18日正式进驻北大,其级别应与进驻清华的宣传队相当,都属中央"文革"直接领导,旨在尽快完成两校的"清理阶级队伍",树立样板。此后,理工科的清华在1969年1月底出炉《对知识分子再教育给出路》的报告;1969年3月中,《北京日报》已经号召《认真学习六厂一校的先进经验》,将清华树为典型,为4月份召开的中共"九大"上,毛泽东宣布"文革"进入"斗批改"新阶段铺路献礼。相较之下,文科的北大却迟迟无法全面结案,不得不在"九大"之后重新排查受审人员,直到夏末才基本完成校内"清理阶级队伍"。入冬,《人民日报》正式提出"六厂二校",北大再次成为全国标杆。本文探讨的"波折",即发生在北大滞后于清华的1969年1月至3月。

从1967年初到1968年底的情况变化,可以见于王瑶写于1967年的四份文件、目前所知一份中文系于1967年春季整理印发的材料及王瑶写于1968年的三份全面性交代中。以下就此作初步解读梳理。

1

我们目前所见日期最早的材料是上文列表第一份、旁注为"第三次检查稿"的《67.3检查》①。这份检查约一万四千字,在

---

① 旁注内容系根据母亲私人信件。另据《68.11交代》,王瑶曾于1966年8月交给中文系一份"第一次检查"。目前还没有看到有关"第二次检查"的任何信息。

上列二十份材料中篇幅最长。全文六小节，三个小节是关于全国性政治运动（一小节关于历次政治运动，两小节关于迄写作为止的"文化大革命"）的认识和表态，另三个是与知识分子、专业领域等相关问题上的自我批判。当时对王瑶个人最严重的指控，应该是"对1958年学术批判的'反扑'"。这是因为1957年"反右"之后，1958年接着开展了"反保守、反浪费"的"双反运动"。在北大，"双反前期的重点是搞臭资产阶级个人主义……双反后期则主要是批判资产阶级学术思想，当时叫做'拔白旗'"（《67.3检查》）。当时王瑶成为北大标志性"白旗"之一，点名批判的文章曾发表于《光明日报》《文艺报》《文学研究》等中央级报刊。[①] 到六十年代初期刘少奇主政经济复苏时，周恩来同时过问学术宽松。中文系对王瑶1958年的问题作出"甄别"。他再次参与周扬等人领导的高校教材编写项目，在北大带研究生，到外地讲学，以不同形式隐晦表达过对"学术跃进"的不信任，"文革"中都成为他追随周扬"文教黑线""反扑"1958年批判的"罪行"。对此，王瑶在《67.3检查》中首先不忘强调"1958年的双反运动是明确规定为人民内部矛盾性质的"。在专门回应这个指控的第二小节，他在小标题和行文中反复使用"学术批判"一词，造成这是专业领域思想问题的印象，并竭力将1961年后的相关言行展示为受自己思想认识局限和反动黑线误导，从而回避谈及任何有意敌对的动机。全文没有提及对他"阶级报复"的指控，也完全没有一字提到1958年的"三面红旗"及相

[①] 参见罗炯光《罗炯光文存·发烧的岁月》和《罗炯光文存·后记》，时代文化出版社2011年版。感谢母亲提供信息。

关政治斗争。在谈到全国性运动时,他说:"另外一些运动则与知识[分]子本身的关系较远……如镇压反革命、农村社会主义教育运动等",显示出他有意分辨全国性政治运动和自身所处的知识教育界,以便将自己的问题限定在资产阶级"反动学术思想"和"反动教育路线"上,并将这些"思想认识"问题上纲上线联系到"执行资产阶级反动路线的刘邓司令部的中央"和具体贯彻这条路线的周扬等"黑线人物"。在举例和上纲上线做自我批判时,他基本上是从本专业领域出发,写得长篇大论。从中可以看出,1967年3月底时,王瑶对指控的主要应对方式,与"文革"前受批判做检查时差别不大。在被迫加重政治内容时,仍力求区别政治与专业;在提到选举权时措辞谨慎,只说是"取消"了、"没有"了,没有出现公安机关常用的"剥夺"字样。至于说"历史问题",则除了作为背景提及自己以前生活困苦、因此"热烈地迎接了解放",这篇长文没有涉及任何1949年以前的内容。

但这份检查显然没起什么作用。运动远未结束,革命群众正需要他这个批斗靶子。一个月之后,北京大学中文系"文化革命委员会"("系文革")于1967年4月28日油印散发了一份题为《王瑶反党反社会主义反毛泽东思想罪行》的材料,供群众批判参考。这份材料第一次将王瑶的问题划分为三大部分:简历与一般情况、1958年以前的反动言行(下分三类)、1958年以后的主要反动言行(下分六类)。① 其主要篇幅和攻击重点都是

---

① 我们目前尚未读到这份材料。有关内容系根据母亲简略抄录介绍的分类目录。引文皆出自母亲的抄录介绍。

在1949年以后特别是1958年以后。不但原有指控言辞升级（对1958年学术批判"进行疯狂反扑""阶级报复"），而且收集大量他在六十年代初期宽松之后参加北京市政协、中国民主同盟（民盟）、北大教师等政治学习场合的发言和私下议论。结果，非学术专业范畴的政治指控占了一半有余，包括1958年以前"恶毒咒骂共产党，诋毁社会主义制度"、为匈牙利事件说话，1958年以后"攻击三面红旗""夸大暂时经济困难，为资本主义复辟鸣锣开道""为苏联修正主义辩护"等等。其材料来源除了各种会议记录以外，还包括亲属、同事、学生在内的群众揭发。这个分类目录见证了王瑶遭遇到的全面孤立，也见证了当时北大运动批判"黑帮分子"时的重点所在。①

看到这份材料，王瑶显然意识到罪名严重。在批斗者没有明确要求的情况下，他主动写了前文列表中的第2份文件，《67.4说明》——"为了能够更好地对我进行批判和帮助"，针对"系文革"那份材料中"一些与事实有所出入、或当时讲话时的情况、以及与我目前的认识还有相当差距的地方，在这里作一些说明和澄清"——暗指这只是"说明"，不是"交代"。这份"说明"对四十余项内容分别提出解释、澄清或异议，文字简要，语调峻急，没有了前一份检查那种洋洋洒洒的发挥。而且这次用力最多的是那些明确的政治指控。如果是自己确实公开或私下说过的话，便认定是揭发人歪曲了当时语境和他的动机。假如是摘

---

① 这里必须承认，王瑶1966年8月之后遭遇的孤立包括我们作为家属子女竭力与之划清界限、在家居生活内部为他制造难堪等情况。他在《67.3检查》中对此有提及。

自会议记录,则强调他既不了解农村情况也不熟悉外交事务,自己当时只是在请教别人,不是做评价。从个人态度观察,王瑶将"说明"内容局限在已知问题上,没有主动"坦白"别人还没有"揭发"出来的材料。可见,他并不信任审查者。在有意识地争取减轻自己罪名的时候,并没有要向"组织"和"人民"彻底剖白完全交心的意愿。从涉及他人来说,绝大多数情况下他都将揭发者身份模糊带过,只在三个问题里明确提到两位揭发者。其一,一位同样遭到迫害的"右派"同事"所反映的我说的话与事实有出入",或者"可能[其]所揭发的"其实是另一件事;另一项来自第一次婚姻所出长子王超鲁,则直截了当指其"所反映的情况是不真实的"。可以说,在批斗压力极大的情况下,王瑶仍然避免将他人不必要地牵扯到自己的政治旋涡里。① 我们下面还将看到,除了1969年初应对"波折"时发生变动,王瑶在审查期间虽然说了成吨的违心话诋毁自己,但也一直努力抱持"对己不放弃自我、对人不无故牵连"这样两条原则。后者是他与×××发生波折的关键之一。

2

作为王瑶"罪行"的综合性汇整,"系文革"材料也包括了

---

① 这包括保护家人。中文系"罪行"材料第三部分第六大类是关于"拉拢腐蚀青年"学生和子女的问题,其中有"在家里他总是要他的儿女"怎样怎样等内容。这种材料极有可能出自当时急切要求"进步"的王超华(时年十四岁)等家庭成员,但王瑶《67.4说明》里的四十余项内容完全没涉及这第六类里的任何问题,在说明其他问题时也没有提过除王超鲁以外的任何其他家庭成员姓名,显示出对家人的有意保护。

1949年以前的内容。在第一部分"简历与一般情况"下列举的两个历史问题，一个指控他在太原进山中学就读时曾"破坏学运，被赶出学校"，他在《67.4说明》中写了一段解释表示并无其事。这件事此后没有在其他材料中再出现过。另一个就是后来被反复纠缠的被捕等事，他却只用了短短一行字带过："关于我被捕和脱党的情况，已经写过交代材料。"而且似乎并没有立即引起麻烦。之所以会这样，我们以为，首先是因为受到全局影响。"文革"起始时强调的两条路线斗争，目标集中在六十年代初期的"右倾回潮"。从"历史罪行"入手打击刘少奇还刚刚起步，尚未罗织动辄牵涉数千人的大案。因此这一时期北大各系针对"牛鬼蛇神"的主要动作并非审查，而是抓住耸人听闻的"反动"罪名展开群众批斗。"文革"前两年当中（1966年6月—1968年6月），北京大学"历史问题"严重的人，大多属于留学归国或曾与国民党政权有合作关系而被打成"美蒋特务"等情况。王瑶原本倾向左翼但又早已不是党的一员，他的历史问题上纲上线的机会不多。① 于是，与他有关时，批斗者和被斗者的注意力都比较集中在现行问题上，涉及1949年以前的历史时，反倒不是很紧张。

这种面对历史问题相对放松的状态也反映在接下来的一份文件中，即《67交代1935》。根据后来的《68.8交代》，天津南开大学红卫兵查找旧报刊时，发现一份1935年春天在报刊上公开

---

① 这是我们认定后来牵涉到×××的王瑶1940—1941年报考重庆"外交人员训练班"问题在1967年春天尚未出现的一个重要原因。参见前文"原始材料辨析"部分，第535页注②，对文件列表第9件"日期不详"的说明。

刊登的《反共宣言》,署名者包括王瑶,遂到北大找到他,就此事持续"外调"了两个月,这份材料应该写于这次外调期间。王瑶在《67交代1935》说,写这份材料的5月22日是他第一次看到这个"反动宣言"及其署名名单。这份交代大约一千两百字,行文中没有流露出《67.4说明》的那种峻急和焦虑。正相反,他这里表现得叙事明晰,文字流畅,语气坦然。即使是涉及《反共宣言》一事,在坚持说不记得的同时他也表示:"如果调查后证明我同意或知道此事,我愿负政治责任,就是说我愿意承担隐瞒历史、拒不交代的责任,请领导上从严处理。"与此对照,前文材料列表显示,1935年被捕和抗战初期行踪是此后两年审查期间王瑶被持续追究的两个历史问题,一直到1969年夏秋之际才告一段落,但如《67交代1935》这样比较从容的行文,以后很少再现。

  1967年春天南开红卫兵查找历史证据时,其主要目标是揪出中央高层隐藏的"叛徒内奸"。在这个斗争中,王瑶充其量只相当于一个"污点证人",并不是关键的"棋子"(下面第四部分的讨论还将检视他在这个相对宽松状态下仍有隐瞒的问题)。此后,北京大学校园从1967年春开始陷入持续一年多的校园派仗和武斗。在此期间,两派红卫兵曾竞相对"黑帮分子"抄家批斗。这些学生组织以及"系文革""校文革"只求在打击"黑帮"时显示自己的革命性,并不关心清查证据,也没有费心要求"黑帮分子"写出更多具体的交代材料。例如,1968年初,王瑶被控有意污辱印有毛泽东头像的纸张,被打成"现行反革命"并遭到毒打。① 他曾在那年下半年两次全面性检查中主动提及此事，但我们目前并没有看到那年夏天之前关于此事的任何专项交代和自我批判。这也是我们在前面辨析原始材料时，认定从1967年夏到1968年夏王瑶都没有写过专项交代的主要原因。②

3

1968年夏天，情况发生变化。留存材料中，一份无署名无落款标题为《王瑶必须重新交待如下问题》的单张手写文件（非王瑶

---

① 两派分别对王瑶抄家发生在1967年10月；因污辱毛泽东头像被打成"现行反革命"，据后来的《住房报告》（提及搬家）和《68.8交代》，均发生在1968年春；乐黛云曾回忆亲见王瑶挨打；此外，1968年6月18日曾发生对"黑帮分子"的大规模毒打。除毒打外，当时应该也曾遭到连续批判。参见《王瑶文集》第7卷，北岳文艺出版社1995年版，第723页；乐黛云《一个冷隽的人，一个热忱的人》，《王瑶先生纪念集》，天津人民出版社1990年版，第144—146页；以及季羡林《牛棚杂忆·大批斗》。

② 1967年下半年到1968年夏北大对"牛鬼蛇神"分子的持续暴力批斗和虚假"审讯"，可参考季羡林《牛棚杂忆·大批斗》。1968年上半年，王瑶与季羡林同属后者所说的"一百多号'黑帮分子'"，遭到更为集中的"折磨人"体罚。参见季羡林《牛棚杂忆·太平庄》。"劳改大院"（建立时间参见第536页注③）建立后，劳改人员数目扩大至少一倍，参见季羡林《牛棚杂忆·牛棚生活》之"二、我们的住处"。在"劳改大院"期间，季羡林曾与王瑶同时遭遇加重惩罚，在日常要求不减的情况下，每天额外三次风雨无阻地用水车为全体至少一二百名"囚犯"送饮用开水。参见季羡林《牛棚杂忆·牛棚生活》之"十一、特别雅座"。季羡林回忆相关事件时，提出1968年5月4日和6月18日等明确日期作参照。同时，据我们母亲书面回忆，"1968年春"去十三陵太平庄劳动，曾令王瑶产生轻生念头。这些证据与《王瑶年谱》中，1968年"8月初"王瑶"住进牛棚"并在其后"有一段时间到十三陵去劳动"的记载，存在出入。我们决定不予采信北岳版年谱相关记录。王瑶应于"1968年春"前往十三陵太平庄劳动，之后在"春末夏初"被迫迁入"牛棚"即当时所称的"劳改大院"。

手迹),列出六个必须回答交代的项目。这份文件的制作者,据《68.12补充》可以认定为北京大学中文系"文革"专案组。其制作日期,依据于1968年8月21日上交的《68.8交代》,可确认为那年夏天。值得注意的是,六项要求里,前五项都在追究三四十年代个人经历细节里的政治责任,而且每一项都包括若干小问题并要求提供证明人,只有最后一项简单笼统地列作"6. 其他罪恶"。① 历史问题上升到前所未有的重要位置。为什么会这样?

参考"文革"研究文献,确信刘少奇已被击垮后,1968年5月,毛泽东转发北京新华印刷厂经验报告,开始着手重建社会秩序。7月28日,毛泽东将北大聂元梓等北京大专院校红卫兵"五大领袖"召进中南海,严辞要求各校必须立即停止武斗,迎接"工人和解放军毛泽东思想宣传队"(工宣队,军宣队)。② 8月19日,王瑶交出《68.8交代》两天之前,工宣队、军宣队共约五百人进驻北大,宣布解散各个学生组织。全校性劳改大院也

---

① 我们有这份单张材料的扫描档。此件与《68.8交代》的关系,查后者扫描档显示开篇第一句就是:"兹依照所提六个问题,重新交待如下",并在交代每一项之前抄录原问题,其次序和内容都与前者丝毫无差,二者关系清晰明确。单张来源,据《68.12补充》,在1937—1942年行踪条目下,王瑶说:"以前中文系'文革'专案组曾让我就这一问题写过交代材料",并列出其下若干小问题,与这份单张第四项所包含之小问题文字相同。

② 中共八大十二中全会在1968年10月正式公告刘少奇"叛徒、内奸、工贼"罪名并宣布相关处置,但春季应该已经有全国胜算的把握。此外,数万工宣队军宣队于7月27日不经宣告突然进入清华并与造反派学生发生流血冲突,之后毛泽东才召见红卫兵领袖,正式确立工宣队在校园的权威。参见秦晖《1968血腥之夏》,台北版《思想》第32辑,2016年12月。

同时解散,被批斗人员遣回本系。① 这个突兀的变动,可以间接解释为什么交给王瑶的那份手写单张,本应是正式且严厉的要求,竟然以如此潦草的方式出现。同时,已经昭告且即将开始的"清理阶级队伍",公开宣称的主旨是为每个人的问题"定性",属于"人民内部矛盾"的要"落实政策",给予教育和改造的机会,凡是"恶毒攻击伟大领袖毛主席""林副统帅""中央文革小组"的,都算作"现行反革命""敌我矛盾"并视为"无产阶级专政"的镇压对象。历史问题在个人定性中有重要位置,但应不至于取代"现行"言行。可是,北大和中文系此前整理的王瑶材料都是偏于1958年以后和"文革"中的"现行",尚未逐条详细核对过1949年以前的问题。这些遂成为新阶段里需要填补的空白。简言之,1968年夏末对王瑶"必须重新交待"的要求和他本人当时的回应,看来都是北大"校文革"和中文系"系文革"为应对形势突转,急欲完善卷宗而做。

王瑶《68.8交代》将近一万字,据此分为六大项内容。前五项都是历史问题,分别为1935年3月被捕、1936年3月被捕、入党脱党情况及有无党内处分、1937—1942年间行踪,最后是"重庆外交人员训练班"的情况。对比《67.4说明》可知,两次被捕和脱党是以前就有的问题,这次在脱党内容中增加了如何入党

---

① 参见王学珍等编辑《北京大学纪实(1898—1997)》,北京大学出版社1998年版,第672—675页。本文所引此书均为转引自Andrew G. Walder(魏昂德),"Factional Conflict at Beijing University, 1966-1968," *The China Quarterly*, vol. 188 (Dec. 2006), pp. 1023-1047,以下不另行注明。在此感谢加大尔湾分校苏杨教授就此指教。

和是否受过处分的小问题。① 最后两项是这次新出现的审查内容,而且在时间上不但相互重合,也和前面的"脱党"时间重合,显示出分项问题比完整时序受到更多重视。下文第四部分将谈到,这两个新问题都出自别人回答北大外调要求时提及的信息,和王瑶以前为自己历史问题提供的证明人直接相关。他当初恐怕没有想到自己的历史问题会被这样分门别类,越查越多。另一方面,从下文第四部分又可以看出,以问题为主时序次之,也符合王瑶本人的交代态度。他原本就有隐瞒错置时序的动机,而且并不相信个人应当为了"革命"牺牲隐私。最后,《68.8交代》第六项,审查者只提示"其他罪恶",王瑶自行将1949年以后的"罪行"列为六个小问题,分别简要说明。以前"系文革"编辑他材料时,1958年前后两大部分之下的八类"罪行",现在被他主动缩减为五个问题。② 综合来看,无论是"历史"还是"现行",如何提纲挈领地归纳分类,成为必须煞费苦心应对的事情,以便躲避结案定性时的重点打击。这是1968年夏末转向"清理阶级队伍"时,在他的检查中显示出的新现象。

1968年夏秋是毛泽东和中央"文革"急于终止各地武斗、重

---

① 那份单张手写问题列表,第四项在"王于何时入党?"的问号之前,插入"(共产党)"字样,间接证明当时北大受冲击"黑帮"分子的主要历史问题多半与国民党有关,涉及共产党时有必要加说明避免误解。

② 《68.8交代》写于横格纸一共十页,最后的"六、其他罪恶"只用了一页多一点,简述王瑶自己归纳的1949年以后的六条"罪行",其中第六条是1968年春"污辱"毛泽东画像一事,前五条分别为著述散毒、执行修正主义教育路线、追随周扬文艺黑线、在1961年周扬主持文科教材会上发泄不满,以及"自由主义作风"乱说话"放毒"(并未提及×××)。

新恢复秩序的阶段,各省市很快建立起新的领导机构,在 11 月底实现了"全国山河一片红"。军宣队工宣队进驻北大,首要目标也是重建秩序,审查者身份和重点审查问题都随之发生改变。北大"清理阶级队伍"的第一步始于 1968 年 9 月底。全校有包括红卫兵头目在内的九百多人遭到集中审查,受审人数远远大于之前作为"牛棚"的"劳改大院",但之前风行的直接暴力体罚已经开始让位于严厉的心理威慑。审查时作为重点的大案重案,几乎都是现行政治问题。卷入武斗的红卫兵头目,不少被打成"现行反革命"。经过一个月严审,五百多人被确认为"敌我矛盾",从严打击。到年底,已经有十八人在压力下自杀。① 王瑶也经历了这期间的恐吓。幸运的是,"反动学术权威"不再是斗争重点;"污辱"毛泽东形象的个例远比不上校园武斗严重;历史上左倾后来却又逍遥党外也减轻了他历史问题的重要性。他最终被认定为属于需要继续澄清问题,没有立即"从严"。②

---

① 参见王学珍等编辑《北京大学纪实(1898—1997)》,北京大学出版社 1998 年版,第 675 页。自杀者包括遭重点打击的红卫兵头目。我们推测,这一阶段因历史问题而被宣布为"敌我矛盾"者,应该都是直接涉及与美蒋、西方国家、苏联东欧集团的关系。具体案例待查。1968 年 10 月关押期间不许回家又缺少御寒衣物的状况,可见于王瑶写于当时的两封信,收于《王瑶文集》第 7 卷,北岳文艺出版社 1995 年版,第 610—612 页。

② 据网络转引披露,中文系语言学教授王力(了一)曾在日记中记载,1968 年 12 月 6 日,中文系已经"恢复"了魏建功、吴组缃、朱德熙、岑祺祥四人的"自由";1968 年 12 月 9 日起,又"恢复"了王力、王瑶、章廷谦、阴法鲁、林焘五个人的"自由"。似可知当时这类被审查人员自此可以每日回家,但他们九人似应仍属主要批斗对象。谨立此存照。

4

1968年11月到1969年1月之间,王瑶接受工宣队专案组进一步审查澄清,审查结果曾令他认为很快就会得到"落实政策"(这个进程在1969年1月底被×××带来的"波折"中断,始末详见下文)。上文列表中,第6—11件共有六份相关材料来自这一时期。这个阶段有了外来审查者,不再需要直接面对那些揭发出他数十条"罪状"的家属、亲友、同事和学生,他在不得不自我诋毁的同时,再次试图澄清某些事实,也再次借助归纳分类来淡化自己的问题。

六份材料里最早的一份是《68.11交代》,内容分为"基本情况"和"主要的问题和罪行"两大部分。其中,"基本情况"包括个人简况、较详尽的履历及各阶段证明人、家庭成员和主要社会关系等内容。显然,这是交给工宣队的第一份全面性材料。其中"主要的问题和罪行"也不是以回答问题的形式出现,而是由王瑶本人主述。全文最后还有一小节"结束语",强调自己"决不是坚持不改的人",在全国形势一片大好的条件下,尽自己"主观上的最大努力,那就可以促成矛盾的转化,一定可以得到人民的宽恕和谅解"。着眼点很明确地落在矛盾的定性上:他属于可以改造好的"人民",而不是"死不悔改"的"人民的敌人"。具体到"问题和罪行",他列出"解放以前历史上的和解放以后的"共十个问题,前者三条,后者七条,自己动手将历史问题的分量重行减弱。对比《68.8交代》,王瑶将夏天被追查的五个历史问题合并成三个;两次被捕合为一条;1937—1942年间行踪归并到入党脱党过程之下;外加那个"重庆外交人员训练班"。而对于"解放以后"的问题,除保留了夏天"其他罪恶"所列的六条(仍包括"污辱"毛泽东画像的最后一条)之外,另增加了关于1957年错误言行的一条。而且,不再是如夏天时的简述,这次每条都有详细内容,在"教学工作和研究生工作"一条里还主动"就关于群众揭发的研究生黄侯兴毕业学科考试的问题说明一下"1964年时的情况。显然,他此时更担忧的是"解放以后"特别是"现行"问题,既不要被看作有意隐瞒(所以要增加1957年那一条以及主动"说明"黄侯兴考试情况),又希望尽量减少审查线索(所以要合并历史问题,且对现实言行的分类比《67.4说明》要少)。

一个月之后的《68.12补充》①显示,他对情势有些误估。如同一年多之前高层从比较模糊复杂的意识形态路线斗争转向历史上的"叛徒内奸工贼",此刻对各个"黑帮分子"的定性工作主要也是依据可以明确标签的历史证据。"经过工宣队领导上"的谈话,他的补充交代以回答特定问题的方式出现,而且历史问题分量加重。他再次解释自己确实不记得1935年那份"反共宣言",并且上次合并掉的第二次被捕和1937—1942年行踪两项内容,这次被分别提出来重新做详细交代(再次提出×××作为证明人之一)。工宣队一位"蒋师傅"还要求他交代"历史上"写作"反动文章"的问题。这四个有关1949年之前情况的问

---

① 这份《68.12补充》材料第一句话就提到《68.11交代》,此后也数次分别提到"上次交代"和"这次"补充,可以确认其内容直接承续《68.11交代》。扫描件《68.12补充》最后有王瑶笔迹"1968年12月14日"和"12月20日抄毕"字样。

题,占了这份补充材料七个问题的一大半。1949年之后的言行在上次交代里有七类,这次补充里工宣队只细究了两点,成为这份材料七个问题里的第五和第六项。这两点分别是他在1961年文科教材会上的发言和他与"周扬文艺黑线"的关系,前者与刘少奇主政时期"否定大跃进"有关(可知评价1958年仍是当局关注重点),后者则可以直接定义"黑帮"。王瑶补充回答时,全文抄录了自己1961年的发言记录,同时强调与周扬只有间断的工作联系,主要是自己的"资产阶级思想立场"恰好迎合了周扬的需要,间接表示其中并无任何组织或帮派关系。这份总共二十五页的《68.12补充》材料用了整整五页处理最后一个也即第七个问题,所谓大量"错误言论"及其"恶劣影响"。他夏天的交代对此表述非常简略,没有任何实例。上次那份11月的交代,举了两个谈论农村困境和中苏交恶的例证,但又马上说自己并不了解情况,当时目的是寻求解惑,不是恶意攻击。这样近似自辩的交代,当然不会深刻。工宣队帮助后,这次他如何补充呢?现存底稿扫描件显示,这个问题的小标题经过两处十个字的修改,最后确定为交代"关于我对政治与业务的关系的错误发言",可见这是他自己选择的要点,其中回避了任何时政特别是有关"大跃进"的议论。从这个极具局限性的要点出发,他串联起三四个例证,每个都直接引用自己的言论,上纲上线戴帽忏悔,而且在最后一个与专业领域相关的例子里还展开长篇大论,读起来确实比上次的交代要深刻多了。他在全文结尾处表示,这次补充了上次不够完整的内容,但这些其实"不能算作是新问题",且自己亟愿接受"严格的审查和批判"。其中的煞费苦心历历在目。

《68.12 补充》之后另一份行文与《68.11 交代》密切衔接的材料是日期不详的《研究生专项》。上文将原始材料列表时,对如何认定此件大致日期已做辨析。① 这份文件的主要内容是分别详细介绍 1964 年时的三项考题,并简略介绍评分经过。整篇文字完全是事实陈述,没有评论,甚至没有《68.11 交代》里牵强附会的"忠实执行修正主义教育路线"的自我批判。这种详述事实、缺乏自贬的文字,显然不会为 1967—1968 年间校园红卫兵当道时的"系文革"所接受,但却正是工宣队的审查风格。因此,我们采认这是在《68.12 补充》之后,因工宣队明确要求而写就,很可能写于 1969 年 1 月初。与此类似的是日期不详的《37—42 专项》,主要内容是处理抗战初期行踪的历史问题。与上面讨论的写于 1968 年的三份综合性全面交代(《68.8 交代》《68.11 交代》《68.12 补充》)不同,这份材料将若干问题糅合在一起,依时序给出完整叙事,形成时序呈现重于具体问题的样貌。其中最突出的是将抗战初期与牺盟会的接触(但却没有提到"牺盟会"三个字)和那个报考重庆"外交人员训练班"的情节

---

① 参见第 537 页注①。且《68.11 交代》主动"说明"此案时,提到该生出身"商人家庭",暗示其家庭成分不足以构成"阶级报复"的指控。我们以为这个信息也为《研究生专项》里就事论事地重现 1964 年考试现场奠定了基础。此外,目前看过这些材料的亲友曾提出,这份材料在说明第二道关于艾芜作品考题时,王瑶提到包括黄侯兴写有一篇王瑶自己主考时尚未看到的长达六万字的沙汀作品研究等类似事项,会否令将来的读者怀疑王瑶未曾妥善尽到作为黄侯兴导师的责任等等疑虑。我们认为,"文革"期间检查交代材料的内容不能直接搬用作为 1964 年事件的史实证据,且王瑶此前是否尽责不属"文革"讨论范畴,此类疑虑在本文的议题范围内可忽略不计。

放在同一个叙事框架下,省略了前两次(《68.8 交代》《68.12 补充》)交代同样情节时的一些对他可能不利的细节,同时又平缓了前两次急于澄清的语气。我们以为,这只能是在工宣队明确要求下写出,时间既有可能与《研究生专项》相近,也可能在 1969 年夏,即这个历史问题接近做最后结论的两个时间点。①

到此为止,在工宣队审查下出现了这样一些事实。首先,自《68.11 交代》之后,工宣队就没有再关注过那个"污辱"领袖像的情节,也没有重视过 1949—1958 年之间的各种言行事例。其次,《68.11 交代》之后,工宣队没有要求王瑶对已交代的问题做反复检讨和自我批判,《68.12 补充》明确显示出这一阶段的审查重点是在查清既有问题的事证,而不是要看他给自己乱扣帽子。再次,《68.12 补充》之后单独查证《研究生专项》显示,其他问题已经被认作基本得到澄清(即历史问题;"周扬文艺黑线"问题;以及"自由主义"乱发议论"放毒"问题),随着这份专项交代,这个"研究生"问题看来也得到了可以为工宣队接

---

① 前文提及此件,请参见第 535 页注②、第 549 页注①、第 551 页注②。如前所述,工宣队进校前,王瑶受审主要集中在 1949 年以后问题;红卫兵和校系"文革"似乎没有特别关注他和阎锡山势力的关联,也没有关注他与国民党外交部特务机构的关系。工宣队审查前,"系文革"明确将这两个嫌疑问题分解处理,王瑶本人也将二者区隔,分别交代,而且曾主动援引与牺盟会的关系以自清。这份材料却根本没提"牺盟会"三个字,似乎只可能写作于他已经了解到牺盟会被大规模查证的 1969 年,而且很可能是年中。同时,比较另外两件,此件中他为自己报考"外交人员训练班"做辩解时语气大为和缓,不似仍有被严查的恐惧。在没有看到原件或扫描件之前,为方便分析×××引起的"波折",我们暂时采认此件写于 1969 年 1 月初。

受的说明。王瑶面临的主要问题都已经得到比较充分的查证澄清,可以想象,工宣队曾在1969年1月中旬正式考虑为王瑶结案。

　　支持这一判断的有两份并非检查交代的材料,即《住房报告》和《抄家报告》(列表第10、11件)。比较两份材料的口吻,在一个小笔记本上起草的《关于请求调整住房的报告》虽然具体日期不详,但很可能写得比较早。① 从题目中的"请求"二字开始,全文保持卑微语气,先是说明1968年两次搬家造成居住面积缩减,一家分居两处,书籍受潮霉烂,爱人风湿性关节炎受影响等问题;之后强调自己被"勒令搬家"的情况"在中文系是比较特殊的"。听说其他单位类似情况的人最近得到调整,"希望领导上能够对我的问题也给予考虑,帮助我解决一些生活困难"。他的要求是"只要有五十来平方米的居住面积",这在当时北大已属中等,他于是加重语气说:"这也是完全符合原来'校文革'规定的调整住房的标准的。"与此相对照,写于1969年1月20日的《抄家报告》则隐隐然有理直气壮之态,开头第一句话就给出工宣队的尚方宝剑:"我遵照姚师傅指示,将历次抄家及借取书物等事项,报告如下。"其后三页半内容,列出

---

　　① 《住房报告》草稿写作日期讨论参见本文第一部分原始材料辨析及第538页注①。这份报告开头提出希望"解决这一在'文化大革命'中留下来的问题",我们以为,应该是出于1968年底开始大力宣传"全国山河一片红"和"无产阶级'文化大革命'的全面胜利"等提法,因其造成当时基层"文化大革命"正在告一段落的认知。此外,《住房报告》提到"去年八月中旬,在工宣队进驻北大前夕"发生"勒令搬家"之事,显示王瑶注意区别工宣队进校前后在掌握政策上的不同,以强化自己要求的合理性。

五次不同红卫兵组织的抄家和另外五次交出财物情况，分别将被抄物品一一开出清单（存折、现金、银元、金首饰、工业券、书刊资料等等）。他叙述1966年8月26日"西颐中学（自称已改名为抗大附中）红卫兵第一次抄了我的家"，括弧里的措辞流露出压抑着的不满和不以为然。文字中还可以看出，他意识到"红卫兵"已经锋头不再，列清单时也是一副公事公办腔调，全篇不但没有一处提到被红卫兵抄家是自己罪有应得，而且也没有其他材料在开头结尾处必然会表示接受批判改造的谦卑。

工宣队成员让他把抄家物品列出清单，这应该是最为明白无误的信号，令他以为审查即将结束，马上就会"落实政策"，以至于《抄家报告》成为他"文革"材料中文字风格上的异数。后人读来，亦不免好奇，生活水平远为低下的工宣队师傅们，看到这份报告，难道不会对他产生反感吗？他恐怕完全没有料到，先是由于×××节外生枝，接着又有"二次清队"，自己的问题还要再拖半年多才能有结论。

第四部分 "波折"缘起之二：交代中的隐瞒和错置

以上依时序回顾了波折发生之前王瑶各次检查交代和其他材料的写作情况和内容。前面已经提到，在这一阶段"文革"审查中，王瑶并没有如他字面上所说的那样，"彻底"剖白自己的思想和历史，而是在牵涉到人事与史实时都有所保留，而且并没有在所有遭查证的问题上都向审查者说实话。我们无法确切判断他这样做的动机。可以确定的是，至少在这一阶段，当审查牵涉到他人时,他曾努力抱持"对己不放弃自我、对人不无故牵连"的态度;同时,牵涉到1949年以前的行踪时,他曾有各种隐瞒和错置,特别是曾固执于已经维持了二十多年的某种说法——尽管这个说法与实际史实并不相符,而且有可能将他带入更复杂危险的审查境地。可以说,波折发生之前的两年多时间里,他在对人对事两方面,都曾在一定程度上有意识地避免毫无保留的交代。我们相信,这种态度直接影响到他面对波折时的反应。

1

确切地说,"对己不放弃自我、对人不无故牵连",并不是王瑶当时诉诸文字的自许,而是我们解读过程中对他如何自持的判断。这个态度,首先呈现在"波折"发生之前有关1949年以后问题的交代中(即前面文件列表中的第1、2、5、6、7、8六份材料)。前面已经提到,他《67.4说明》一文,由于有中文系"系文革"1967年4月印发的材料作对照(此处根据其大纲简介),可以看出,"系文革"对他的批判要点,常常包括举证者姓名,很多材料来自他的同事、亲友、家属,以及其他主要社会关系。可是如前所述,他在说明中非常谨慎。回应其中四十余项问题时,仅有三次提到两位揭发人姓名,而且在措辞上区别对待。同时,对于列在"拉拢腐蚀青年"学生和误导子女这一大类下面的所有问题,都保持沉默,未予置评,表面看似乎是承认了其中的"罪证",但同时很可能也是有意避免与学生和亲友就私人生活交往内容在公开场合对质。至少就我们所知,从五十年代开始的历次政治运动一直到"文革",即使有家人举报的材料,王瑶也从不公开回应,拒绝将家庭生活内容公众化、"革命化"。这样做也在事实上保护了与他有私人关系的学生和亲友家人,使他们不会因为与他的关系,必须持续不断地"揭发"他更多的"罪恶"来表白自己的进步。到工宣队主持"清理阶级队伍"时,家人亲友的举报材料已经完全不在王瑶问题的审查范围里了。但此时我们仍然可以从他的检查交代中看到类似的谨慎。自1968年夏到1969年1月中的半年时间里,在谈及1949年以后的各项内容时,他没有提到过任何检举揭发者的姓名。

这并不是说在这类内容里完全没有出现过任何别人的姓名。事实上,尽管"系文革"和工宣队审查1949年以后"问题"时都是"依靠群众"揭发,从未要求被审查者提供证明人,但王瑶在交代中却时时会试图加入自己的辩白和说明,并主动提出同时在场的其他人作为证人,建议审查者查核。这就联系到另一个与"波折"密切相关,虽然细微但并非不重要的特点,即在交代事实(而非思想检讨)时,王瑶曾努力将内容局限在曾经发生于公共场合的"反动言行",回避了所有出自私人交流的揭发内容。这也是说,在受到审查的1949年后各种问题上,所有他被指控为"反动言行"的事例,都出自以往会议记录等档案材料或他人揭发,没有一项是他自己主动"坦白"交代的私下言行(他主动提到过在教学讨论等公开场合的"反动言行")。正是这个特点,令我们想到将他的基本态度概括为上面那句对己对人的陈述。或者也可以说,在审查压力最大的两年里(1967—1968),他一直致力于"既不陷人于罪,也不自陷于罪"。这个坚持被"波折"打破时,对他的审查原本已接近尾声。①

2

前面已经说明,×××出现在王瑶审查过程中的首要原因是作为"历史问题"的证人。其实,无论在全国还是在北京大学范围内,王瑶"文革"期间的"历史问题"都不能算很严重,但这并不能保证他可以轻易全身而退。王瑶受到审查的"历史问题",集中在两个阶段,一个是他于1934—1937年在当时北平清华大学就读时期;另一个是1937—1942年间,于抗战初期离开北平,五年后才在昆明西南联大复学。这两个阶段虽然前后衔接,却有显著区别。其中牵涉到×××并引起"波折"的是1937—1942年的后一阶段,但我们相信,前一阶段的审查交代特点,可以帮助我们更好地了解后一阶段里某些关涉个人心态的复杂细节。因此,这里仍依时序,先讨论前一阶段的情况。

从现有材料来看,1949年以前"历史问题"和1949年后"现行问题",审查时都存在定义和边界不确定的情况。经过几轮揭发举证,王瑶作为被审者,对"现行问题"的基本数量和内容心理上有准备,主要致力于降低上纲上线的强度。而"历史问题"的可能变化,却常常出乎他的预料。这些变化的根本原因

---

① 根据我们认定的文件日期排序,波折之前有两个例外。其一牵涉郝拯民,下文另述。其二是《抄家报告》,其中除了开列红卫兵组织各次"抄家"之外,同时列出几位曾在1967年秋冬"借"或拿走王瑶个人所存专业书籍材料的教师和学生姓名以及次数与日期,隐然可见对拿借不还者的不满。如前所述,我们迄今所见相关文件中,《抄家报告》文字表述最缺乏谦卑语气。王瑶显然意识到红卫兵学生们正面临清算和分配,简短罗列中仍带出要让他们为自己行为付出代价的怨气。

来自政治风向转变,其影响媒介则是"文革"中盛行的"外调",即为查清本单位某人"问题",向外地外单位派出人员,调查询问与此人历史有关的其他关系人。起初,当目标仍锁定在中央高层且手段是发动青年时,会有像1967年5月天津南开大学红卫兵到北大"外调"那种外调人员并非来自被调查人员所在单位的情形,但到1968年夏"清理阶级队伍"开始后就基本没有这种事了。政治风向的转变,一方面影响到王瑶可能出现在哪些案件中成为"污点证人";另一方面也令"历史问题"成为"清理阶级队伍"阶段给王瑶定案的关键。结果,王瑶在1967年主要还是应对外来人员外调,但到1968—1969年间,就变成既有外来人员找他查证其他人问题的外调,又有北大人员前往外地外单位,进行查证他本人历史的相关外调。下文第五部分即将详述的"波折",其直接起因即来自有关王瑶本人的外调材料。显然,比起"现行问题"基本局限于本人就职单位和居住环境,"历史问题"牵涉到的不确定因素要多得多。假如他本人从一开始就抱持着"对己不放弃自我"的自觉,则处理起来也就要多费心思和周折。

对比王瑶受到历史审查的两个时间段,从交代的内容背景来说,前者处于三十年代校园环境,遭际中包含群体因素;而后者则是家居和长途羁旅,时时牵涉到个人选择。这就造成在交代方式上,后者要说明个人生活轨迹,就必须要给出一个完整(哪怕是简略的)叙事,而前者遭追查的是他两次入狱和加入中共以及后来脱党等事件,各事件之间的关系反倒被忽略。王瑶显然注意到这一点,并在有关1935—1937年的问题中充分利用了这个特点。只要有可能,他总是分项回答,将自己的答复局限在审查者的具体问题上,并小心切割各个问题之间的延续性,拒绝(像很多当时受到冲击的人那样)将受审查当作系统回忆整理自己以往经历的机会,也抵触那种从内在心理思想上向审查机制"敞开"的彻底缴械。值得指出的还有,这些受审事件的重点,是他与中共的关系。王瑶对此似乎已有戒心,在所有与中共有关的活动上,都竭力辩白自己知之不多、涉入不深,尽可能简化并模糊相关事实和联系人。四十多年后,阅读这些交代,我们仍然惊讶于其中关联性细节的缺失,令人难以建立一份他在校期间参加中共地下党活动情况的流畅叙述,也难以通过他的讲述充分建立当时学生活动的关系网络形态。假如说这些特点可以看作他"对己不放弃自我、对人不无故牵连"的特定表现,那么与此同时,他又曾相当顽强地拒绝承认自己原本不知情的"罪证",在有意淡化隐瞒的同时,抵制"无中生有"(最后在1969年8月底屈服退让),勉力在这两种态度之间作出细微分别。

3

根据目前所知史实,王瑶于1934年秋进入清华大学中文系就读(属清华十级),很快即参与到校园左翼外围团体"现代座谈会"的活动中,并因此在1935年初北平市公安局两度派警车进入校内学生宿舍搜捕共二十多名左派学生时遭拘捕。此事激起校园抗议和校方介入,被捕学生得以在数日后获释返校。与他同期遭捕的有时任中共清华支部书记的何凤元("文革"前任中国民航局副局长)、民国文人元老柳亚子次女柳无垢("文革"前任职外交部并任宋庆龄助手)、徐高阮(1949年后赴台湾)、张宗植("文革"时已定居日本)、张凤阁(抗战期间参战牺牲),也有两位山西老乡:山西进山中学学长兼清华校友李一清(原名李裕源,"文革"前任中共中南局书记处书记)和从进山中学到清华中文系的同窗好友张新铭("文革"前任中国科学院动物研究所党委书记)。①

此后王瑶仍在校园积极活动。他参与了1935年底"一二·九"运动中的"一二·九"和"一二·一六"两次大规模学生抗议游行。次年年初寒假后,发生数千军警搜查大中学校围捕进步学生的连续事件,3月底,各校学生为因刑拘去世的高中学生郭清举行抬棺游行,在长安街遭军警拦阻镇压,上百人受伤,五十余人被捕。清华学生走在游行队伍前面,首当其冲,有十七人被捕,包括后来介绍王瑶加入中共的赵德尊("文革"前任职沈阳化工研究院)、傅国虎(1949年后曾在上海任教中学)、赵芳瑛(1949年后在上海任教中学,学者冯契的妻子),王瑶也在其中。被捕者被拉到陆军监狱,上了镣铐,一个月后方得释放。②

---

① 若干同案人姓名可参见方惠坚等《蒋南翔传》,清华大学出版社2005年版第二章;散木《现代学人谜案》关于徐高阮部分,台北秀威资讯公司2011年版,第69—74页。李一清和张新铭两人据王瑶交代和张新铭"文革"受迫害材料认定。

② 1936年3月31日抬棺游行及镇压情况,见上引《蒋南翔传》和王瑶《慰劳大会》一文(原文收入茅盾主编1936年版《中国的一日》),《王瑶文集》第7卷,北岳文艺出版社1995年版,第330—333页。《蒋南翔传》称清华有十六人被捕,《慰劳大会》指为十七人。傅国虎被捕释放后曾在清华校园建立影响颇大的海燕歌咏团。他晚年回忆文章列出了全部清华十七名被捕同学姓名,并称关押时间为三十天。参见《清华校友通讯》2001年刊载傅国虎《清华海燕歌咏团轶事》,以及新浪博客"蜗居闲游"博文系列"老爸遗稿选载(八三、八五)";该系列收入傅克兰编辑、傅国虎著《伏枥砾痕——老爸遗稿辑萃》,2012年(似为自费出版)。

这次被捕后,王瑶开始在此前曾由蒋南翔主编的《清华周刊》和《清华副刊》上连续发表评论文章,并于当年5月由时任中共清华支部书记的赵德尊介绍,成为中共党员。这年暑假他担任《清华暑期周刊》评论版编辑,继续发表文章,显然没有回家度假。校方于11月允《清华周刊》复刊后(此前因言论过激被禁刊),王瑶担任本学期第45卷主编,至1937年1月底(寒假前)校方通告因内容"乖谬"再次"着即日起停止出版"为止。寒假后,战事风声渐紧,各校都在准备南迁,清华左派学生不少直接参加与抗日有关活动。王瑶在交代中自称参加6月份大考后即回乡,"七七"事变后被困家乡,与党失去联系。

先后两次被捕加上入党脱党,"文革"中这三个被审查情节受到不同的外界条件制约,王瑶应对时也有所不同。由于1936年春的抬棺游行被刘少奇领导的"白区"工作和延安方面同时认为毫无必要地暴露了组织,也就是说对"文革"中的刘少奇并没有杀伤力,王瑶第二次被捕在"文革"大局势中并不重要。从交代情况可以看出,王瑶的审查者自始至终没有费心去查证图书馆里就能找到的原始文字证据。王瑶一边提醒审查者被捕名单可以在当年《清华周刊》上查到,一边说他记得清华只有七八个人被捕,各校总共被捕人数则被他加大到六七十人。交代中他闭口不谈自己参与抬棺游行的前因后果,只说被捕后提审时一直装作搭车进城顺路受牵连的无知学生,与傅国虎"文革"后所述(学生们关押在一起,高唱《国际歌》等革命歌曲,提审时肆意嘲弄北平军法人员)截然不同。工宣队追问释放原因时,王瑶不得不解释当时华北宋哲元部与南京中央政府有摩擦,说明释放时并没有要求签署任何文件。但除此以外,他都尽力避免将个人经历联系到政治大局势。关于入党脱党，他同样竭力将其说成个人行为，交代中从未提及当时在清华活动的蒋南翔、姚克广（姚依林）等后来成为中共高官的人物，只在不得已时，提到入党介绍人赵德尊和入党后直接领导人杨述（"文革"前为中共北京市委宣传部长）两位。脱党过程则简化为失联，并说"以后到了四川、云南，则因为长期脱离了党的教育，自己也觉得够不上一个党员的条件，就没有再找关系了"，似乎竟有些自恨不如的意思。① 这两个情节的审查都在1968年底基本过关。

这一阶段的主要问题出在1935年3月的被捕，对于后面即将详述的"波折"具有一定启发意义。前面已经提到，"文革"到1967年初，为了打击刘少奇"白区"工作历史的需要，南开大学红卫兵查检旧报刊时，发现抗战之前出现的若干中共党员公开发布的《反共宣言》。其中一份，十一个署名者都是1935年3月前后被捕的清华学生，王瑶大名赫然在列。遂由南开红卫兵到北大找他外调，以及他写作《67交代1935》和《67交代37—42》

---

① 这种看似自我悔恨的态度，与其实际想法应有相当出入。在1951—1952年间的"三反运动"中，王瑶已被迫检查自己因反感"组织的约束性"而拒绝加入中共外围组织相关活动的"错误"，见《在思想改造运动中的自我检讨》，《王瑶文集》第7卷，北岳文艺出版社1995年版，第497页。此外，抗战前清华学生入党又脱党且曾发表文章论述原由者，如由中文改修历史的王永兴（小王瑶两岁）、历史系丁则良，1949年后都受到沉重打击，命运悲惨。可以推想王瑶对此不会一无所知，而且这很可能也是他交代中刻意强调脱党主因为"失联"并表达"自恨不如"的原因。参见散木《现代学人谜案》，台北秀威资讯公司2011年版，第78—79、89—110页。并见周启博网络文章《另一类一二九知识青年的命运》。

等事。但即使如此,在一系列相关检查交代中,王瑶都坚持说自己对《反共宣言》的存在并不知情。在延续两年多的相关交代中,有些事实他一直都承认,譬如这次被捕后受到两次审讯,并在压力下签署过一份退出"现代座谈会"的文字,前后大约四五天,即被释放,由校方接回。但另一些细节却有前后出入。例如同时被捕的张新铭,《67 交代 1935》中王瑶说自己被捕后"和别的同学都是隔离的",只是因为张和自己同系同班又是同一寝室,才知道张释放时履行了与自己相同的手续,透露出外调人员已经在向他询问张履行过的手续。不过,《68.8 交代》里,这一条变为释放前照相时曾在狱里见到张。这些细节在《68.11 交代》中却全部忽略未提。但之后,《68.12 补充》谈到这次被捕,一开始就说"最近中国科学院动物研究所的外调人员就张新铭的被捕情况"来外调,而自己对张,在"几个月前已经写了揭发材料上交"(应指并无实质细节的《68.8 交代》)。现在的补充,先说明被捕的人里,只有自己和张是一年级新生,然后确认第一次是单独审讯,而第二次有可能是和张同时被审,但"已记不清楚当时的情况"。释放前的照相,则记得张衣服上也带有"标明政治犯号码的条子"。而且,"好像记得"那个退出"现代座谈会"的声明确实登过报(一年多前的《67 交代 1935》曾说,"这个声明是否登过报,我不清楚"),署名的就是他们两人而已,并再次推论"第二次审讯有可能"王张两人同时在场,又同时签了那个退出声明。问到张新铭是否知道那份《反共宣言》时,王瑶说:"我不清楚。他从未对我谈过。我只能证明他确实签署过退出现代座谈会的声明一事。"

这些细节变化显示,通过不同程度外调压力而必须涉及他人(张新铭)时,王瑶常常以记忆模糊为借口回避,而且有机会就设法忽略(《68.11 交代》)。即使不得不提供细节的时候,他也随时提示自己的记忆未必可靠。这些细微变化同时提醒我们这些有机会读到这些文件的后人,在接受外调和审查时,王瑶似乎一直在判断张新铭已经说了什么,又是如何说的,并谨慎地在自己的交代中作出回应。可以不说的,他都继续保持沉默;不得不说的,则尽量配合外调人员已经作出的提示,避免自己交代时无意中直接否认了张在审查中的说法。《68.12 补充》之后,我们目前还可以看到写于 1969 年的另外三份有关 1935 年 3 月被捕的交代,但与张新铭有关的情节不再重要。显然,张新铭单位外调人员对王瑶这位记忆力不佳、提供不出新线索的外调对象失去了兴趣,王瑶也因此免去持续恐惧自己会在无意中给朋友带来损害的煎熬。由此可以说,王瑶"既不陷人于罪、也不自陷于罪"的态度同样贯穿于这部分检查。

这个判断还可以从王瑶针对那份《反共宣言》的最终交代内容中得到印证。从第一次《67 交代 1935》开始,王瑶就坚持自己没签署过这个东西,对此也从不知情。他说:"如果调查后证明我同意或知道此事,我愿负政治责任,就是说我愿意承担隐瞒历史、拒不交代的责任,请领导上从严处理。"这个表态看似严重,但因前有他自己推断"宣言"出笼的可能情形(两批不是同时被捕也不是同时释放的人,不可能串通起草;肯定是主此事者自行将别人名字加上去的),后有他解释自己同意签署退出现代座谈会的理由(这个组织反正也不可能继续活动了),分析的篇幅不少于交代,表态因而带有相对自然的坦荡。此后两年里的相关交代,这些解释和推想曾重复出现,最终在 1969 年的相关交代中消失不见,看来他终于意识到这类内容的不合时宜。但就此事所做的表态,却是峰回路转。在《68.12补充》里他开始承认"这个'宣言'所产生的恶劣的政治影响中我所应负的罪责",并"愿意为此老实认罪"。不过,到了《69.3.12》却又再次"郑重表示",如果"证明我曾亲手签署过那个'反共宣言',我愿接受领导上以蓄意隐瞒论处的最严厉的处理"。这时的表态与前不同,带有了一丝破釜沉舟的决绝。不过,他的审查似乎自此暂时悬置了五个月。① 目前看到的下一份检讨,写于8月份两次全校宽严大会之后。

这个夏天,审查者显然意图加快结案速度,以便北大能尽速转入中共"九大"提出的"斗批改"阶段。举办宽严大会,就是要通过"杀鸡儆猴"对尚未结案者施加心理压力。其中8月15日的一次,王瑶的中文系同事、多年近邻和老友章廷谦,因为拒绝承认被诬陷的国民党党部负责人身份,被当场揪上台,戴上手铐,塞入停候一旁的公安囚车带走,全场震惊。② 具体到王瑶的审查,从这次宽严大会到他结案的9月4日,在不到二十天时间里,王瑶交出五份专项或合并交代,频率远高于此前的两年。但审查结案的方式,却并非要查明真相,而是旨在打断被审者的精

---

① 目前看到的材料对此一时期的审查情况很少着墨。由当时形势推测,很可能4月份中共"九大"召开,迫使基层单位连续数月忙于宣传学习,带来审查停顿,即暂时悬置并非王瑶的特殊情况。

② 1969年8月5日和8月15日北大全校性宽严大会,章廷谦被诬陷事,可参见中文系同事林焘接受访问谈"文革"的网络文章。宽严大会参加者众多,本系同事本来就知道章因受诬陷而烦恼,但当众严打仍令人震撼。"文革"后,王瑶也曾多次在家人亲友间提及此事。

神脊梁。这个《反共宣言》查了这么久,王瑶始终嘴硬,一直没有用过"记不清"来搪塞。到此时压力增大,他终于不得不改口。《69.8.18》承认虽然自己无论如何也想不起来,但旧报刊是历史证据,他"仍然愿意郑重表示",自己在第二次审讯时签署了《反共宣言》。但这些叠加使用的副词寓意过于明显,他还是过不了关。于是又有《69.8.22》专项交代此事。结果,四天前还说回忆不起更多的情节,没有新的补充,现在却开始细述被捕缘由和经过。以前坚称是单独关押,现在却说同时被捕的赵正楷和他住里外间,出入都会看见,但不能说话。此外,例如几个人审讯他,审了多长时间等等,都是此前从未提过、而且没必要仔细交代的情节,此时都一一道来。但工宣队如今已经对此不感兴趣。他们要的只是他明确认罪,确认自己曾同意并签署了那份《反共宣言》。至于说第二次是否和张新铭一起受审,都不在他们的关注范围之内了。1969 年最后一份关于他 1935 年被捕的交代,与前一份的写作时间只相隔两天,在明显而持续的压力下,他终于改口说,1935 年的审讯者在释放他之前确曾拿出一份东西要他签字,"那份东西就是后来发表的所谓'反共宣言'",文字简单,没有细节叙述。[①] 这最后几份相关材料在违心认罪时字里行间都流露出被迫与无奈,与 1967 年的交代形成鲜明对比。

"文革"结束后,王瑶和张新铭两人恢复并保持了良好私交。我们以为,他们两位显然交流过在分别被隔离审查期间互

[①] 我们尚未看到此件原件或扫描件。此处引言系根据我们母亲私人信件中的提示。

相摸索对方交代内容的情况,对各自相互配合的表现感到满意,并得以在一定程度上分享了某种共患难的情谊。下文将看到,这与×××的情况形成强烈对照。

4

王瑶受到"历史问题"审查的第二个历史阶段是从他在1937年夏天离开北平的清华开始,到1942年在昆明西南联大复学为止。在他受审的各类问题中,这是最可能需要五年连续完整叙事的一段经历。但如前所述,审查者起初重在问题,忽视时序;他自己在文字交代中也刻意回避给出明确而连贯的日期。就是在这段经历中,出现了他一系列交代里最严重的隐瞒错置。我们的母亲第一个注意到,王瑶"文革"期间交代的这四五年里的行踪,与其本人在1942年春手写的《坎坷略记》一文有出入。该文显示,他在家乡一直待到1941年秋①,但在"文革"材料中,他却始终坚持,自己至迟1940年秋已经离开了山西平遥老家。错置主要影响到两个地点:在老家停留时间减少了一年;在四川金堂县则加长了一年。为什么他要造假?而且,为什么"文革"期间的审查者没有发现这个造假?

从最后结果往前推的话,这里可以直接得出的第一个结论是,无论是"系文革"专案组还是工宣队,当时都没有足够的动

---

① 该文明言"今于离家半载之时",署名日期为1942年4月20日,并注明美军已开始轰炸东京,即1941年12月珍珠港事件之后。王瑶生前仅保存《坎坷略记》手稿,从未将其刊发。该文现已据手稿录入发表,见《王瑶文集》第7卷,北岳文艺出版社1995年版,第434—439页。此版有若干处文字误植。

力或资源来独立证明王瑶自我交代的1937—1942年间的经历。进一步的第二个结论是,这些审查者并不热衷于查清一切真相,他们关注的一是王瑶"脱党"是否有国民党和敌伪的因素,二是他的认罪态度,最后有没有与"大案要案"相关的线索。结合这两个结论,又可以做第三个推测,即他这一套有关说辞并非起始于"文革",而是早已存在并在中文系档案中留有记录,如他在《68.11交代》中提及,这些情况在解放初期的"忠诚老实运动"中已经都交代过。另一个可能是,早在他抵达昆明申请复学时,这个叙事版本的基本线条就已经存在了,毕竟从1937年夏到1942年夏,五年不是一个短时间。学校会问:为什么没有早点来?那么,"因为缺乏旅费,不得不沿途做事攒钱,在四川中学执教一年",应该是战时可以接受的理由。假设这一版本已经在他的档案中存在二十五年,则那些与"脱党"或其他"大案要案"无涉的细节,譬如战时设在四川金堂县的铭贤中学,很可能不会引起"文革"审查者太多关注,不会费心费力外调他究竟在那里待了半年还是一年。①

那么,王瑶在"文革"审查期间对这五年经历"维持旧说",会不会是出于记忆不清?我们以为,这种可能性极小。现有说明他有意错置时间的主要证据是两份自述"履历"列表。扫描和打字输入件分别显示,这两张表填写的年龄都是"54岁",可知均写于1968年。但其中家庭住址不同。单独两页没有日期的一份题为《劳改罪犯履历表》,"家庭详细住址"一栏填的是在中关园。另一份写在《68.11交代》的起始部分,住址则是"海淀

---

① 这个猜测是否属实,只能依赖相关官方档案,目前无法得出定论。

区成府蒋家胡同"。上文曾提到，王瑶于 1968 年 5 月被迫迁入当时北大全校合办的"牛棚"；之后，1968 年 8 月 16 日北大变更住房分配，要求我们家从中关园搬家到成府蒋家胡同。因此，这份《劳改罪犯履历表》应写于 8 月 16 日之前。对我们的讨论来说重要的是，王瑶在这两份履历表里都将他离晋的时间填作 1940 年夏天，而且将他人生几十年里发生的地点变动都放在普通学制学年更替的夏季暑期，予人以生活经历相对单纯的印象。问题是，写于 1942 年的《坎坷略记》明确提到，他于 1941 年阴历九月初六出发，经过二十多天"困苦不堪"的跋涉，于阴历九月三十抵达西安，旅途包括从晋西渡黄河入陕西。这相当于公元 1941 年 10 月 25 日到 11 月 18 日，途中已过了立冬。从常识判断，只要他稍有此文所说的深刻记忆，就不可能在"文革"审查期间将当年过黄河的季节从深秋初冬误记成盛夏。而且，根据《坎坷略记》，他在西安滞留约两个月之后，搭便车抵达成都，在那里又住了二十天，于阴历正月初四前往金堂县的铭贤中学任教。这也是与暑期恰成对比的季节。更重要的是，王瑶的父亲 1947 年春过世，他未能回乡奔丧，曾写作《守制杂记》记叙伤痛，其中如《坎坷略记》一样，再次提到战时决定到后方继续求学时，已经年届七十的父亲预期父子难以重见，带来别离时刻格外的沉重伤感。① 这些按理都会加深与季节相关联的记忆，不至于冬夏颠倒。由此可以判断，他在抗战期间离晋问题上确实是有意将时间提前了一年，并非仅仅因为记忆模糊才导致错置。

假若这个错置版本确实来自"文革"之前甚至是 1949 年之

---

① 参见《王瑶文集》第 7 卷，北岳文艺出版社 1995 年版，第 440—447 页。

前,那么王瑶在"文革"中肯定衡量过维持还是推翻这个版本的利弊,并且得出了维持更为有利的结论,即对他来说,面对政治审查时,"相信组织"或"说出真相"都不是最重要的;重要的是要能自圆其说,而且不会被别人揭穿。但他同时又表现出相当的谨慎。在履历表之外的交代文字中,很少指涉具体日期甚至极少提到年份。两份履历表很可能交上去之后就归档了,而交代材料还在反复多次地继续写,其中的日期含混,可能也就比较容易被审查者忽视,使他的冒险能够成功。

5

不过,问题并不仅止于此。交代这五年经历时涉及的在家乡与薄一波部李一清的接触和那个重庆"外交人员训练班",按理都不是他会有意愿主动交代的情节,他强调自己的历史问题在五十年代初"忠诚老实运动"里都已经交代清楚时似乎也并没有确指包括这两个情节。中文系1967年4月的王瑶材料和王瑶本人《67.4.说明》都没有提到他隐居家乡期间与李一清以及山西"牺盟会"的联系,也没有提到过这个"外交人员训练班"。相关言说在"文革"期间第一次出现是在工宣队进校时的《68.8交代》。我们的猜想是,这两个情节都出自外调时他人提供的信息,是"文革"进程中遭遇到的新情况。王瑶本人"历史问题"在"文革"初期原本主要是1937年以前的被捕和入党,以及那之后的五年行踪和脱党这两个大线索。他为前者提出若干证人,其中包括张新铭和李一清。后者主要是家人和同乡,特别是他哥哥王璘和他离乡南下时的资助人兼旅伴兼学生郝拯民。他遭遇到意料之外必须解释的两个新情节,应该就是分别来自李一清和郝拯民。这两个人情况有差别,在他那里得到不同反应。

李一清(李裕源)是王瑶山西进山中学学长和清华校友(历史系),1935年初在王瑶之前被捕,在王瑶之后获释,也卷入那个《反共宣言》案,被王瑶列作该案证明人之一。李一清1935年夏毕业离校,抗战期间及其后在山西和河南担任各种中共党政军事领导职务,内战后南下,"文革"前长期任职中共中南局书记处书记。根据现有材料,我们推测,"文革"期间李一清受冲击被审查期间,曾接受北大外调人员就王瑶历史问题所做的查证。查证重点原本是1935年的被捕和签署《反共宣言》出狱一事,但问讯中一定会问到后来是否还有联系,触发到李一清的相关记忆,说出了曾派人找过王瑶的事情。可以想象,对李一清来说,抗战时期试图联系王瑶不果,是他"文革"审查中非常次要的事情;抗战前和刘少奇白区工作的关系,抗战中和薄一波的上下级关系,才是他受冲击遭迫害的真正根源。但对于王瑶来说就不同了。根据王瑶交代,李一清确实曾在1939年春天派人来找过他,要他到沁源去。王瑶说他在沁源只见到李一清的部下,等了一个多月也没见到李一清本人,就回家了。这个说法暗示,两人离开清华后没有再见过面,李一清不足以作为王瑶这一时期个人经历的证明人。但实际问题还在于,1939年春,阎锡山还在和中共合作,李一清在薄一波手下担任山西第三行政区保安副司令,这可以解释为什么李只是"派人"而不是直接和王瑶联系。可是当年年底阎锡山与中共决裂,山西情况更为复杂。据薄小莹查证,1968年春康生曾指示要彻查薄一波"投靠阎匪"

罪证①,那么,这两年间与李一清有过联系本身,也有可能令王瑶同时卷入以薄一波为首的白区"叛徒集团"和抗战时期牺盟会山西新军是"阎匪伪军"的两个"文革"大案;他原本可以用"隐居家乡"几个字一笔带过的这几年,因为有了这个线索,而必须要重新小心编排。

与此相关的证据还包括《68.11 交代》和《68.12 补充》。从前后各份材料相关语气可以看出,《68.11 交代》是王瑶交到工宣队的第一份材料,并因此包含了履历表。这份材料在历史问题部分与《68.8 交代》有显著不同,一是刻意淡化 1936 年的第二次被捕,二是把隐居家乡的经历分散到脱党和"重庆外交人员训练班"两项,没有如《68.8 交代》那样分立出来作为单独一项,因此回避了必须提供某种连续叙事,也回避了李一清找过他的情节。结果,一个月后他不得不再交上一份补充(《68.12 补充》),其中,1936 年第二次被捕是主要补充内容之一("在上次的交代材料中,我对 1936 年的被捕事件只附带地简单提了一下,未作详细说明,因为我不觉得其中有什么问题");1937 年 6 月至 1942 年的经历是另一个主要补充内容("以前中文系'文革'专案组曾让我就这一问题写过交代材料,并且问我和日本人有什么关系?和国民党有什么关系?和阎锡山势力有什么关

---

① 参见"百度文库"转载《环球人物》2011 年 5 月 27 日文章,《薄小莹:再读父亲薄一波——百封书信背后的历史真相》。王瑶《68.8 交代》和《68.12 补充》都说李一清是 1939 年初派人找他,但在《37—42 专项》里改口说是 1940 年初。我们以为,这只可能出于审查或外调李一清而来的信息,王瑶没有推迟这个日期的动机。详见下一部分关于郝拯民的讨论。

系? 在上次写交代材料时,我觉得我已经都交代清楚了,不存在什么问题,所以就没有再写这方面的材料")。对比上次重新交代的问题,可以看出,他这里给出的借口其实相当牵强。这次要求补充,他只好重复《68.8 交代》的陈述,说明李一清曾派人找过他等细节。可知,如果有机会,他情愿不要再提到这些情节。很幸运,《68.12 补充》之后,这五年的经历似乎可以结案了。在之后的《37—42 专项》里,李一清派人找他和重庆"外交人员训练班"两项原本分别审查的历史问题,汇合到一起,构成这五年经历的一个流畅完整的叙事。① 这一情节最后一次出现在王瑶交代材料是在 1969 年 8 月 28 日,这也是王瑶结束被审查之前的最后一份现有材料(《69.8.28 补充》)。王瑶在这里回答了三个问题,除了第一个 1937—1938 年为什么会滞留家乡是关于自己的问题,重复了以前已有的答复,其余两个问题回答得极其简要,总共不到半页。耐人寻味的是,这两个问题问的是关于中共通过赵德尊和李一清先后派人与他联系时,联系者的个人信息。考虑到赵、李两人都是党内干部,属于"文革"主要目标,显然,这里的重点不再是追查王瑶本人,而是要在给他最后结论之前,看看是否还能从他这里得到追究赵德尊和李一清的新线索。王瑶显然意识到这个微妙不同,回答时强调"怎样也想不起来了",并顺带建议审问者"或者""也许"可以试试其他渠道。无论真假,可以判断,赵、李两人不会因为王瑶这里的回答而遇到更多麻烦。

---

① 关于《37—42 专项》写作时间的采认,参见第 535 页注②、第 549 页注①、第 551 页注②、第 560 页注①。

王瑶在其审查后期对李一清的审慎态度值得注意。虽然李一清给他的历史问题审查带来意料之外的麻烦,但他显然意识到李一清只提供给北大外调人员极为有限的信息;而且,后者明显处于比自己更糟糕的受审状态,但在两年多(1967年6月—1969年8月)时间里却并没有就此添油加醋,使自己得以将相关情节大事化小小事化无。① 他对李一清的感谢,延续到"文革"之后。整个八十年代,李一清恢复职位担任政府高官,两人行止很少交集,但王瑶过世前,每年春节必备礼物前往拜年。这与他和郝拯民的私人关系形成对照。

---

①　王瑶清华时期同学赵俪生(外国文学系英语专业)有"点评二十五位名人"的文字在网络流传,其中点评王瑶的文字表述极其不负责任。赵俪生说,他曾"听人说王瑶很恶劣","抗日部队曾找过他两次让他'出山',第一次拒绝了,第二次甚至说出'下次不要再来,家里住着太君,再来就要报告了'这样的话"。我们从私人渠道获知,赵俪生1948年在河南任教时,恰逢李一清就任中共豫西要职,是李一清告诉赵俪生抗日部队找过王瑶。据赵回忆,李曾表示对王瑶很不满,但赵私下回忆时并未引用任何李的言谈。问题是李一清本人战时并未见到王瑶,引言已是二手信息,且李本人"文革"遭多次审查都从未提及此类情节,赵在"文革"后用直接引语渲染二手之二手渠道未必可靠的信息,令人困惑。同一"点评"当中,赵说"听人说"王瑶曾"被以蒋南翔为书记的清华园支部开除出党",其实毫无根据。查"文革"期间,同样被赵点评的杨述和赵德尊作为王瑶入党介绍人和证明人,都没有否认王瑶关于自己从未受过党内处分的说法,而且如前文所述王瑶入党是在蒋南翔离开清华支部之后。赵借助"听人说"散布不实历史信息,很不似历史学家所为。他并在点评中误传我们母亲的家世(我们外祖父在母亲八岁时已过世,非如赵所说曾了解我们父母恋情),几近无稽。赵曾为《王瑶先生纪念集》撰文,生动描述二人青年时代友谊,令我们深为感佩。他在世最后数年里褒贬我们父母的不实言论,实属令人惊诧。我们对此深表遗憾。

第五部分 "波折"始末

本文关注中心的"波折",关涉到×××,具体发生在1969年初。但"波折"的直接根源来自郝拯民。上文提及,迟至1967年4月底,中文系印发的批判王瑶材料和王瑶以"说明"方式逐条答复时,还没有出现过重庆"外交人员训练班"的字眼。这项"历史问题"最早出现在一年多以后的1968年8月中。从几份相关交代中王瑶对郝拯民表现出的不满判断,我们认为这一信息是郝拯民提供给北大外调人员,使得王瑶必须设法应对;应对时为了说明自己并没有到重庆报道,王瑶提出两位此前从未提及的新的证明人。这两位都是他滞留西安近两个月期间曾有过接触的前清华同学,×××是其中之一。如果没有郝拯民说出的新信息,×××很可能根本不会进入王瑶的审查过程。而他进入之后,却又在北大外调人员的主要调查范围之外引进新话题,将郝拯民式的错误又重演了一遍。针对郝拯民,王瑶还有余地另行举证;可是到了×××带来的"波折",完全出于私下交流,王瑶应对时采取的自保措施,最终造成复杂后果。

1

"文革"前在辽宁本溪钢铁公司耐火材料厂任厂长的中共党员郝拯民,与王瑶同样籍贯山西平遥。据《坎坷略记》,王瑶1941年开始在家乡为郝拯民补习英文时已经二十七岁(虚岁二十八岁),而郝还只是初中毕业,估计其年龄至少比王瑶小七八岁。1941年秋,两人结伴从敌占区平遥西渡黄河到西安后暂时分手；1942年初在重庆重聚。王瑶经人介绍到四川金堂县铭贤中学教书时，郝也同行到铭贤就学。王瑶半年后前往昆明西南联大复学，两人分手。郝拯民后来参加革命并入党的经历，并没有反映在王瑶的"文革"材料里。表面看来，两人只有一年多相互交集的经历，但实际关系要更为深刻。

《坎坷略记》写于"离家半载之时，与希仁结识一年之日"的1942年阴历"3月初6日（即4月20日）"，文中"希仁"即郝拯民。王瑶和郝拯民两人结伴于同年正月来到四川金堂县的铭贤中学，一人任教，一人入学，漂泊半载，终于有一个安定的落脚之地。与"希仁结识一年"之重要，首先是因为隐居家乡三年半期间，王瑶本已适应家居状态，协助家族经营村中小店铺并在县城置产理财。但1941年初在平遥县城偶遇老同学，不但因自己学历而得到推荐去辅导郝拯民，而且得知不少外界消息，特别是老同学动向和后方情况，重新兴起跃跃欲试之心。结识郝拯民正逢王瑶与外面大世界重建联系的关口。其二，王瑶为郝拯民补习，助其备考高中，是多年求学后第一次授徒，又是在乡间沉闷三年半之久、才刚重新激活往年风华记忆的时刻，他传授的热情显然高于补课所需，在郝拯民考虑是否去北平求学时"亦极怂恿"，"不愿友人亦似余之潦倒"。他自己也开始考虑到太原或北平谋事，只是因为日据地区时局恶化而最终放弃。郝拯民对北平探路情况很失望，决定去大后方求学时，王瑶自己去大后方复学的决心也日益坚定，两人已有相互激励的互动关系。他们在西安分手，又在两个多月后同赴金堂铭贤学校，应该都与这种信赖和激励的友情相关。其三，郝拯民家境富庶，主动提出愿为王瑶负担一半旅费，又很快承诺负担全部旅费，为王瑶下决心出行创造了关键条件。① 旅行沿途常常是在郝家在山西境内和西安、成都等地的商铺落脚,节省不少住宿费用。即使如此,王瑶在西安滞留期间,还是欠下郝拯民一千二百元债务(并欠其他几位小额债务),而费尽周折找到的工作机会,月薪最多不到二百,令王瑶极感困苦。这几条里,最重要的是,王瑶南行时,找不到同道,颇为苦闷。在西安见到的大学同学,总是话不投机,"终日无一可以共语之人","怅惘之至"。对郝拯民却没有这种抱怨;到铭贤后,"精神颇感痛快。希仁亦不时来谈"。② 可知,当时郝拯民是极少几位他可以与之共聊的同伴,在家乡、在路上、在重庆、在金堂,为王瑶疏解郁闷起到重要作用。

郝拯民和另一位王瑶昆明西南联大时期收为义子的早期学生,在王瑶"文革"交代材料中,都被列入"主要社会关系"栏目,显示出他们关系的不同寻常。③ 这种关系再次显示郝拯民在王瑶1937—1942年经历中的重要性,而且在很大程度上印证着前面提到的两个推测。其一,王郝两人很可能早在四十年代或五十年代就想到在各自简历里将他们在平遥的时间缩短,隐瞒曾

---

① 《坎坷略记》未明言这笔路费预期旅行到哪里。王瑶"文革"交代说,只是从平遥到西安一段。

② 以上引言均见《坎坷略记》,《王瑶文集》第7卷,北岳文艺出版社1995年版。据《坎坷略记》,王瑶在出发南下之前去过一次北平,取回原本存放学校、已由同学帮助移存北平太原会馆的行李。

③ 《68.11交代》。同时列入此栏的主要是非直系亲属,包括分居另过的前妻,此外只有张新铭和这两位早期学生列入。此位义子名孙传胜,参见《王瑶年谱》,《王瑶文集》第7卷,北岳文艺出版社1995年版,第711—712页。

想去日据北平就学或谋职。假如这是他们两人的共识，则"文革"时从外调人员的提问中，两人应该就能意识到对方在这一点上的配合。至少王瑶对此应有自觉，因为这有助于维持他在铭贤教书一年的说法。平遥时期曾经去过北平这件事，从来没有出现在王瑶关于他本人或关于郝拯民的"文革"审查交代中。其二，从1966年夏到1967年初，北大学生红卫兵和聂元梓领导下的校系"文革"揪斗"黑帮分子"时，"美蒋特务""苏修特务"是远比"反动学术权威"更为严重的"罪名"，王瑶报考重庆"外交人员训练班"，很容易被上纲上线，但却完全没有出现在他的检查交代和"系文革"整理的材料里。他后来提出有关此事的四位证明人中，只有郝拯民一直是他的"主要社会关系"。这个情节进入他"文革"审查，时间稍晚，最大可能是因为郝拯民回答北大外调人员问题时提到。这个推测也可以解释，为什么王瑶没有被直接扣上莫须有的"美蒋特务"大帽子进行揪斗。在北大，这毕竟发生在外调成为审查步骤之后，即"文革"初期那种红卫兵即时过激反应的状态已多少有些收敛。①

重庆"外交人员训练班"成为审查内容，王瑶显然感到不满。在《68.8 交代》和《68.11 交代》里，他两次针对郝拯民强调："他是我们县最有钱的一家，在平遥和西安、成都等地，都开有商店"，"我和他家并不认识"。这种超出交代自己问题的他

---

① 这里所说的"有些收敛"，仅指有赖外调的信息材料。王瑶1968年年初被控侮辱领袖像，罪名升级为"现行反革命"，时属同一阶段，遭到的批斗和毒打较前尤甚，毫无"收敛"迹象。参见《王瑶年谱》，《王瑶文集》第7卷，北岳文艺出版社1995年版，第723页。

人家庭背景描述,在他的检查交代材料中绝无仅有。而且还说,是自己"要求通过他的商业关系",把自己"带到后方",口气颇大。① 在《68.11交代》的履历表上,他将兄长王璘作为居留平遥期间的证明人,选择向铭贤中学引荐他的清华时期同学李选青作为从西安到金堂的证明人,并省略掉中间旅程——郝拯民完全没有出现在证明人栏目。而且,虽然郝拯民的名字仍出现在"主要社会关系"栏里,他却在后面加注说明"最近数年来无联系",细节里显示出他对郝的恼火。这种情绪化文字最终在《37—42专项》里有所缓和,"最有钱的一家"被"著名富商"取代;"要求"郝拯民带他走,也变成了"表示希望能和他同走"。②"文革"以后,他再也没有和郝拯民有过任何联系。

2

李一清和郝拯民在王瑶"文革"审查中的情况显示,"文革"外调有着问题越调越多的趋势。不过,对比两者可知,并非所有日渐增多的新问题都会引起王瑶对相关人士的个人恶感。虽然

---

① 在《68.8交代》和《68.11交代》里,王瑶都明确说,郝拯民原本在重庆南开中学上学,因母病回平遥,"但他仍准备到四川去上高中",听说了王瑶的情况,请王瑶帮他补课,于是王瑶"要求通过他的商业关系",把自己"带到后方"。查《坎坷略记》从未提及郝拯民当时在平遥的缘由。但该文提到王瑶由于负有私人债务,颇引家人啧言,经济窘困等状况。他当时显然难以确定能否成行,不可能"要求"郝拯民带他去后方。

② 这份专项交代整体上言辞缓和,这是例证之一。关于这份材料写作时间采认,参见第535页注②、第549页注①、第551页注②、第560页注①、第580页注①、第581页注①。

不得不反复交代有关"牺盟会"事项,他似乎始终对李一清抱有相当的理解和同情。他对郝拯民有明显不满,但根据我们的推测,他们两人又有共谋隐瞒的一面。对王瑶来说,交代中的言辞,主要是表达情绪,是在处理他们两人的私人关系。他面对的主要任务,仍然是尽力洗刷自己。为此,必须提出更多证明人;而证明人越多,出现新问题的危险越大。在承受政治压力的同时,既要斟酌人选,又要设想可能漏洞,可说是煞费苦心。不过,当时真能这样费心的受审者,也许并不很多。对比起来,王瑶的心态和经历应该还是比较特别的。

针对重庆"外交人员训练班",王瑶提出包括郝拯民在内的四位证明人。其中另一位是清华同学李选青,当时在陕西汉中某中学教书,"文革"时在中国人民银行西北区行工作。他是王瑶去铭贤中学任教的推荐人,据《坎坷略记》,王瑶从西安去成都时曾专门绕道汉中去看他,是王瑶当年旅程的一个关键证人。其余两位证人都是当时在西安一带暂时安身工作的前清华同学,其一即为×××。① 这里出现若干附带问题。首先,这些"旧清华同学"应该并不知晓王瑶曾长期错置时间,将他们引进来作为证明人,有冒险的一面。不过,1940—1942年局势相对稳定,这几位当时在西安及其周边地区都有一定谋生手段,不像王

---

① 《坎坷略记》说,王瑶在汉中访李选青,"共留两日,晤谈极欢",与西安所见老同学印象形成鲜明对比。×××之外,另一位证明人是当时在《秦声日报》社工作的程骏声,后改名为程伯平,"文革"时在外交部亚洲司工作。这几位证明人与王瑶的专业和工作都极少交集,王瑶能够将他们提出作证明人并提供他们"文革"时的工作单位,原因并不明显,有待进一步查证。

瑶那样处于奔波途中,而他在西安只待了不到两个月,当年与他相遇在证明人本人的当年经历和"文革"审查中,都属于小事,并非重大历史线索。而且,除了必须提供履历表,王瑶总是将日期表达得非常含混,力求将注意力集中在他提供的具体情节上。这些因素看来都起到作用,没有人提出究竟是 1940 还是 1941 年的问题。第二,为什么证人都是旧清华同学？王瑶怎样和他们取得联系的？这恐怕是他开始时没有想到的问题,也许也是从证明人那里返回的问题。结果,他不得不交代,因为找工作没有头绪,只好求援于清华同学会西安分会,这个机构的秘书长洪同(原名洪绥曾)却是个三青团头目,国民党干将,1949 年后"逃往美国"(《68.8 交代》《68.11 交代》)。在《坎坷略记》里"相当热心"的洪同"诸君",在交代里仅仅是应王瑶请求提供了一份学历证明,王瑶得以持此证明报考该训练班。第三,从《坎坷略记》看,他在西安期间提供帮助的远不止这几位,在选择证明人时,他显然还有其他考虑,不为我们所能全部探知。我们能想到的是,"文革"中,他希望证明人身份比较左倾,最好是中共党员干部;同时他又希望证明人对他本人有同情和理解,有声气相投的一面。所以,这三位旧清华同学,虽然后来走上不同道路,当年似乎都有较强的人文倾向,不似《坎坷略记》里提到的另几位。①

耐人寻味的是,校系"文革"和后来工宣队的审查者,似乎

---

① 《坎坷略记》提到友人推荐王瑶到陇海路局,王瑶曾赴任并搬去路局附近住;又提到他在成都去铭贤之前,又得荐往某地税局,待遇高于铭贤,但他已决意赴铭贤,盖因他"以赴滇完成学业为一大目标,一切皆照此方向进行"。可想而知,与友人晤谈投契或不投契,也常常出于这同一原因。

并不真地很看重这个"美蒋特务"嫌疑的线索。王瑶在现存材料中(《68.8交代》和《68.11交代》)回答与"重庆外交人员训练班"相关问题时,两次说明,这个训练班的招生和发榜都登在了当时的报纸上,但在后来的《68.12补充》里,这个训练班的信息却不再出现,以后也没有再就此受到审查。看来,尽管在时间上与《坎坷略记》有一年的出入,但他本人"既未到重庆,更未报到,""并未参加过这个训练班",只是"利用它解决了一次由西安至成都的交通问题"的说辞已经被接受。虽然北京地区图书档案资料收藏在全国首屈一指,但当时负责的工宣队并没有费时去查找当年的报刊出版物。假若查找过,则他是1941年底才报名该训练班考试并获录取、根本不可能已经在金堂县教书的情况,立刻就会被揭穿。

3

王瑶为"外交人员训练班"问题提供证明人所引起的附带问题里,最严重的一桩就是本文所说的"波折"。作为三个旧清华同学证明人之一,这个报考训练班的问题原本是×××与王瑶"文革"审查发生关联的唯一原因。王瑶希望×××能够作证的,只是自己当年并无意真地要去重庆报到,即这是一个单一事件。可以想象,因为审查期间一直力图保持自我思考,王瑶引进×××作证时,应该也对意外情况有一定的思想准备;但他想到的最坏可能,估计不会超出1949年以前清华同学时期和在西安那一个多月间的有限接触。不用说,北大派出的外调人员,不会将其问题仅仅局限在1949年以前,王瑶应该也想到了这一点。但是,他们两个人在1949—1966年期间一共只见过三次面,三次都是因为其中一方因公长途旅行，恰好来到千里之外的另一方所在地，于是顺便造访老同学。每次时间都很短暂，纯属私人交往，不牵涉任何公干或政治事件。王瑶大约觉得可以信任这位老同学，不至于给自己的审查节外生枝。可惜，他错了。当×××在王瑶审查过程中引起"波折"时，具体内容恰恰是1958年之后的"反动言行"。从王瑶的角度来看，比起郝拯民答复外调时说出那个疑似特务组织的训练班，这就更加不负责任了。

前面说过，王瑶被审查内容分为两大板块，一边是历史问题，一边是1949年以后"反动言行"的"现行问题"。由于王瑶本人曾在1958年作为北大的"白旗"典型被北京全市通报批判，引起他后来曾遮遮掩掩多次表达不满，所以，对他1949年以后的审查内容又根据大形势和他本人个案进一步细分为1958年以前和以后两个阶段。在他所有问题的审查当中，历史问题以外，重点审查的正是1958年以后的那一阶段；但如本文第二部分"原始材料辨析"所列，假如没有×××引起的"波折"，则1958—1966年这一阶段内只有一个情节曾在"文革"中形成专题审查（即研究生黄侯兴毕业学科考试争议）。事实上，有关1949年后"现行问题"的检查交代虽然从未缺席，但总是包括在全面型交代材料里。目前我们看到的"波折"之前的五份这种材料，两份来自1967年初，三份写于1968年下半年，而"波折"引起的相关专项交代，就有1969年初一个多月内交出的五份材料。

前面还说过，比起历史问题来，王瑶对"现行问题"审查的心理准备要相对容易一些。这样说是因为，虽然整个审查期间"现行问题"拖延时间最长，他经受的批斗打骂折磨最多，但除了污辱毛泽东画像那一条，将近两年时间里没有出现新材料，不像历史问题那样枝杈横生。中文系1967年4月传阅的那份批判材料成为审查基础。查阅这份"系文革"收集的王瑶"反动言行"可知，几乎所有条目都来自周边熟人的揭发交代，可以说都是他"乱说话"的结果。从现在看到的他"文革"期间第一份检查（《67.3交代》），他已经表示："由于自己存在着严重的资产阶级思想，作风上又有着浓厚的自由主义，与人谈话时往往信口开河，追求风趣……有些话自己说过之后也忘记了……""但语言是代表思想的"，他"不能推卸"自己说过的话"所产生的恶劣影响的责任"。这样的表态几乎伴随着他之后每一份全面型交代。但由于他1949年以后一直在清华和北大教书，经历相对单纯，"文革"第一波后周边熟人揭发已陷入停顿，他得以在1968年下半年的三份全面型交代里有意识地将这些揭发归纳分类，减少枝节。

但"现行问题"一样受到大环境制约，有可能随时加重对王瑶的指控。前面已提到，《68.11交代》含履历表，应是王瑶交给工宣队的第一份全面交代，其中他将历史问题合并为三项，"现行问题"列为七项（含"污辱领袖"条）。一个月后的《68.12补充》显示，工宣队在确定审查王瑶"现行问题"的目标时，一是追查"黑线关系"①，二是确认并非业务评议的政治言论。这后一

---

① 这一方面此前没有立过项，现在主要审查与"周扬文艺黑线"的关系，显示出工宣队厘清重大问题的意图。在《68.12补充》里，王瑶用了近两千字梳理自1953年以来他与周扬的各种工作关系，强调没有私人交往，工作上也很少直接接触，只是二人"黑思想"相互投契。回忆核实这十几年间的事件并斟酌措辞，大概是这篇"补充"用了一个星期（12月14至20日）才完成的主要原因。

方面是王瑶一直高度警惕防备的指控。从五十年代一系列政治运动开始，他已看到褒贬当今政治或政策的危险。在《67.3 交代》里，他提到"建国以来的政治运动很多"，然后马上将这些运动区分为"牵涉到知识分子的思想改造"和"与知识（分）子本身的关系较远"两类，将自己的问题联系到前一类。可想而知这是为了降低政治风险。在《68.12 补充》里，他全文抄录在1961年周扬召开文科教材会议上自己的发言，其中谈到，"有的批判把问题提得过高，一下便成了政治问题，这对学术发展不利。按常理说，一个学术工作者最怕人家说自己不学无术，但现在听人说自己不学无术连脸也不红，因为这是最轻微的批评，没有提到政治上来，听到后反而安心一些"。他似乎意识到这是工宣队追查的一个重点，在关于"政治和业务关系"的最后一小节里，交代了前此没有提到过的与此类似的言论。例如，1964年几度提到社会科学难搞，一有错误，很容易就会提到"猖狂进攻"的高度；而自然科学的错误最多不过是"荒谬绝伦"。等儿女长大，他不会让他们从事文科事业。可以说，在这些增加的交代材料里，他仍然努力将自己的问题与业务立场挂钩，以便能够和狭义的"政治问题"区别开来。

而×××带来"波折"的中心问题，直指政治斗争，并且落实到非常具体的在彭德怀1959年失势一事上"恶毒攻击伟大领袖"，让王瑶多年来苦心经营的远离政治一心业务的懵懂形象在审查关键时刻遭遇重大危机。这个所谓"关键时刻"，就是前面第三部分里的一个结论：通过仔细比照1968年的各项检查交代和1969年1月的《住房报告》和《抄家报告》（写于1969年1月20日），我们相信，工宣队当时已有结束王瑶审查的意向。这个意向被"波折"打断,将王瑶审查延续到中共第九次全国代表大会即将召开的3月份,并因此进一步延续到那一年的9月初。

4

现在看到的王瑶在有关"现行问题"交代里最早提及×××的材料是注明"1969年1月28日交"的《69.1补充》(约六千字),与《抄家报告》只间隔一个来星期。此后2月18日另有一份同类内容补充,但没有提到×××的名字。另有三份题目中都标明是与×××有关的交代材料,其中最长的一份(约四千字)"日期不详",不过,后两份分别对其有指涉(3月10日:"前已写了交代材料";3月12日:"前已写了两次交代材料"),且两次明确提到"专案组"(3月10日:"经过专案组对我谈话的教育和启发";3月12日:"经过专案组又一次对我谈话的教育和启发")。我们以为有必要确认,这三份前后相续的交代材料,都是为审查王瑶问题的北大(或北大中文系)专案组而写,主旨是要澄清自己在与×××谈话时说的"错话"并作出深刻检讨,并非是接受×××单位外调人员的问讯并提供有关×××的材料。这样说并不排除这几份交代里涉及×××的信息最终会传送到对方单位,作为该单位进一步审查×××的依据。我们同时认为,这份日期不详的交代,只可能写于1969年2月18日到3月10日之间。对比研读这五份材料的内容和文风,可以支持我们这个判断,而且可以呈现出"波折"给王瑶造成的困扰、不满、抵触等反应,并探讨他如何面对伦理困境。①

《69.1 补充》一共十五页约六千字,我们目前只看到其中第九至十五页(页码为手稿原有)的扫描件。该件以数字排序交代问题,第九页从第七项中间开始,全文一共列举了十一项。令人印象深刻的是,王瑶不但失去一星期之前《抄家报告》里的理直气壮,而且也失去以往的相对镇定,每一项交代事实之后都是极为过火的自我贬抑诋毁。其中一项与以往交代内容有重合,但比起此前交代来对自己定性更为夸张。几项新问题之琐碎,堪比中文系 1967 年 3 月汇集油印批判材料中的某些内容,而且每一条都上纲上线,行文之中与其说带有谦卑,不如说有强压下去的不耐。列举完毕有三个星号分割段落,之后王瑶先是如以往一样做一小结说:"以上就是我所记得起来的关于 1958 年以后我所说过的错话和反动言论。"即《68.1 补充》专门交代 1958 年以后的言论。但接下来的内容却是以前没有过的——他开始解释面对长时段头绪繁多记忆不清的交代要求,自己如何从三个方面入手努力梳理:一是依时间顺序看当时国内外形势;二是依发言较多的场合追忆;三是谈话较无顾虑的私人朋友"如余

---

① 此处确认的两点,主要是针对与亲友在认知上的分歧。有亲友看到四千字左右的《×××专项》文本,误认这份文件主要是为×××单位提供外调材料。此外,我们母亲认为《×××专项》写于 1969 年 1 月份。我们持有异议。从《抄家报告》到《69.1 补充》之间只有一星期,而《69.1 补充》和《×××专项》虽然都提到×××,但行文风格极不相同,从王瑶心理变化逻辑上无法解释这三份极为不同的文件都是在 1969 年 1 月底写出。第二,如果将《×××专项》日期定在 1 月份,则无法解释为什么他需要写出 2 月 18 日没有提到×××的《补充》交代。下面的文本解读系根据我们采认的交代时序。

冠英、×××等人"。前面说过,此前两年王瑶都是尽可能将交代例证集中在这三个方面中的前两个,尽力回避出自私人交流的言论,对人对己更方便也更负责任。这是他第一次主动提及私人交流,也是×××的名字首次出现在王瑶关于1958年以后言论的特定交代中。不止于此,在全文最后,他又用两百多字专门解释和×××是清华时期老同学,1958年以后见过两次面,每次都有长谈,并表示虽然具体内容有遗忘,但一定努力回忆,深刻检讨。这些语句直接间接地透露出,审查者让王瑶了解到要他写作这份补充的根源在于×××,但却没有提示王瑶×××究竟提供了什么新材料。这种"你自己知道问题在哪,就看你是不是老实交代"的审问方式,"文革"期间极为普遍,显然这时应用到了王瑶审查里面。王瑶对此的主要应对方式,是将其补充交代扩充为事无巨细的一般性综合列举,摆出一副要彻查自己1958年以来错误言论的姿态。

这个姿态因写于同年2月18日的《69.2补充》而更明确。在这份约一千两百字的补充里,王瑶又举出三个此前没有进入工宣队审查视野的1964—1965年间言论,为每一条上纲上线的同时,注意将其性质局限在自己灵魂深处的"资产阶级思想",并表示接受批判服从改造。但审查者要的并不是这种一般性的逐条检讨认罪。他们手里拿到了重大"反动言论"证据,等着看王瑶如何表演。他迟迟不上钩,就轮到他们不耐了。我们以为,这是那篇四千字左右《关于我和×××谈话的情况》(《×××专项》)之由来。根据这份交代可知,审查者不但确切告知王瑶他必须交代与×××谈话的情况,而且还给出至少两点提示。提示之一是1958年举办以他为目标的"拔白旗"展览,他嘲讽展馆布置像"灵堂";对此他坚决否认。另一个提示就是关于彭德怀。他的交代表示确曾在谈话时提到彭德怀,但只是以彭为例说明如果不谨言慎行会招来意外之祸,"在和×××谈话当中提到彭德怀的就这一次……并没有和他议论过庐山会议等大事",而且很深刻地检讨说,这是在为彭德怀"鸣冤叫屈"。重要的是,这篇交代恢复了前一年那种比较沉着的文风,没有了大约一个月之前《68.1交代》里的峻急不耐乃至潜在的不以为然。①审查者的提示显然令他意识到问题所在,可以针对目标选择交代策略和语气,因而不再惶惶然。于是,虽然明知专案组最关注的是什么,但他写作时仍作出不知问题在哪儿的样子,以多达六个方面的内容交代两人谈话,既有发泄对受到批判的不满情绪,又包括了互问两人家庭子女情况。而且涉及彭德怀的一条交代得格外详细,不但以直接引语方式重现当时的对话情景,对方如何,自己如何,而且在重述对话之前,加了一段背景介绍,说明这次对话是因为×××在外地经历"大跃进"后大饥荒的悲惨情景之后,收集了很多相关材料,意图写作成民间"野史",投寄中央,以期引起重视。王瑶表示,他曾多方设法劝阻,其中包括引用彭德怀身败名裂的例子,但并没有提到庐山会议。在这一条内容最后,他按惯例加上自己的"自我批评",再次转移交代重心,回避彭德怀和庐山会议:"以上事实证明当时我对他所叙述的情况并没有产生任何怀疑,反而由此助长了我自己对农村情况的阴暗心理。"这种铺陈风格在3月10日和3月12日的两次

---

① 此处细读几份交代的分析,也是支持我们确认这份"日期不详"材料应写于2月18日那份补充之后的重要理由。

补充材料里终于得到改变,在"专案组谈话"的督促下,两份材料先后以稍有不同的内容简短直接地回答了关于谈到彭德怀时给出政治评价的问题,尤其是后一份,明确了专案组要追查的是"伴君如伴虎"这个攻击伟大领袖的说法之后,王瑶扭转目标,以极为平静的叙事语气表示,经过提示终于想起来,当谈话如此这般进行到某处时,×××确实说过这样的话。由此,他将责任推给×××。结果,这个由私下谈话引起的疑案,因涉案二人互相指责而无法定夺。这个问题没有再查下去。

问题在于王瑶检查交代里牵涉到×××的内容。如前所述,这类并非必要地提及他人情况细节的事,在王瑶审查过程中只发生过轻微的一次,就是针对郝拯民家庭背景没必要地使用"最有钱"等限定语。这次《×××专项》这样铺陈,而且这样具体地详述对话场面,在所有目前所见王瑶关于"现行问题"的交代中可说是绝无仅有。简言之,王瑶打破了我们总结的"对他人不无故牵涉"的原则。为什么会这样?我们以为关键在于,"波折"问题的审查涉及他们两位的私下谈话,王瑶对此极为不满,开始在交代中"以其人之道治其人之身"。但以此判定王瑶意在惩罚×××,似乎过于简单化。前面说过,他这几份交代都是写给自己在北大的专案组,并不是给对方单位派来的外调人员。比较而言,他和郝拯民在"文革"中存在互为证明人的关系,双方单位应该早已开始对等外调。而×××在过去两年并没有出现在王瑶审查过程中。他所在单位此前并没有派人到北大找王瑶外调过;而他接受北大王瑶专案组的外调,原本就是王瑶本人主动引进的。我们以为,《×××专项》的铺陈,主要出于发泄不满。毕竟,身处"文革"时期,他在很长时间内都不可能知道,自己的专案组是否将自己交代里提出的×××言论反馈给了×××的单位;假如对方单位获悉,是否造成了后果;以及如果是的话,造成了什么样的后果。这种发泄态度的理据,如果不是有意实践"以其人之道治其人之身",至少也是在用"你不仁、我也不义"的态度处理相关交代。令人扼腕的是,这种态度实质上削弱了个体道义的伦理价值和公共意涵。

多年后我们从其他渠道得知,×××"文革"中也经历了严酷的审查批斗。他的审查到1970年才结案,比王瑶晚了一年;审查结果是开除公职,处罚远比王瑶严重("文革"后恢复公职)。

第六部分 "文革"后的决绝与困惑

王瑶于1969年结束"清理阶级队伍"阶段的审查后,没有前往北大在江西鲤鱼洲设置的五七干校,而是留在北京参加学校组织的各种"斗批改"和学工学农活动。"文革"刚结束,即被借调到鲁迅博物馆。从1978年开始,在北大授课并带研究生。[①] 此时,政治环境越来越宽松,他也开始在闲暇时谈及一些"文革"中的经历和感慨,但很少涉及"文革"时风行的"揭发"。例如,他会感叹人一生中,二十岁前后经历的训练基础最牢,在"牛棚"(劳改大院)里,他挨打多半是因为干活不行,同在那里的一位中共干部跟他正好相反,干活从来没问题,却总是因为背不下来"毛主席语录"而挨打。诸如此类的细节,他都能以幽默

---

① 参见《王瑶年谱》,《王瑶文集》,北岳文艺出版社1995年版。

态度传达。但谈到与他本人相关的揭发批斗时,他总是拒绝提及具体个人,而且多次开玩笑地表示,1949年以来政治运动不断,开始都是发动年轻人斗争既得利益者。斗来斗去,随着岁月流逝,办公室开会时坐在那里一看,除了少数几位年纪大的,几乎所有的人都曾经斗过别人,也都被别人斗过。谁也别说谁了。

"文革"期间揭发批判的事例,他曾提到并多次感慨的是中文系同事章廷谦(在1969年全校宽严大会被直接带上公安局的警车),认为章完全是被诬陷冤枉的。大约是说,一位自己曾任国民党中央委员的学者指认章曾担任国民党一个区党部负责人,而章自己坚决不承认,最后被"严打"。这成为他总结压力下如何处置的重要参照,"可说可不说的,不要说",就是从这里来的。

用这个标准衡量,他在1969年2—3月间写的《×××专项》很难过关,但他从未提及。从他八十年代的言论来看,"波折"给他留下的最深的印象,是从他这方面来讲的结局。他说,×××告诉专案组说他谈到彭德怀时说过"伴君如伴虎",恶毒攻击伟大领袖;他思索良久,最后决定将这个罪名还给×××;专案组审查时他一口咬定这是×××说的,审查人员无可奈何,中止审讯前气恼地说:狗咬狗,一嘴毛,都不是什么好东西!这个情节的追忆并不是一开始就进入了日常闲谈。现在想来,很可能是×××子女到北京时来访引起的回想。① 从这个细节来看,至少在八十年代初期或中期,王瑶对×××的"文革"经历仍不甚了然,没

---

① 以上事例出自我们几位王瑶子女的记忆。

有把自己交代中牵涉对方之处和对方可能遭遇的"文革"经历联系起来,而且也没有把自己当年的交代和他常常思考并评论的压力下如何自处联系起来。

×××遭受的更长时间的审查和更严苛的处罚,是否和王瑶"波折"期间的交代有关?我们没有直接证据。他在1990—1991年写给我们母亲的若干信件里,曾有对王瑶行事风格不满的抱怨,但却从来没有提及"文革"中的这一段。但我们在另外的场合,发现他在文字写作中确实提到过北大和他的单位在"文革"期间曾对他们两人互相外调,外调内容和他们之间的谈话有关。显然,他确实认为王瑶曾揭发他的"反动言行",他似乎也了解这是发生于他自己揭发王瑶谈论彭德怀和毛泽东之过。这大概能够解释为什么他不会对我们母亲提起。

×××子女来京时,用他后来给我们母亲信中的说法,王瑶表现得"冷冷然,木木然",完全没有兴致接待。两位当事人相隔数千里,又不在同一领域工作,很难见面。直到1989年秋,相隔二十多年之后,因参加会议,两人在某旅馆前厅偶遇,据×××后来说,王瑶仍然是"冷冷然"。对比王瑶后来与郝拯民和张新铭、李一清等人的关系,可知他是有意回避与×××修复旧好。也许他始终都未曾原谅×××。也许,他从别的渠道了解到×××的"文革"经历,得知那与自己特意铺陈的交代有直接关系,发现自己无法接受双方都需就"波折"向对方道歉的前景,所以仍然坚持了不复交往的决定。这种情况下,这个人性危机的案例予人深思之处就更加复杂了。

第七部分　结语:道德高标与伦理底线

我们在这篇文章里试图剖析我们父亲王瑶在"文革"遭审查期间遇到一个重大"波折"的始末,为此同时审视了相关的若干线索。这些线索在1949年以后的"现行问题"上,主要来自生活工作环境里的周边熟人;在1949年以前的"历史问题"上,主要来自外调。"波折"牵涉到的×××,是一个例外,他合并了这两类问题的几乎所有因素,也引起了我们父亲极为例外的反应。如今两位当事人都已作古。但我们相信这个案例不仅对我们了解自己的父亲意义重大,而且能够为研究当时历史贡献一些有待引起更多关注的重要信息。

譬如,外调作为"文化大革命"中曾经盛行一时的活动,是阅读我们父亲有关历史问题交代的一个关键,既可看出他在审查期间如何考量处理与旧识的关系及可能的政治影响,也恰恰是后来与×××发生纠葛的起始原因。但外调也是目前"文革"研究中,很少触及的内容,这首先是因为接受外调者不一定是外调结果的直接受害者,事后回顾不多。其次,接受外调者不一定同时是在本单位遭迫害的人,事后未必会因此回忆有关"文革"的经历;如果接受外调者同时在本单位遭迫害,则接受外调的经历,又有可能是审讯经历中比较轻松的——外调人员来自别的单位,回答询问时,虽然通常会有本单位人员全程监视,但毕竟不是询问者的直接整治对象,如果不是全国性大案,不大涉及刑讯逼供。因此,有关"文革"的深刻记忆较少这方面内容。再次，从外调结果的受害方来看，当时查证都是"背对背"，外调记录对被调查者不完全公开。直接受害者面对重重压力和指责时，未必有精力确认并牢记哪一条"罪状"出于哪一个可能的源头，"文革"后也未必会将控诉落实到普通个人，导致类似材料较少。最后，除了缺乏当事人回忆以外，外调研究冷落的另一个重要原因在于，"文革"研究涉及非高层人物的个人经历时，人们通常关注两方面情况：或者是大起大落、悲惨沉沦等震撼人心的案例，或者是一般民众在政治大动荡中如何努力"活着"。外调这种比较不具戏剧性的活动，一条线索常常牵扯诸多头绪，当事人在其中的细微精神活动，很容易在后人看历史时粗疏地筛选出去。

又譬如，我们总结的"对自己不轻易放弃、对他人不无故牵连"的立场，即使在今天也仍有相当重要的伦理意义。无论是有关历史问题还是有关"现行问题"的"文革"审查中，我们的父亲总是先判断现实政治中的可能后果，再决定是否如实交代。他并没有在这种审查过程中以"实事求是"为原则去还原个人历史，没有掏心掏肺地"信任党信任组织信任群众"。这两大类问题下他受到审查的各个线索，都是在出现外界证据或者别人"揭发"之后，他才根据已有证据，上纲上线地做自我批判。但即使是在努力"挖思想根源"的时候，他也从来没有主动交代过别人不知道的个人经历或想法，反而时时寻找机会隐瞒并保护自己的个人记忆和思考。除了"波折"的特例，他与审查者的"配合"，止步于对方已经掌握的证据，而不是毫无止境地自我暴露，也不是主动为对方提供新证据的"迎合"。这种在高压审查处境中区分"配合"与"迎合"的自持，本来也表现在与他人有关的内容中。根据我们目前看到的他"文革"时期的检查交代材料，除了×××以外，但凡涉及他人时，他的措辞和文字总是尽可能简单且模糊("不知道""记不清楚""有可能""好像记得"等等)，不提供或尽量少提供具体细节(只在极偶然关于自己情况下使用过"准确记得")，避免引发进一步的追查(即使提到郝拯民的家庭背景，也并非可能引发对郝追查的新线索)。从他回答有关张新铭、郝拯民、赵德尊、李一清等人问题的情况，可以看出，"自保"并不是他决定如何交代时的唯一标准。在审查高压下，他仍然意识到自己其实有选择空间。他的交代文字明显顾虑到，既不要引起对自己的进一步追查，也不要因为他的证言进一步追查他人。至于说是否曾经坚持对审查者"说真话"，可以说，他当时根本没有把这一条当作应该尊崇的道德准则。我们以为，正是在这一点上，我们的父亲当时认为自己与×××有根本不同，并在回应"波折"时随之降低了自己对待×××的道义标杆。

换一种说法，这是说他在1966年8月到1969年1月之间"文革"高压洗脑的被审状况下，至少曾力图既不要陷己于罪，也不要陷人于罪。这不是什么道德高标，完全无法与林昭、遇罗克、张志新等人不惜牺牲生命也要坚持信念的典范行为相比。相反，他曾在压力下说过无数自贬自批的废话。但我们以为，这个态度仍然具有一定的伦理意义。我们无法确认，他这种有所保留究竟是出于怀疑"文化大革命"，出于对审查者的不信任，还是出于维护自我身份的自觉。很可能，这是在各种因素共同作用下形成的"本能"反应。但只有在认可这种伦理意义的基础上，我们才有可能在他对审查者透露×××信息的问题上评价他这样做的是非,而不是一谈到"文化大革命"就陷入简单化的道德谴责。

2014 年 3 月初稿,2017 年 3 月定稿于英国

学术史丛书

中国禅思想史 　　　　　　　　　　　　　葛兆光　著
　　——从6世纪到9世纪
士大夫政治演生史稿 　　　　　　　　　　阎步克　著
中国文学研究现代化进程 　　　　　　　　王　瑶　主编
中国现代学术之建立 　　　　　　　　　　陈平原　著
　　——以章太炎、胡适之为中心
陈寅恪先生史学述略稿 　　　　　　　　　王永兴　著
明清之际士大夫研究 　　　　　　　　　　赵　园　著
儒学南传史 　　　　　　　　　　　　　　何成轩　著
西潮激荡下的晚清地理学 　　　　　　　　郭双林　著
中国文学研究现代化进程二编 　　　　　　陈平原　主编
文学史的权力 　　　　　　　　　　　　　戴　燕　著
《齐物论》及其影响 　　　　　　　　　　陈少明　著
文学史书写形态与文化政治 　　　　　　　陈国球　著
晚清女性与近代中国 　　　　　　　　　　夏晓虹　著
北京：都市想像与文化记忆 　　　陈平原　王德威　编
中国民间文学研究的现代轨辙 　　　　　　陈泳超　著
触摸历史与进入五四 　　　　　　　　　　陈平原　著
制度·言论·心态 　　　　　　　　　　　赵　园　著
　　——《明清之际士大夫研究》续编

近代中国的百科辞书	陈平原 米列娜	主编
清末民初的晚明想象	秦艳春	著
德语文学研究与现代中国	叶　隽	著
作为学科的文学史	陈平原	著
儒学转型与文化新命	彭春凌	著
——以康有为、章太炎为中心(1898—1927)		
政教存续与文教转型	陆　胤	著
——近代学术史上的张之洞学人圈		
世运推移与文章兴替	王　风	著
——中国近代文学论集		
文化制度和汉语史	〔日〕平田昌司	著
现代中国述学文体	陈平原	著
晚清文人妇女观	夏晓虹	著
晚清女子国民常识的建构	夏晓虹	著
＊胡适之《说儒》内外	尤小立	著
——学术史和思想史的研究		

文学史研究丛书

中国现代主义诗潮史论	孙玉石	著
小说史：理论与实践	陈平原	著
上海摩登	〔美〕李欧梵 著　毛尖	译
——一种新都市文化在中国1930—1945		
北京：城与人	赵　园	著

中国小说叙事模式的转变	陈平原 著
晚清至五四：中国文学现代性的发生	杨联芬 著
词与文类研究	〔美〕孙康宜 著　李奭学 译
二十世纪中国文学三人谈·漫说文化	钱理群　黄子平　陈平原 著
唐代乐舞新论	沈冬 著
文学复古与文学革命	〔日〕木山英雄 著　赵京华 译
鲁迅·革命·历史 ——丸山昇现代中国文学论集	〔日〕丸山昇 著　王俊文 译
鲁迅、创造社与日本文学	〔日〕伊藤虎丸 著　孙猛　徐江　李冬木 译
被压抑的现代性 ——晚清小说新论	〔美〕王德威 著　宋伟杰 译
汉魏六朝文学新论 ——拟代与赠答篇	梅家玲 著
重建美国文学史	单德兴 著
明代复古派唐诗论研究	陈国球 著
新文学现实主义的流变	温儒敏 著
丰富的痛苦 ——堂吉诃德与哈姆雷特的东移	钱理群 著
大小舞台之间 ——曹禺戏剧新论	钱理群 著
地之子	赵园 著
《野草》研究	孙玉石 著
中国祭祀戏剧研究	〔日〕田仲一成 著　布和 译
韩南中国小说论集	〔美〕韩南 著

才女彻夜未眠		胡晓真 著
——近代中国女性叙事文学的兴起		
中国现代小说的起点		陈平原 著
——清末民初小说研究		
朱有燉的杂剧	〔美〕伊维德 著	张惠英 译
后殖民理论		赵稀方 著
耻辱与恢复	〔日〕丸尾常喜 著 张中良	孙丽华 编译
——《呐喊》与《野草》		
鲁迅与中国现代文学批评		陈方竞 著
鲁迅：中国"温和"的尼采		张钊贻 著
左翼文学的时代	王 风 〔日〕白井重范 编	
——日本"中国三十年代文学研究会"论文选		
中国戏剧史	〔日〕田仲一成 著	布 和 译
上海抗战时期的话剧		邵迎建 著
屈原及其诗歌研究		常 森 著
鲁迅：无意识的存在主义	〔日〕山田敬三 著	秦 刚 译
情与忠：陈子龙、柳如是诗词因缘	〔美〕孙康宜 著	李奭学 译
知识与抒情		张 健 著
——宋代诗学研究		
唐代传奇小说论	〔日〕小南一郎 著	童 岭 译
临水的纳蕤思：中国现代派诗歌的艺术母题		吴晓东 著
美人与书	〔美〕魏爱莲 著	马勤勤 译
——19世纪中国的女性与小说		
近代书局与白话小说		潘建国 著
——以上海(1843—1911)为考察中心		
屈原及楚辞学论考		常 森 著

史事与传奇	黄湘金	著
——清末民初小说内外的女学生		
物质技术视阈中的文学景观	潘建国	著
——近代出版与小说研究		
文学史的书写与教学	陈平原	编
王瑶与现代中国学术	陈平原	编
古代小说研究十大问题	刘勇强 潘建国 李鹏飞	著

画 * 者即将出版。